Sachsen
Thüringen
Fladungen
Nordheim
Ostheim
Mellrichstadt
Bischofsheim
Heustreu
Bad Neustadt
Saal
Waltershausen
Bad Königshofen
Bad Bocklet
Münnerstadt
Bad Kissingen
Lauenstein
Ludwigstadt
Teuschnitz
Neustadt
Coburg
Kronac
Pilgramsreuth
Selb
Naturpark Fichtelgebirge
Thierstein
Wunsiedel
Trimberg
Hofheim
Naturpark Haßberge
Seßlach
Michelau
Banz
Lichtenfels
Burgkunstadt
Staffelstein
Weißer Main
Kulmbach
Schweinfurt
Königsberg
Ebern
Main
Zeil
Thurnau
Bad Berneck
Maria Limbach
Scheßlitz
Zwernitz
Roter Main
Bayreuth
Naturpark Fränkische Schweiz
Bamberg
Volkach
Ebrach
Dettelbach
Prichsenstadt
Burgwindheim
Waischenfeld
Creussen
Weißenstein
Wiesentheid
Behringersmühle
Abtswind
Aschbach
Ebermannstadt
Pottenstein
Pegnitz
Castell
Naturpark Steigerwald
Iphofen
Veldensteiner Forst
Forchheim
Marktbreit
Höchstadt
Münchsteinach
Effeltrich
Velden
Uffenheim
Herzogenaurach
Erlangen
Bad Windsheim
Aisch
Schnaittach
Lauf
Hohenstadt
Tauberzell
Sulzbach-Rosenberg
Fürth
Pegnitz
Hersbruck
Caldozburg
Detwang
Nürnberg
Rothenburg
Amberg
Naturpark Frankenhöhe
Altdorf
Feucht
Heilsbronn
Oberpfalz
Schillingsfürst
Ansbach
Lichtenau
Schwabach
Tauber
Wolframs-Eschenbach
Windsbach
Regnitz
Sommersdorf
Ornbau
Triesdorf
Spalt
Feuchtwangen
Pleinfeld
Dinkelsbühl
Gunzenhausen
Ellingen
Weißenburg
Regensburg
Treuchtlingen
Pappenheim
Eichstätt
Solnhofen
Altmühl
Nördlingen
Oberbayern
Schwaben
Donau

FRANKEN

Franz Kurowski

FRANKEN

Geschichte · Land · Leute

GRABERT–VERLAG–TÜBINGEN

Druck und Bindung: Kösel-Druck GmbH, Kempten
Satz und Umschlaggestaltung: Grabert-Verlag, Tübingen
nach einem Foto von Toma Babovic, Bremen
Vorsatzkarte aus: Ursula Pfistermeister,
Franken sehen + erleben, München 1991

Als mittelständisches, unabhängiges Unternehmen stellen wir alle unsere Bücher in Deutschland her und erhalten damit Arbeitsplätze!

Die Deutsche Bibliothek – CIP-Einheitsaufnahme

Kurowski, Franz:

Franken ; Geschichte · Land · Leute
Franz Kurowski. – Tübingen : Grabert-Verl., 1999
ISBN 3-87847-173-4

ISBN 3-87847-173-4

Postfach 1629, D-72006 Tübingen

Gedruckt in Deutschland

INHALTSVERZEICHNIS

EINLEITUNG

Der Lyriker und Erzähler Karl Leberecht Immermann, ein erfolgreicher Bühnendirektor, schrieb vor über 150 Jahren eine poetische Liebeserklärung an Franken:

»Wer Deutschlands geheimste jungfräuliche Reize
genießen will, der muß nach Franken reisen.«

Franken, eine weiträumige Landschaft, liegt nicht nur in Bayern, sondern teilweise auch in Schwaben, Württemberg und Hessen. Sie besteht aus etwa vierzehn Reiselandschaften von unterschiedlichstem Aussehen und verschiedener Beschaffenheit. Sei es das Fichtelgebirge oder das Altmühltal, der Frankenwald oder das neue Fränkische Seenland, überall weiß diese Landschaft zu erfreuen und zu bezaubern.

Rhön, Haßberge, Steigerwald und Frankenwald, das Land an Main und Tauber, Rezat und Kocher, Neckar und Aisch, überall ist Franken von einem besonderen Reiz, eine Komposition von alter Landschaft mit einer gleich alten Geschichte und jung gebliebenen Städten ebenso wie solchen, in denen die Zeit des Mittelalters stehengeblieben ist.

Als Kulturland seit altersher Schmelztiegel vieler Bewohner und Eroberer wurde Franken in seiner über zweitausendjährigen Geschichte geprägt und geformt. Der Stammesverband der Franken und das fränkische Großreich unter Kaiser Karl dem Großen vereinigte alle Strömungen aus Westen und Osten in sich. Erst nach der Teilung dieses Reiches entstand mit dem Ostfränkischen Reich jenes Franken rechts des Rheins, das schließlich zum Deutschen Reich wurde. Bereits zur Zeit der Karolinger war das Reich die europäische Mitte, die nunmehr auch zur deutschen Mitte werden sollte. Hier lag das alte Königsland, das *Regnum Francorum*, das bald zum Zentrum des Heiligen Römischen Reiches Deutscher Nation wurde.

Franken war und blieb Königsland, nie wurde es Herzogsland, wie die übrigen deutschen Gaue. In Franken herrschten jene Familien, die, im Schatten der Monarchen stehend, dennoch selbständige Territorien schufen und aus denen schließlich Ministeriale, Grafen und Fürsten wurden.

Freie Edelleute wurden zu Reichsrittern und Reichsfürsten. Königspfalzen entwickelten sich zu Königsstädten und Reichsstädten, die keinem anderen untertänig waren als dem Herrscher.

In ihren Städten sahen die Patriziergeschlechter und Bürger die Besuche der reisenden Könige und Kaiser, die zunächst außer den Pfalzen keine Hauptstadt oder Residenz hatten. Welche Siedlung auch immer auf dem Reiseweg der Herrscher lag, sie errang königliche und kaiserliche Privilegien und wurde schließlich zur Stadt, zur Reichsstadt und zur Freien Reichsstadt ernannt – mit eigener Gerichtsbarkeit und Münze.

Dies alles führte schließlich dazu, daß in den reichen Städten Kunst und Kultur Einzug hielten, was sie auch heute noch zu gesuchten Zielen für Studienreisen, Exkursionen und Erlebnisreisen macht. Auch dazu bemerkte Karl Leberecht Immermann: »Franken ist wie ein Zauberschrank. Immer neue Schubfächer tun sich auf und zeigen bunte, glänzende Kleinodien und das hat k e i n Ende.«

Im Königsland Franken lebte eine Fülle alter Rittergeschlechter, Grafen, Fürsten und Reichsfürsten. Hier schlug auch seit dem Ende des Deutschen Ordensstaates Preußen im Jahre 1525 das Herz des Deutschen Ordens weiter.

Sie alle – und nicht zuletzt die geistlichen Herren Frankens – haben große Geschichte gemacht und in ihren Besitzungen, seien sie groß oder klein, eine rege Kunst- und Bautätigkeit entwickelt und hochrangige Künstler aus aller Welt an ihre Höfe gezogen.

So entstanden Burgen und Schlösser, Kirchen und Dome, Residenz- und Handelsstädte, Klöster und bezaubernde Parklandschaften. Die Blüte der Kunst und der Wissenschaft machte neben dem Arbeitsfleiß der Bauern und Handwerker das gesamte Land reich an einmaligen Kulturschätzen und -bauten.

In Kämpfen von oftmals dramatischen Ausmaßen haben – das soll hier nicht verschwiegen werden – Herrscher und Städte um ihren Fortbestand und ihr Überleben gerungen, sei es in den Auseinandersetzungen der Großen gegeneinander, in deren Schachspiel sie lediglich die Bauern oder Läufer waren, oder im Ringen der freigeborenen Edlen gegen Grafen und Äbte um ihre Freiheit und den Erhalt ihres Standes. In einer Reihe verlustreicher Kriege, in welche Städtebünde und Herrschaften verwickelt waren, in den Bauernunruhen, die in einem Massaker endeten, im Dreißigjährigen Krieg ebenso wie in den entscheidenden Schlachten eines Napoleon, unter deren Schlägen das Reich zerfiel, waren es immer die Menschen in Franken, die diese Schicksalsschläge in der vordersten Reihe erlitten.

Die Säkularisation und anschließend die Mediatisierung leiteten dann die erste große Enteignungs- und Vertreibungswelle in Deutschland ein, die zunächst die kirchlichen, dann auch die weltlichen Besitzungen vernichteten und letztlich, als letzte Aktion des großen Korsen, auch den Deutschen Orden im Jahre 1809 erledigten.

Dennoch ging Franken *nicht* unter. Das Land und seine Bewohner blieben, was sie waren. Unter bayerischer und württembergischer Führung verschmolzen schließlich die drei nördlichen Landesteile von Bayern und ein Teil Württembergs zu jener großen einmaligen Landschaft Franken von heute.

In diesen 24 000 Quadratkilometern Landes mit seinen Burgen, Schlössern und Reichsstädten entstanden bis heute 14 000 Quadratkilometer Naturparke, die Franken zu einem beliebten Urlaubsziel machten.

Eine Fülle von Heilbädern entstand in jenen fränkischen Gebieten, in denen bereits Römer, Kelten und Alamannen ihre Solebäder genommen haben. In einer Reihe touristischer Straßen erschloß sich dieses Gebiet zu einem Ferienparadies Franken.

Wenn nun in diesem Buch der Versuch unternommen wird, nach mehrjährigen Forschungen ›vor Ort‹ und in der geschichtlichen Literatur, allen drei großen Zeitabschnitten fränkischer Geschichte gerecht zu werden, dann in der Absicht, den Lesern den weiträumigen zweitausendjährigen Ablauf dieses bemerkenswerten Geschehens in Deutschland nahezubringen.

Vom germanischen Stammesverband der Franken im Suchen nach neuen Lebensräumen und der Gewinnung derselben, über das fränkische Großreich Karls des Großen, das zum Weltreich wurde, bis hin zum ostfränkischen Reich, das schließlich in das Heilige Römische Reich Deutscher Nation einmündete, und zur fränkischen Landschaft mit ihren Besonderheiten, die sie unter allen anderen Landschaften heraushob: den Königsbesitzungen und -pfalzen, den Ministerialen, Edlen, Reichsrittern und Reichsfürsten bis hin zu den Reichsstädten aus königlicher und kaiserlicher Huld und deren Werden und Vergehen.

Diese heute kaum noch sichtbaren Zusammenhänge zu erhellen, aufzuzeigen, was Franken seinen Namen gegeben hat *und* was diese Landschaft an blühenden Gemeinwesen und großartigen Städten und Geschlechtern hervorgebracht hat, ist Sinn und Zweck eines Buches, das nach mehrjähriger Forschung entstand. Von den germanischen Franken über das fränkische Weltreich hin zum heutigen Franken, einem Kernland des Deutschen Reiches, zieht sich jener rote Faden, der durch Höhen und Tiefen der Geschichte niemals abriß und durch das Labyrinth der Geschehnisse einen entscheidenden Teil deutscher Geschichte freilegt.

Kapitel 1

DER STAMMESVERBAND

Die Franken: woher sie kamen

Daß die Franken bis zum 5. nachchristlichen Jahrhundert kein gemeinsames Königtum hatten, liegt darin begründet, daß sie kein Stamm waren, wie etwa die Sachsen oder die Friesen, sondern eine lockere Zusammenfassung einander verwandter, aber dennoch verschiedener Stämme darstellten. Eine große Zahl jener Stämme, die seinerzeit den Stammesverband der Franken bildete, ist bekannt. Dazu gehören beispielsweise die Brukterer, die Amsivarier und die Chamaven, die Chattuarier, die Sigrambrer, Salier und Tubanten.

Woher der Name ›Franken‹ für diesen Stammeszusammenschluß kam, ist noch nicht endgültig ermittelt. Ebensowenig konnte das Ursprungsland dieser Stammesvereinigung genau umrissen werden. Ob sie im Küstenbereich der heutigen Niederlande gelebt haben oder auf den ›nordischen‹ Inseln, die heute nicht mehr erkennbar sind, ist ungewiß.

Sicher ist jedoch, daß diese Bezeichnung für ›unbekannte Barbaren‹ etwa zu Beginn der Völkerwanderung um das Jahr 250 erstmals genannt wurde, als sie mit römischen Truppen in Konflikt gerieten, indem sie 256 nach Christus den Limes überschritten und nach Gallien einfielen. Sie zogen weiter nach Westen und Südwesten und erreichten 257 Spanien. Vermutlich sind sie sogar bis Gibraltar gekommen und von dort aus nach Marokko übergesetzt.

Im Jahre 275 belagerten und zerstörten sie die Provinzhauptstadt von Germania Inferior, Köln.

Die einzelnen Stämme, welche das Volk der Franken bildeten, wurden in dem Maße stärker, je mehr Stämme sich ihnen anschlossen.

Bereits Kaiser Aurelian, der von 270 bis 275 über das Römische Reich regierte, hatte sich ihrer zu erwehren. Marcus Aurelius Probus, der nach der Ermordung von Kaiser Tacitus vom Heer des Ostens zum Kaiser ausgerufen wurde, hatte in erbitterten Kämpfen gegen Alemannen und Franken in Gallien zu streiten, bis er diese aus der westlichen römischen Provinz vertrieben hatte.

Einen Großteil der germanischen Gefangenen, darunter viele Franken siedelte er am Schwarzen Meer an. Andere wurden als tapfere Krieger in die römischen Legionen übernommen. In Britannien holten sie 287 für Rom die Kastanien aus dem Feuer.

Zu dieser Zeit wurde bei den Rheinfranken als erster bekannter oberster Herrscher Gennobaudes I. als ihr König und Herr genannt. Unter ihm besetzten sie 290 die Inseln der Rheinmündung.

Auch die linksrheinischen sogenannten ›römischen‹ Gebiete, die natürlich *kein* römisches Gebiet waren, sondern römische Beute germanischen Landes, wurden von ihnen gewonnen. Hier waren es vor allem die Stämme der Brukterer und der Salier, die südlich der Ijssel, und die Bataver, die zu Anfang des vierten Jahrhunderts das Rheindelta besiedelt hatten. Um 306 wurde der Name Asaarius und wenig später Merogaisus genannt, ohne daß sich ihre Königskraft durch weitere Dokumente erhärtet hätte.

Die Salier, als römische Föderaten, unterwarfen 357 die Bataver und eroberten Toxandrien (das heutige Nordbrabant) für Rom. Sie waren es, die ab 406 zum Kohlenwald zwischen Lüttich und Tournay vordrangen und bis zum Ende des 5. Jahrhunderts ganz Gallien erobert hatten.

Zu dieser Zeit waren Mallobaudus um 378 und später ab 388 in den folgenden zehn Jahren Gennobaudes II. als König bekannt. Arbogast, ein fränkischer Offizier im römischen Heer, der sich zum Heermeister emporschwang, viele seiner Vertrauten und Freunde an den römischen Kaiserhof brachte und damit einen gewissen Einfluß ausüben konnte, übernahm ab 388 unter dem jungen Valentinian II. die Regierung des Reiches. Nach Valentinians Ermordung, die auf Arbogasts Befehl hin erfolgte, erhob dieser mit Hilfe seiner ins Reich eingeschleusten ›heidnischen‹ Helfer den magister Scrinii – den Lehrer der Rhetorik und Beamten der kaiserlichen Kanzlei – Eugenius auf den Thron. Arbogast hatte sich in der Folgezeit starker Angriffe zu erwehren. Im Kampf gegen Kaiser Theodosius unterlag er eingangs September 394 in einer Feldschlacht am Frigidus (dem heutige Vippaco) und beging Selbstmord.

Diese Zwischenepisode zeigt auf, wie weit es energische fränkische Soldaten in Rom bringen und wie tief sie stürzen konnten.

Für die Römer eroberten die Franken 356 Xanten, Köln, Bonn und Andernach und dehnten deren Herrschaftsgebiet weiter aus. Dies zum Teil im Bündnis mit Rom, aber auch in Gemeinschaft mit anderen germanischen Stämmen, so wie es die Lage gebot.

Aus dieser Zeit, beginnend aber bereits nach dem ersten Zusammentreffen mit den Römern, die sie mit ›Franken‹, also ›Freie‹, ansprachen, was soviel wie freie Menschen und freie Stämme bedeutete, war dieser Name gängige Bezeichnung. Sie wurden von den Römern – im Vergleich zu den Gallorömern – ›Freie‹ genannt. Dieser Name prägte sich mehr und mehr auf alle Stämme aus, je enger sich diese zusammenschlossen und je größer ihre Erfolge und damit ihre Unabhängigkeit von Rom wurde.

Zu Beginn des 5. Jahrhunderts wurde nach einigen einzelnen Nennungen der Name Richimer als fränkischer Herrscher dokumentarisch belegt. Ihm folgte von 413 bis 418 Theudomer. Die Macht des fränkischen Stammesverbandes zeichnete sich bereits im 5. Jahrhundert klar ab.

Die Alemannen und ihr Schicksal

Die Herkunft der Alemannen ist bisher so gedeutet worden, daß sie ein Stamm aus dem suebischen Stammesverband seien. Dieser brach etwa um 100 vor Christus aus dem Raum Thüringen nach Südwesten auf, erreichte den unteren Main nördlich seiner Mündung in den Rhein und stieß bis in den Raum Köln vor. Damit standen sie mit ihrem Hauptteil an der südöstlichen Grenze der Frankenstämme.

Die Alemannen wuchsen bereits in der Zeit, als sie um 213 erstmals am oberen Rhein auftraten, aus verschiedenen Heerhaufen des suebischen Stammesverbandes selber zu einem Großstamm zusammen. In diesem Jahr kam es zwischen ihnen und den römischen Truppen zu einem ersten geschichtlich verbürgten Zusammenstoß, als sie das römische Heerlager Mainz angriffen und erstürmten. Sie wurden in den folgenden Gefechten und Scharmützeln von Kaiser Caracalla abgewehrt.

Dies hinderte die Alemannen jedoch nicht daran, immer wieder aus Osten und Südosten gegen die römischen Grenzbefestigungen am Oberrhein anzutreten, den Limes schließlich 260 nach Christus zu überrennen und sich im sogenannten Dekumatenland der Römer (auch ›Zehntland‹ genannt) festzusetzen.

Dieser Raum war das spätere Schwaben. Augsburg aber, am Rande desselben gelegen, blieb in römischer Hand, obwohl im Laufe der Jahrzehnte das gesamte Gebiet bis in die Schweiz hinunter und ins Westfrankenreich hinein von Alemannen besiedelt wurde.

Bereits zu dieser Zeit wurden die Agri decumates (das Dekumatenland), jenes Vorfeld des römischen Reiches im Winkel zwischen Rhein und Donau, das Neckarland und seine Randberge, schon als Alamannia bezeichnet.

In mehreren Vereinbarungen verpflichteten sich die Alemannen, Getreide für die römischen Kastelle zu liefern. Damit gingen sie eine lockere Verbindung zu ihren römischen Nachbarn ein, die sich später weiter festigte, wenn auch nur auf dem Gebiet gegenseitiger ›diplomatischer‹ Beziehungen. Als beispielsweise Kaiser Constantius I. als Herrscher über Gallien, Spanien und Britannien am 25. Juli 306 in Eburacum (York) starb, hatten die Alemannen in ihm zwar einen gefährlichen Gegner, aber gleichzeitig auch anständigen Kämpfer verloren, den alle achteten.

Alemannenkönig Krokus hat nach dem Tod seines geachteten Widersachers den Sohn des verstorbenen Kaisers als Nachfolger in Gallien bestimmt. Sein Wort wog so schwer, daß Constantius' Sohn Flavius Valerius Constantinus von den römischen Truppen zum Augustus erhoben wurde. Er war später der legendäre Konstantin I. der Große.

Damit waren die Alemannen, knapp 100 Jahre nach ihrem ersten Auftauchen an der römischen Grenze, zu einem wichtigen Faktor der Geschichte geworden. Ein Teil der Alemannen schloß sich bereits 253 den Sueben an und drang mit diesen über Gallien bis nach Mailand vor. 270 zogen sie gemeinsam mit den Markomannen (ebenfalls ein Stamm aus der Stammesgemeinschaft der Sueben) erneut nach Mailand und Piacenza.

Die im Dekumatenland zurückbleibenden Alemannen aber überschritten Rhein und Donau, drangen ins Elsaß ein und besetzten die heutige Rheinpfalz. Sie wurden nun selber zu einem Stammesverband. In diesem Bund gingen im 4. Jahrhundert auch die Juthungen auf, die seit etwa 270 nördlich der Donau zwischen Ulm und Passau als Nachbarn der Alemannen gesiedelt hatten. Sie waren es, die in der Mitte des 5. Jahrhunderts, bereits in den alemannischen Stammesverband integriert, jenen Teil von Rätien eroberten, der zwischen Iller und Lech lag.

Der weströmische Feldherr Aëtius war es, der 430 ihr weiteres Vordringen über den Lech nach Bayern hinein verhinderte. Er war es auch, der 451 mit Hilfe der Westgoten, Alanen und Franken auf den Katalaunischen Feldern den Sieg über die Hunnen unter deren König Attila errang. Bis zum Ende des 5. Jahrhunderts hatten die Alemannen auch das Elsaß besiedelt. Dies begann 455 mit der Eroberung des gesamten Moselgebietes, nachdem sie gemeinsam mit den Angeln und Sachsen nach Belgien hineingestoßen waren und damit für die ›Angelsachsen‹ das Sprungbrett zu deren Landung in Britannien und der Besetzung eines Teiles dieses Landes gebildet hatten.

486 gelang es ihnen, den letzten römischen Statthalter in Gallien, Syagrius, Sohn und Nachfolger von Ägidius, der sich 464 in Soissons selbständig gemacht hatte, zu besiegen. Syagrius wurde wenig später umgebracht. Die salischen Franken unter ihrem König Chlodwig I. errangen diesen Sieg und bereiteten damit der römischen Herrschaft in Gallien um Soissons ein Ende.

Unter Chlodwig eroberten die Salier das gallische Gebiet von der Somme bis zur Loire. Mit diesem fränkischen König gewann die Königsliste der salischen Franken eine feste Gestalt. Aber auch die Rheinfranken hatten mit Sigibert ab 470 bis zum Jahre 508 einen bekannten König.

In den Kämpfen gegen die salischen Franken unter deren König Chlodwig kam es zu krassen Überlebenskämpfen. Chlodwig I. versuchte, den ungeheuren Expansionsdrang der Alemannen zu stoppen. Dies gelang in einer Reihe von Grenzkämpfen und schließlich in einer entscheidenden Schlacht im Jahre 496, die bei Zülpich stattgefunden haben soll. Durch den Verlust der Schlacht des Jahres 496 ging das sich über Worms und Aschaffenburg hinaus erstreckende Gebiet der Alemannen nördlich der Linie Worms–Asperg–Hesselberg an die Franken verloren. Die nach diesen Aderlässen geschwächten Alemannen unterstellten sich zunächst dem Gotenkönig, Theoderich dem Großen, kamen aber im Jahre 536 unter die Herrschaft der Franken.

In den folgenden Jahrzehnten kam es immer wieder zu Aufständen, mit denen die Alemannen die Herrschaft der Franken abschütteln wollten. Unter dem Alemannenherzog Godefrid, der um 709 starb, versuchten die Alemannen mehrmals, ihre Selbständigkeit zurückzuerlangen. Doch sie waren bereits zu eng ins fränkische Reich eingeschmolzen, als daß diese Aufstände Erfolg versprochen hätten.

Lantfrid I., ein Sohn Godefrids, der nach dem Tod seines Vaters im Jahre 709 den rechtsrheinischen Teil von ›Alemannien‹ als Teilherzogtum führte, schien sich in sein Schicksal ergeben zu haben, denn er ließ in Zusammenarbeit mit den Großen seines Stammes im Jahre 714 das alemannische Recht – den *Pactus Alemannorum* – überarbeiten und ihn der *Lex Salica* – dem salischen Recht – angleichen. Dies deutet an, daß er im Gegensatz zu seinem Bruder Herzog Theutbald der fränkischen Partei der Alemannen verbunden war. Dennoch erhob sich auch Lantfrid I. im Jahre 729 gegen den Franken Karl Martell und wurde von diesem im darauffolgenden Jahr besiegt und starb noch im selben Jahr.

Erst der Cannstätter Gerichtstag des Jahres 746 mit dem fränkischen Mord an vielen Alemannen beendete den jahrhundertelangen Widerstand der Alemannen. Damit war auch das seit 536 unter fränkischer Oberhoheit bestehende Herzogtum Schwaben, in dem der Gesamtstamm der Alemannen vereinigt worden war, aufgelöst.

In den neu gebildeten Grafschaften vermischte sich der eingewanderte fränkische Adel mit den einheimischen Adelsfamilien. In der Reichsteilung des Jahres 843 wurde auch Alemannien, für das sich ab dem 9. Jahrhundert die Bezeichnung Schwaben durchsetzte, dem Ostfränkischen Reich zugeordnet.

Die weitere Entwicklung dieses stärksten Widersachers des fränkischen Reiches, sei im Abschnitt über das Ostfränkische Reich dargelegt. Damit zurück zur fränkischen Geschichte, als deren wesentlicher Teil dieser alemannische Abschnitt zu betrachten ist.

Chlodwig I. und das Merowingerreich

Im Jahre 500 versuchte der Frankenkönig Chlodwig, das Burgunderreich zu erobern, um es seinem Reich einzugliedern. Dies mißlang, weil der König der Westgoten, Alarich II., dies vereitelte. In der Schlacht von Vouglé bei Poitiers im Jahre 507 siegte Chlodwig im zweiten Anlauf. Alarich II. fiel im Kampf. Mit ihm endete auch das Tolosanische Reich.

So gelang es Chlodwig, die meisten der fränkischen Stämme nacheinander zu überwinden und sich deren Gebiet einzuverleiben. Das gilt auch für die Ripuarier, die um 459 in den Kölner Raum eingedrungen waren und von hier aus das Moseltal teilweise eroberten. Sie alle wurden in das von Chlodwig gegründete Reich der Merowinger eingegliedert.

Diese Merowinger bestanden zunächst aus der Sippe eines Kleinkönigsgeschlechtes der salischen Franken, die ihre Entstehung auf ihren sagenhaften Herrscher Merowech zurückführte und mit Chlodio um das Jahr 430 erstmal geschichtlich bezeugt wurde. Chlodios Nachfolger wurden Chlodobad und Merowech, ohne daß die Jahreszahlen ihrer Regierungszeit genannt werden könnten.

Erst mit Childerich I., der als Herrscher dieser Sippe und Vater Chlodwigs I. seit 457 als Kleinkönig der salischen Franken in Tournay herrschte, trat dieses Königsgeschlecht der Merowinger ins volle Rampenlicht. Childerich kämpfte noch als Verbündeter des römischen Heermeisters Ägidius 463 gegen die Westgoten und Sachsen an der Loiremündung, später auch gegen ein alemannisches Heer. Danach gelang es ihm, die römische Restherrschaft in Gallien zu zerbrechen.

Nach ihm übernahm Ragnachar die Regierung, dem um 508 Richar und Rignomer folgten. Dazwischen aber wurde von 486 bis 508 auch der Name eines Chararich genannt. Unter Chlodwig I. wurde Paris Hauptstadt des Merowinger-Reiches.

Bis zum Jahre 531 gelang es dann auch, Thüringen diesem fränkischen

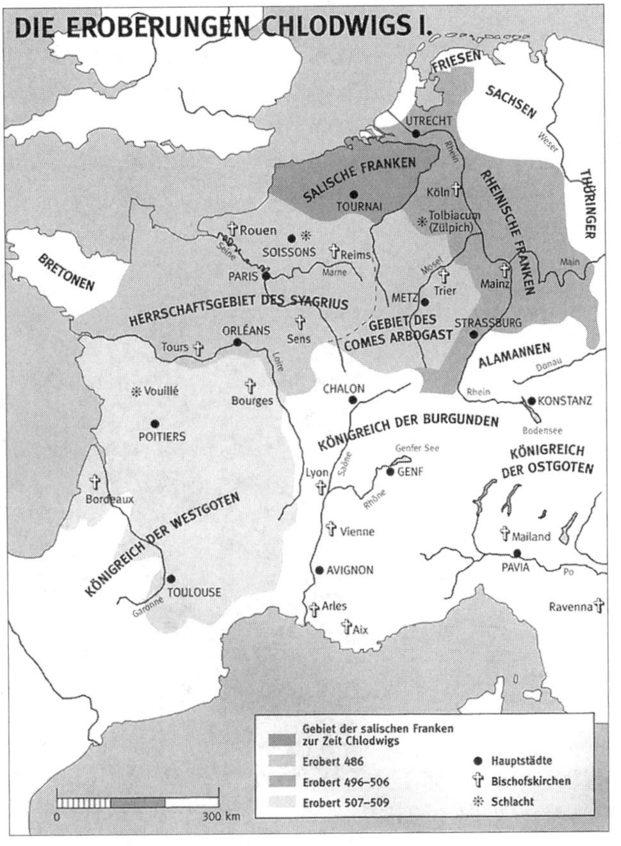

Karte der fränkischen Expansion unter Childerich und Chlodwig I. (H. Vits)

Fränkische Landnahme durch Chlodwig I.

Merowingerreich einzuverleiben, und ab dem 8. Jahrhundert folgte das Maingebiet nach. Damit hatten sich die Salier als stärkster fränkischer Stamm zum Führer des fränkischen Volksverbandes gemacht.

Um 533 reichte das Reich der Franken bereits von der Garonne bis nach Thüringen, von Avignon bis zur Rheinmündung und war

Die Taufe Chlodwigs, Stich von A. Zick, 19. Jahrhundert

damit – dies sei an dieser Stelle erwähnt – zu einem Reich geworden, welches das heutige Frankreich und Deutschland mit allen anderen europäischen Staaten umfaßte. Damit wurde das Frankenreich auch vom Gegenstand germanischer Geschichte zur abendländischen Historie.

Es gilt als Trennzeichen, daß die germanisch-fränkische Geschichte in dem Augenblick zu Ende ging, als sich König Chlodwig I. zu Christus bekannte und taufen ließ. Daß dies nicht aus Frömmigkeit geschah, sondern ausgesprochen politische Gründe dahintersteckten, ist erwiesen.

Das Regnum Francorum

Das Besondere am *Regnum Francorum* war die Tatsache, daß es als einziges Staatsgebilde neben den Reichen der Thüringer und Sachsen in stetem Bezug zu seinem Ursprungsgebiet geblieben ist. Allerdings wuchs es – im Gegensatz zu Thüringen und Sachsen – in jene römische Tradition hinein, die in Gallien geherrscht hatte. Dadurch allein wurde das fränkische Reich zur bedeutendsten Reichsgründung des frühen Mittelalters, weil es seinen Herrschern gelang, die Romanen und Germanen in ihr Reich einzugliedern und miteinander zu verschmelzen. Dieses Reich war zwischen jenen germanischen Stämmen eingegliedert, die noch etwa 300 Jahre länger in ihrer germanischen Ordnung und ›Rückständigkeit‹ verblieben.

Zwischen dem Verteidigungskampf der verbündeten Römer, Gallier und Germanen gegen die Hunnen auf den Katalaunischen Feldern und der Krönung Karls des Großen im Jahre 800 durch Papst Leo zum Herrscher über das fränkische Großreich, dem Nachfolger des weströmischen Reiches, lagen Ereignisse, die alle Kraft und allen Mut zur Verteidigung des Reiches erforderten:

Da war einmal die Abwehr der Mauren ebenso wie die Entwicklung von staatlichen Verwaltungsformen, die Verflechtung von Kirche und Staat in der Person des Königs und Kaisers, die Herausbildung der Grafschaftsverfassung und eines starken Adels als Parität zwischen König und Volk. Von allen diesen Komponenten wurde Frankreich ebenso wie Deutschland geprägt. Dabei blieben in Deutschland germanische und in Frankreich antike Kulturanteile wesentlich.

Das *Regnum Francorum* zerfiel in germanische Herzogtümer, gallogermanische Verwaltungssysteme und deutsch-französische Königreiche. Von diesen ausgehend, soll letztlich die Geschichte der Franken in dem ›Franken‹ genannten Landesteil Deutschlands dargelegt werden.

Zuvor sei jedoch noch einiges über die ersten Ansiedlungen fränkischer Stämme und Sippen in den rechtsrheinischen Gebieten berichtet.

Das neue Franken

Bereits im 6. Jahrhundert schlossen sich die Hessen im Rhein-Maingebiet den dort siedelnden Franken an. Diese erweiterten ihren ostrheinischen Siedlungsraum im 8. Jahrhundert durch eine Staatskolonisation im Maintal. Parallel zu den früheren Eroberungen verliefen die Ansiedlungen der Franken, die aus ihren Stammessitzen nachkamen. Durch diese ununterbrochene Verbindung zu den ursprünglichen Stammesgebieten bewahrten sich die Franken vor jener Romanisierung, wie sie andere germanische Stämme durchliefen.

Durch die Romanisierung der anderen germanischen Stämme aber wurde erst ihre Bekehrung zum Katholizismus ermöglicht. Diese wiederum bedingte ab etwa 500 die gegenseitige Durchdringung beider Bevölkerungsteile des fränkischen Reiches.

Das Karolingerreich – wie man Kaiser wird

Die Karolinger, nach dem bedeutendsten Sproß aus dem fränkischen Hochadels- und Königsgeschlecht, Karl dem Großen, benannt, gingen aus einer Verbindung der Nachkommen des Arnulf von Metz und Pippins I. hervor. Ihr politischer Aufstieg setzte mit Pippin II. ein, der nach dem Sieg bei Tertry über den Hausmeier von Neustrien den Grundstein zur Größe des karolingischen Hauses legte. Damit erwarb er sich das Amt des Hausmeiers, das er später an seine Nachfolger Karl Martell und Pippin III. weitervererbte.

Hausmeier, oder Maire du palais, wurden in der Merowingerzeit die Vorstände der königlichen Hofhaltung genannt. Sie waren zugleich Führer des kriegerischen Gefolges. Dieses Amt entwickelte sich nach und nach zum obersten Amt der Staatsverwaltung. In den Kämpfen der Könige untereinander zu Beginn des 7. Jahrhunderts erlangten die Hausmeier als Führer der Großen die Ausübung der königlichen Gewalt, während die Könige mehr oder weniger nur noch als ›Dekoration‹ dienten. In den letzten Jahrzehnten der Merowingerzeit entschieden sie sogar über die Nachfolge im Herrscheramt.

Pippin der Ältere, von dem die Rede ist, war Hausmeier in Austrasien, auch Austrien genannt, also im Ostreich, und damit im östlichen Teil des fränkischen Reiches.

Mit der Zustimmung von Papst Zacharias erwarben die Karolinger durch Pippin III. im Jahre 751 anstelle der damit abgesetzten Merowinger die Königswürde.

Unter Pippins III. ältestem Sohn Karl, der später der Große genannt wurde, erreichten sie ihren Höhepunkt. Unter der Herrschaft dieses am 2. April 742 geborenen Königs wuchs das fränkische Reich zum europäischen Großreich heran.

Mit seinem Italienzug im Jahre 773 und dem Sieg über den Langobardenkönig Desiderius wurde Karl zum Herrscher auch des Langobardenreiches.

Im Südwesten gelang ihm bereits 769 die Unterwerfung Aquitaniens. Er baute bis 778 die ›spanische Mark‹ bis zum Ebro hin aus und konnte in einem über 30 Jahre währenden Kampf die Sachsen – mit dem finsteren Blutgericht bei Verden an der Aller – unter ihrem Herzog Widukind besiegen (siehe Kurowski, Franz, *Sahsnôtas – Schwertgenossen – Die Geschichte der Sachsen*).

Nach der Absetzung des baierischen Herzogs Tassilo konnte er 788 auch die Baiern mit dem fränkischen Reich vereinigen. Dadurch aber kam es zum bewaffneten Konflikt mit den östlich davon lebenden Awaren, die in mehreren Feldzügen bis zum Jahre 805 unterworfen wurden.

Karl I., dieser fränkische König, der die bereits genannten und eine Reihe weiterer Erfolge auf sich vereinigen konnte, erhielt im Jahre 800, mehr oder weniger durch einen Zufall, die Kaiserkrone. Und zwar geschah folgendes: Am 25. April 799 wurde der amtierende Papst Leo III. während einer Prozession von langobardischen Verschwörern überfallen, vom Pferd gerissen und aller Kleidung beraubt. Darüber hinaus versuchte man, ihm die Augen auszustechen und die Zunge abzuschneiden. Dies alles geschah nicht etwa irgendwo im Heidenland, sondern in des Papstes eigener Metropole, in Rom.

Der Papst blieb in seinem Blut liegen, keiner leistete ihm erste Hilfe. Es waren keine Terroristen oder Aufrührer, die diesen Schurkenstreich am Oberhaupt der katholischen Kirche vollzogen, sondern die Glieder höchster christlicher Stellungen – so der päpstliche Schatzmeister und weitere kirchliche Würdenträger. Diese Verstümmelungen sollten Leo III. aus dem Rennen werfen und den Stuhl Petri für einen ihnen genehmen Nachfolger frei machen, dessen sie sich nach Lust und Laune bedienen konnten.

Der Papst wurde in ein Kloster gebracht. Zum Glück hatte er trotz der Beschädigung der Zunge seine Sprache behalten. Auch die versuchte Blendung war nur dilettantisch erfolgt, so daß Leo III. des Augenlichts mächtig blieb. Der päpstliche Kämmerer und einige getreue Mönche konnten den Papst in einer einfach unvorstellbaren Odyssee nach Paderborn schaffen, wo Karl I., später der Große genannt, eine Kaiserpfalz hatte errichten lassen und einen Reichstag abhielt. Die Frankenkönige galten bereits unter Karls Vater Pippin als Beschützer der Päpste vor langobardischen Überfällen und trugen den Ehrentitel ›*Patricius Romanorum*‹. Von einer starken Eskorte fränkischer Krieger begleitet, reiste der Papst, mit einem Schutzbrief Karls I. versehen, nach Rom zurück.

Karl der Große nach Albrechts Dürers Phantasiebildnis

Im Jahre 800 folgte Frankenkönig Karl ihm nach. Von Leo III. und den Römern frenetisch begrüßt, zog er am 23. November 800 in Rom ein. Hier hielt Karl I. einen Gerichtstag, auf dem Papst Leo III. durch seinen Reinigungseid, den er von der Kanzel des Petersdoms sprach, von allen Vorwürfen freigesprochen wurde. Als sich König Karl am Weihnachtstage 800 in St. Peter zum Gebet vor dem Grabmal des Apostels Petrus erhob, trat Papst Leo neben ihn und setzte ihm überraschend die Kaiserkrone aufs Haupt. Die anwesenden Christen jubelten dem neuen Kaiser zu. Der Papst fiel nach alter Sitte vor Karl auf die Knie und nannte ihn unter Weglassung des alten Titels Patricius nunmehr ›Kaiser und Augustus‹. Daß dieser Schachzug des Papstes von langer Hand vorbereitet worden war, zeigt die Tatsache auf, daß die ›*pretiosissima corona*‹, die äußerst wertvolle Kaiserkrone, in strahlendem Glanz zur Hand war. Daß Karl die Kirche nicht betreten hätte, *wenn* er von dieser Handlung gewußt hätte, wurde zwar von des Kaisers neuem Biographen Einhard überliefert, darf aber getrost als Zweckmeldung angesehen werden.

In Aachen ließ Kaiser Karl der Große seine Residenz ausbauen, er stand jetzt im Zenit seiner Macht. Das fränkische Heer hatte binnen zehn Jahren ganz Mittel- und Westeuropa erobert. Seine Herrschaft reichte nun von Barcelona bis Belgrad, von der Bretagne bis nach Benevent. Die alten Kaiserstädte Rom, Ravenna, Arles, Trier und Mailand lagen in seinem Machtbereich, selbst Sirmium, das am Unterlauf der Save lag, war bereits 795 bis 796 in fränkische Hand gefallen.

Während seines Aufenthaltes in Rom erreichte den Kaiser eine Botschaft des Patriarchen von Jerusalem, das von den Arabern in Besitz genommen worden war. Die Abgesandten überreichten ihm die Schlüssel dieser Heiligen Stätte der Christenheit, womit sich Karl I. als ›Schutzherr der Heiligen Stätten‹ bezeichnen konnte.

Eine zweite Gesandtschaft, die ihn zur selben Zeit in Rom aufsuchte, war von dem berühmten Kalifen Harun al-Raschid geschickt

Die Karolinger

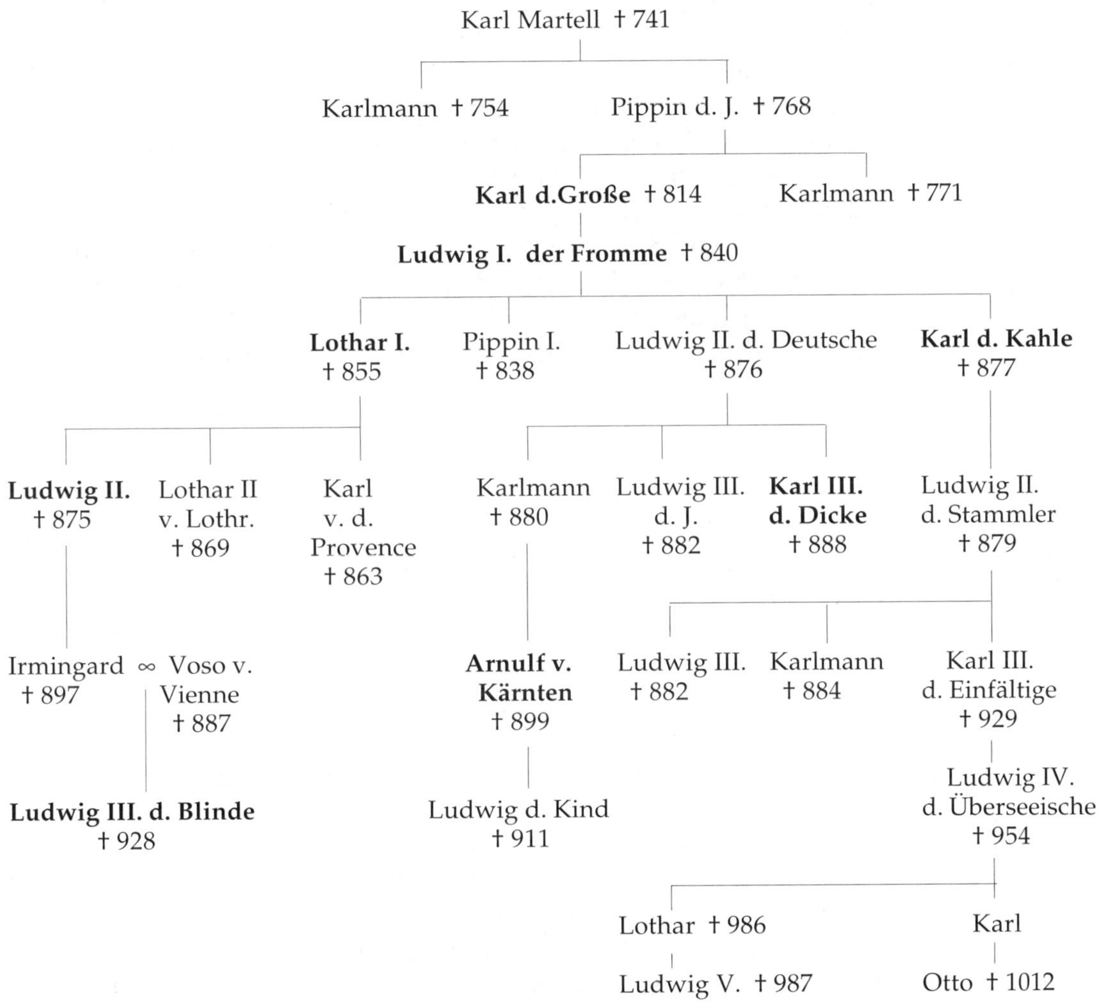

Die Kaisernamen sind in Fettdruck. Otto († 1012) ist der letzte Karolinger gewesen.

worden. Das war zwar nur als freundliche Geste gedacht, wurde aber von den Propagandisten Karls als ein Beweis der Weltgeltung ihres Kaisers benutzt. Das, was der kaiserliche Berater Alkuin diesem 799 vor seiner Reise nach Rom gesagt hatte, war Wahrheit geworden: »Nun liegt das ganze Heil der Kirche Christi an Dir allein!«

Nunmehr lautete der offizielle Titel des Frankenkaisers: ›Serenissimus augustus a Deo coronatus magnus pacificus imperator, Romanum gubernans imperium, qui et per misericordiam Dei rex Francorum et Langobardum‹. (Erlauchter Augustus, der von Gott gekrönte, große friedenschaffende Kaiser, Beherrscher des römischen Reiches und auch durch Gottes Gnade König der Franken und Langobarden.) Karl selber nannte sich weiter nur ›König der Franken und Langobarden‹.

In den folgenden Jahren errang Karl alles, was er sich zum Ziel gesetzt hatte. Indem er noch zu seinen Lebzeiten seinen Sohn Ludwig 813 zum Mitkaiser erhob, welche Zeremonie in Aachen stattfand, versuchte er, die Päpste als ›Kaisermacher‹ auszuschalten. Wäre ihm dies auf Dauer gelungen, so hätte es in Zukunft nicht mehr ›römischer‹, sondern ›deutscher Kaiser‹ geheißen.

Kaiser Karl und die Reichsversammlung des Jahres 817 beschlossen feierlich, daß der Kaiser selber *und* die Reichsversammlung den Nachfolger zu bestimmen hätten.

Karl der Große überlebte alle erbberechtigten Söhne bis auf einen: Ludwig den Frommen. Dessen Söhnen gelang es, sich noch zu Lebzeiten ihres Vaters verschiedene Reichsteile zu sichern, die sie teilweise ebenso schnell auch wieder verloren.

Einen Höhepunkt dieses peinlichen Schachers sah das Jahr 833. In jenem Jahr erhoben sich gleich mehrere Söhne gegen den Wortbruch ihres Vaters Ludwig. In ihrem Gefolge war auch der amtierende Papst Gregor IV. Auf dem Lügenfeld zu Kolmar lief das gesamte Heer Kaiser Ludwigs des Frommen davon und überließ ihn seinem Schicksal. Er wurde abgesetzt und mußte ein öffentliches Schuldbekenntnis ablegen. Aber die Zwistigkeiten unter seinen Söhnen ließen ihn noch einmal an die Macht gelangen.

Als Ludwig der Fromme 840 starb, kam es zum offenen Bruderkrieg, und 843 einigten sich die verfeindeten Brüder in Verdun auf eine Dreiteilung des fränkischen Reiches ihres Großvaters.

Lothar, der Älteste, bereits zu Lebzeiten seines Vaters zum Mitkaiser gekrönt, sicherte sich jenen langgestreckten mittleren Streifen des Landes, jene Landbrücke, die von Aachen bis Rom reichte.

Karl der Kahle erhielt den Westteil des Reiches, das spätere westfränkische Reich, und Ludwig, der später der Deutsche genannt wurde, konnte das ostfränkische Reich gewinnen.

Karl der Kahle erhält bei seiner Hochzeit die Forderung seines Bruders Ludwig auf Teilung des Reiches. Nach einer Originalzeichnung von Fr. Roeber.

Kurzer Überblick: Zeit der Wirren und Verwirrung

Durch das gewaltsame Eingreifen Karl des Großen wurde die selbständige Weiterentwicklung der rechtsrheinischen germanischen Stämme zunächst beendet. Schwaben und Bayern hatten sich unterworfen. Die Sachsen waren in einem über dreißig Jahre dauernden Krieg vernichtet worden. Nachdem Karl der Große Kaiser geworden war, regierte er über ganz Europa, von den Pyrenäen bis zur Ostsee und vom französischen Atlantik bis nach Böhmen und zur Elbe. Durch die Einführung des fränkischen Königsrechts hatte er über viele Jahre hinweg andauernd die Stammesrechte der fränkischen und anderer germanischer Stämme außer Kraft gesetzt.

Damit waren die unterworfenen und besiegten germanischen Stämme einerseits fränkische Reichsangehörige geworden und standen unter fränkischem Königstum, andererseits wiederum blieben sie dennoch Angehörige eines Stammes und waren diesem stammesrechtlich verbunden.

Bereits lange Jahre vor dem Sachsenmord bei Verden an der Aller 782 waren Tausende Krieger schwäbischen Stammes im Jahre 746 beim Cannstatter Blutgericht heimtückisch von den Legionären Karlmanns erschlagen worden.

Das ostfränkische Reich

Der Reichsteilungstag im August 843 in Verdun wurde zur Geburtsstunde Frankreichs und Deutschlands, denn das ostfränkische Reich unternahm nun alle Anstrengungen, sich nicht nur von den beiden anderen fränkischen Reichsteilen zu trennen, sondern auch unter Ludwig dem Deutschen jenen Weg zu gehen, der schließlich zu Deutschland führte.

Als im Jahre 870 im Vertrag zu Mersen auch fast ganz Lothringen an das ostfränkische Reich fiel und diese neue Grenze zugleich sprachliche Grenzscheide bis in unser Jahrhundert wurde, waren die deutsche Sprache und das spätere deutsche Reich geboren.

Bereits seit dem Ende des 8. Jahrhunderts war die Sprache der germanischen Stämme im Ostreich als ein einheitliches Idiom empfunden worden. Man nannte sie ›diutisk‹. Diese Bezeichnung erlangte sehr schnell weite Verbreitung, denn unter den Stämmen wurde im ostfränkischen Reich die Sprache als das Gemeinsame empfunden, das denn auch zur nationalen Entwicklung entschei-

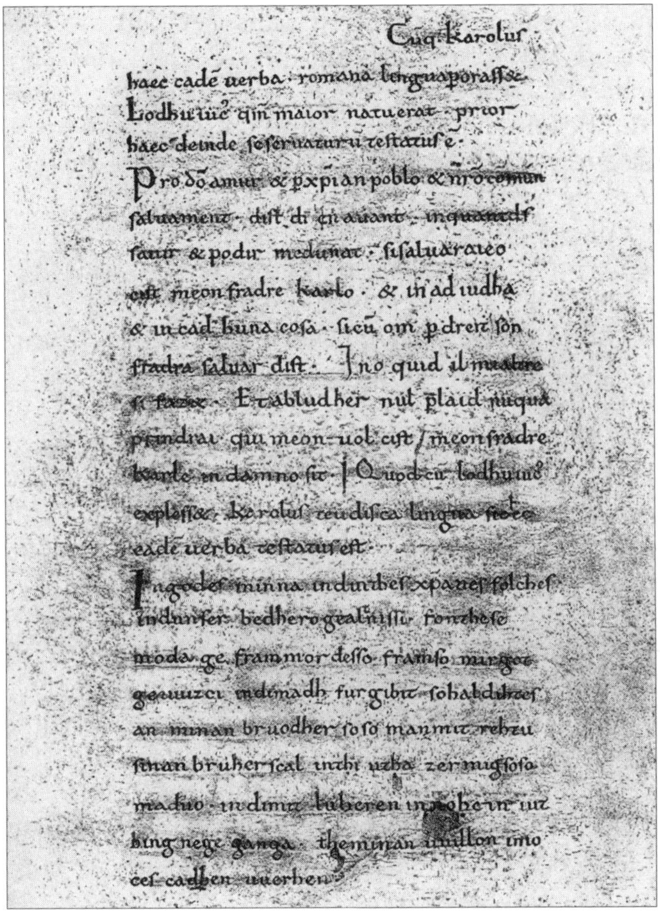

Zu Seite 28: *Die Straßburger Eidschwüre Ludwig des Deutschen und Karls des Kahlen vom 14. Februar 842 – in der Niederschrift Nithards, eines Enkels Karls des Großen, aus seinen vier Büchern fränkischer Geschichte. Dieses Dokument ist das älteste Denkmal der Scheidung germanischer und romanischer Nation und Sprache.*

Wörtliche Übersetzung:
Und als Karl dieselben Worte in romanischer Zunge geredet hatte, Ludwig, weil er älter geboren war, zuerst (daß) diese darauf er halten würde, schwur:
Aus Liebe zu Gott und fürs christliche Volk und unser gemeinsames Heil, von diesem Tage an fernerhin, soweit Gott Wissen und Vermögen mir gibt, so will ich halten (schützen) diesen meinen Bruder Karl, sowohl zur Hilfe als auch in jedweder Sache, sowie ein Mann mit Recht seinen Bruder halten soll, in allem war er mir ebenso tun würde; und mit Lothar keinen Vertrag niemals machen werde, der meines Willens diesem meinem Bruder Karl zum Schaden sein würde. /Dieses als Ludwig vollendet hatte, Karl in deutscher Sprache so diese selben Worte schwur:
In Gottes Liebe und in des christlichen Volkes und unser beiden Erhaltung, von diesem Tage fortan so weit als mir Gott Wissen und Macht gibt, so halte ich diesen meinen Bruder, sowie man mit Recht seinen Bruder soll, in dem daß er mir ebenso tue; und mit Lothar in kein Ding nicht gehe ich, das meines Willens ihm zu Schaden werde.

dende Impulse gab. Von dem etwa aus der Zeit um 786 erstmals überlieferten Wort ›diutisk‹ bis zu jenem Gerichtsprozeß des Jahres 788 gegen den Bayernherzog Tassilo wegen »herisliz-Fahnenflucht«, bei dem die Bezeichnung erneut amtlich genannt wurde, war ›diutisk‹ erst zum zweitenmal erwähnt worden. In der Folgezeit jedoch wurde sie immer mehr genannt.

Als die Enkel Karls I., Karl der Kahle und Ludwig der Deutsche, im Jahre 842 einander gegen Lothar Hilfeleistung zusicherten, wurde bei Straßburg der geleistete Eid vom französischen König in deutscher und von Ludwig dem Deutschen in französischer Sprache gesprochen, damit die beiden aufmarschierten Heeresteile ihn auch verstehen konnten.

Seit 845 tauchte in den Dokumenten beider Seiten immer wieder das Wort ›teutisci‹ für Deutsche auf, bis es schließlich in die Allgemeinsprache übernommen wurde. Seit 920 aber gab es eindeutig und unwiderleglich die Bezeichnung ›regnum Teutonicorum‹, und damit war das ›Deutsche Reich‹ gemeint.

Dieses deutsche Reich reichte nach der Eingliederung Lothringens in das ostfränkische Reich unter der Herrschaft Ludwigs des Deutschen im Westen bis an die Schelde. Seine Grenze verlief von dort westlich der Maas nach Süden. Dies sollte mit einer Ausnahme der Jahre 911–923 bis zum Jahre 1848 nach dem Abfall der spanischen Niederlande und den Raubzügen Ludwigs XIV. so bleiben.

Ohne auf den westfränkischen Reichsteil näher einzugehen, sei nunmehr im Sinne dieses Buches die ausschließliche Hinwendung zum ostfränkischen Reich und schließlich zu Franken, wie es auch heute bekannt ist, vollzogen.

Das ostfränkische Reich: Ludwig der Deutsche

Mit dem Vertrag von Verdun hatte sich die Geschichte des ostfränkischen Reiches von den beiden übrigen fränkischen Teilreichen abgewandt. Die deutschen Länder, die bis dahin nur ein Zubehör des fränkischen Reiches gewesen waren, ebenso wie ihre Geschichte, die in der Gesamtgeschichte des fränkischen Reiches aufgegangen war, wurden vom fränkischen Reich abgetrennt. Damit wurde die Vielzahl der deutschen Länder allmählich zu einem selbständigen Reich.

Der Vertrag von Verdun bedeutete allerdings noch nicht die Gründung des deutschen Reiches. Er schuf vielmehr zunächst ein ostfränkisches Reich. Dieses ostfränkische Reich erwarb im Laufe seiner Geschichte die übrigen deutschen Länder hinzu. Es beschränkte sich auf sich selber und wuchs damit zum deutschen Reich zusammen. Es war nicht so sehr die Frage der Nationalität, die dies bewirkte. Immerhin hat es keinen Gegensatz zwischen der deutschen und der romanischen Nationalität gegeben. Zur damaligen Zeit gab es noch keine nationalen Bestrebungen im heutigen Sinne. Zwischen den germanischen Völkern und jenen romanischen Blutes herrschte kein Haß.

Das einigende Band jeder Nationalität ist die *Sprache*, und zwar nicht die Mundarten vielerlei Art, die gesprochen wurden, sondern die *eine* für alle Teilgebiete gültige *Schriftsprache*. Erst eine zum *Gemeingut* aller Menschen eines Staates gewordene einheitliche Schriftsprache bietet das Mittel zur *Verständigung aller untereinander.* Sie überbrückt die Scheidung durch Mundarten und das Sonderbewußtsein jener Stämme, die sie sprechen, sie wird zum *nationalen Band.*

Die Deutschen besaßen zur Zeit der Gründung des ostfränkischen Reiches noch keine Schriftsprache. Die Sprache für Kirche und Staat war lateinisch, die deutschen Idiome galten als ›barbarisch‹. Ihre Bezeichnung ›Thiudisca‹ besagte, daß sie nur Volkssprache war. Der in der karolingischen Zeit auftauchende Begriff ›Theudisci‹ – ›Deutsche‹ – nahm zunächst nur auf die Sprache Bezug.

Die Franken des karolingischen Reiches waren nicht der Romanisierung anheimgefallen, sondern hatten sich das Bewußtsein erhalten, ein Stammesverband zu sein. So waren beispielsweise die Franken im romanischen Neustrien – ebenso wie die Franken in Austrien – auf deutschem Boden Stammesgenossen und fühlten sich auch als solche. Damit steht fest, daß der Vertrag von Verdun erst die Grundbedingungen schuf, unter denen sich die deutschen Stämme in engerem Zusammenschluß zur deutschen Nation entwickelten.

Auch das ostfränkische Reich blieb nach seinem Entstehen durch Erbfälle nicht ganz unbeschädigt. Die dadurch erzwungenen Teilungen waren jedoch meistenteils nur von kurzer Dauer und hatten keine negativen Nachwirkungen auf dem Weg zum Reich der Ostfranken. Es war dem ostfränkischen Reich vergönnt, sich selbst zu festigen und – nachdem es nach der Auflösung des Lotharischen Reiches die ihm fehlenden deutschen Lande hinzugewonnen hatte – sich zum deutschen Reich zu entwickeln.

Daß im Vertrag von Verdun zunächst willkürliche Grenzen gezogen wurden und man damit fest zusammengewachsene Stämme und Verhältnisse zerstückelte, brachte viele Schwierigkeiten mit sich. Vor allem die Franken waren davon betroffen.

Die vorher salischen Franken gehörten zum Westreich Karls, die ripuarischen zu jenem Lothars, die Ostfranken zu Ludwigs des Deutschen Gebiet. Die Elsässer wurden von den Alemannen abgetrennt, ein Teil der Burgunder dem Westreich zugeschlagen, der andere dem Mittelreich.

Daß damit auch die kirchlichen Verbände zerrissen wurden, war eine Folge. Die Metropole Mainz gehörte zum ostfränkischen Reich. Ihr Suffraganbistum Straßburg jedoch zu Lothars Reich. Im Norden besaß dieses Reich die Metropolen Trier und Köln. Aber der Kölner Sprengel umfaßte die jetzt politisch von ihm abgetrennten sächsischen Bistümer Münster, Minden, Osnabrück und Bremen. Der Trierer Sprengel erstreckte sich von der Lahn über das rechte Rheinufer. Weiteres ›Durcheinander‹ war gegeben, ohne daß dies hier dargelegt werden muß.

Das ostfränkische Reich umschloß jedenfalls die größere Masse der deutschen Stämme, von den Bayern und Alemannen bis zu den Elsässern, den Ostfranken, Sachsen und Thüringern. Es waren dies deutsche Länder, die in sich ein kompaktes Ganzes bildeten, das einheitlicher war als jeder der beiden anderen Teilstaaten des ehemaligen fränkischen Reiches. Dadurch waren die erforderlichen Bedingungen zum Aufbau eines deutschen Reiches erfüllt.

Daß das gesamte ostfränkische Gebiet gegenüber dem reichen und kulturell hochstehenden Westen mit dessen bedeutenden Städten und guten Straßenverbindungen, den prächtigen Pfalzen, Klöstern und Adelssitzen benachteiligt war, verstand sich. Es war ein armes Land. Nur dort, wo die Römer mit ihren Legionen nach Norden und Britannien gezogen waren, gab es ebenfalls Städte. Selbst Frankfurt, die Residenz des Ostreiches, war nicht viel mehr als eine größere Ortschaft. Dieses alles ließ das ostfränkische Land als hoffnungslos unterlegen erscheinen. Aber in ihm lebte die Freiheit des Volkes und dessen Kraft, es war keiner Bedrückung und Fron unterworfen, kräftig und tüchtig *und* bewahrte seinem König die unwandelbare Treue.

An der Ostgrenze, der Elbe, galt es, die Slawen abzuwehren und weiteren Raum nach Osten jenseits der Elbe und Saale zu gewinnen. Noch gab es für diese ostfränkischen Länder keinen einheitlichen Namen. Der alte Begriff ›Germania‹, wie er in der lateinischen Literatur gebraucht wurde, war zwar ein geographischer Begriff geworden, hatte aber keinen nationalen Inhalt erfahren. Er bedeutete noch nicht ›das Land der Deutschen‹, Deutschland, sondern einfach das Land ostwärts des Rheins und nördlich der Donau, das die Römer als ›Germanien‹ bezeichnet hatten – im Gegensatz zu dem westlich des Rheins liegenden Gallien.

Es war König und Kaiser Ludwig I., der Fromme, der sich seit 833, als ihm erstmals die rechtsrheinischen Länder zugesprochen wurden, auch ›König im östlichen Francien‹ (in *orientali Francia*) nannte.

Aus dem Psalter Ludwigs des Deutschen (gemalt um 860), von ihm einer deutschen Kirche geschenkt – hier der Buchstabe A.

Diese Bezeichnung bekam ihre Gültigkeit und neue Geltung, als das Mittelreich der Franken unter Lothar zerrieben wurde und sich ab 870 das Reich der Ostfranken sowie das westfränkische Reich als die beiden übrig gebliebenen Hälften des ehemals dreigeteilten fränkischen Reiches gegenüberstanden.

Ludwig der Deutsche wiederum, dritter Sohn Kaiser Ludwigs, kam zu dieser Sonderbezeichnung dadurch, daß Geschichtsschreiber seinen Titel ›rex Germaniae‹ oder ›rex Germanorum‹ in den fränkischen Reichsannalen von 853 und 844 nannten. Indem man nun Germanien mit dem Begriff ›Deutschland‹ gleichsetzte, war für Ludwig dieser Beiname geboren.

Karls des Großen Reich, das sich aus einer Vielfalt an Völkern, der Franken, Kelten, Aquitanier, Burgunder, Westgoten und Basken, zusammensetzte, war nicht Deutschland, sondern Europa! Im ostfränkischen Reich, das von der Persönlichkeit seines ersten Herrschers und auch seiner Nachfolger geprägt wurde, hatte man es nur mit germanischen Stämmen zu tun. Ihr Herrscher Ludwig der Deutsche war eine jener Persönlichkeiten, die durch Gerechtigkeit, Klugheit und Milde regierte, dem Volk neue Bahnen wies und nicht als neuer Nachfolger Karls des Großen, sondern als der bedeutendste

»Signum +domini hludovvici serenissimi regis.« Signum Ludwigs des Deutschen von einer Urkunde vom Jahre 87? datiert von Frankfurt/M. (›Actum Franconofurt in palatio regio‹)

unter seinen Brüdern rangierte. Er war der Mann, der sein Reich nach außen zu schützen wußte und im Innern Ruhe einkehren ließ. In der Zeit, da die Slawen versuchten, an der Ostgrenze seines Reiches Land und Macht zu vergrößern, zog Ludwig II. 844 gegen die im Osten lebenden Abroditen zu Felde, die abzufallen drohten, und unterwarf sie. Zwei Jahre darauf marschierte er mit einer Streitmacht über die Elbe. Es galt, die Sorben zu bändigen, die durch Einfälle und Brandstiftungen die Grenzgebiete unsicher machten. Sie wurden durch eine 851 stattfindende Heerfahrt ›gezüchtigt‹ und leisteten in der Folgezeit die Heerfolge gegen die Daleminzier, die zwischen Elbe und Mulde lebten und deren Land seit einem halben Jahrhundert von keinem fränkischen Krieger betreten worden war.

Als zu Beginn des Jahres 845 vierzehn böhmische Häuptlinge in Regensburg erschienen, um sich taufen zu lassen, und die Taufe am 13. Januar empfingen, schien Böhmen zu einem festen Bestandteil des ostfränkischen Reiches zu werden. Doch bereits ein Jahr später mußte Ludwig seinen gleichnamigen Sohn mit einem Heer gegen die aufständischen Böhmen schicken.

Siege und Niederlagen wechselten einander ab. Böhmen und Mährer leisteten gegen ihre Eingliederung in das fränkische Reich stärksten Widerstand.

Die neue Gesetzgebung in Ostfranken

Der Wahrung von Recht und Ordnung im Landesinnern widmete Ludwig der Deutsche einen großen Teil seiner Zeit. Dies gilt vor allem für Sachsen. Auf dem Reichstag zu Paderborn 852 ging es ihm »vornehmlich darum, jenen Recht und Hilfe zu verschaffen, die von schlechten und betrügerischen Richtern beiseite geschoben« waren und, wie es hieß, »durch vielfache Rechtsverzögerung beeinträchtigt, große und lange Unbilden erlitten«.

Der König hielt einen Reichstag zu Minden, wo er persönlich zu Gericht saß und die vor ihn gebrachten Rechtssachen entschied. Durch das Land der Engern, den Harzgau, zog er nach Erfurt. Hier erließ er auf einer Versammlung ein Gesetz, daß weder ein Graf in der eigenen Grafschaft noch ein Richter im eigenen Amtsbezirk die Vertretung einer Rechtssache als Vogt übernehmen dürfe, um nicht Partei und Richter in einer Person zu sein.

Auf Weisung des Königs trat im Oktober 847 im Kloster St. Alban zu Mainz eine Synode deutscher Bischöfe, Äbte und Geistlicher zusammen. Vorsitzer war Hrabanus Maurus, ehemaliger Abt von Fulda, der einige Monate vorher Bischof von Mainz geworden war.

Auf dieser Reformsynode (der zweiten nach jener Karls des Großen im Jahre 813 zu Mainz) wurde die kirchliche und klösterliche Disziplin verschärft. Verbrechen wie Mord, Abtreibung der Leibesfrucht, Blutschande und verbotene Ehen wurden mit hohen Bußen belegt. Allen durch den Strang Hingerichteten wurde das christliche Begräbnis versagt. Der Schutz des Kirchengutes und die Wahrung kirchlicher Immunität stand ganz obenan. Die Entrichtung des Zehnten folgte dichtauf. Den Bischöfen wurde befohlen, die Unterweisung in Glaubens- und Sittenlehre genau zu überwachen und diese aus dem Lateinischen in die romanische und deutsche Volkssprache zu übersetzen.

Die Bedrückung der Freien durch mächtige Herren wurde ebenfalls abgestellt und der Verkauf des Besitzes eines Armen an Reiche strengen Regeln unterworfen. Dem König wurde das Recht zugesprochen, in Streitfällen, vor allem in Übertretungen des Rechts durch Reiche, einzuschreiten.

Ein Jahr darauf wurde eine neue Synode nach Mainz und gleichzeitig eine Reichsversammlung einberufen. Die wichtigste Angelegenheit war jene des der Ketzerei angeklagten Gottschalk, Sohn des sächsischen Grafen Bern. Er verkündete die neue Prädestinationslehre. Gottschalk war im Kloster Fulda zum Mönch erzogen worden. Er aber tat kund, daß er dazu gezwungen worden sei, und floh. Zwar war er bereits 829 aller Gelübde ledig gesprochen worden, aber es war Hrabanus Maurus gelungen, von Kaiser Ludwig eine Bulle zu erlangen, nach welcher Eltern berechtigt waren, ihre Söhne Gott darzubringen. Gottschalk mußte ins Kloster zurück. Er wurde nach Orbais ins Bistum Soissons geschickt.

Dieser Gottschalk trat also vor die Mainzer Synode und legte ihr sein Glaubensbekenntnis dar. Er widerlegte die Schriften von Hrabanus Maurus, die gegen ihn gerichtet waren, und beharrte auf der Rechtgläubigkeit seiner Lehre. Er anerkannte die fränkischen Bischöfe nicht und wurde im Beisein des Königs von diesen als ketzerisch verdammt. 850 wurde seine Lehre noch einmal und noch drastischer beurteilt. Er wurde der Priesterweihe entkleidet, halbtot gepeitscht und gezwungen, seine Schriften zu verbrennen, und zu lebenslänglicher Gefangenschaft in das Kloster Hautevilliers gebracht. Nach 20jähriger Haft ist er »in seinem Gefängnis verdorben und gestorben«. Dem Sterbenden wurde der Wunsch des Abendmahls verweigert. Er wurde in nicht geweihter Erde eingescharrt.

Das fränkische Reich war zwar geteilt worden, aber es blieb doch ein gemeinsames Ganzes. Dies war von besonderer Bedeutung für die Abwehr äußerer Feinde, von denen die Normannen im Norden und die Sarazenen im Süden als ›Geißeln des Christentums‹ die gefährlichsten waren. Sie stellten den Bestand des Reiches mehrfach in Frage und ließen es ins Wanken geraten. Hinzu kam die Aufrechterhaltung der Ordnung im Innern.

Karl der Große hatte das Staatsgrundgesetz bei der Dreiteilung seines Reiches im Jahre 817 genau umgrenzt. Sehr bald aber entstand aus vielerlei Gründen Zwietracht. An dieser Stelle sei vor allem Ludwigs des Deutschen Angriff auf das westfränkische Reich dargelegt, da dies für den weiteren Verlauf fränkisch-deutscher Geschichte von Bedeutung ist.

Ludwig der Deutsche und das westfränkische Reich

Nachdem etwa 10 Jahre nach der Teilung des Reiches vergangen waren und Ludwig der Deutsche stets das Nebeneinanderbestehen der Teilreiche gefördert und in Streitfällen vermittelt hatte, war er es schließlich, der den Frieden brach. Aus den ostfränkischen Reichsannalen des Jahres 853 ist zu ersehen, daß Gesandte der Aquitanier den ostfränkischen König mehrfach baten, die Regierung in diesem westlichen Teilreich zu übernehmen oder aber einen seiner Söhne zu schicken, um sie von der Tyrannei König Karls zu befreien. Das westfränkische Reich bot ein Bild der Zerrüttung. Es wurde von Wirren und Kämpfen durchtobt, alle Bande der Ordnung schienen sich in Nichts aufzulösen. Faustrecht und Gewalt waren an die Stelle von Recht und Gesetz getreten.

König Ludwig schwankte, denn in den Verträgen hatten sich alle drei Herren dazu bekannt, gemeinsam gegen Friedensstörer vorzugehen, wo auch immer sie auftraten. Darüber hinaus galt es, den im Vertrag zu Verdun abgegrenzten Besitzstand dieser Staaten gemeinsam zu verbürgen.

Als Karl und Lothar in Valenciennes ein gemeinsames Schutzbündnis schlossen, sah Ludwig der Deutsche darin eine feindliche Maßnahme der beiden gegen sich. Er schickte seinen Sohn ins Feld. Als Prinz Ludwig, Sohn Ludwigs des Deutschen, in Aquitanien eindrang, ohne aufgehalten zu werden, trafen sich Karl und Lothar in

Lüttich. Sie hatten auch ihren Bruder eingeladen, der jedoch dem Treffen fern blieb.

In Aquitanien erfuhr Prinz Ludwig, daß es keinen Aufstand der Aquitanier gegen ihren König gab. Lediglich die gegen Karl eingestellte Sippe des durch ihn enthaupteten Grafen Ganzbert schloß sich dem Prinzen an. Als Karl und Pippin II., der im Kloster St. Medard in Soissons Mönch war, aus dem Kloster fliehend in Aquitanien eintrafen, strömten ihm die Menschen als rechtmäßigem König zu. Pippin schlug das Heer von Prinz Ludwig, der das Land fluchtartig verlassen und sogar die Kranken und Verwundeten zurücklassen mußte. Aus Klosterchroniken wissen wir, wie die Scharen des Prinzen Ludwig in Aquitanien gehaust haben. Lothar, der Verbündete Karls, krümmte keinen Finger, um diesem zu Hilfe zu kommen. Erst nach Ende der Gefechte trat er als Vermittler hervor und traf sich mit dem deutschen König am Rhein.

Als Kaiser und König Lothar I., der bei der Reichsteilung von Verdun im Jahre 843 das fränkische Reich der Mitte von Friesland bis Italien erhalten hatte, schwer erkrankte und sich sein Zustand rasch verschlechterte, teilte er sein Reich unter seine drei Söhne auf. Lothar erhielt zu Friesland, das er bereits innehatte, die deutschen Lande von der Nordsee bis zum Rhein mit der Residenz Aachen. Ludwig erhielt Italien, und der jüngste, Karl, übernahm die Führung in der Provence und Südburgund. Lothar entsagte der Krone und ging in das Kloster Prüm, wo er sechs Tage darauf, am 29. 9. 855, starb. Dies war das erste Teilreich, welches das fränkische Teilungsprinzip zu büßen hatte. Ein Drittel des Reiches Karls des Großen wurde dieserart *noch einmal* in drei Teile gespalten, so daß praktisch auf jeden der neuen Herrscher dort ein Neuntel des ehemaligen Großreiches entfiel.

Die lothringischen Herren zogen mit dem Erben des Landesteiles nach Frankfurt. Dort stellten sie sich unter den Schutz Ludwigs des Deutschen, um mit seiner Gunst Lothar II. zu ihrem König zu wählen. Daß um die Verteilung des Erbes Lothars I. der Streit vorprogrammiert war, zeigte sich sehr bald. Die drei Brüder stritten gegeneinander.

Karl der Kahle, der westfränkische König, versuchte in dem entbrennenden Bruderkrieg zu beschwichtigen. Er hielt im Kampf gegen die Aufrührer Umschau nach einem Bundesgenossen, den er in Gestalt seines Neffen Lothar erhielt. Dieser hatte gerade eine Zusammenkunft mit Ludwig dem Deutschen gehabt und zog nun zu Karl dem Kahlen. In St. Quentin schloß er am 1. 3. 856 mit ihm ein

Bündnis zu gegenseitigem Schutz und Hilfe, das von Ludwig dem Deutschen mit Mißtrauen zur Kenntnis genommen wurde.

Als die Normannen das westfränkische Reich wieder mit ihren Heerscharen durchzogen und die Wirren im Innern schlimmer wurden, baten die westfränkischen Großen Ludwig den Deutschen um Hilfe. Dieser willfahrte dem Wunsch, ließ sein Heer Mitte August 858 in Worms versammeln, um den wirren Zuständen in Westfranken ein Ende zu bereiten. Es ging durch das Gebiet Lothars, das Elsaß, und am 1. 9. 858 stand das Heer in Ponthion (südöstlich Châlons-sur-Marne). Hier erschienen alle westfränkischen Großen, die nicht mit Karl gegen die Normannen gezogen waren, um sich Ludwig anzuschließen. Danach ging es bis nach Orléans, dem Hauptort des Aufruhrs.

Die Herren von Aquitanien, Neustrien und der Bretagne leisteten Ludwig dem Deutschen hier ihre Huldigung. Er wurde nicht behelligt, es erfolgte keine Gegenwehr. So zog das Heer wieder nach Osten in den Raum Brienne an der Aube zurück, wohin Karl, die Belagerung der Normannen aufgebend, mit seinen Truppen marschiert war. Karl bezog ebenfalls bei Brienne sein Lager. Beide Heere standen sich kampfbereit gegenüber, ohne daß es zum Kampf kam. Nachdem Karl die Flucht ergriffen hatte, lief das Heer geschlossen zu Ludwig dem Deutschen über.

Karl brachte sich in Burgund in Sicherheit. Damit war Ludwig auch Herr über das Westreich. Auch Lothar kroch zu Kreuze und erschien in Attigny. Er hatte seinem Bundesgenossen Karl keine Hilfe geleistet. Als er sich nun mit dem Sieger verbündete, wähnte er sich in Sicherheit.

Karl der Kahle steckte jedoch nicht auf. In Burgund sammelte er seinen Anhang. Zu Neujahr 859 weilte er in Auxerres.

Als Ludwig der Deutsche am 15. Januar 859 in Jouy nahe Soissons lagerte, erfuhr er, daß Karl mit einem Heer zum Angriff gegen ihn angetreten sei. Seine westfränkischen Parteigänger flohen panikartig; allein auf sich gestellt, mußte Ludwig in aller Hast aufbrechen und nach Deutschland zurückreisen. Unangefochten erreichte er Worms. Seine Eroberungen stürzten wie ein Kartenhaus in sich zusammen. Karl gewann sein Reich zurück. Seine früheren Verbündeten, die ihn verlassen hatten, kehrten ebenfalls zu ihm zurück – auch Lothar, der sein früheres Bündnis mit Karl erneuerte.

Die versuchte Einigung zwischen Karl und Ludwig schlug fehl. Ludwig war nicht bereit, ein Reuebekenntnis abzulegen, wie dies die Bischöfe gefordert hatten. Dennoch kam es am 7. Juni 860 zu einem Friedensschluß. Sowohl Karl als auch Ludwig beeideten, daß sie alle vorhergehenden Feindseligkeiten vergessen und einander in Zukunft zur Wahrung des jeweiligen Besitzstandes beistehen würden. Jede Absicht zur Friedensstörung wurde verneint. Beide Könige gaben dieselbe Erklärung ab, wobei Karl sie zum Teil in romanischer und zum Teil in deutscher Sprache verkündete.

Während Kaiser Ludwig II., der neben seinem Vater Lothar I. 850 zum Kaiser gekrönt wurde, in Unteritalien gegen die Sarazenen kämpfte und am Kriegsschauplatz Apulien gefesselt war, lag Ludwig der Deutsche schwer erkrankt in Regensburg. Seine Truppe, um dessen Hilfe der Kaiser gebeten hatte, war im Kampf an der Ostgrenze gegen die Slawen verstrickt.

Als Kaiser Lothar II., der vor allem durch seine Jahre dauernden Ehehändel bekannt wurde, am 8. August 869 in Piacenza starb, nutzte Karl der Kahle die Gunst der Stunde und zog von Senlis aus, wo er weilte, nach Attigny an die lothringische Grenze. Hier wurde er von den lothringischen Bischöfen gewarnt, die Grenze nach Lothringen zu überschreiten, bevor er sich mit seinem Bruder über die Teilung des Landes verständigt habe. Sie baten Karl, nach Metz zu kommen, welcher Einladung er nachkam. Hier huldigten ihm die Bischöfe Adventius von Metz, Franko von Lüttich und viele andere. Der König wurde gesalbt, die Bischöfe setzten ihm die burgundische Krone auf, und Karl nannte sich als Doppelkönig nunmehr ›Kaiser und Augustus‹.

Papst Hadrian II. verweigerte ihm jedoch die Anerkennung. Er wollte Kaiser Lothar auf dem Thron wissen, der »jetzt zum Schutz der Christenheit und der römischen Kirche den Kampf gegen die Sarazenen führt«. »Jeder Tyrann«, so der Papst in seinem Schreiben an Karl den Kahlen, »der dagegen handelt und versucht, des Kaisers Erbe anzugreifen, ist ein Feind der Kirche und wird wie ein Ungläubiger und Feind des kirchlichen Friedens aus der Kirchengemeinschaft ausgeschlossen.« Die Dohung des Papstes verhallte ungehört.

König Ludwig der Deutsche forderte Karl zum Rücktritt auf und verkündete, daß er, falls er nicht schleunigst Aachen und das lothringische Reich räume, mit Krieg überzogen würde.

Um diese Drohung wahrzumachen, brach er, von seiner Krankheit genesen, sogleich mit seinem Heer nach Westen auf. Zu Lichtmeß 870 war er noch in Frankfurt, wo viele lothringische Große ihm huldigten. Er gab ihnen die von Karl entzogenen Lehen wieder zurück.

Karl wurde nun bänglich zu Mute. Er nahm Verhandlungen auf, und am 8. August 870 trafen sich die beiden Kontrahenten bei Meersen auf einem in die Maas vorspringenden Hügel. In dem hier geschlossenen Teilungsvertrag fiel dem ostfränkischen Reich die angrenzende östliche Hälfte des Reiches Lothars zu. Es waren dies:

Karl der Kahle (823–877). Rückseite des 5. Blattes des goldgeschriebenen Evangelienbuches. Königl. Bibliothek München.

zwei Drittel von Friesland, vom Ausfluß der Weser bis zur Mündung der Maas, das Land östlich von Maas und Ourthe und einer durch die Ardennen gehenden geraden Linie von den Quellflüssen der Ourthe bis zur Mosel; östlich der Mosel wiederum bis oberhalb von Toul mit Einschluß des Moselgaues und von der südwestlichen Grenzlinie der Mosel bei Gondreville bis zur Marne. Dann südwestlich der hier oberhalb Châlons-sur-Saône beginnenden südwestlichen Linie bis zum Genfer See.

Der neue Länderzuwachs für das ostfränkische Reich enthielt die Metropolen Köln und Trier, die Bistümer Utrecht, Straßburg, Basel, eine Reihe reicher Klöster und mehr als 30 Grafschaften.

Das westlich jener Grenzlinie gelegene Land mit den Bistümern Lüttich, Cambrai, Toul, Verdun, Besançon, Lyon, Vienne, Viviers und

Usèz wurde dem westfränkischen Reich zugeschlagen, das nunmehr durch die Rhone vom italienischen Reich getrennt war. Während sich beide Brüder am 10. August verabschiedeten und Ludwig nach Aachen ging, reiste Karl auf einigen Umwegen nach St. Denis.

Als der Papst ihm in den folgenden Monaten Vorwürfe machte und Drohungen gegen ihn ausstieß, ermannte sich Karl und erwiderte genau ein Jahr darauf: »Die Frankenkönige sind nicht Beamte der Bischöfe, sondern in ihrem Lande die Herren.«

Als Kaiser Ludwig II., seit 850 neben seinem Vater Lothar regierend, auf das Erbe verzichtete, verstummte auch der Papst. Lothar kämpfte immer noch bei Nari und Tarent und plante bereits, Kalabrien zurückzuerobern und den Sarazenen die Insel Sizilien wieder zu entreißen.

Daß König Ludwig der Deutsche so entschlossen gegen seinen Bruder auftreten und die Entscheidung von Meersen erzwingen konnte, verdankte er vor allem seinen Erfolgen in Mähren. Der dortige Herzog Rastislav hatte sich, so gefährlich er auch war, von ihm geschlagen geben müssen.

Es waren die Söhne Ludwigs des Deutschen, die gegen ihren Vater aufstanden, zuerst Karlmann 860, dann Ludwig 865. Sie gewannen den Fürsten der Mährer Rastislav zu ihrem Bundesgenossen.

864 griff Ludwig der Deutsche, mit einem starken Heer über die Donau gehend, Rastislav an, um diesen zum Gehorsam zu zwingen. Er belagerte Dowina, das er eroberte. Rastislav unterwarf sich ihm und schwor Treue.

Ludwigs des Deutschen Söhne konnten schließlich Rastislav, der sich immer wieder gegen das deutsche Joch auflehnte, zur Unterwerfung zwingen. Im Innern des Reiches der Mährer war es zu Revolten gekommen. Darüber hinaus beabsichtigte Rastislav, der Karlmann gehuldigt hatte, Zwentibold, den Herzog von Mähren, bei einem Gastmahl ermorden zu lassen. Der Anschlag wurde Zwentibold gemeldet. Dieser gab vor, auf die Falkenjagd zu reiten, und entkam, von den Häschern Rastislavs verfolgt. Zwentibold gelang es dann, seinen Oheim Rastislav und seine Verfolger in einen Hinterhalt zu locken und gefangenzunehmen. Er lieferte Rastislav gefesselt an Karlmann aus, der ihn nach Bayern bringen ließ.

Karlmann rückte anschließend nach Mähren ein und nahm die Unterwerfung der Städte und Burgen des Landes entgegen. Der Graf der Ostmark übernahm nun die Verwaltung von Mähren. Den Herzogsschatz von Rastislav nahm Karlmann mit sich fort. Damit war der gefährlichste Feind des ostfränkischen Reiches unschädlich gemacht.

Das Jahr 870 gestaltete sich für Ludwig den Deutschen erfolgreich. Ein Jahr darauf empörten sich seine Söhne abermals gegen ihn. Karlmann, der seit Jahren die südöstlichen Marken verwaltete, eröffnete die Feindseligkeiten, nachdem er sich erneut mit Rastislav verbündet hatte.

Am 13. August 871 wurde Kaiser Ludwig II. nachts in seiner Pfalz überfallen. Die Pfalz ging in Flammen auf. Der Kaiser, seine Gemahlin und Tochter hatten sich in einen festen Turm zurückgezogen, mußten sich aber ergeben.

Im Januar 873 hielt der deutsche König Ludwig einen Reichstag in Frankfurt, der am 26. Januar unter seinem Vorsitz begann. Hier erlitt Karlmann einen epileptischen Anfall, in dem er bekannte, daß er und sein Bruder Ludwig einen Anschlag gegen ihren Vater beabsichtigt hatten. Der König gewährte seinen sich ihm zu Füßen geworfenen Söhnen Verzeihung. Nachdem er mit seinen Söhnen Frieden gemacht hatte, entwickelten sich auch die äußeren Verhältnisse besser. Freundschaftliche Beziehungen zu den Dänen bahnten sich an. Der Normannenführer Rorich leistete ihm zu Aachen den Treueid und huldigte ihm. Dessen Neffe Rodulf wurde, als er seine Räubertätigkeit wieder aufnahm, von den Friesen im Ostergau erschlagen. Der Dänenkönig Sigfrid schickte eine Gesandtschaft, um die dänisch-sächsische Grenze zu sichern und damit den Handelsverkehr wieder in Gang zu bringen. Halfdan wiederum, der Bruder Sigfrids, erbat, Bevollmächtigte an die Eider zu entsenden und sich dort mit seinen Gesandten über einen dauernden Frieden zu beraten. König Ludwig reiste selber dorthin. Die dänischen Gesandten überreichten ihm ein Schwert mit goldenem Knauf. Sie schworen »nach der Sitte ihres Volkes bei ihren Waffen«, daß keiner aus ihrem Reich deutsches Gebiet beunruhigen oder jemanden schädigen würde. Damit war der Friede mit Dänemark gesichert. Dieser kam auch der nordischen Mission zugute, denn Erzbischof Rimbert, Nachfolger des heiligen Ansgar, konnte nun ungehindert dort missionieren.

Auf dem Reichstag zu Forchheim 874 beschworen die Gesandten Zwentibolds, daß dieser dem deutschen König treu bleiben werde, wenn man ihm selber ein ruhiges Leben zusichere. Auch Böhmen, die Sorben und die Siusler, die den Aufstand geprobt und von einem über die Saale hinweg angreifenden deutschen Heer vernichtet worden waren, erbaten den Frieden.

So sehr damit das Reich nach außen gesichert war, wurde es dennoch 873 und 874 schwer heimgesucht. Zuerst wurde es durch gewaltige Überschwemmungen verheert, dann verursachten riesige Heuschreckenschwärme Hungersnöte. Seuchen kamen in ihrem Gefolge. Das ostfränkische wie auch das westfränkische Reich verloren jeweils ein Drittel ihrer Bevölkerung. Der Winter brachte ungeheure Kälte und gewaltigen Schneefall.

Im Sommer 874 traf sich der deutsche König nahe Verona mit Kaiser Ludwig, der in Begleitung von Papst Johann VIII. war. Hier wurden Abmachungen für die Nachfolge des Kaisers zu Gunsten des deutschen Hauses getroffen.

Als Kaiser Ludwig am 2. August 875 bei Brescia starb, hatte er noch vor seinem Tod entschieden, daß der älteste Sohn des deutschen Königs, Karlmann, sein Nachfolger werden sollte. Karl der Kahle jedoch hatte ganz andere Pläne. Er rüstete sofort zu einem Zug nach Italien. Noch während in Pavia über die Thronfolge gestritten wurde, war Karl der Kahle, am 1. September 975 in Langres aufbrechend, am 29. dieses Monats in Pavia eingetroffen. Mit diesem Coup gelang es ihm, seinen Bruder auszubooten.

Während noch sein Bruder, auf den Vertrag von Metz pochend, seinen Anteil am Reich des Kaisers forderte, riß Karl der Kahle dieses bereits zur Gänze an sich. Dies gelang um so leichter, als Papst Johannes VIII. mit ihm hielt.

Der deutsche König jedoch war nicht gewillt, dies hinzunehmen. Er wiederum schickte seinen jüngsten Sohn Karl nach Italien, um Karl den Kahlen zu stoppen. Die Italiener nannten *diesen* Karl zum Unterschied zum westfränkischen König liebevoll Karlito – Karlchen.

Prinz Karl gelangte bis Mailand. Er erwies sich als unfähiger Heerführer. Seine Truppe zog plündernd durch das Land. Damit spielte er dem westfränkischen König in die Hände. Bei Bergamo, deren Bewohner vor Karlitos räubernden ›Truppen‹ in die Berge geflüchtet waren, griff der westfränkische König die beutesuchenden Scharen Karlitos an und jagte sie über Brescia und Verona bis nach Mantua.

Nun rüstete der zweite Sohn, Prinz Karlmann, mit einem starken Heer zum Italienzug. An der Etschklause bei Verona wurde er durch seinen Oheim gestoppt. Karlmann umging diese Stellung und drang auf Gebirgswegen ins Tal der Brenta vor.

Der westfränkische König, »feiger denn ein Hase«, wie ein Reichsannalist vermerkte, griff nun zur List. Er bot Karlmann Gold und

Edelsteine und verpflichtete sich außerdem, Italien zu verlassen und die Entscheidung über dieses Reich seinem Bruder anheimzustellen. Karlmann sollte sich nur zurückziehen. An der Brenta trafen die beiden zusammen. Der Waffenstillstand wurde bis Mai des nächsten Jahres beschlossen. Doch anstatt nach Norden zu ziehen, machte sich Karl der Kahle auf den Weg nach Rom, um sich dort die Kaiserkrone aufsetzen zu lassen. Karlmann hingegen zog heimwärts.

Der deutsche König war derweilen mit seinem Heer nach Lothringen gezogen und stand abwartend bei Metz, wild entschlossen, sein Recht mit Waffengewalt zu erzwingen und seinen treulosen Bruder durch einen Angriff auf das westfränkische Reich zur Rückkehr zu bewegen.

Es war Winter geworden, als Ludwig der Deutsche, begleitet von seinem Sohn Ludwig, mit dem Heer ins Westreich einrückte. Er gelangte bis Attigny. Dort wurde das Weihnachtsfest gefeiert. Anschließend kehrte er über Trier nach Frankfurt zurück.

Karl der Kahle aber dachte nicht daran, zurückzukehren. Er erreichte am 17. Dezember Rom und wurde vom Papst mit großem Pomp empfangen. Am 25. Dezember 875, genau 75 Jahre nach Karl dem Großen, wurde er in der Peterskirche zum Kaiser gesalbt. Papst Johannes VIII. erklärte, daß »ein Engel Kaiser Karl nach Rom geführt habe« und daß er »von Gott berufen und zur Ehre ausersehen ist, Retter der Welt zu werden«. Sodann wurde vom Papst verkündet, »daß der Schutz der römischen Kirche und ihrer Besitzungen gegen die vordringenden Sarazenen als oberste Obliegenheit des Kaisers anzusehen« sei.

Am 5. Januar 876 brach Karl der Kahle, nunmehr gekrönter Kaiser, von Rom auf. Zu Ostern war er wieder in St. Denis. Von nun an unterschrieb Kaiser Karl der Kahle alle Gesetze und Schriftstücke mit ›Purpurtinte‹. Im Gespräch ließ er verlauten, daß er nun bald gegen seinen Bruder nach Deutschland ziehen werde und »daß meine Rosse den Rhein leersaufen werden, damit ich trockenen Fußes den Fluß überqueren kann«.

König Ludwig der Deutsche, nunmehr ständig in Frankfurt residierend, verzichtete nicht auf sein Erbrecht über Italien. Er beriet mit seinen Getreuen, was zu tun sei, und schickte schließlich Erzbischof Willibert von Köln und die Grafen Adalhard und Meingaud an seinen Bruder. Sie sollten dem Kaiser einen Brief folgenden Inhalts übergeben: »Kraft meines Erbrechts und des zwischen uns beschworenen Vertrages von Metz fordere ich den mir gebührenden Teil des italienischen Reiches.« Als die Abgesandten die Pfalz des Herrschers in Ponthion erreichten, eröffnete Kaiser Karl am 21. Juni 876 eine Synode, zu der die Gesandten des deutschen Königs erst am 4. Juli zugelassen wurden. Diese verlasen die Forderungen ihres Herrn, die mit der Verlesung zweier päpstlicher Schreiben vom 13. Februar durch die päpstlichen Legaten beantwortet wurde. Darin beschuldigte Papst Johannes VIII. den deutschen König, ein »Kain« seines Bruders Karl zu sein, und drohte damit, die gegen »seinen geliebten Sohn Karl« aufstehenden Gegner in Acht und Bann zu tun.

Die Synode währte weitere 14 Tage, bevor die Forderung des ostfränkischen Königs in schimpflicher Form abgelehnt wurde. Damit war der nächste Waffengang so gut wie sicher. Der Tod König Ludwigs des Deutschen am 28. August 876 in Frankfurt befreite Kaiser Karl von diesem Albdruck. Die Annalen wissen zu berichten, daß er den Empfang dieser Nachricht über den Tod seines Bruders »mit gar zu großem Jubel« aufgenommen habe. Er wähnte nun die Chance gekommen, sich wenigstens jene Hälfte des lothringischen Reiches wieder anzueignen, die er seinem Bruder hatte abtreten müssen. Darüber hinaus faßte er den Plan, das gesamte auf dem linken Rheinufer liegende ostfränkische Gebiet mit Mainz, Worms und Speyer an sich zu reißen und die Grenze seines Reiches bis an den Rhein vorzuschieben.

Es galt, nur schnell zu sein und einen überraschenden Handstreich zu führen. Von Quierzy aus, wo er die Nachricht vom Tod seines Bruders erhalten hatte, ließ er sofort Werber aussenden und die Großen von Lothringen auffordern, sich mit ihren Truppen auf seine Seite zu stellen. Widerspenstigen drohte er mit völliger Ausrottung. Von Quierzy aus brach er mit einem großen Heer nach Metz auf. Als er Stenay erreichte, änderte er seinen Plan und ließ auf Aachen marschieren.

Daß gerade die Normannen mit 200 Schiffen in die Seine eingelaufen waren, störte ihn nicht. Er gab Paris und sein Reich diesen Freibeutern preis und zog weiter nach Aachen. Von dort ging es nach Köln, und auf diesem Wege plünderte sein Heer nach Herzenslust.

Ludwig III., Ludwigs des Deutschen Sohn und neuer ostfränkischer König, wurde vom Einfall seines Onkels in sein Reich völlig überrascht. Er schwankte jedoch keinen Augenblick, raffte Streitkräfte aus Sachsen, Thüringen und Franken zusammen und rückte auf das rechte Rheinufer vor. In Deutz, das Köln direkt gegenüber liegt, bezog er ein Lager, um die ihm zugesagten Verstärkungen abzuwarten, bevor er losschlug.

Von hier aus schickte er Gesandte an Kaiser Karl und erinnerte ihn an die Blutsverwandtschaft und die beschworenen Verträge. Er forderte seinen Oheim auf, die Rechte anderer zu achten, und warnte ihn vor hochmütiger Überlegenheit und Pochen auf seine Übermacht.

Karl antwortete, daß er nicht mit ihm, sondern mit seinem Vater Verträge abgeschlossen habe, die nach dem Tod desselben selbstverständlich hinfällig seien.

Im Schutz der Nacht brach Karl sein Lager bei Deutz ab, marschierte in den Raum zwischen Koblenz und Andernach, wo er den Fluß überschritt. Danach ging er zum Schein auf Unterhandlungen ein. Für deren Dauer wurde ein Waffenstillstand vereinbart.

In der Nacht des 7. Oktober aber ließ Karl sein Heer in Schlachtordnung aufbrechen, um Ludwigs III. Heer zu überraschen. Erzbischof Willibert, der in Karls Lager weilte, schickte Ludwig den Priester Hartwig, der ihm die Ränke seines Oheims enthüllte.

Ludwig rief seine Truppen, soweit dies möglich war – ein Teil hatte sich zum Fouragieren in der Gegend verstreut –, zusammen und rückte dem Feind entgegen.

Bei strömendem Regen war das westfränkische Heer auf schmalen Wegen die ganze Nacht durchmarschiert – es sollen 50 000 Mann gewesen sein. Im Morgengrauen des 8. Oktober erreichten sie – Roß und Reiter total erschöpft – den Raum Andernach. Hier stießen sie auf Ludwigs III. Truppen, die den Feind gut gerüstet an günstiger Stelle erwarteten.

Ludwig ließ mit den Sachsen voraus angreifen. Diese stürmten vor, wurden aber geworfen. Ihnen folgten die dichtgeschlossenen Reihen der Franken. Der Kampf entbrannte. Karls Bannerträger, Graf Reginar, fiel. Die Franken stürmten vorwärts: »Wie das Feuer über das Stoppelfeld hinfährt und in einem Augenblick alles verzehrt, so zermalmten sie die Macht des Gegners, streckten ihn zu Boden.«

Die Reihen der kaiserlichen Truppen wurden durchbrochen. Das westfränkische Heer wandte sich zu zügelloser Flucht.

Der große Troß von Saumtieren und Pferden für den Kaiser und sein Gefolge, von Krämern, Schildhändlern und anderem Volk, das dem Heer gefolgt war, versperrte den Fliehenden den Weg. Sie wurden niedergehauen oder in den Wäldern gefangengenommen.

Unter den Gefangenen befanden sich auch des Kaisers Kanzler, Abt Gauzlin, Bischof von Troyes, und mehrere Grafen. Ludwig III. befahl, ihr Leben zu schonen. Eine ungeheure Beute an Gold und Silber, zum großen Teil geraubtes ostfränkisches Gut, Kleider, Waffen, Ausrüstungen, Pferde und alle Waren der Krämer fielen den Siegern in die Hände. In der kommenden Nacht spürten die Bauern der Gegend die in die Wälder geflüchteten Soldaten und Krämer auf und plünderten sie bis aufs Hemd aus. Wer sich wehrte, der wurde erschlagen.

Kaiser Karl floh nach Lüttich, das er am Abend des nächsten Tages erreichte. Seine im Heerzug mitreisende Gattin, die schwanger war, war bereits einige Stunden zuvor auf die erste Nachricht von der Niederlage ihres Gemahls aus Heristal, wo sie zurückgelassen worden war, geflohen. Sie erlitt in der folgenden Nacht eine Frühgeburt und floh mit diesem Neugeborenen weiter. Kaiser Karl folgte ihr nach.

Die Schlacht von Andernach ist die erste Schlacht zwischen den Deutschen und ihren westlichen Nachbarn, die um den Gewinn der Rheingrenze geschlagen wurde. Sie bewahrte den Rhein als deutschen Strom und rettete dem deutschen Reich den durch den Vertrag von Meersen erworbenen deutschen Teil Lothringens. Sie besiegelte für immer die Zugehörigkeit dieser deutschen Gebiete zu Deutschland. Dieser glänzende Sieg einer Minderheit gegen eine hohe Übermacht wurde von den Großen dieser Zeit als ein Gottesurteil bezeichnet.

Vom Schlachtfeld bei Andernach zog der Sieger nach Aachen, um von der Stadt Besitz zu ergreifen und dort Ordnung zu schaffen.

Im November 876 trafen sich dann die drei Söhne Ludwigs des Deutschen – Karlmann, Ludwig und Karl – im Rießgau, dem Raum um Nördlingen. Sie teilten das Reich nach der von ihrem Vater getroffenen Vereinbarung auf und schworen in deutscher Sprache gegenseitige Treue.

In den Urkunden nannte sich Ludwig, der Franken, Thüringen, Sachsen und Friesland übernahm, wie sein Vater ›König im östlichen Francien‹.

Karlmann, der Bayern mit den südöstlichen Marken und die Oberhoheit über Mähren und Böhmen erhielt, wurde König in Bayern; Karl, der Alemannien mit Kurwalchen erhielt, nannte sich zunächst nur König, später ›König in Francien‹. Lothringen wurde noch nicht in die Teilung einbezogen.

Damit war nun auch das ostfränkische (deutsche) Reich dem Schicksal der Teilung unterworfen worden. Ein gütiges Geschick bewahrte es jedoch vor weiterem Unheil, denn diese Zerstückelung in drei Teile hatte nur für wenige Jahre Gültigkeit.

Mitte Juni 877 eröffnete Kaiser Karl der Kahle in Quierzy einen Reichstag, auf dem er verkündete, daß er vom Papst zu Hilfeleistung nach Italien gerufen worden sei. Er bestellte seinen Sohn Ludwig zum Reichsverweser und brach Anfang August, von seiner Gemahlin begleitet, nach Rom auf.

Der Papst, der ihn in Pavia erwarten wollte, zog ihm bis nach Vercelli entgegen. Der Heilige Vater hatte kurz vorher in Ravenna vor 50 Bischöfen aus Ober- und Mittelitalien den kommenden Kaiser gelobt und ihn als »von Gott berufen und von ihm erwählten und gekrönten Kaiser« bezeichnet, der sich seinem Großvater Karl dem Großen würdig zur Seite stelle.

Gemeinsam zogen Kaiser und Papst nach Pavia, der alten Hauptstadt der Langobardenkönige. Hier erfuhren sie vom Einfall des Bayernkönigs Karlmann mit starkem Heer nach Italien und hörten, daß er gen Pavia marschiere.

Papst und Kaiser flohen, um erst in Tortona zu rasten. Hier ließ der Kaiser seine Gemahlin zur Kaiserin krönen und schickte sie über den Mont Cenis nach St. Maurienne voraus.

Karlmann folgte ihnen dichtauf, und Kaiser wie Papst trachteten danach, so rasch wie möglich nach Norden und – im Falle des Papstes – nach Rom zu entkommen. Unterwegs wurde der Kaiser von einem schweren Fieber befallen und auf einer Sänfte über den Mont Cenis gebracht. In einem winzigen Dorf mit Namen Brides ging es nicht weiter. Die Kaiserin wurde herbeigeholt, um aus den Händen des Sterbenden eine Urkunde zu erhalten, die seinen Sohn Ludwig zum König bestellte. Sie sollte ihm Krone und Szepter und die Reichsinsignien überbringen. Am 6. Oktober 877 starb Karl der Kahle. In St. Denis wurde seine Leiche, wie von ihm gewünscht, bestattet. Karlmann aber nahm nach der Flucht seines Oheims von Italien Besitz. Er empfing in Pavia die Huldigung der Bischöfe und Großen als König von Italien. Aber auch Karlmann erkrankte schwer und mußte im November auf einer Sänfte zurückgeschafft werden. Sein Heer schleppte zu allem Überfluß noch eine tödliche Seuche nach Deutschland ein.

Herzog Karl von Schwaben, der nach Karlmanns Ausscheiden Anwärter auf die italienische Königskrone geworden war, zog im

Oktober 879 nach Italien und ergriff, ohne auf Widerstand zu treffen, von dem Land Besitz. Er lud den Papst zum 1. November nach Pavia ein, erhielt jedoch keine Antwort. Erst als er im Januar 880 nach Ravenna einlud, fand dort eine große Reichsversammlung statt, zu welcher auch der Papst, die Bischöfe und Großen Italiens kamen. Als Vertreter des deutschen Königs war Erzbischof Liutbert von Mainz dabei. Herzog Karl wurde feierlich zum König von Italien ernannt und geweiht. Der Papst lockte ihn mit der Kaiserkrone, doch Karl war nicht bereit, dafür nach Rom zu ziehen und sich dort »mit den Heiden und falschen Christen herumzuschlagen«.

Am 15. Dezember 882 wurde Papst Johannes VIII. von einem seiner Verwandten auf bestialische Weise umgebracht.

Ein Fazit

Das alte Karolingerreich war in fünf Einzelreiche zerfallen. Darin bildete das deutsche Reich, wie das ostfränkische Reich nunmehr genannt wurde, ein einziges geschlossenes Ganzes und hatte gegen die übrigen Teilreiche mehrmals zu Felde ziehen müssen. So auch als Rudolf, seit dem 6. Januar 888 König von Hochburgund, der nach Lothringen griff, durch ein deutsches Heer aus dem Elsaß verjagt wurde und in die Berge fliehen mußte. Allerdings konnte er sich in Hochburgund behaupten.

Im Spätherbst 888, als sich die Wogen der Erregung geglättet hatten, kam er nach Regensburg und versuchte, zu einer gütlichen Einigung zu gelangen.

Gegen die Normannen, die 891 abermals auch in Lothringen auftauchten, errang König Arnulf (dessen Wirken an anderer Stelle gewürdigt wird) einen entscheidenden Sieg. Die beiden Normannenkönige Sigifrid und Gotefrid fielen an der Dyle im Kampf.

Am 28. Januar 893 wurde Karl, später ›der Einfältige‹ genannt, als nachgeborener Sohn Ludwigs des Stammlers zum westfränkischen Gegenkönig gewählt. Arnulf verlieh ihm das Westreich und Karl der Einfältige gelobte, die deutsche Oberherrschaft anzuerkennen.

Der im Westreich als Gegenkönig zu Karl aufgetretene Odo, der gegen Karl den Einfältigen kämpfte, wurde mit diesem zusammen zu einem Schiedsgericht befohlen, auf dem Arnulf seine Einscheidung verkünden wollte. Während Odo erschien, blieb Karl diesem Schiedstag fern, womit er die Krone verlor und Odo westfränkischer König wurde.

Arnulfs Italienfahrt 895 bis 896 mit einem aus Franken und Alemannen zusammengestellten Heer zwang Berengar zur Abdankung. Berengar, der ›bärenstarke Speerkämpfer‹, und Markgraf von Friaul, ebenfalls ein Enkel Ludwigs des Frommen, der 888 zum König von Italien erhoben worden war, wurde zur Abdankung gezwungen und gab Arnulf das italienische Reich zurück.

Nach Rom weiterziehend, eroberte Arnulf die Ewige Stadt. Der Papst, aus den Händen seiner Bedränger unter Angiltrud befreit, empfing Arnulf mit Freuden und setzte ihm im Petersdom im Februar 896 die Kaiserkrone auf.

Als schwerkranker Mann kehrte Kaiser Arnulf nach Bayern zurück, wo er im Mai 896 eintraf. Er starb nach dreieinhalbjähriger Siechenzeit am 8. Dezember 899 in Regensburg.

Arnulfs Regierung bildete für Deutschland einen Markstein. Durch seine Wahl zerfiel die karolingische Monarchie. Durch ihn wurde das ostfränkische Reich zum deutschen Reich.

Arnulf in der Übersicht

Gemäß dem Willen des Kaisers wurde Karlmann im Jahre 877 zum König von Italien ernannt. Allerdings hatte er sich nicht gegen Karl den Kahlen durchsetzen können. Im Jahre 877 erkrankte Karlmann schwer und mußte noch vor der Krönung zum Kaiser aus Italien nach Deutschland zurückkehren. Er verzichtete 879 zu Gunsten seines Bruders Karl III. Noch zu Lebzeiten Karlmanns ließ sich sein anderer Bruder, Ludwig III., die Nachfolge in Bayern übertragen. Am selben Tag ernannte Karlmann, dessen Ehe mit einer bayerischen Adeligen kinderlos geblieben war, seinen ›Bastardsohn‹ Arnulf zum Markgrafen von Kärnten und der österreichischen Marken.

Damit schien Arnulf ausgebootet und abgeschoben, doch die fränkischen Edlen waren mit der Wahl Karls III. nicht einverstanden. Obgleich diesem 881 auch die freigewordene Kaiserkrone zufiel *und* er im Jahre 883 auch das westfränkische Reich erhielt, womit er noch einmal das *gesamte* Reich in seinen Händen hielt, erhoben die ostfränkischen Edlen, als 887 Karl III. dem Thron entsagte, Arnulf auf den Schild und riefen ihn zum König aus.

Arnulf bekämpfte die Normannen erfolgreich und schlug sie bei Löwen an der Dyle 891 schwer. Er zog gegen die Römer zu Felde, besiegte sie, ohne allerdings seine Herrschaft dort genügend festigen zu können.

Arnulf herrschte nur über Ostfranken. Westfranken, Italien und beide Burgund blieben zunächst selbständig. Im Jahre 888 zwang er Lothringen zur Huldigung, erfocht 895 seine Anerkennung als König von Italien und erreichte nach dem Tod des mährischen Fürsten Swantopluk im Jahre 894 die Oberhoheit über die Abodriten, Sorben und Böhmen.

Um sich gegen den starken Adel zu behaupten, stützte er sich auf die Kirche. Er gewann Salomo III., Bischof von Konstanz, und Hatto I., Erzbischof von Mainz, als seine Ratgeber.

Von einem weiteren Zug nach Rom, wo ihn Papst Formosus Ende Februar 896 zum Kaiser krönte, kehrte er krank nach Deutschland zurück. Am 8. Dezember 899 starb er in Regensburg. Anstelle seines ›Bastardsohnes‹ Zwentibold folgte ihm sein ehelicher Sohn Ludwig IV., ›das Kind‹, auf den Thron.

In den Jahren der Krankheit Kaiser Arnulfs hatte nach und nach Erzbischof Hatto von Mainz die Regierungsgewalt übernommen. Indem dieser vorgab, die zentrale Reichsgewalt zu stützen, verfolgte er seine eigenen Herrschaftsträume. Erzbistümer und Bistümer dehnten ihre Sprengel weiter und weiter aus.

Es war wie ein Wunder, daß gerade in dieser Zeit die alten deutschen Stammesherzogtümer nach ihrer Niederwerfung durch Karl I. wieder stärker wurden und ihre angestammten Rechte zu verteidigen suchten. Die alten Herzöge, jene starken Grafen, die sich bis dahin behauptet hatten, wuchsen an Kraft und Zahl an. So vor allem die Herzogtümer Franken, Lothringen, Bayern, Schwaben und Sachsen. Die Friesen und Thüringer taten es ihnen gleich, ohne daß sie noch Herzogtümer gewesen wären.

Nunmehr zeigte sich auch, daß die fränkische Grafschaftsverwaltung nicht im Stande gewesen war, die alten Gaue der Herzogtümer und der Stämme für immer verschwinden zu lassen.

Wenden wir uns an dieser Stelle dem Herzogtum Franken zu, das als eines der ersten wieder verschwand. Dies aus ganz besonderen Gründen.

Franken – gestern und heute

Wer in unseren Tagen etwas vom Frankenland hört, der sieht vor seinem geistigen Auge das Gebiet von Würzburg bis Ansbach und von Horneck am Neckar bis nach Wolframs Eschenbach aufscheinen. Mit den Städten Nürnberg, Bamberg, Würzburg, aber auch den

Reichsstädten Dinkelsbühl und Rothenburg ob der Tauber, der Landkomturei des Deutschen Ordens Ellingen und der Hauptstadt des Deutschen Ordens Mergentheim.

Daß ursprünglich am oberen Main Thüringer zu Hause waren, die erst nach ihrer Niederlage im Jahre 531 nach Osten zurückgedrängt wurden, ist eine alte Geschichte. Daß am Main ebenso wie an der Tauber und an den anderen Flüssen des heutigen Frankens eine Vielzahl Burgen und feste Schlösser standen, in denen sich die wehrhaften fränkischen Edlen gegen jeden Fremden zu verteidigen wußten, ist ebenfalls nichts Neues. Dennoch berührt es jeden nachdenklichen Besucher dieses schönen Landes mit seinen ausgezeichneten Weinen eigenartig, wenn er erfährt, daß hier das Herzogtum Franken bereits sehr früh sein Ende fand und nur in wenigen Fällen einer der höchsten kirchlichen Würdenträger Würzburgs nominell die Herzogswürde innegehabt hat.

Es waren im Laufe des 8. Jahrhunderts Franken, unter Karlmann und Pippin, die sich nach Osten wandten, den Rhein überschritten und auf ostrheinischem Gebiet siedelten. In diese Zeit geht auch die Gründung der fränkischen Bistümer Würzburg und Eichstädt zurück.

Zum alten Herzogtum Franken gehörten außer den bereits genannten Gebieten und jenen drei genannten Städten noch Rheinfranken und die Pfalz, der Lahngau und die Wetterau sowie das Land Hessen und Thüringen.

Das heutige Oberfranken – die Gebiete um Bayreuth, Kulmbach und Hof – zählten nicht dazu. Die Gaue dieses fränkischen Herzogtums waren

- im westlichen Teil: der Hessengau, mit Arhaefeld, Pernaffa, Pfirnichgau, Hemmerfeldon,
  der Lahngau mit Heigera und Ardahin und
  der Energisgau.
  Die folgenden Gaue – Einriche, Wettereiba mit Nitagau und Kinziggau, der Maingau mit dem Plumgau und Bachgau, der Rheingau mit Kunigssundra, der Nahegau, das Wormsfeld, der Speyergau, der Lobdengau, der Ufergau mit dem Albegau, der Kraichgau mit Anglachgau, Phunzingau, der Enzgau mit Würmgau und Glemsgau – kamen hinzu.
- im östlichen Teil lagen Tullifeld, Grabfeld, Baringe, Westergau; der Saalegau mit Aschfeld und Sinngau, Waldsazi, Werngau, Gozfeld, Folofelt, Hasegau, Moiniwindi, Ratenzgau, Ipnigau, der Ehe-

gau, Gollachgau, Badanachgau, Taubergau, Wintgarteiba, Scheff-lenzgau, Jagstgau, Neckargau und Elsenzgau; der Gartachgau, Zabergau, Murrachgau, Scucengau, Sulmanachgau, Brettachgau, Cochergau, Mulachgau, Rangau, Schwalbefeldgau .

Aus diesen germanischen Gaubezeichnungen sind einige zu erkennen, die sich auf Flüsse oder alte Ansiedlungen beziehen, die heute noch existieren.

Daß es in Franken keine einheitliche Machtbildung- und entfaltung gab und sich Konradiner und Babenberger um die Vorherrschaft seit dem 10. Jahrhundert stritten, ist bekannt. Am stärksten war das fränkische Geschlecht der Poppinger oder Babenberger, das in der Buchonia nahe dem Hessenland, im Tullifeld, im Grabfeld und Waldsassengau große Besitzungen hatte.

Als der Babenberger Heinrich, der sich als Heerführer Ludwigs des Deutschen ausgezeichnet hatte, im Jahre 886 vor Paris fiel, gewann sein Nachfolger, Poppo II., im Osten neues Land hinzu. Er war gleichzeitig auch Markgraf in der zu Thüringen gehörenden Sorbenmark und wurde im Jahre 892 nach einem fehlgeschlagenen Feldzug gegen die Sorben seines Amtes enthoben.

Nunmehr lief alles auch in diesem Raum auf einen Machtkampf zwischen Konradinern und Babenbergern hinaus. Im folgenden Text eine Kurzübersicht zu diesen beiden fränkischen Geschlechtern, die mehrfach in die Geschichte Frankens eingegriffen haben.

Die Babenberger

Die Popponen, später Babenberger genannt, waren ein im 9. und zu Anfang des 10. Jahrhunderts nachweisbares ostfränkisches Grafengeschlecht. Poppo I., von dem nur dessen Todesjahr 840 bekannt ist, dessen Name allerdings seit der Zeit 796 im Wormsfeldgau belegt ist und seit 819 auch im Grabfeldgau genannt wurde, war einer jener ostfränkischen Führer, die nach der ersten fränkischen Reichsteilung von 806 mit Ludwig dem Frommen sympathisierte. Die Machtgrundlage seiner Sippe verlagerte sich besonders nach dem Vertrag von Verdun im Jahre 843 nach Ostfranken. Mittelpunkt derselben war Babenberg, das heutige Bamberg, mit den Grafschaften im Grabfeld, Gozfeld, Volksfeld und dem Iffgau.

Von Ludwig dem Deutschen als ostfränkischem Herrscher wurde diese Sippe besonders begünstigt, sah er in ihr doch eine starke Stütze im Kampf um die Herrschaft und vor allem im Kampf gegen die nach Ostfranken eindringenden Slawen. Die Popponen nahmen an allen Feldzügen Ludwigs des Deutschen gegen diese teil und zeichneten sich mehrfach besonders aus.

Nach der erneuten Reichsteilung des Jahres 865 wandten sich die Popponen Ludwig dem Jüngeren zu, und der Poppone Heinrich zog mit Ludwigs des Jüngeren Truppen gegen dessen Vater zu Felde.

Nach dem Tod Karlmanns 879 war die Sippe der Popponen neben jener des Bischofs Arn von Würzburg die mächtigste Sippe in Ostfranken.

Seit 880 wurde Heinrichs Bruder Poppo II. als ›comes et dux limitis Sorabici‹ bekannt. Heinrich selber führte 880 ein ostfränkisches Heer gegen das westfränkische Reich und wurde unter Kaiser Karl III. zum tatsächlichen Führer in Ostfranken.

Er war es auch, der erstmals erfolgreiche Feldzüge gegen die Normannen führte. Während seines Feldzuges gegen die in Frankreich einfallenden Nordmänner, fiel er 886 im Kampf vor Paris.

Poppo, der Markgraf der Sorbenmark, wiederum war gegen die Slawen erfolgreich. Erst seit dem fehlgeschlagenen Slawenzug des Jahres 892, auf dem Bischof Brun von Würzburg den Tod fand, kam es zu einem Zerwürfnis mit Kaiser Arnulf. Dieser Mißerfolg war lediglich ein Vorwand, denn bereits vorher hatte sich Kaiser Arnulf mit den Konradinern, den großen Kontrahenten der Popponen, verschwägert.

Poppo II. wurde seiner Ämter und Lehen enthoben. Allerdings wurden sie ihm 899 größtenteils wieder zurückerstattet.

Der Konflikt gegen die Konradiner aber ging weiter und führte schließlich 906 zu jener großen Tragödie der Popponen, die durch die Babenberger Fehde ausgelöst wurde.

Die Babenberger Fehde

Da die Geschichte des Kampfes beider Geschlechter für Franken von großer Bedeutung war, soll an dieser Stelle auch der Verlauf der Babenberger Fehde in ihren Umrissen eingebracht werden.

Die seit 902 mit Kaiser Arnulf verschwägerte Sippe der im Westen des fränkischen Herzogtums angesiedelten begüterten Konradiner versuchte auch im 9. Jahrhundert im Osten des Landes Fuß zu fassen. Hier aber hatte das Geschlecht der Popponen eine beherrschende und festgefügte Stellung eingenommen. Zu diesem Gebiet gehörte mit großer Wahrscheinlichkeit auch die Würzburger Hochstiftvogtei.

Erste kleine Erfolge ermöglichten schließlich den Konradinern die Besetzung des Würzburger Bistums.

Der Konradiner Rudolf lieferte 892 dieses Meisterstück. Mit ihm und seiner Sippe gerieten die Söhne des ›Dux Austrasiorum‹ Heinrich (der 886 gestorben war) und Neffen des Grafen Poppo II., Adalhard, Adalbert und Heinrich in eine bewaffnete Auseinandersetzung.

Bei der Belagerung der Burg Babenberg, dem heutigen Domberg in Bamberg, im Jahre 903 wurde Heinrich getötet, der gefangengenommene Adalhard enthauptet. Adalbert entkam, holte zunächst zu einem erfolgreichen Gegenschlag aus, mußte sich jedoch bald ergeben und wurde am 9. September 906 ebenfalls enthauptet. Seine Güter wurden eingezogen.

Auf ihn führte Otto von Freising die österreichischen Babenberger zurück.

Die Konradiner

Stammvater der ostfränkischen Adelsfamilie der Konradiner war der bereits in den *Lorscher Traditionen* 772–73 genannte Graf Konrad, der eine Stammgrafschaft an der mittleren Lahn sein eigen nannte. Unter Gebhard dem Älteren stieg diese Sippe seit 832 im Oberlahngau empor. Sie ist Gründer des Stiftes Kettenbach-Gemünden. In den Kämpfen Ludwigs des Frommen mit seinen Söhnen war Gebhard der Ältere einer der Führer der Truppen Ludwigs. Seine hervorragende Stellung gestattete es ihm nach dem Abgang der Rupertiner aus dem ostfränkischen Reich, deren politisches Erbe im Lahn- und Rhein-Maingebiet zu übernehmen. Unter den nachfolgenden schwachen spätkarolingischen Teilkönigen trat er in scharfe Rivalität zu anderen mächtigen Adelsfamilien um die Führung in Franken.

König Arnulf, Gatte der Königin Oda aus dem Geschlecht der Konradiner und illegitimer und einziger Sohn König Karlmanns, der nach der Absetzung des Nachfolgers seines Vaters, Karls III., im November 887 durch den ostfränkischen Adel zum König erhoben worden war, versuchte 982 die bedrohliche Adelskoalition der Liudolfinger und Babenberger mit Hilfe der Karolinger zu sprengen. Er stürzte den babenbergischen Markgrafen Poppo und ernannte den Konradiner Konrad den Älteren, Enkel Gebhards des Älteren und Graf im Oberlahn- und Hessengau, zum Herzog in Franken und Konrads des Älteren Bruder Rudolf zum Bischof von Würzburg.

Während sich die Konradiner seit 897 wieder aus Thüringen zurückzogen, setzten sie sich in Mainfranken fest.

Der Bruder Konrads des Älteren, Eberhard, war Graf im Niederlahngau, sein dritter Bruder, Gebhard der Jüngere, Graf im gesamten südlichen Hessen und nach dem Tod seines Vorgängers im Jahre 900 Statthalter und damit Herzog in Lothringen.

Als die Konradiner im Entscheidungskampf mit den Babenbergern in den Jahren 902–903 aus Mainfranken über den Spessart zurückgedrängt wurden und Eberhard 902, Konrad der Ältere am 27. Februar 906 bei Fritzlar gefallen waren, griff König Ludwig das Kind auf Veranlassung des Erzbischofs Hatto von Mainz in den Kampf ein. Er besiegte die Babenberger unter Adalbert am 9. September 906 und ließ den gefangengenommenen Führer der Babenberger hinrichten.

Kurz darauf gab der liudolfingische Herzog Otto der Erlauchte von Sachsen seine Hersfelder Stellung auf.

Damit fiel den überlebenden Karolingern unter Konrad dem Jüngeren die Führung des fränkischen Stammes zu, obwohl sie den Kern ihres Machtbereiches nicht in Franken, sondern in Hessen hatten. Daher blieb es umstritten, ob sie überhaupt in Franken ein echtes Stammesherzogtum ausbildeten.

Ihr Aufstieg wurde 911 durch die Wahl Konrads des Jüngeren, der wie sein Vater, Konrad der Ältere, den Titel ›Dux in Franken‹ oder Dux der Thüringer führte, zum deutschen König begünstigt. Dieser gründete das Stift Weilburg.

König Konrads Macht und jene der übrigen Karolinger waren der der Stammesherzöge in Sachsen, Schwaben und Bayern nicht gewachsen. Aus diesem Grund bewog Konrad auf seinem Siechenlager seinen Bruder Eberhard dazu, dem Sachsenherzog Heinrich die Königswürde zu überlassen.

Nach König Konrads Tod 918 ging die Herzogswürde auf seinen Bruder Eberhard über. Da dieser im Kampf gegen die Sachsen wenige Jahre vorher, im Jahre 915, bei der Eresburg (dem heutigen Obermarsberg am Diemelsee) im Kampf unterlegen war, verzichtete er nach seines Bruders Tod auf die Königskrone und überbrachte dem Sachsenherzog Heinrich die königlichen Insignien seines Bruders.

Eberhard söhnte sich mit Heinrich aus und präsentierte ihn im Mai 919 in Fritzlar den versammelten Franken und Sachsen als neuen König. Eberhard selber begnügte sich mit dem Erbe der Güter und der Nachfolge im fränkischen Herzogtum. Darüber hinaus übte er in Hessen ebenso wie im hessisch-sächsischen Grenzraum an der Diemel und im Maifeld am Eingang nach Lothringen die Grafengewalt aus. Diese weitete er von Koblenz und Andernach bis nach Duisburg aus, und als sein Vetter Hermann 926 in Schwaben Herzog wurde, ordnete Eberhard als Stellvertreter König Heinrichs die politischen Verhältnisse Lothringens neu, um 928 mit dem soeben für Lothringen eingesetzten Herzog Giselbert das Land zu regieren und mit den Bischöfen dort zu verhandeln. 934 verhandelte er als Unterhändler König Heinrichs I. mit dem französischen König Rudolf.

Als Eberhard wegen eines Vergehens gegen einen sächsischen Lehnsmann König Ottos I. 937 schwer bestraft wurde, schloß er sich 938 und 939 den rebellierenden Königsbrüdern Thankmar und Heinrich an. In der Schlacht bei Andernach fand er 939 den Tod. Nach Herzog Eberhards Tod zog König Otto I. das Herzogtum Franken für die deutsche Königskrone ein.

»›Es genügt mir, sagte er, vor meinen Ahnen vorauszuhaben, daß ich König heiße, erwählt durch Gottes Gnade und eure Liebe; Salbung und Krone möge Würdigeren Uns zuteil werden, solcher Ehre halten wir Uns nicht für wert.‹ Solche Worte fanden bei allem Volk lauten Beifal; sie hoben die Rechte zum Himmel empor und grüßten den neuen König immer wieder mit brausenden Heil- und Namenrufen.«
Widukind von Corvey in seiner *Sachsengeschichte*

Heinrich I. – Sachsenherzog und deutscher König

Heinrich wurde als Sohn des damaligen Herzogs Otto von Sachsen um 876 geboren. Er starb am 2. Juli 936 in Memleben.

Er war bereits Herzog von Sachsen, als er Mathilde, Tochter des westfälischen Grafen Theoderich, eine Frau aus dem Geschlecht des alten Sachsenherzogs Wittekind, ehelichte. Daß sie ihm neben ihrer Schönheit auch einen beträchtlichen Gebietszuwachs mit in die Ehe brachte, wurde nicht als Hindernis gesehen.

Mathilde war im Kloster Herford erzogen worden und lebte auch dort, wo ihre Großmutter Äbtissin war. Graf Heinrichs Lehrer Thietmar zog nach einer vorhergegangenen Erkundung mit Heinrich dorthin. Heinrich verliebte sich in Mathilde. Ihre Großmutter gab der Enkelin die Erlaubnis zur Ehe, und am anderen Tag nahm Heinrich seine auserwählte Gattin mit nach Wallhausen zurück. Die Eltern der Braut hatte er nicht groß um Erlaubnis gefragt. Im Jahr 909 feierte er in Wallhausen seine zweite Heirat. (Seine vorherige Ehe mit Hateburg war kirchenrechtlich nicht anerkannt worden.) Als Heinrichs Vater, Herzog Otto, 912 starb, wählten die Sachsen Heinrich zu ihrem Herzog.

Nach dem Tod Konrads I. überbrachte dessen Bruder Eberhard dem Sachsenherzog den Wunsch des Sterbenden, daß er neuer König sein möge. Diese Nachricht soll Heinrich I. beim Vogelfang erreicht haben, woraus in der deutschen Romantik das Lied »Herr Heinrich sitzt am Vogelherd« entstand.

Mit Heinrichs Regierungsantritt fand eine Verlagerung des Reichsmittelpunktes statt. Der bisherige Schwerpunkt des ostfränkisch-deutschen Reiches hatte bis dahin in den Räumen Mainz–Würzburg–Regensburg gelegen. Nunmehr verschob er sich nach Norden und Nordosten in den Raum des Harzes.

Daß damit auch Süddeutschland aus seiner zentralen Lage herausgerissen wurde, veranlaßte Herzog Arnulf von Bayern dazu, sich nicht an der Wahl Heinrichs zu beteiligen. Er ließ sich durch seinen Erzbischof von Salzburg 920 zum deutschen Gegenkönig krönen. Damit hatte Bayern eine Sonderpolitik eingeleitet, die Heinrich behutsam auszugleichen versuchte – ein Verfahren, mit dem er später auch seine Anerkennung durch das Herzogtum Bayern erreichte.

Die Reichsinsignien, die Eberhard dem Sachsenherzog überbrachte, waren: die Krone, das Schwert, Gürtel, Mantel und die Armspangen. Die heilige Lanze mußte Heinrich erst später vom König von Burgund erwerben, der sie in Besitz hatte.

Im Mai 919 fand in Fritzlar in Hessen bei einer alten germanischen Thingstätte die Krönung Heinrichs I. zum deutschen König statt. Nur Heinrich mit den sächsischen und Eberhard mit den fränkischen Edlen waren zu dieser Feier erschienen. Die Bayern und Schwaben hielten sich zurück, weil beide Herzöge, wie wir am Beispiel Arnulfs gesehen haben, selbst nach der deutschen Krone strebten.

Als Erzbischof Heriger von Mainz den König nach altem Brauch salben wollte, lehnte Heinrich dies mit den Worten ab: »Es genügt mir, von meinen Ahnen das voraus zu haben, daß ich nun König heiße und dazu erkoren bin, mit Gottes gnädigem Willen und Eurer Huld: Salbung und Krönung aber möge Würdigeren als uns zuteil werden. Solcher Ehre halten wir uns für unwert.«

König Heinrich I. wollte aus sich heraus oberster Heerführer und Gerichtsherr in Deutschland sein, nicht von Gnaden der Kirche. Seit sieben Jahren war der nunmehr 43jährige Herzog der Sachsen gewesen, nun sollte er als König Deutschlands antreten. Es gelang ihm, Herzog Burchard von Schwaben zur Anerkennung zu zwingen. Zwei Jahre darauf im Jahre 921 zog er gegen Arnulf von Bayern zu Felde. Beide Edlen standen sich wenig später Auge in Auge

Zu S. 58: Begegnung des deutschen Königs Heinrich I. mit König Karl III. von Frankreich, nach einem Karton von Fr. Keller (19. Jahrhundert).

gegenüber. Weder eine Schlacht noch der vorgesehene Zweikampf kamen zu Stande, denn Heinrich I. kam zu ihrem persönlichen Treffen ohne Waffen und sagte seinem Widersacher:

»Das Volk hat mich zum König erwählt. Hätte es dich auf den Thron gehoben, niemand hätte es lieber gesehen als ich. Weshalb willst du, um deines Ehrgeizes willen, soviel Blut vergießen?« (siehe Liprand von Cremona, *Antapodosis*)

Arnulf ließ dem Gegner die Tore von Regensburg öffnen und unterwarf sich freiwillig dem König (siehe Widukind, *Sachsengeschichte*). Er behielt große Selbständigkeit in Bayern und größere Freiheiten, als sie Schwaben zugebilligt worden waren. So erschien er denn auch auf dem Hoflager König Heinrichs 927 und nahm an der folgenden Reichsversammlung in Mainz teil. Zwei Jahre später kämpfte er an der Spitze seines Heerbannes gemeinsam mit dem König gegen den Böhmenherzog Wenzel.

Heinrich I. gewann dann auch Lothringen zurück, er schlug mit seinem Heer den westfränkischen König Karl bei Pfedersheim, um im November 921 erneut gegen den westfränkischen König Karl anzutreten. Beide Herrscher trafen sich auf einem Schiff in der Mitte des Rheins und schlossen, anstatt sich zu bekriegen, am 7. November 921 einen Freundschaftsvertrag. Der König der Westfranken schwur dem der Ostfranken und dieser dem Westfranken dauernde Freundschaft. Noch im selben Jahr erwarb Heinrich I. von König Rudolf von Burgund die heilige Lanze.

In diesem ersten Drittel des 10. Jahrhunderts errang Heinrich I. bedeutende Gebietserweiterungen und bannte die Ungarngefahr durch die Schlacht von 933 an der Unstrut. Er baute mehr Burgen als Kirchen, dennoch verdankte der Dom zu Mainz ihm sein Entstehen. Darüber hinaus erweiterte er die Baulichkeiten des Klosters Reichenau und ließ die Peterskirche in Verdun errichten. Die im Jahre 930 erfolgte Weihe des Doms St. Veit in Prag war seiner Initiative zu verdanken.

Nach seinem Tod wurde er auf eigenen Wunsch in der Basilika auf der Quedlinburg vor dem Altar St. Petri bestattet. Seine Gemahlin gründete am Ende seines Sterbemonats in Quedlinburg das berühmt gewordene Reichsstift für die Töchter aus vornehmem Adel. Königin Mathilde wurde nach ihrem Tod 968 ebenfalls in Quedlinburg beigesetzt.

Abschließende Übersicht

Drei Momente haben das Fortbestehen des fränkischen Imperiums Karls des Großen verhindert:

- die inneren Auseinandersetzungen und die Mängel der karolingischen Führung,
- die geographische, soziale, historische und kulturelle Verschiedenheit der in diesem Imperium vereinigten Länder,
- der Druck der Invasionen von Westen, Norden, Osten und Süden; die Einfälle und Plünderungen der Magyaren, der Sarazenen und Normannen.

So entstanden im 10. Jahrhundert drei neue in sich geschlossene Staaten: Frankreich, Deutschland und Italien, ferner die Königreiche Lothringen, Burgund und Provence, die aus dem zerfallenen fränkischen Imperium herauswuchsen.

Das karolingische Reich war *kein* in sich geschlossener homogener Staat mit einer einheitlichen politischen Tradition. Grundlegende Unterschiede bestanden vor allem zwischen der westlichen und der östlichen Hälfte.

Daß der Osten des Reiches, das spätere ostfränkische Reich, im Vergleich zum westfränkischen Reich unterentwickelt war und sich in Sachsen noch riesige Wälder und sumpfiges Ödland ausbreiteten, sei am Rande vermerkt. Hinzu kam, daß beispielsweise die Sachsen unter der Führung Karls des Großen in einem fast dreißigjährigen Kampf erst unterworfen werden mußten, demzufolge auch erst eine Generation lang im fränkischen Reich eingebunden waren.

Bayern wiederum hatte sich zur Zeit Karls des Großen unter seinem Herzog Tassilo III. behauptet, bis dieser von Kaiser Karl abgesetzt wurde. Anstatt einen Nachfolger zu wählen, teilte der Kaiser Bayern unter fränkische Grafen auf, um auf diese Weise die allgemeine fränkische Grafschaftsorganisation auch in Bayern einzuführen.

Nach Karls des Großen Tod gewannen die auseinanderstrebenden Kräfte im fränkischen Reich bald die Oberhand. Auch die Tatsache, daß sich Karl 813 seinen Sohn Ludwig den Frommen als Kaiser zur Seite stellte, nutzte nichts, denn sein Reich wurde unter dessen drei Söhne geteilt und damit entscheidend geschwächt. Daraus erwuchsen vor allem auch dynastische Streitigkeiten, die von 832 bis 840 andauerten. Ludwig der Deutsche fand während dieser Auseinandersetzungen allein unter den Bayern Anhänger. Die Haltung der übrigen ostfränkischen oder ostrheinischen Lande, Sachsen,

Thüringen, Franken und Schwaben, war schwankend. Dennoch blieben sie Ludwigs des Deutschen Vater, Kaiser Ludwig dem Frommen, treu ergeben.

Die Staufer – Friedrich I. – Barbarossa

Als Friedrich I., der Sohn Herzog Friedrichs II. von Schwaben, im Jahre 1152 die Nachfolge Konrads III. antrat, war die materielle Macht der Monarchie stark gemindert. Ihr Hauptzentrum hatte sich verlagert. Während noch zur ottonischen Zeit der Großteil der Krongüter in Sachsen und Mitteldeutschland lag, waren diese verlorengegangen oder in den Bürgerkriegen verwüstet worden.

Von 1138 an herrschte in Deutschland erstmalig eine Dynastie, deren Besitzungen im Südwesten des Reiches lagen. Außerhalb von Schwaben – hier konzentrierten sich die Güter der Staufer – hatte Friedrich I. keine territorialen Stützpunkte. Damit verfügten die Staufer über keine angemessene materielle Regierungsgrundlage in Deutschland. Aus diesem Grund richtete sich Friedrich I. gleich zu Beginn seiner Regierung nach Italien und Burgund aus. Dies gelang deshalb, weil Schwaben, geographisch gesehen, ebenso nahe an Burgund und Italien wie an anderen Gebieten Deutschlands, beispielsweise Sachsen, liegt.

Friedrich Barbarossas Politik war es, diese Mittellage auszunützen. Als er sich 1156 mit Beatrix von Burgund vermählte, ergriff er im Namen seiner Gemahlin von Burgund und ebenso von der Provence Besitz. Er nannte sie »Länder, die lange Zeit dem Reich entfremdet waren«. 1157 empfing er die Huldigung der Erzbischöfe von Lyon und Vienne sowie von allen anderen Bischöfen und Fürsten des Landes. Auf dem berühmten Reichstag 1157 zu Besançon stellte er offiziell die kaiserliche Autorität in Burgund wieder her. Seine Gedanken gingen dahin, daß er nunmehr die Bergpaßstraßen nach Burgund und nach Italien fest in der Hand hatte und dementsprechend seine Pläne gegenüber Italien besser in die Tat umsetzen konnte. Es waren dies vor allem: der Septimer-, der Splügenpaß und der St. Gotthard. Durch die Umwandlung von Chiavenna, an der Spitze des Comer-Sees auf der südlichen, italienischen Seite des Splügenpasses gelegen, in eine schwäbische Stadt, zeigte er jenen Weg auf, den zu gehen er beabsichtigte.

Mit dem Besitz Chiavennas hatte Friedrich I. das Tor zur Lombardei aufgestoßen. Damit war die Schweiz das strategische Zentrum der staufischen Macht, das Schwaben, Burgund und die Lombardei zusammenschloß. Diese drei Länder boten Barbarossa eine wirksame Regierungsgrundlage, weil er damit über ein zentrales Bollwerk verfügte, von dem aus er Sachsen im Norden, Bayern im Osten sowie die

*Kaiser Friedrich Barbarossa – mit Reichskrone, Reichsapfel und (unhistorischer) Reichsfahne. Titelblatt der Barbarossa-Biographie (*Barbarossa. Eine warhafftige beschreibung des lebens und der geschichten Keiser fridrichs des ersten /genant Barbarossa*) von Johannes Adelphus, die 1520 in Straßburg erschien.*

Toskana und Mittelitalien im Süden erreichen *und* beherrschen konnte. Friedrich I. hatte diesen Regierungsplan unmittelbar nach seiner Thronbesteigung 1152 ins Auge gefaßt, und er führte ihn konsequent durch. Dabei stellte er alle revolutionären Wandlungen und Umstände in Rechnung, die sich vollzogen hatten.

Der Vorwurf, daß Friedrich I. in der Verfolgung seiner italienischen Politik die wirklichen Interessen Deutschlands geopfert und deutsches Gut und Blut in Italien verschwendet habe, ist nicht in dieser Härte zutreffend. (siehe: *Die italienische Kaiserpolitik des deutschen Mittelalters,* von Below, die im allgemeinen auf Ablehnung stieß.)

Das Neue an seiner Reichspolitik war eine gleichmäßige Unterordnung seiner drei Königreiche unter die Interessen des Gesamtreiches. Unter Ottonen und Saliern war das Reich mehr oder weniger nur eine Personalunion dreier gesonderter Staaten gewesen, in welcher Italien und Burgund (einmal von der Zeit Ottos III. abgesehen) immer eine untergeordnete Rolle gespielt hatten. Unter Friedrich I. wurde das Reich zum ersten Mal eine Regierungseinheit. Er war also, um es genau auszudrücken, derjenige, der das Reich erstmals zu *einer* Regierungseinheit machte. Er war der erste Kaiser des Westens, dessen Politik Reichspolitik im wahrsten Wortsinne bedeutete. Diese Politik stellte die gleichen Ansprüche an Deutschland, Burgund und Italien.

Sein Reichsterritorium wollte Friedrich I. dort errichten, wo alle drei Königreiche zusammenstießen. Damit konnte er konsequent die Herrschaften darüber ausüben, was den Kern und Mittelpunkt seines Reiches ausmachte.

Im Zentrum gesichert, mit einem großen Reichsterritorium, das sich von Schwaben bis zur Lombardei erstreckte, eröffnete Friedrich I. seine Herrscherzeit damit, daß er anderwärts das Gleichgewicht der Macht unter den Fürsten aufrechterhielt. Damit nahmen diese ihren Platz im Regierungssystem unter kaiserlicher Souveränität ein.

Dies wurde deckungsgleich auch in Italien durchgeführt, wo Welf VI. in der Toskana und der Papst im Patrimonium zwei große, einander das Gleichgewicht haltende Mächte darstellten, wie ebenso Deutschland, wo die Errichtung des österreichischen Herzogtums 1156 eine Macht schuf, die jener Heinrichs des Löwen in Bayern das Gleichgewicht halten sollte.

So verschaffte sich Friedrich I. eine Kontrolle über seine Lande, die ihm im Falle Heinrichs des Löwen gut zustatten kam, als dieser 1166 eine Liga des sächsischen Adels gegen den Kaiser ins Leben gerufen hatte. Heinrich der Löwe konnte hier triumphieren, weil er dazu noch Friedrichs Rückendeckung besaß. Als aber der Kaiser – des Ränkespiels überdrüssig – den sächsischen Adel gegen ihren Herzog Heinrich den Löwen unterstützte, setzte dieser eine Kette von Ereignissen gegen den Kaiser in Bewegung, die erst 1180 mit Heinrichs Sturz endeten.

Der solcherart in die Tat umgesetzte kaiserliche Regierungsplan setzte allerdings die loyale Zusammenarbeit mit den Fürsten voraus. (Die These, daß bereits seit Regierungsbeginn Friedrichs I. zwischen ihm und Heinrich dem Löwen ein, wenn auch verhüllter, Konflikt bestanden habe, läßt sich nicht aufrechterhalten. (siehe dazu: Güterbock, »Barbarossa und Heinrich der Löwe«, in *Vergan-*

genheit und Gegenwart XXIII, 1933.) Friedrich I. machte Papst Eugen III. ein Angebot zur Zusammenarbeit. Dieses wird als bloßes Täuschungsmanöver des Kaisers dargestellt, was nicht zutrifft. Eines ist sicher: Die große Aufbauarbeit im Reich, der sich Friedrich I. seit 1152 gegenübersah, machte einen dauerhaften Frieden zwischen Staat und Kirche unabdingbar.

Wenn die Grafen und Edlen, die in den Wirren des Bürgerkrieges hochgekommen waren, kaiserlicher Herrschaft unterworfen werden sollten, bedurfte Friedrich der Mitwirkung der großen Fürsten. Diese verfügten allein über jene Mittel, den unruhigen Adel zur Ruhe zu zwingen. Daher rühren die großen Privilegien von 1155, 1168 und 1180 für die deutschen Herzogtümer, die Errichtung von Zwischengewalten, die der Monarchie helfen sollten, das Reich zu konsolidieren, was sie *ohne* diese Hilfe nicht vermochte. Unter *der* Voraussetzung, daß die Fürsten anerkannten, ihre Lehen vom Kaiser erhalten zu haben, wurde die Regierung gestärkt. Dies wiederum schloß eine Verstärkung der Kaisermacht ein, ob nun Welfen oder Wittelsbacher, Zähringer oder Babenberger an der Regierung waren. Aber die Anerkennung der Lehnsbande durch die Fürsten war eine *conditio sine qua non*. Es ist bezeichnend, daß Barbarossa in jener Urkunde, mit der er Heinrich dem Löwen halbkönigliche Rechte über die Besitztümer ostwärts der Elbe übertrug, jene Formulierung einband, daß Heinrich seine Lande »durch unsere Freigebigkeit innehat«. Dies bedeutete, daß der Kaiser außerhalb seiner Krongutbesitzungen nur die feudalistische Suzeränität (Oberherrlichkeit) ausübte. Eine ähnliche Vorstellung leitete ihn dazu, in einer späteren Phase seiner Beziehungen zu den lombardischen Kommunen jenen die Stellung von kollektiven Lehnsherrschaften zuzuweisen (siehe Lenes, in *Historische Zeitschrift* CXXVIII).

Barbarossas Stellung war also streng genommen jene eines Feudalmonarchen, der sicher geschützt auf seinen Krongutbesitzungen weilte und die feudale Suzeränität in einem Staat ausübte, der eine Vereinigung von Lehnsfürstentümern war.

Auf seinen eigenen Besitzungen und Domänen, in den unmittelbaren Interessenspären sowohl in Italien als auch in Burgund und Deutschland strebte Friedrich I. allerdings eine Organisation an, die eine nichtfeudale Verwaltung bedeutete. Hier bestand eine Tendenz zur Zentralisation, wie sie immer dort vorhanden sein muß, wo ein Prozeß des Wiederaufbaues im Gange ist. Dennoch gab es auch Dezentralisation, da der Wiederaufbau zum guten Teil ja den Fürsten überlassen wurde. Diese Fürsten hob Friedrich I. bewußt aus den Kreisen der übrigen Aristokratie heraus und stattete sie mit neuen Machtvollkommenheiten aus, indem er sie hoch über die Grafen und die übrigen kleinen lokalen Herren und Edlen erhob.

Soweit es sich also um die Beziehungen zwischen der Krone und den Fürsten handelte, sollte Barbarossas Reich ein Staat sein, der von feudalen Banden zusammengehalten wurde. Das Reich sollte aus einer Reihe von Herzogtümern bestehen. Diese sollten sich um die königliche Domäne gruppieren. Nach den Aufständen und Erhebungen der letzten 50 Jahre bestand die doppelte Aufgabe des Kaisers darin, eine Hierarchie der Herrschaft wiederaufzurichten und die Stellung des Königs an ihrer Spitze zu bewahren. Der sozialen Revolution während des Investiturstreites war es zuzuschreiben, daß diese Hierarchie – im Unterschied zu der Organisation der Herrschaft *vor* der Regierungszeit Heinrichs V. – eine feudale war.

Bereits die Herrschaftszeiten Lothars II. und Konrads III. hatten gezeigt, daß der König nur dann, wenn er erfolgreich darin war, seine Stellung an der Spitze der feudalen Gesellschaft zu schaffen, vollen Gebrauch von seinen feudalen Rechten machen konnte.

Dies war auch die Überzeugung, die hinter Friedrichs I. Werk stand. Daß Friedrich I. dennoch eine sorgfältig ausgewogene und durchaus ganzheitliche Politik trieb, wurde sehr bald deutlich. Es galt einmal, nach dem Investiturstreit die Regierung in jeder Form zu stärken. Gleichzeitig aber war es notwendig, die Position der großen Fürsten zu festigen. Beide Ziele waren Teile seiner Feudalpolitik.

Mit dem systematischen Bestreben innerhalb des größeren Reiches, über das Barbarossa als höchster Oberherr gebot, wollte er ein geschlossenes Territorium schaffen, das von einer wohlorganisierten Bürokratie unter seiner eigenen Aufsicht verwaltet wurde. Ohne ein solches Territorium schien es unmöglich, das Gleichgewicht zu bewahren oder – wenn er es mit einem Fürsten vom Schlag Heinrichs des Löwen zu tun hatte – die königliche Vorherrschaft innerhalb der Föderation des Reiches aufrechtzuerhalten.

Daher verwandte er viel Energie für den Aufbau des staufischen Krongutes in Schwaben, dies vor allem gegen Ende der sechziger Jahre, in denen Friedrich I. durch Schenkung oder Kauf den Besitz zahlreicher Edler erwerben konnte, die ohne Leibeserben waren – einschließlich der gewaltigen Familiengüter Welfs VI.

Schwaben war dennoch nur ein Teil des Territoriums, das von

Friedrich vorgesehen war, eine materielle Grundlage der Monarchie zu bilden. Nur schrittweise konnten die Nebenherrschaften in Schwaben, so zum Beispiel die Besitzungen der mächtigen Herzöge von Zähringen und anderer, die im Bereich des Kaisers lagen, durch den Erwerb von Grundeigentum und Gerichtsbezirken – wie sich die Chancen boten – aufgekauft werden.

Die lombardische Frage

Wesentlicher war für Friedrichs Pläne jedoch von Anfang an die Lombardei. Von der Möglichkeit, die Lombardei für sich zu sichern, hing Erfolg oder Mißerfolg seines gesamten Regierungsplanes ab. Um die lombardische Frage drehte sich dementsprechend seine ganze übrige Politik, in Italien ebensowie in Deutschland.

Um erkennen zu können, was Friedrich alles erreichte und was ihm nicht gelang, muß seine Italienpolitik und Wirksamkeit dort untersucht werden. In diesem Bereich liegt der Schlüssel zur Entwicklung der staufischen Politik, nicht nur in Friedrichs I. eigner Regierungszeit, sondern auch in jener seines Sohnes Heinrichs VI.

In die Periode seiner Regierungszeit von 1152 bis 1157 fiel sein erster Italienzug zur Beilegung seines ersten Konflikts mit Mailand. Die lombardische Frage spielte vorerst noch eine untergeordnete Rolle. In dieser Periode war der Staufer hauptsächlich mit Deutschland, Burgund und Mittelitalien beschäftigt. Dabei machte er sich den neuen Geist der Versöhnung zu Nutze, der durch Papst Leo III. geschaffen worden war. Friedrichs Hauptanliegen in Mittelitalien war es, das Wohlwollen des Papstes zu gewinnen und seine Kaiserkrönung zu sichern. Um dies zu erreichen, ließ er den Feind des Papstes, Arnold von Brescia, bekriegen und dessen Macht vernichten.

Daran anschließend stellte er die päpstliche Autorität in Rom wieder her. Beide Ziele wurden 1155 erreicht. Es sah so aus, als sei nunmehr das ewige Zusammengehen von Papsttum und Kaisertum gesichert, dies um so mehr, als der Papst noch der Unterstützung gegen die sizilianischen Normannen bedurfte. So konnte Friedrich ein nützliches Gleichgewicht in Italien herstellen.

Die Lombardei war allerdings als des Kaisers eigentliche Interessensphäre zu betrachten.

Zum gleichen Zeitpunkt fand auch in Deutschland eine ähnliche Regelung statt, indem der Sohn König Konrads III. das Herzogtum Schwaben erhielt, das jedoch 1168 an die Krone zurückfiel. Noch wichtiger war die Auseinandersetzung mit den Welfen. Zudem fiel noch in diese erste Regierungsperiode die Errichtung der königlichen Herrschaft über Burgund und Arles. Der Reichstag von Besançon markierte den Gipfelpunkt dieser ersten Regierungszeit Friedrichs I.

Im Jahre 1158 unternahm Barbarossa seinen zweiten Italienfeldzug, der mit der Unterwerfung Mailands endete. Auf dem darauf folgenden Reichstag zu Roncaglia wurde eine Kommission eingesetzt, welche die Regalienrechte der Krone festsetzen sollte.

Im übrigen zeigte Friedrich I. nach der Eroberung Mailands eine Haltung der Mäßigung und Milde, die alle ehemaligen Gegner für ihn einnahm. Seine Eröffnungsrede in Roncaglia lautete: »Ich werde lieber eine rechtmäßige Autorität ausüben, als unser Herrscheramt in ein Willkürregiment zu verwandeln.« (aus: *Gesta Friderici*) Was er nicht wollte, war, das alte Regierungssystem des 11. Jahrhunderts wieder einzuführen. Er war bereit, die Stellungen, welche die Kommunen in ihrem Kampf gegen die Bischöfe errungen hatten, anzuerkennen. Allerdings waren viele Rechte, welche die Kommunen ausübten, königliche Rechte, die die fränkischen Könige ursprünglich den Grafen übertragen hatten. Diese waren dann im 10. und 11. Jahrhundert an die Bischöfe übergegangen und wurden ihnen in der Zeit des Investiturstreites von den Kommunen wieder entrissen.

Diese Rechte wurden in der *lex Regalia* der Roncaglischen Beschlüsse definiert. Darunter war auch das Fodrum (das Recht auf Verpflegung des königlichen Heeres und später auf eine Abgabe anstelle der Verpflegung).

Barbarossas Politik lief jedoch nicht darauf hinaus, diese Regalienrechte wieder in vollem Umfang an sich zu nehmen. Er wollte lediglich den Grundsatz durchsetzen, daß diese Rechte von der Krone herkamen. Es wurde ausdrücklich festgeschrieben, daß dort, wo eine Kommune oder ein Lehensträger eine Urkunde vorweisen konnte, die ihnen die Regalien übertrug, sie diese Rechte auf ewig als ein vom Kaiser verliehenes oder übertragenes Lehen behalten sollten.

Auch in bezug auf das Stadtregiment war Friedrich I. mäßig in seiner Forderung auf Übertragung jener Gewalt, Magistrate für die Gerichtsbarkeit einzusetzen. Dort, wo Friedrich an der Treue der Städte und der Kommunen zu ihm zweifelte, ernannte er selber den Magistrat. Dort jedoch, wo er sich auf die Treue der Städte verlassen konnte, und dies war die Überzahl, beließ er den Bürgern die Freiheit der Wahl – unter der Bedingung, daß die frei gewählten Magistrate die königliche Genehmigung für die Ausübung ihrer Gerichtsbarkeit einzuholen hatten.

In gleicher Weise verfuhr er auch in Italien, indem er beispielsweise Mailand im September 1158 die freie Wahl der Konsuln durch das Volk zugestand. 1162 erhielten auch Pisa, Genua, Ravenna, Lucca, Ferrara, Cremona und Pavia dasselbe Recht.

Dieses System funktionierte zunächst – wenn man von Mailand absieht, das die Einsetzung dieser Konsuln durch Friedrichs Vertreter ablehnte – zufriedenstellend. Ende 1158 erhob er das Fodrum auch in der Toskana und in Kampanien.

Der Papst protestierte gegen die Einsammlung des Fodrums im päpstlichen Patrimonium. Gleichzeitig verkündete er, daß die kaiserlichen Legaten ohne päpstliche Erlaubnis Rom nicht betreten durften. Diese Verkündungen zeigten, daß die antikaiserliche Partei unter den Kardinälen wuchs.

»Der Wunsch des Papstes, ich dürfte keinen Gesandten an die Stadt abordnen, ist zu ernst, um darüber zu scherzen, denn nach Gottes Willen sind Wir Römischer Kaiser. Wir besäßen aber nur einen leeren Titel und wären ein trauriger Schattenkaiser, wenn Wir Uns die Gewalt über Unsere Stadt Rom entziehen ließen.«
Kaiser Friedrich Barbarossa

Als nach dem Tod Hadrians IV. 1159 Alexander III. zum Papst gewählt wurde, war dies ein doppelter Triumph: einmal für die prosizilianische Partei und zum anderen für Mailand und dessen Bundesgenossen unter den lombardischen Städten. Die Bildung einer Allianz zwischen Sizilien, dem Papsttum und Mailand zerstörte das Gleichgewicht, das Barbarossa in den Jahren 1154 und 1155 errichtet hatte. Dies veranlaßte Friedrich I. dazu, die alte Machtverteilung wiederherzustellen. Um dieses Ziel zu erreichen, mußte er die Macht Mailands für immer brechen.

1162 wurde der Kampf gegen Mailand und seine Freundesstädte eröffnet, im folgenden Jahr Mailand erobert und zerstört. Ende 1162 kehrte Friedrich nach Deutschland zurück. Friedrich I. verwaltete gezwungenermaßen die lombardischen Besitzungen mit unerbittlicher Strenge. Als sich 1164 die Veroneser Liga bildete, um den drückenden Verwaltungsmaßnahmen des kaiserlichen Stellvertreters Rainald von Dassel Widerstand zu leisten, bot Friedrich ihr einen Vergleich an. Er versprach die tyrannische Herrschaft zu ändern, die nicht seinen Vorstellungen entsprach. Dennoch: die Härte der deutschen Ritter hatte es geschafft, daß die oftmals miteinander zerstrittenen lombardischen Städte zu einer Zwangseinheit gegen die Besatzertruppen verschmolzen. 1167 wurde neben der Veroneser auch die Lombardische Liga gegründet. Beide Bünde vereinigten sich, und Friedrich, in dessen Heer eine Seuche grassierte, mußte sich nach Deutschland zurückziehen. Seine Anhänger wurden einer nach dem anderen ins Lager der vereinigten Liga gezwungen, und als 1172 Wilhelm von Montferrat sich ebenfalls der Liga anschloß, hatte die kaiserliche Partei in Italien aufgehört zu bestehen.

Dies war mehr oder weniger Papst Alexanders III. Eingreifen und Handeln zu verdanken gewesen. Barbarossa neigte nunmehr dazu, seine Ansprüche aus dem Jahre 1158 so weit zurückzunehmen, als er sich mit den Städten vergleichen wollte, um für den Kampf gegen das Papsttum Alexanders III. freie Hand zu gewinnen. Aber so sehr sich seine Unterhändler bemühten, keine der Parteien wollte ohne die andere mit den kaiserlichen Botschaftern und Emissären verhandeln. Es blieb ihm nur ein weiterer Italienzug übrig. Dieser endete 1176 mit einer bei Legnano erlittenen schweren Niederlage.

In Venedig mußte Friedrich I. im Jahre 1177 mit dem Papst Frieden schließen und einen 15 Jahre währenden Waffenstillstand mit

Barbarossas Einzug in Mailand am 26. März 1162. Fresko von Julius Schnorr von Carolsfeld in den Kaisersälen der Münchener Residenz, entstanden zwischen 1837 und 1842. Man beachte: Die dem Kaiser vorausziehenden und nachfolgenden Ritter tragen Fahnen mit den drei staufischen Löwen und dem Reichsadler.

den sizilianischen Verbündeten des Papstes sowie einen sechsjährigen mit den lombardischen Städten aushandeln.

Bevor dieser lombardische Friedensvertrag zu Ende ging, wurde er auf dem Treffen zu Konstanz 1183 durch einen neu verhandelten Vertrag ersetzt. Die Städte der Liga erhielten das Recht, ihre Konsuln zu wählen und die Regalien innerhalb der Mauern ihrer Städte zu kassieren, womit ihr Anspruch auf Selbstregierung verwirklicht war.

Dennoch gewann auch Friedrich I., denn die Städte gaben in vielen bedeutenden Punkten nach und leisteten eine Zahlung von 16 000 Pfund als Entgelt für diesen Friedensschluß. Darüber hinaus waren sie einverstanden, daß die Konsuln ihrer Städte durch einen kaiserlichen Legaten die Investitur erhalten sollten und dabei dem Kaiser Treue zu schwören hatten, bevor sie ihr Amt antraten. Darüber hinaus zahlten die Städte für dieses Privileg eine jährliche Pacht von 2000 Pfund. Die Regalien außerhalb der Städte flossen wie früher dem Kaiser zu. Damit hatte Friedrich in der Lombardei nach wie vor eine unabhängige Stellung von großer Bedeutung.

Die Schlacht bei Legnano (1176), bei der Friedrich I. eine schwere Niederlage erlitt. Ein Jahr später kam es zum Frieden von Venedig.

Der Friede zu Venedig und jener von Konstanz waren für den Kaiser die Chance, alle Möglichkeiten zu nutzen, die sich ihm in der Toskana eröffneten. Das Land wurde unter Rainald von Dassel verwaltet, der deutsche Grafen und Vikare einsetzte.

Die kaiserlichen Vertreter verwalteten die Gebiete als unabhängige Ämter im Namen des Kaisers, wurden also nicht mit diesen belehnt. Diese Verwaltung wurde 1173 durch Christian von Mainz weiter ausgebildet. Ab 1177 war die Italienpolitik Friedrichs auf die Ausdehnung seiner Reichsverwaltung auf *ganz* Mittelitalien ausgerichtet. In dieser Phase erfuhr das Verwaltungssystem seine Vervollkommnung.

Nach Abschluß des Konstanzer Friedens 1183 konnte Friedrich sein Regiment über Mittelitalien auf einer festen Grundlage organisieren, da die lombardischen Städte befriedet waren. Was er in der Lombardei erzwingen mußte, erreichte er nunmehr von 1184–87 ohne Schwierigkeiten in der Toskana. Im Jahre 1185 wurden seine 1183 begründeten guten Beziehungen zu Mailand in eine Allianz umgewandelt.

Der Tod Alexanders III. 1181 war dieser kaiserlichen Politik zugute gekommen. Papst Alexanders Nachfolger, Lucius III., der von 1181 bis 1185 das Pontifikat innehatte, war von versöhnlichem Geist. Mit Vermittlung dieses Papstes wurden 1184 zwischen Friedrichs Sohn Heinrich und Konstanze von Sizilien Friedensbedingungen vereinbart.

Nunmehr wurden durch Friedrichs Bevollmächtigte auch außerhalb der Toskana in der Romagna, Spoleto und Ancona die gleichen Konsuln-Bedingungen eingeführt, obwohl die Konsuln nicht frei gewählt werden konnten. Seit 1177 hatte über die beiden Provinzen Spoleto und die Mark Ancona ein deutscher Graf geherrscht, der diese als Verwaltungsbezirke unter sich hatte, ohne sie zu Lehen übertragen bekommen zu haben. Nach und nach wurde Mittelitalien zu einem festen Bestandteil des Reiches. Damit waren nunmehr die Toskana und Mittelitalien Friedrichs I. Basis, und nicht die Lombardei.

Friedrichs I. Deutschlandpolitik

Friedrichs Eingreifen in Italien nötigte ihn dazu, den deutschen Fürsten stets wachsende Zugeständnisse zu machen, um sie ihm zugeneigt zu halten. Dies traf insbesondere auf Heinrich den Löwen zu. 1160 übertrug Friedrich diesem das Investiturrecht über die norddeutschen Bistümer Oldenburg, Mecklenburg und Ratzeburg. Dies gab Heinrich dem Löwen die Chance, die nord- und ostdeutsche Kirche seiner Herrschaft zu unterwerfen. Nachdem er sich 1168 mit der Tochter des englischen Königs Heinrichs II. vermählt hatte, ergriff er auch die Gelegenheit, in die auswärtige Politik einzusteigen und diese besonders auf Dänemark zu konzentrieren. Daneben verhandelte er mit dem griechischen Kaiser Manuel. Es ging sogar das Gerücht, daß er während des Kreuzzuges von 1172 auch nach Konstantinopel gereist sei und mit Kaiser Manuel gegen Friedrich I. konspiriert habe.

Der Zwist zwischen Kaiser und Herzog Heinrich eskalierte mehr und mehr. Schließlich wandten sich auch die neu ernannten Prälaten mit dem sächsischen Adel gegen den Sachsenherzog. Sie richteten eine Petition an Friedrich, gegen Heinrich zu Gericht zu sitzen. Friedrich befahl den Sachsenherzog vor sein Gericht. Als dieser der Vorladung nicht Folge leistete, wurde die Acht über ihn verhängt, und ihm wurden seine beiden Herzogtümer und Lehen abgesprochen.

Die großen Veränderungen im Reich

Der Sturz Heinrichs des Löwen 1180 gab Friedrich die Möglichkeit, das Gefüge seiner Regierung zum Nutzen der Monarchie umzugestalten. Sachsen wurde in zwei Herzogtümer geteilt. Es waren dies zum einen die Lande westlich der Weser als Herzogtum Westfalen, unter der Führung des Erzbischofs von Köln, zum anderen das Herzogtum ostwärts der Weser, dessen neuer Führer Bernhard von Anhalt, Sohn Albrechts des Bären, wurde.

Bayern wurde durch Fürstenspruch Friedrichs altem und zuverlässigen Helfer Otto von Wittelsbach zuerkannt. Er war damit der Begründer der Dynastie, die als Herrscher bis 1918 Bestand hatte.

Die Steiermark wurde von Bayern abgetrennt und zu einem unmittelbar von der Krone lehnbaren Herzogtum erhoben. Damit waren die Ereignisse des Jahres 1180 zu einem großen Erfolg für die Monarchie geworden. Friedrich I. hatte den Scheitelpunkt seiner Macht erreicht. Auf dem Mainzer Reichstag dieses Jahres kam dies deutlich zum Ausdruck, als alle Herzöge ihm huldigten. Die unmittelbaren Vasallen der Krone wurden genau ausgewählt, mit besonderen Privilegien ausgestattet und zu *principes imperii* – Reichsfürsten – ernannt. Damit waren sie über die Menge der Grafen und Edlen erhoben. Diese nahmen in der Feudalhierarchie nunmehr den Rang als Lehnsträger unter den Reichsfürsten ein.

Damit war die Wiederherstellung der gesellschaftlichen Ordnung auf feudaler Grundlage gegeben. Die Unabhängigkeit des Adels wurde nunmehr beendet, indem dieser unter die Autorität der Reichsfürsten geriet. Dies war ein bewußter Akt des *Reichshofgerichtes*. Die Stellung des Königs an der Spitze der Gesellschaft war gesichert.

Friedrichs Anteil an dieser Wiederherstellung monarchischer Macht und damit der Wiederbelebung des Reiches war bedeutend. Er hatte das Glück, hervorragende Mitarbeiter zu haben, so den

»Sein höchstes Ziel und sein beharrliches Streben galt der Ehre und Vergrößerung des Reiches. Er hat es mit glühender Leidenschaft verfochten.«
Friedrich Barbarossa über Rainald von Dassel im Jahre 1167

Minister Rainald von Dassel und Christian von Mainz, der die Grundlagen der Reichsverwaltung in Mittelitalien gelegt hatte. Er verfügte selber über ein reifes politisches Verständnis. Dadurch nahm die Monarchie bei der Erneuerung der deutschen Verfassung im 12. Jahrhundert wieder ihren festen Platz in der Gesellschaft ein.

Die Fürsten waren mit dem Wiederaufbau ihrer Bereiche beschäftigt. Sie rundeten ihre Besitzungen ab und rangen die adelige Opposition nieder. Friedrich selber schuf einheitliche Verwaltungsbezirke, führte eine neue Beamtenhierarchie ein und ordnete die Bezirke in Provinzen. Auf diese Weise wurden die materiellen Grundlagen der Monarchie gestärkt, ebenso seine eigene Stellung, so daß er sich auch gegenüber den größten Fürsten behaupten konnte.

Als Friedrich I. 1190 auf dem Kreuzzug starb, hatte seine Regierungszeit knapp 40 Jahre gedauert. Nun galt es, in einer langen Periode friedlicher Entwicklung die Territorialmacht der Monarchie in Deutschland zu festigen.

Heinrich VI. – die Eroberung Siziliens, sein Sohn Friedrich

Für Friedrichs I. Nachfolger, Heinrich VI., der 1190 seinem Vater nachfolgte und bis 1197 regierte, galt es, die Probe aufs Exempel zu bestehen. Sein früher Tod 1197 verhinderte dies, und das Stauferreich glitt, bereits nach dem Tod Barbarossas beginnend, in eine tiefe Krise hinein, die bis 1215 andauerte.

Zunächst aber regten die Taten und Erfolge Heinrichs VI. die Phantasie seiner Zeitgenossen an. Unter seiner Führung wurde 1194 Sizilien erobert und daran anschließend der Angriff auf das byzantinische Reich vorbereitet. Er entsandte ein Kreuzfahrerheer nach Palästina und nahm die Lehnshuldigung Richards von England und der Könige von Cypern und Armenien entgegen. Er hegte – so wurde ihm von verschiedenen Chronisten zugeschrieben – den Plan, Frankreich, und damit auch das alte westfränkische Reich, unter seine Oberhoheit zu bringen.

Als er 1197 im Alter von erst 32 Jahren starb und seinen noch nicht dreijährigen Sohn als Erben zurückließ, zerstoben diese Träume, die Schöpfung Friedrichs I. zu vollenden und ein Weltreich unter deutscher Führung zu errichten, ins Nichts.

Noch vor seinem Tod im Jahre 1195 trat die kritische Wende ein, obgleich Sizilien besetzt, deutscher Herrschaft unterworfen war und *auch* in Nord- und Nordwestdeutschland die Aufstände niedergeschlagen waren. *Vor allem* aber war Heinrich der Löwe, sein großer Widersacher, 1195 gestorben.

Um diese Zeit war der Kaiser mit den Plänen zum Kreuzzug befaßt. Er beanspruchte Sizilien kraft Erbrechts für seinen im Jahre 1194 geborenen Sohn Friedrich. Damit wäre Sizilien für immer ein fester Bestandteil des Reiches geworden. Zuvor aber mußte das fürstliche Recht zur Wahl eines Nachfolgers auf dem Thron beseitigt und das päpstliche Recht auf die Kaiserkrönung geregelt werden.

Am 31. März 1196 eröffnete Heinrich VI. die Verhandlungen mit den Fürsten in Würzburg. 52 Fürsten stimmten dem Grundsatz der Erbfolge zu. Dadurch waren sie nicht mehr im Stande, eine andere Dynastie auf den vakanten Thron zu heben. Dafür sprach Heinrich VI. den Fürsten das uneingeschränkte Erbrecht in ihren Lehen zu. Dies sollte auch auf weibliche Nachkommen und Seitenverwandte angewandt werden können. Die Prälaten erhielten die entsprechenden Zugeständnisse der Testierfreiheit (das Recht, über ein Vermögen nach freiem Ermessen durch Testament verfügen zu können) über ihr bewegliches Eigentum.

Kaiser Heinrich VI. in der Abbildung der Pariser (Manessischen) Minnesängerhandschrift (14. Jahrhundert).

Dieses weitgehende Entgegenkommen fand nicht die Zustimmung *aller* Parteien. Eine Anzahl der Fürsten, unter ihnen der Herzog von Österreich und der Markgraf von Namur, hatten sich bereits das Erbrecht durch besondere Privilegien gesichert. Die gegen den Kaiser votierende Opposition wurde größer. Zum Führer derselben avancierte der Erzbischof von Köln, der sein altes Recht, den erwählten deutschen König zu krönen, und der gleichzeitig auch die Krönung verweigern konnte, in Frage gestellt und sich dadurch besonders bedroht sah. Er brach die Verhandlungen ab und reiste 1196 nach Italien, wo er die päpstliche Unterstützung gewinnen wollte.

Es ging darum, daß der Kaiser bereits 1195 erstmalig versucht hatte, seinen einjährigen Sohn Friedrich durch die Fürsten wählen zu lassen. Dieser Forderung waren sie 1195 nicht gefolgt. Sie hatten damals eine solche Wahl davon abhängig gemacht, daß Heinrich seinerseits die Erbfolge ihrer Lehen zugestehen müsse. Heinrich hatte sich geweigert, ein solches Zugeständnis zu machen. Als er es nunmehr 1196 machte, nutzte ihm dies nichts mehr.

Die päpstliche Mitwirkung, in Gestalt der Taufe des jungen Friedrich, die durch ein festes regelmäßiges Einkommen aus allen Kirchen des Reiches gepolstert wurde, sollte durch Papst Cölestin vollzogen werden, womit die Vorrechte des Erzbischofs von Köln abgetan waren.

Die Taufe und Krönung Friedrichs kamen also 1195 nicht zustande. Cölestin hielt Heinrich VI. immer wieder hin, erhob Gegenforderungen und verlangte sogar, daß Heinrich auf die sizilianische Krone zu Gunsten des Heiligen Stuhles Verzicht leisten möge.

Zur gleichen Zeit setzte Heinrich VI. durch seinen Stellvertreter Markward von Annweiler eine ausgedehnte Provinzialverwaltung in Kraft, die sich entlang der Adriaküste von Ravenna über Ancona nach Süden bis in die Abruzzen erstreckte. Damit wollte er die Verbindung von Sizilien nach Norden sicherstellen. Diese Maßnahme barg die Gefahr einer Einkreisung in sich, der sich das Papsttum gegenübersah. Dies bewog Papst Cölestin dazu, der über die gegen den Kaiser wachsende Opposition in Deutschland unterrichtet war, zu einer Taktik der Verschleppung überzugehen.

Im Oktober 1195 hatte dann Heinrich VI. seinen Vorschlag, das Königtum erblich zu machen, den deutschen Fürsten vorgetragen. Er erntete den entschiedenen Widerspruch jener mächtigen Gruppe, die sich um den Markgrafen von Thüringen geschart hatte, der auch gegen den geplanten Kreuzzug opponierte. Im folgenden Monat lehnte auch der Papst Heinrichs Vorschläge ab. Der König zog den Erbrechtsplan zurück und konzentrierte sich nunmehr darauf, die Vorbereitungen zum Kreuzzug zum Abschluß zu bringen.

Durch diesen Schachzug erreichte er schließlich seinen unmittelbaren Zweck. Zum Entgelt für seine Zugeständnisse und dafür, daß er eine geschlossene Front für einen Kreuzzug herstellte, willigten die Fürsten nunmehr in die Königswahl seines Sohnes Friedrich ein, die Weihnachten 1196 vollzogen wurde.

Als im Frühjahr 1197 auf Sizilien ein Aufstand losbrach, der nur lokale Ursachen hatte, glaubte man in den Kreisen Heinrichs VI., daß der Papst dahinter stehen müsse. Die Aufständischen traten mit der Lombardei und mit Rom in Kontakt. Dies deutete auf eine Ausweitung des Aufstandes hin, mit dem Ziel der Abschüttelung der deutschen Herrschaft.

Heinrich VI. handelte sofort und mit großer Härte. Er schlug den Aufstand nieder, konnte sich dieses Sieges jedoch nicht mehr erfreuen und ihn auch nicht zur weiteren Sicherung ausnutzen, denn im August 1197 erkrankte er in Messina schwer und starb am 28. September jenes Jahres. Auf dem Sterbelager war sich Heinrich VI. darüber klar, daß sein Lebenswerk, dessen Zeit zu kurz bemessen war, in großer Gefahr schwebte. Er ließ ein Testament aufsetzen, das allerdings niemals in Kraft gesetzt wurde. Darin verfügte er, daß seine Gattin Konstanze und sein Sohn Friedrich dem Papst zur besonderen Obhut anvertraut werden sollten.

Wenige Monate später jedoch bestieg ein neuer Papst den Heiligen Stuhl. Es war Innozenz III. Ihm wiederum übertrug Friedrichs Mutter Konstanze, die ihren Gatten nicht lange überlebte, die Regentschaft über den jungen König von Sizilien.

In Deutschland jedoch gelangten zunächst andere an die Macht. Es kam zu einem langen Thronstreit zwischen dem Staufer Philipp von Schwaben, dem Bruder Heinrichs VI., und Otto IV., dem Sohn Heinrichs des Löwen, also einem Welfen.

Der Papst saß an der Schaltstelle. Von ihm hing es letztendlich ab, wer neuer König und gegebenenfalls Kaiser werden würde.

Als jüngster Sohn Kaiser Friedrichs I. um 1175 geboren, wurde Philipp auf Wunsch seiner Eltern von einem Kölner Domherrn zum Kirchenmann ausgebildet. Bereits seit 1189 war er Probst des Pfalzstiftes zu Aachen, um 1191, mit 17 Jahren, zum Bischof von Würzburg gewählt worden.

In der Mitte des Jahres 1193 kehrte er jedoch der Kirche den Rükken. Er hatte vorher im Jahre 1190 bis 1191 seinen Bruder Kaiser Heinrich VI. zur Kaiserkrönung nach Rom begleitet und entdeckt, daß er sich zum Diplomaten und Landesherrn besser eignete als zum Bischof. Er brauchte sich nicht mehr nach Friedrichs I. Tod dem väterlichen Machtspruch zu beugen und erhielt die Zustimmung seines Bruders zu dieser Kehrtwende in seinem Leben und Wirken.

Am 2. April 1195 wurde er durch Heinrich VI. in Bari als Herzog von Tuszien und *dominus* (Verwalter) der Mathildischen Güter eingesetzt, welches Amt er bis 1196 ausübte. Es folgt eine kurze Aufschlüsselung, um welche Güter es sich bei ihnen handelte:

Markgräfin Mathilde von Tuszien schenkte etwa 1179 die sogenannten Mathildischen Güter, also ihr gesamtes Allod (Eigentum), das sie in den Markgrafschaften Reggio, Modena, Mantua, Brescia und in der Romagna besaß, der römischen Kirche. Damit wurde sie für Gregor VII. eine entscheidende Stütze. Als päpstliches Lehen erhielt sie dafür diese Güter zu ihrer freien Verfügung zurück.

Im Jahre 1111 setzte sie Kaiser Heinrich V. zu ihrem Erben ein. Ob dieser ihre frühere Schenkung an die katholische Kirche anerkannte, ist nicht sicher. Markgräfin Mathilde starb am 27. Juli 1115, und Heinrich V. brachte ihr Allod mit den Reichslehen in seine Hand. Diese Mathildischen Güter waren nach dem Tod Kaiser Heinrichs Streitobjekte zwischen Konrad III. als Gegenkönig, der vergeblich versuchte, sie an sich zu bringen, und König Lothar III. Dieser erkannte sie in den Verhandlungen des Jahres 1133 bezüglich seiner Kaiserkrönung als Eigentum der römischen Kirche an, kam dennoch aber gegen eine Zahlung von 100 Pfund Silber in ihren Besitz. Danach fielen diese Güter an Heinrich den Stolzen. Kaiser Friedrich I. übertrug sie gemeinsam mit der Markgrafschaft Tuszien und dem Herzogtum Spoleto 1152 an Welf VI., Heinrichs des Stolzen Bruder.

Papst Hadrian IV. forderte sie von Friedrich I. zurück. Dieser sagte sie ihm in dem Vorvertrag von Anagni 1176 zu, erreichte aber dann, daß diese Frage in den Hauptverträgen von Venedig 1177 und Straßburg 1189 ausgeklammert blieb, womit er weiterhin die Mathildischen Güter in Besitz behielt.

Diese Güter, die einen großen materiellen und noch größeren strategischen Wert hatten, kamen also nach der Verwaltung durch Reichs-Legaten 1195 unter die Obhut Philipps von Schwaben.

Zu diesem ist zu erwähnen, daß Philipp für seinen am 15. August 1196 verstorbenen Bruder Konrad Herzog von Schwaben wurde. Der neue Herzog in Schwaben heiratete zu Pfingsten 1197 in Gunzenlee bei Augsburg die byzantinische Prinzessin Irene, die den Namen Maria annahm. Als er nach Italien aufbrach, um seinen Neffen Friedrich II. zur Krönung nach Deutschland zu geleiten, brach er nach Bekanntwerden des Todes Heinrichs VI. am 28. September 1197 seine Mission ab und kehrte nach Deutschland zurück. Er wurde noch wegen seiner »Übergriffe auf den Kirchenstaat während seiner Herzogszeit in Tuszien« von Papst Cölestin III. gebannt.

Kaiserin Konstanze hatte ihren Sohn Friedrich II. auf die Königswürde in Deutschland verzichten und ihn am 17. 5. 1198 zum König von Sizilien krönen lassen.

Philipp von Schwaben wurde mit der Unterstützung süddeutscher und sächsischer Anhänger gegen das Veto des Erzbischofs Adolf von Köln, der einem nichtstaufischen König den Vorzug gab, am 8. März 1198 in Mühlhausen in Thüringen zum deutschen König gewählt und am 8. September von Erzbischof Aimo von Tarentaise (Burgund) mit den echten Insignien in Mainz gekrönt. Dies war insofern formwidrig, als der Ort der Königskrönung Aachen war. Dort aber hatte Erzbischof Adolf von Köln den Welfensproß Otto IV. bereits am 12. 7. 1198 zum König gekrönt.

In den folgenden Auseinandersetzungen mit Feldzügen und Kriegen konnte Philipp sich behaupten. Er ließ sich schließlich am 6. Januar 1205 noch einmal – rechtmäßig, also am richtigen Ort – von Erzbischof Adolf in Aachen ›nachkrönen‹.

Wiederum hatte der Papst »zwei Deutsche unter eine Krone gebracht, daß sie über das Reich Unfrieden und Verwüstung brächten«.
Walther von der Vogelweide

Erst im Jahre 1207 wurde König Philipp aus dem Bann gelöst. Es sah so aus, als solle er nun auch noch Kaiser werden.

Davor aber hatten seine Widersacher in Gestalt der Wittelsbacher ein dramatisches Stoppsignal gesetzt. König Philipp hatte dem bayerischen Pfalzgrafen Otto von Wittelsbach seine älteste Tochter versprochen. Dieses Versprechen brach er, indem er Beatrix, als sie bereits mit Otto von Wittelsbach verlobt war, Otto IV. zuführte.

Pfalzgraf Otto von Wittelsbach, durch diesen Bruch des Eheversprechens in seiner Ehre gekränkt, sann auf Rache.

Bei der Hochzeit Herzog Ottos VII. von Andechs-Meran mit König Philipps Nichte Beatrix von Burgund stießen die beiden verfeindeten Herren aufeinander, und der Wittelsbacher erschlug König Philipp mit seinem Schwert. Damit war dem weiteren Höhenflug Philipps von Schwaben ein jähes Ende gesetzt.

Das Zwischenspiel Ottos IV.

Otto IV., der im Jahre 1175 (bis 1180 lautet die unbestimmte Geburtsjahreszahl) in der Normandie (oder in Deutschland) geborene zweite Sohn Herzog Heinrichs des Löwen und seiner Gemahlin Mathilde von England, war am Hof seines Onkels König Richard Löwenherz aufgewachsen. Von diesem wurde er im Jahre 1190 zum Grafen von York ernannt. Diese Ernennung spricht dafür, daß sein Geburtsjahr 1175 gewesen sein müßte. 1196 wurde er Graf von Poitou, mit dem Titel eines Herzogs von Aquitanien.

Er war es, der sich als Gegner Philipps von Schwaben zum Gegenkönig in Deutschland aufstellen ließ. Er wurde durch Erzbischof

Adolf I. von Köln (wie im Vorkapitel dargelegt) am 12. Juni 1198 in Aachen zum Gegenkönig Philipps gekrönt. Da sich Otto, um Hilfe zu erhalten, enger an die Kirche anschloß, wurde er von Papst Innozenz III. zu Ende des Jahres 1200 als deutscher König anerkannt. Am 3. Juli 1201 ließ der Papst König Philipp und seine Anhänger bannen.

Otto IV. wurde in einem Gefecht bei Wassenberg (westlich Köln gelegen) im Sommer 1206 durch Philipps Streitkräfte geschlagen. Er hatte bereits gemeinsam mit dem Papst seinen Rücktritt beraten, als Philipps Ermordung am 21. Juni 1208 ihm eine neue Chance bot.

Am 11. November 1208 stellte er sich in Frankfurt erneut zur Wahl, vereinigte die Stimmen aller Fürsten auf sich und verlobte sich mit Philipps ältester Tochter Beatrix im Mai des kommenden Jahres.

Am 4. Oktober 1209 wurde er durch Papst Innozenz in Rom zum deutschen Kaiser gekrönt.

Im Laufe der nächsten Monate kam es in der Umgebung Roms zu einigen blutigen Auseinandersetzungen der Römer gegen Ottos Truppen. Der Kaiser sah sich gezwungen, Rom rasch zu verlassen. Er traf in der Romagna und ebenso im Raum Ancona Verfügungen von Reichswegen, die seinen Verpflichtungen gegenüber der Kurie widersprachen.

Danach folgte er der Bitte der Gegner Friedrichs II. von Sizilien um Hilfe gegen diesen und griff 1210 das Königreich Sizilien mit seinen Truppen an. 1211 drang er bis nach Kalabrien vor.

Er wurde bereits am 18. November 1210 durch den Papst gebannt. Diese Bannung wiederholte sich am 31. März 1211.

Nunmehr änderte Otto IV. seine Politik und ließ gemeinsam mit König Philipp II. August von Frankreich den Staufer und sizilianischen Thronerben Friedrich II. von einer kleinen Gruppe deutscher Fürsten im September 1211 in Nürnberg zum Kaiser ›*in imperatorem*‹, als Anwärter auf den Kaiserthron, wählen.

Er war selber in Nürnberg nicht zugegen, sondern kehrte erst im März 1212 nach Deutschland zurück. Am 11. August 1212 starb seine staufische Gemahlin. Er versuchte, sich weiter an der Spitze zu halten, erlitt aber in der Schlacht bei Bouvines in Flandern am 27. Juli 1214 eine schwere Niederlage, blieb in der Folgezeit auf seine braunschweigischen Erblande beschränkt und starb kinderlos.

Sein Bruder, Pfalzgraf Heinrich der Ältere, übergab kurz darauf Friedrich II. die Reichsinsignien.

Friedrich II., der ›Staufer‹: der Abgesang des deutschen Reiches

Friedrich II., der am 26. Dezember 1194 in Jesi bei Ancona geborene Sohn Kaiser Heinrichs VI. und der deutschen Kaiserin Konstanze, Tochter König Rogers II. von Sizilien, war nach dem Tod Heinrichs VI. als dreijähriger Knabe und Enkel Friedrichs I. zurückgeblieben.

Friedrich war deshalb in Jesi bei Ancona geboren worden, weil seine Mutter ihren Gemahl Heinrich VI. auf dem Herbstfeldzug gegen Sizilien begleitete. In Jesi mußte sie zurückbleiben, um ihren Sohn zur Welt zu bringen.

Nachdem seine Mutter auf dem Reichstag zu Bari im März 1195 zur Regentin des normannischen Königreiches ernannt worden war, ließ sie nach dem Tod ihres Gemahls ihren drei Jahre alten Sohn zu Pfingsten 1198 in Palermo zum König von Sizilien krönen und von Papst Innozenz III., unter Verzichtleistung auf den deutschen Königstitel ebenso wie auf staatsrechtliche Vorrechte, mit dem normannischen Königreich belehnen. Markwart von Annweiler mußte ihr weichen. Als Konstanze starb, bestellte sie Papst Innozenz III. zum Vormund ihres minderjährigen Sohnes und zum Regenten Siziliens.

Elternlos wuchs Friedrich II. am Hof von Palermo, einem der intrigenreichsten Plätze Europas, auf. Hier konnte er sich dank seiner raschen Auffassungsgabe in der arabisch-jüdisch-byzantinisch-normannischen Multikultur (damals nannte man es noch Mischkultur) ein umfassendes Wissen und mehrere Sprachen aneignen, auch arabisch.

Bei der im vorangegangenen Kapitel dargestellten Doppelwahl zum deutschen König zwischen Philipp von Schwaben und Otto IV. wurde Friedrich schlicht übergangen. Am 26. Dezember 1208 wurde er für mündig erklärt. Im Sommer des folgenden Jahres unterwarf er Sizilien.

Bedrängt durch den Welfenkaiser Otto IV., der ja – wie dargelegt – bis nach Kalabrien hinein vorgedrungen war, ließ Papst Innozenz Friedrich II. mit französischer Hilfe 1211 in Nürnberg zum deutschen König wählen. Dabei liefen die süddeutschen Fürsten geschlossen ins Lager Friedrichs über. Dieser weilte von 1212 bis 1220 erstmals in Deutschland. Er sollte auch in den folgenden 30 Jahren seiner Regierung nur sehr selten dort sein.

Friedrich II. ließ seinen bereits 1212 zum König von Sizilien gewählten Sohn Heinrich (VII.) in Frankfurt zum deutschen König wählen, womit er seinen gegenüber Papst Honorius III. zugesicherten Verzicht auf die Doppelkrone unterlief. Da er bereits 1215, nachdem er vom Laterankonzil anerkannt worden war, gelobt hatte, einen Kreuzzug gegen die Heiden zu führen, wurde er von Papst Honorius am 22. November 1220 in Rom trotz der Verzichtsmißachtung zum Kaiser gekrönt.

Da er von den geistlichen Fürsten in Deutschland, die der Königswahl seines Sohnes Heinrich zugestimmt hatten, unterstützt worden war, belohnte er sie durch die ›*Confoederatio cum principibus ecclesiasticis*‹ vom 26. April 1220.

Durch die darin genannten Vorrechte *und* jene weiteren, die er später durch das »Statutum in favorem principum« von 1232 aussprach und den Landesherren damit entscheidend wichtige Königsrechte überließ, bereitete er – ohne dies zu wollen – das Ende des Reiches der Deutschen vor. Auf Sizilien konzentriert, schuf er dort einen straff durchorganisierten Beamtenstaat.

Damit wurde seine Regierungszeit zu einem entscheidenden Wendepunkt in der deutschen Geschichte: Er half den deutschen

Eine Szene am Hof des Staufers Friedrich II. Über der vom Kaiser huldvoll empfangenen orientalischen Gesandtschaft sieht man den Hochmeister des Deutschen Ordens Hermann von Salza. Gemälde des Historienmalers Arthur von Ramberg (1819–1875)

Fürsten in den Sattel und verhalf ihnen schließlich zu ihren Kleinstaatenrechten, die sein eigenes Kaiserrecht brachen. Alle Machtvollkommenheiten, welche die Fürsten während seiner Regierungszeit zugesprochen erhielten, blieben auch in den folgenden Jahrhunderten bei diesen. Sie überlebte sogar die Säkularisation und Mediatisierung und endeten erst teilweise mit der Errichtung des deutschen Kaiserreiches am 18. Januar 1871. Erst im Jahre 1918, nach der Niederlage im Ersten Weltkrieg, wurden sie aufgekündigt und Zug um Zug beseitigt.

Dies war der große Wendepunkt in der bis dahin stetig vorwärtsgerichteten Politik des deutschen Reiches und seines Vorgängers, des ostfränkischen Reiches. Die Monarchie verkam zum Scheinbild. Die *wirkliche* Macht ging bereits zu seinen Lebzeiten in Deutschland allein von den Fürstenhäusern aus.

Der bereits 1198 und bis 1215 einsetzende Zerfall des Reiches ging auf seine Entscheidungen, den Schwerpunkt seiner Regierung auf den italienischen Teil seiner Reichsherrschaft zu legen, zurück. Spätestens ab 1215 hätte er den schwierigen Versuch unternehmen *müssen*, kaiserliche Gewalt in Deutschland wieder auf jenen Stand zu heben, den sie unter seinem Großvater Friedrich I. erreicht hatte.

Friedrich aber betrachtete sich weniger als Deutscher denn als Sizilianer. Wenn er von Sizilien sprach, dann nur als von seinen ›eigenen Landen‹ und von Italien als von seinem Erbe. Ihn graute, wie wir aus seinen wenigen Bekundungen wissen, »vor Deutschland, seinen kalten Wintern, den dunklen Wäldern und den schmutzigen Städten«.

So nahm es nicht wunder, daß er von 1212 bis 1250 nur insgesamt wenig mehr als neun Jahre in Deutschland verweilte, den Großteil dieser Zeit zwischen 1212 bis 1220. Danach kam er nur zu einigen Stippvisiten ins Reich seines Großvaters. Alle großen Ereignisse seiner Regierungszeit fanden in Italien statt.

Daß Papst Innozenz IV. (1243 bis 1254) diese Resultate beschleunigt und ihnen bereits lange vorher das Siegel der Unwiderruflichkeit aufgedrückt habe, stimmt zwar, doch die Entwicklung selber ergab sich aus der Linie jener Politik, die Friedrich II. mit vollem Bewußtsein vom Beginn seiner Regierung an verfolgt hatte. Die Tatsache, daß er von 1220 an bis 1232 ausschließlich in Italien regierte und seinem Sohn Heinrich VII. das Regieren in Deutschland überließ, prägte die Lage.

Heinrich VII., seit 1217 König von Sizilien, im April 1220 zum deutschen König gewählt, hatte sich damit seit 1219 vom Herzog von Schwaben zum König von Deutschland entwickelt. Er wurde am 8. Mai 1222 in Aachen zum deutschen König gekrönt.

Im Jahre 1228 trennte er sich von Herzog Ludwig I. von Bayern, der ›Kelheimer‹ genannt wurde. Dieser war 1226 von Heinrich VII. zum Reichsverweser ernannt worden.

Der Kelheimer verhandelte mit seinen Freunden und Genossen der päpstlichen Partei in Geheimsitzungen, wie man Heinrich VII.

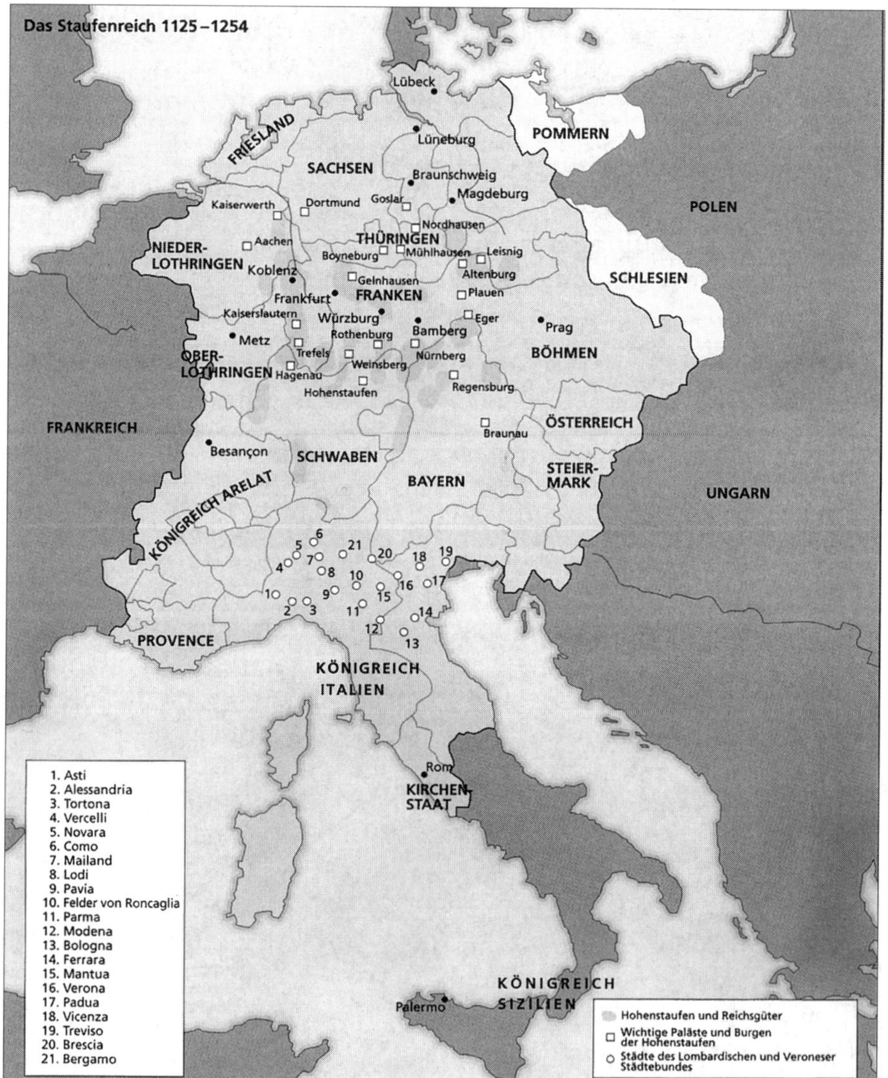

Das Staufenreich 1125–1254

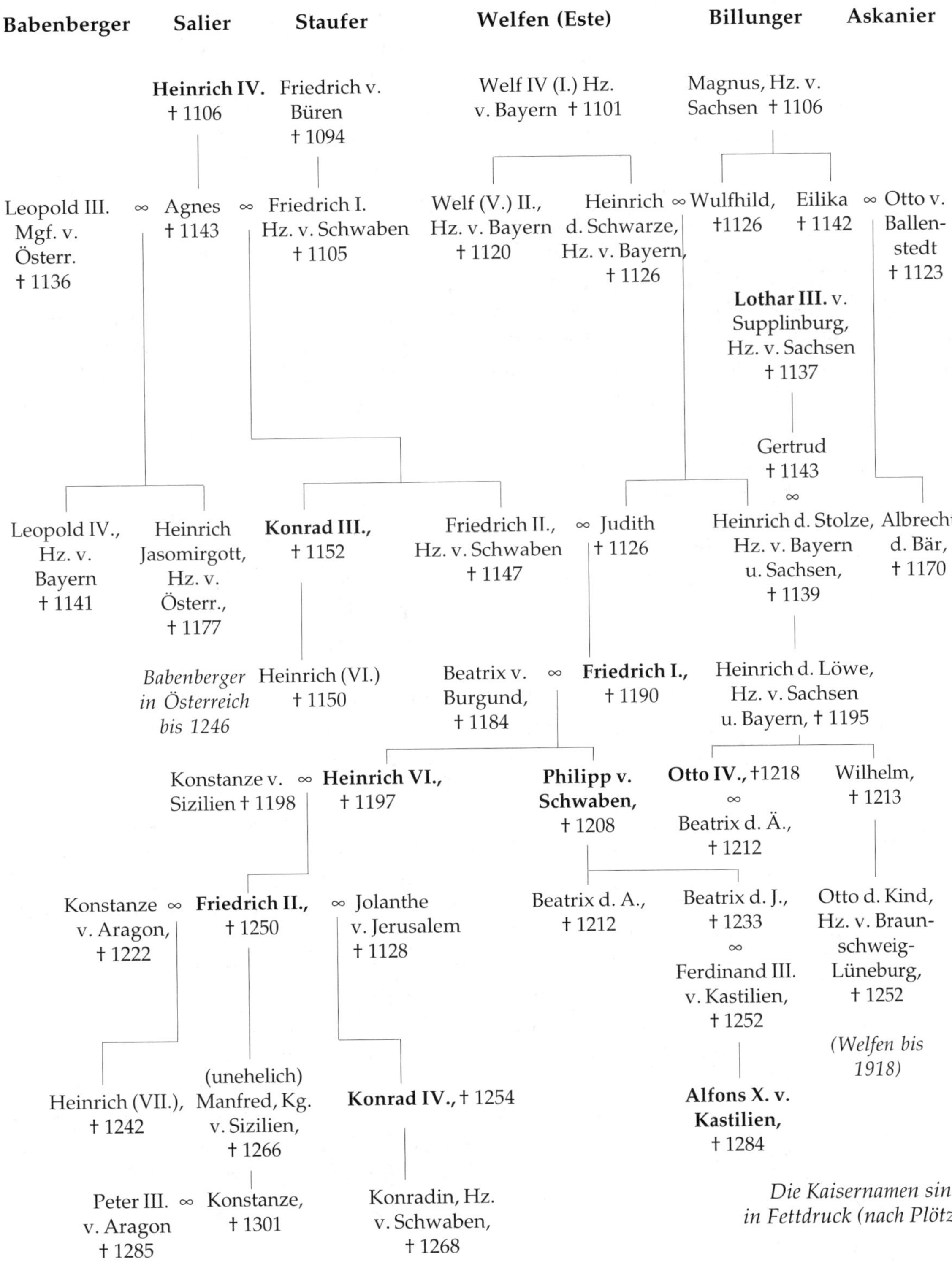

Die Kaisernamen sind in Fettdruck (nach Plötz)

nach der Bannung Kaiser Friedrichs absetzen könne. Heinrich erfuhr von diesem Komplott, zog 1229 gegen Ludwig I. zu Felde und zwang ihn zur Unterwerfung.

Herzog Ludwig I. von Bayern fiel kurz darauf einem Mordanschlag zum Opfer, hinter dem man Friedrich II. als Anstifter und Auftraggeber vermutete.

Nach diesem Schauplatzwechsel nach Deutschland zurück zu Friedrich II., der infolge des immer wieder versprochenen und wieder aufgeschobenen Kreuzzuges am 29. 9. 1229 von Papst Gregor IX. mit dem Kirchenbann belegt wurde. Friedrich zog dennoch ins Heilige Land. Es gelang ihm, durch friedliche Verhandlungen mit dem Sultan Al Kamil ohne einen Schwertstreich in den Besitz der heiligen Stätten der Christenheit zu gelangen und sich selber am 18. Februar 1229 in der Grabeskirche die Krone des Königreiches Jerusalem aufzusetzen.

»Es steigt aus dem Meere die Bestie voller Namen der Lästerung, die mit denTatzen des Bären und dem Rachen des Löwen wütet.«

Gregor IX. nach seinem Bann über Kaiser Friedrich II.

Es war der Hochmeister des Deutschen Ordens, Hermann von Salza, der 1230 in San Germano mit dem neuen Papst Gregor IX. einen Frieden erzielen und bewirken konnte, daß Friedrich II. aus dem Bann gelöst wurde.

Auf dem Höhepunkt seiner Macht zog der Kaiser wieder einmal für kurze Zeit nach Deutschland, um seinen aufständischen Sohn Heinrich VII. zum Gehorsam zu zwingen. Dieser unterwarf sich seinem Vater am 4. Juli 1235 in Worms. Im August erließ Friedrich II. in Mainz ein neues Landfriedensgesetz und versöhnte sich mit den Welfen, indem er Otto das Kind mit dem neugeschaffenen Herzogtum Braunschweig-Lüneburg belehnte.

Im folgenden Jahr nahm er an der Erhebung der Gebeine der heiligen Elisabeth in Marburg teil, und im Februar 1237 ließ er seinen Sohn Konrad IV. in Wien zum deutschen König wählen.

Danach zog er wieder über die Alpen südwärts, um Deutschland nicht mehr wiederzusehen. Er besiegte das Heer des lombardischen Bundes am 27. November 1237 bei Corte Nuova und wurde am 20. März 1239 durch Papst Gregor IX. ein weiteres Mal gebannt. Als Antwort darauf fiel Friedrich mit seinem Heer im Februar 1240 in den Kirchenstaat ein.

Gregor IX. schied im Jahre 1243 aus dem Amt, und der neu gewählte Papst Innozenz IV. erklärte schließlich auf dem Konzil zu Lyon am 17. Juli 1245 den Kaiser für abgesetzt und ließ in Deutschland die Gegenkönige Heinrich Raspe und danach Wilhelm von Holland einsetzen, die nur zwei und neun Jahre regierten.

Friedrich II. verabschiedet sich in Marburg von den nach Preußen abziehenden Rittern des Deutschen Ordens.

Mit Friedrich II. ging es bergab. Er verlor 1248 die Romagna und Teile Mittelitaliens. 1249 entging er um Haaresbreite einem Giftmordanschlag seines Leibarztes und verlor seinen Sohn Enzio, der im Kampf um Modena gegen kaiserfeindliche Truppen gefangengenommen wurde und in Bologna am 14. März 1272 nach 23jähriger Gefangenschaft starb. Die Versuche seines Vaters, ihn auszulösen, wurden nicht beachtet.

Als Friedrich II. sich im November 1250 in der Nähe seiner Residenz in Apulien auf die Jagd begab, erkrankte er an einer Darminfektion. Er wurde in das Castel Fiorentino gebracht. Seine engsten Berater bat er an sein Krankenlager. Unter ihnen war auch sein 18jähriger Sohn Manfred. In ihrer aller Beisein regelte er seine Nachfolge. Konrad IV. sollte das gesamte Erbe antreten. Manfred sollte seinen Halbbruder in Sizilien als Statthalter vertreten.

Friedrich II. ließ sich in seiner Sterbestunde in die Kutte eines Zisterziensermönchs kleiden, empfing die Absolution und die Sterbesakramente. Er starb am 13. Dezember 1250. Einer seiner Chronisten schrieb in seinem Nachruf die Worte: »Er war der größte Fürst der Erde, das Wunder und der Verwandler der Welt.«

Er war der große ›*stupor mundi*‹, das Staunen der Welt. Deutschland aber hatte durch ihn Gesicht und Gestalt verloren. Friedrich II. hatte in Deutschland auf sein Recht verzichtet, neue Steuern in geistlichen Territorien zu erheben, und den Bau bischöflicher Städte und Burgen ermöglicht, als er den Bischöfen Verfügungsfreiheit über die Lehen ihrer Vasallen gewährte. Damit verzichtete er gleichzeitig auf sein Recht, in die innere Verwaltung der geistlichen Fürstentümer einzugreifen. Diese Bevorzugung erfuhren schließlich alle Fürsten, Laien und Geistliche, die darum nachsuchten.

Darüber hinaus wurde den Fürsten die volle Herrschaft über alle Gerichte und die gesamte Rechtsprechung in ihren Territorien zugesichert. Dies bedeutete, daß sie sogar die Macht hatten, die innere Landesverwaltung in der Weise umzugestalten, daß sie ihren eigenen Interessen bestmöglich entsprach. Das niedere Gericht wurde ihnen ausdrücklich zugesprochen, das Münzrecht ihnen ebenfalls übertragen.

Damit war Friedrichs II. Konstitution von 1232 eine Magna Charta der fürstlichen Freiheiten geworden. Daß sie außerdem das Heranwachsen einer Interessengemeinschaft zwischen Laienfürsten und ihren geistlichen ›Amtsgenossen‹ offenbarte, war ein zusätzlicher schwerwiegender Fehler, der dem Herrscher unterlief. Daß diese Konstitution darüber hinaus die erste Möglichkeit darstellte, mittels derer die gesamte fürstliche Aristokratie – ob geistlich oder weltlich ausgerichtet – der Krone gegenüber als Körperschaft und nicht als Einzelfürsten handelte, kam einer Entmündigung der kaiserlichen Macht gleich. Damit zwangen die Fürsten Friedrich und die Krone dazu, die gemeinsamen Interessen aller Fürsten zu achten.

Mit dieser Selbstentäußerung gab die Krone *auch* alle jene Kräfte den Fürsten preis, die vorher bereit gewesen waren, die Krone gegenüber diesen zu schützen und damit die Interessen des Kaisers zu wahren.

Der Überblick

Friedrich II. schien zwar nach außen hin über die gleiche Machtfülle wie sein Großvater und Vater zu verfügen. Doch dieser Anschein trog. Er hatte sich in einem 20 Jahre währenden Krieg in der Heimat verausgabt. Seine Hausgüter waren aufgezehrt, zum Teil ausgegeben worden, um Fürsten und Herzöge bei der Stange zu halten.

Bereits auf dem ersten seiner Reichstage zu Eger im Jahre 1213 hatte er einen Teil seiner königlichen Privilegien aufgeben müssen. Er verzichtete von diesem Zeitpunkt an auf seine Rechte gegenüber der Kirche und erkannte auch die päpstlichen Gebietserwerbungen in Mittelitalien an. Bei der Ketzerbekämpfung sicherte er dem Papst staatliche Unterstützung zu. Daneben stärkte er nicht nur die Stellung der geistlichen, sondern auch jene der weltlichen Fürsten.

Den größten Sieg aber feierten die Fürsten mit König Heinrichs VII. selbständig erlassenem »Gesetz zu Gunsten der Fürsten«. Damit hatte der für seinen Vater Friedrich II. in Deutschland regierende König am 1. Mai 1231 mit seinem »*Statutum in favorem principum*« den weltlichen Herren die gleichen Rechte eingeräumt, wie sie den geistlichen Herren bereits 1220 durch Friedrichs II. »*Confoederatio cum principibus ecclesiasticis*« zugestanden worden waren.

Ein Jahr später, im Jahre 1232, bestätigte Kaiser Friedrich II. in Cividale bei Friaul dieses »*Statutum*« seines Sohnes, der bei diesem Akt zugegen war.

Damit waren alle Vorrechte, die sich die Fürsten und Herren selbstherrlich angemaßt hatten, staatlich sanktioniert und anerkannt worden. Legalisiert waren auch die Gründungen kleiner und mittlerer Territorien, die von Fürsten und Grafen errichtet worden waren.

Für die kommenden Jahrhunderte sollte nunmehr nur noch die Fürsten- und Kaiserpolitik in Deutschland Geltung haben, und nicht die Königs- und Städtepolitik. Anstelle der Reichsgewalt trat die Territorialgewalt.

Aus dem Gesetz Friedrichs II. zu Gunsten der Fürsten seien hier die bedeutenden Abschnitte zitiert, um den ganzen Umfang der unbegründeten Weggabe kaiserlicher Macht zu umreißen.

»Hoch erhaben ist der Thron unseres Reiches, und in Gerechtigkeit und Frieden handhaben wir seine Regierung, wenn wir mit gebotener Aufmerksamkeit an das Recht unserer Fürsten und Magnaten denken, durch die, wie das Haupt auf kräftigen Gliedern ruht, unsere Herrschaft und unsere gewaltige kaiserliche Größe gebietend aufsteigt. Von ihren Schultern gestützt und getragen.

Unsere Zeit und die fernste Zukunft soll also wissen, daß wir gemeinsam mit unserem geliebten Sohn Heinrich, dem König der Römer, auf unserem Hoftag in Cividale auf Bitten der Fürsten beschlossen haben, die Gnadenerweise, die ihnen unser geliebter Sohn gewährt hat, durch die Kraft unserer Autorität für gültig zu erklären. Wir haben ihren Bitten gnädige Gewährung gegönnt, weil wir erwarten, in ihrer wohlverdienten Erhöhung auch uns und das Reich gebührend zu fördern. . .

Ein jeder Fürst habe freien Gebrauch seiner Freiheiten, Gerichtsbefugnisse, Grafschaften und Zehnten, nach den Gewohnheitsrechten seines Landes, sie seien sein Eigentum oder ein Lehen. Eigenleute der Fürsten, Edle des Dienstadels und der Kirchen sollen in unseren Städten keinen Schutz mehr finden. Im Lande eines Fürsten wollen wir keine neue Münze schlagen lassen, durch welche die Münze des Fürsten im Wert gemindert werden könnte. Unsere Städte sollen ihre Gerichtsbarkeit nicht über ihren Umkreis hinaus ausdehnen. Ohne Zustimmung und aus der Hand des fürstlichen Lehnsherrn soll niemand Güter zum Pfand nehmen, mit denen ein anderer belehnt ist.«

Diese den Fürsten verbrieften Vorrechte sollten denn auch den Untergang des Kaisertums nach sich ziehen und Deutschland über Jahrhunderte hinaus in eine Vielzahl kleiner Territorien aufspalten und in die Bedeutungslosigkeit versinken lassen.

Das Ende des Stauferreiches

Friedrichs *»Statutum in favorem principum«* war vor allem gegen die aufstrebenden Städte gerichtet, die versuchten, von königlichen Vertretern gestützt, die Organisation der fürstlichen Territorien zu durchbrechen und ihre Einheit zu zerstören. So waren die Städte zu dieser Zeit bereit, ihren Platz in dem erhofften großen königlichen Plan einer bürokratischen Regierung einzunehmen, wenn sie dies von den Fürsten freigemacht hätte.

Friedrich II. aber mochte die deutschen Städte nicht. Sie waren ihm zu schmutzig. Friedrich hatte bereits 1232 dieses Unterstützungsangebot der Städte im Einvernehmen mit den Fürsten zurückgewiesen und gegen sie Front bezogen. Den Städten wurden eine Reihe vernichtender Gesetze auferlegt. Friedrich II. erklärte sogar:

»Diese städtische Bewegung beeinträchtigt die Rechte der Fürsten und schwächt damit die Autorität des Reiches.«

Er wollte nicht zur Kenntnis nehmen, daß es die Fürsten waren, welche die Reichsautorität Zug um Zug demontierten.

Heinrich VII., Friedrichs II. Sohn, der in Deutschland regierte, wurde sehr bald klar, daß die Zukunft des Reiches auf dem Spiel stand. Sechs Jahre lang versuchte er, das Steuer in Deutschland herumzureißen, um schließlich als letzten Ausweg seine Rebellion gegen den eigenen Vater zu beginnen.

Heinrich VII. unternahm den Versuch, die Städte zu Mittelpunkten der Regierung zu machen. Die Städte Bern, Ulm, Frankfurt und Rothenburg erhob er zu Sitzen der Provinz-Verwaltungen und arbeitete zielstrebig darauf hin, dieses Beginnen über ganz Schwaben und Franken auszuweiten und so ein Gegengewicht zu den Fürsten herzustellen.

Diese seine Politik brachte ihn in Konflikt mit den Herren, Fürsten und Bischöfen, die ihre eigene Macht auf Kosten der Krone auszuweiten versuchten. So der Landgraf von Baden, der Bischof von Würzburg und der Herzog von Bayern. Die Fürsten sahen in seiner Politik den Versuch, sie selber als gesamte Klasse von einer Beteiligung der Regierung des Landes auszuschließen.

Es war wieder Friedrich II., der seinen Sohn zum Nachgeben zwang, um einen Bruch mit den Fürsten zu verhindern.

Das *»Statutum in favorem principum«* hatte dem Kaiser die Handschellen angelegt. Dennoch gelang es Heinrich VII., sich der Hilfe einer Reihe Städte zu versichern. Als er aber befahl, das kaiserliche *Statutum* von 1232, diesen Freibrief für die Fürsten, zu mißachten und gegen seinen Vater zu rebellieren, war es die Opposition der Fürsten, die ihm das Genick brach. 1235 wurde er von seinem Vater abgesetzt und eingekerkert.

Mit seiner Haltung hatte Heinrich VII. – im Gegensatz zu seinem Vater – Scharfblick und die Erkenntnis der Lage bewiesen, daß Deutschlands Kraft und Hoffnung bei den Städten und Rittern lag, und nicht bei den Fürsten. Er wurde schließlich nach seiner zweiten Exkommunikation 1239 für abgesetzt erklärt.

Der einzige Mann, der die Notlage des Reiches erkannte *und* das einzig wirksame Mittel gegen die Übermacht der Fürsten anwandte, um diese in ihre Schranken zu verweisen, wurde zur Seite geschoben.

Das Reich zerfiel, die Fürsten traten ihr Regiment an. Das große Reich der Deutschen, aufbauend auf dem aus Karls des Großen

Reichsteilung entstandenen ostfränkischen Reich, war dem Untergang geweiht.

Kapitel 2

FRANKEN
Herzogtümer – Herzöge – Reichsstädte

Allgemeine Betrachtung

Als König Arnulf das alte Erbrecht durchbrochen hatte und sich trotz der Illegitimität seiner Geburt als den berechtigten Nachfolger in der Führung des Reiches betrachtete, trat Zug um Zug das Wahlrecht an die Stelle des Erbrechtes. Zwar wurde sein ehelicher Sohn noch einmal Erbe des Reiches. Zum Glück war er der einzige männliche Nachkomme, so daß eine weitere Reichsteilung unterblieb. Mit ihm starb die deutsche Linie der Karolinger aus. Damit erlosch auch das unumschränkte Erbrecht, waren die unheilvollen Teilungen Vergangenheit.

Von nun an hatte nur eine Persönlichkeit, die gewählt wurde, Anrecht auf die Führung des Reiches, und nicht etwa automatisch der Nachkomme eines Geschlechtes. Damit war an die Stelle des Herrschers als Angelpunkt das Reich getreten. Der erwählte König war nicht mehr Erbherr des Reiches, das Reich nicht mehr sein willkürlich teilbarer persönlicher Besitz.

In der Wahl des Königs lag nunmehr *auch* die Unteilbarkeit des ihm nur zur Regierung übertragenen Reiches. Von diesem Zeitpunkt an begannen die Grafschaften, früher als ein persönliches Amt vom König verliehen, zum vererbbaren Lehen zu werden. Der Titel und die Grafschaft selber blieben in der Familie. Anstelle der alten Gaue traten die Grafschaften. Dadurch bildete sich nach und nach eine fest geschlossene Aristokratie.

Etwa zur gleichen Zeit fand sich auch für die Großen des Reiches die Bezeichnung *principes* – Fürsten. Je mehr dadurch das Königtum geschwächt wurde, desto größer wurde die Macht der Fürsten. Dieses Emporkommen des Adels und vor allem der kirchlichen Würdenträger wurde ermöglicht und gefördert durch die allmähliche Zersetzung des Standes der Freien und ihren wirtschaftlichen Niedergang, der an gesonderter Stelle dargelegt werden soll.

An ihre Stelle traten Zug um Zug die Söldnertruppen, die sich für Lohn als Berufssoldaten verdingten. Sie stammten überwiegend aus dem Gefolge der Vasallen der Großen. Schließlich traten die Freien, unter ihnen gerade die reicheren, ebenfalls als Vasallen in den Dienst mächtiger Herren, die ihnen jenen Schutz gewährten, den der Staat oftmals nicht hatte bieten können.

Die Untertanenpflicht gegenüber dem Reich trat demzufolge vor der Vasallenpflicht zu ihrem Fürsten oder Grafen zurück. Sie waren nicht mehr dem Reich, sondern ihrem Lehnsherrn durch einen besonderen Eid verpflichtet. Damit wurden die Fürsten und anderen Großen mit ihren Truppen aus Lehnsmännern zu einer besonderen Macht im Reich, mit der jeder zu rechnen hatte. Dies wiederum machte die Lehnsmannen zu einem besonders privilegierten Stand. Damit war natürlich auch die alte militärische Organisation durchbrochen und mit ihr zugleich die Wehrhaftigkeit des Reiches.

Mit dem Untergang der Freien aber war auch ein sozialer und wirtschaftlicher Hintergrund in Gefahr geraten: Mit dem Verschwinden ihrer kleinen Eigentümer verschwand in Deutschland der Mittelstand.

Der Aristokratie und Geistlichkeit standen nunmehr die schwachen Teile des übrigen Volkes gegenüber. Das Volk verlor mit dem Schwinden der Schutzmöglichkeit, die ihnen das Reich hatte angedeihen lassen, dem Reich gegenüber jedes Interesse. Es war nutzlos geworden.

Die Erzbistümer, Bistümer und Klöster verwalteten einen ebenso großen, wenn nicht größeren Besitz als der Adel. Hinzu kam der Vorteil, daß ihre Besitztümer immer in *einer* Hand blieben und keiner wie auch immer gehandhabten Erbteilung unterworfen waren. Auch diese großen Kirchenfürsten verfügten über gut ausgerüstete Lehnsmannschaften. Oftmals zogen die Kirchenoberen an der Spitze ihrer Truppen ins Feld und zeigten, daß sie auch zu kämpfen verstanden. Um gegenüber dem ständig höher emporstrebenden Adel nicht ins Hintertreffen zu geraten, band sich das Königtum enger an die Geistlichkeit. Aber je mehr es auch dadurch an Macht einbüßte, desto größer wurden die Kirchenfürsten.

Ostfranken und Rheinfranken

Bei der Bildung neuer Stammesherzogtümer nach dem Zerfall des Karolingerreiches blieb das Gebiet mit fränkischem Recht an Mittelrhein und Main von diesem Prozeß weitgehend ausgeschlossen.

Friedrich Barbarossa belehnt Bischof Herold von Würzburg mit dem Herzogtum Franken 1156 (siehe auch S. 183). 1751 entstandene Ölskizze von Giovanni Battista Tiepolo (1696–1777).

Es umfaßte ungefähr den Raum nördlich des Mains bis nach Fritzlar, im Süden bis nach Stuttgart und in seiner Osterstrekkung bis zum Thüringer Wald. Hinzu kamen die linksrheinischen Gebiete um Worms und Speyer.

Damit war dieses Gesamtgebiet in zwei Räume unterteilt worden: das *Francia orientalis* – Ostfranken mit seinem Zentrum Würzburg – und das *Francia rhenensis* – Rheinfranken.

Über die Entwicklung der Auseinandersetzungen zwischen Babenbergern und Konradinern wurde bereits berichtet. Ebenso, daß Konrads I. Bruder Eberhard eine herzogähnliche Stellung in Franken einnahm, die nach dem Tod Ottos des Großen eingezogen und unmittelbar dem König unterstellt wurde.

In Rheinfranken konnte sich nach dem Aussterben der Salier keine herzogliche Gewalt mehr durchsetzen. In diesem Gebiet entstand eine Vielzahl von Territorien, so beispielsweise die Pfalz, Nassau, Hessen und Hanau. Hinzu kamen die Hochstifte Mainz, Worms und Speyer.

Seit Beginn des 12. Jahrhunderts beanspruchte der Bischof von Würzburg die herzoglichen Rechte im herzogfreien Franken. Dabei ging es ihm vor allem um die Gerichtsgewalt, die ihm schließlich aber durch Kaiser Heinrich V. (1116–1120) zugunsten seines Neffen Konrad von Staufen wieder entzogen wurde. Aufgrund gefälschter Privilegien wurden dem Würzburger Bischof 1168 von Kaiser Friedrich I. die herzoglichen Rechte in Franken bestätigt. Seit 1200 bezieht sich die Bezeichnung Franken auf den östlichen Teil der karolingischen Königslandschaft.

Dem Bischof von Würzburg gelang es nicht, die Herzogsgewalt über seinen Hochstiftsbereich hinaus auszudehnen, so daß ihm damit die in Ostfranken entstehenden Territorien Bamberg, Fulda, Henneberg, Nürnberg, Castell, Hohenlohe und anderer kleinerer Höfe mit ihrer Reichsritterschaft und den Reichsstädten *nicht* unterworfen waren.

An dieser Stelle sei in allgemeiner Richtung die Entwicklung in Franken dargelegt und aufgezeigt. Dazu ist es notwendig, ein wenig zurückzugehen, um diese vom Beginn an bis zu ihrer Vervollkommnung und ihrem späteren Niedergang in einem geschlossenen Absatz auszuleuchten.

Herzöge als militärische Führer

Die Herzöge, die im späteren Deutschland gegen Ende des 9. und zu Beginn des 10. Jahrhunderts an die Macht kamen, waren in fast allen Fällen militärische Führer.

In Sachsen begann der Aufstieg der Familie der Liudolfinger, aus welcher die späteren sächsischen Könige Deutschlands hervorgingen, als *›duces orientalium Saxonum‹*, als militärische Befehlshaber an den östlichen Grenzen Sachsens.

In Bayern stammte die herzogliche Familie von Liutpold ab, dem militärischen Befehlshaber in der Böhmischen Mark, dessen Sohn Arnulf (907–937) den Titel Herzog von Bayern annahm.

Auch in Schwaben erscheint die herzogliche Familie zuerst unter dem Titel *›dux Raetianorum‹*, was Verteidiger der schweizerischen Alpenpässe bedeutete.

In Franken wiederum, wo der karolingische Adel stark verwurzelt war, gestaltete sich die Situation verwickelter. Hier gab es einen langen und erbitterten Kampf, ähnlich den feudalen Kämpfen in Frankreich, bevor eine der führenden Sippen die Vorherrschaft errungen hatte und diese auch sichern konnte. Aber selbst hier, und ebenso in Thüringen, spielte das militärische Kommando beim Aufstieg der mit- und gegeneinander streitenden Häuser eine bedeutende Rolle.

Es waren die Invasionen von außen und die durch sie erzwungenen militärischen Notwendigkeiten, welche neue Macht in die Hände der militärischen Führer legten und sie so in die Lage versetzten, ihren Einfluß zu erweitern und schließlich ihre Autorität nach allen Richtungen über das gesamte Land auszudehnen.

Ursprünglich besaßen sie eine solche Stellung nicht. Der Titel, das Amt eines ›*dux orientalis Saxoniae*‹, gab den Liudolfingern keine Rechte über das sächsische Volk in seiner Gesamtheit; vor allem nicht in Friedenszeiten. Titel und Ämter waren ursprünglich auch nicht erblich. König Ludwig der Deutsche ebenso wie Arnulf von Bayern waren beispielsweise in der Lage und berechtigt, ›*duces*‹ zu entlassen. Solange das karolingische Reich Bestand hatte, waren diese Duxe gewillt und bereit, sich der Krone unterzuordnen. Sie hatten also keine unabhängige Stellung. Erst als mit dem Tod von Ludwig dem Kind, Sohn von Arnulf, der ostfränkische Zweig des karolingischen Hauses ausstarb, blieben die Herzöge beim Reich.

Mit Ausnahme von Lothringen, wo der Adel Karl den Einfältigen von Frankreich zu seinem Herrscher machte und sich ihm unterwarf, sahen sich alle ostfränkischen Stämme nun vor das Problem gestellt, einen nichtfränkischen König zu wählen.

Mit nur geringen Reibungen wurde die Wahl des fränkischen Herzogs durchgesetzt, damit war Konrad I. ostfränkischer Herrscher. Ohne jede Opposition wurde er aufgrund des Rates des bereits alten sächsischen Herzogs Otto gewählt und zum König geweiht.

Damit hatte die Regierung Konrads I. einen guten Beginn genommen. Ungeachtet dessen aber wurde während der Zeit seines Amtes von 911 bis 918 sehr bald eine spürbare Wandlung in der Beziehung zwischen der Krone und den Herzögen erkennbar.

Konrad I. war kein Karolinger. Demnach hatte er auch für sich nicht die gleiche erhabene Stellung. Es war ihm versagt, alle loyalen Dienste seiner Vorgänger in Anspruch zu nehmen. Seinem Ursprung nach war er der stärkste der fränkischen Grafen, der nach blutigen Kämpfen mit dem ebenso mächtigen Haus Babenberg seine Nebenbuhler aus dem Felde geschlagen hatte.

Nun mußte er sich nur noch als Führer im Krieg bewähren, um auf die Loyalität und Unterstützung aller anderer Herren rechnen zu dürfen. Seine drei Feldzüge schlugen jedoch fehl. Nun versuchte er, seine Vorherrschaft, wie er sie vorher in Franken begründet hatte, auf Kosten der übrigen führenden Adelsgeschlechter über alle ostfränkischen Lande auszudehnen, wobei er sich auf einen Bund mit der Kirche stützte. So wurde er im Süden durch Bischof Salomos III. von Konstanz, im Norden von Erzbischof Hatto von Mainz unterstützt. In Bayern stellte sich der gesamte Episkopat unter Pilgrim von Salzburg auf seine Seite, als er 916 Arnulf von Bayern angriff. Auf der Synode von Hohenaltheim wurde 916 der Bund zwischen Krone und Kirche offen proklamiert.

Aufgrund der politischen Lage trennten sich Männer wie Otto von Sachsen, der ja Konrads Königstum befürwortet und erwirkt hatte, von der Monarchie, um den Aufbau einer lokalen Autonomie zu erwirken. In den Herzögen entwickelte sich eine neue Regierungshierarchie, die mit ihren Herzogtümern ebenso mächtig waren wie früher kleine Könige, etwa vom Schlag eines Boso von Vienne oder eines Rudolf von Burgund. Einzelne Herzöge, beispielsweise Arnulf von Bayern oder Burchard von Schwaben, betrieben eine völlig selbständige auswärtige Politik. In Bayern und Sachsen wurde Erbfolge und Volkswahl eingeführt. Anders war die Lage in Franken. Ob es unter Konrads Regierung dort überhaupt einen

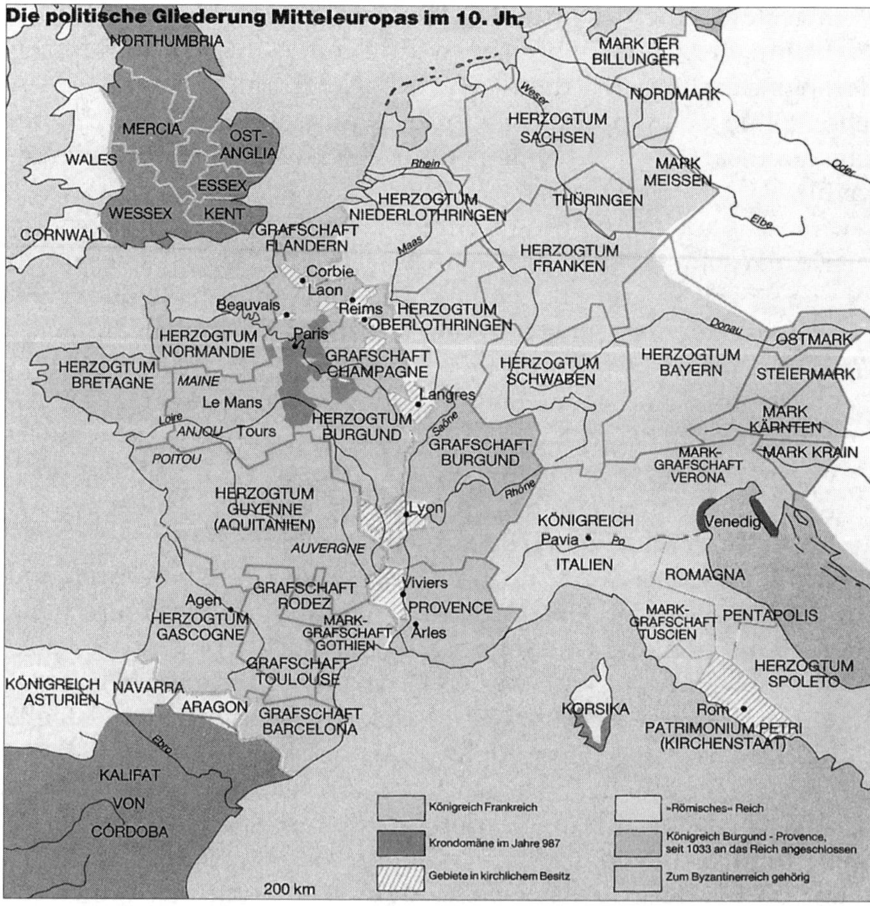

Die politische Gliederung Mitteleuropas im 10. Jahrhundert. Man beachte die ab Heinrich I., dem eigentlichen Gründer des Deutschen Reichs, bestehenden fünf Herzogtümer: Bayern, Schwaben, Franken, Sachsen und Lothringen (Nieder- und Oberlothringen).

Zu S. 18: Chlodwigs Taufe.

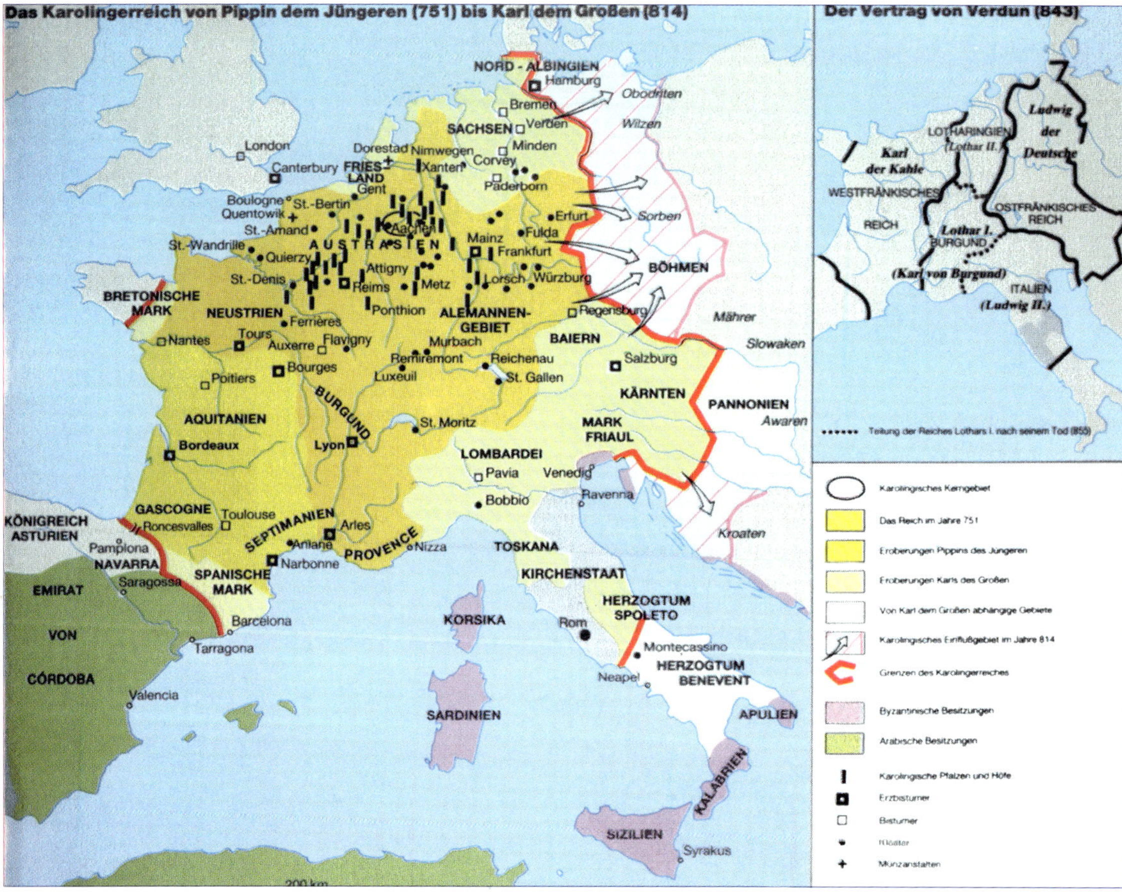

Das Karolingerreich von Pippin dem Jüngeren (751) bis Karl dem Großen (814).

Kaiser Friedrich I. Barbarossa als Kreuzfahrer.

Zu S. 60 ff.: Kaiser Friedrich I. Barbarossa mit seinen Söhnen König Heinrich IV. und Herzog Friedrich II. von Schwaben. Miniatur aus der Welfenchronik.

Zu S. 151: Ritter. Miniatur aus der Manesse-Liederhandschrift.

Zu S. 152: Illustrationen zu Wolfram von Eschenbachs Parzifal.

Zu S. 152: Wolfram von Eschenbach. Miniatur aus der Manesse-Liederhandschrift.

Kachelofen aus Mainfranken um 1495. Die bunten Kacheln zeigen Apostel, Landsknechte und Wappen.

Zu S. 357: Der Behaimer Globus.

Zu S. 356: Nürnberger Patriziersöhne hoch zu Roß, 3. 3. 1550.

Nürnberg. Fischerstechen auf der Pegnitz (1649).

Beschießung der Stadt Würzburg am 25. Oktober 1813
(kolorierter Stich nach einer Vorlage von Wilhelm von Kobell).

Herzog gab, ist unbekannt. Es ist ebenso unbekannt, auf welche Weise Konrads Bruder Eberhard nach dessen Tod Herzog wurde. In Schwaben erhob das Heer im Jahre 915 seinen Befehlshaber Erchanger zum Herzog, nachdem dieser Konrad I. im Felde geschlagen hatte.

Nach 911 begannen die Herzöge, wie aus den geschichtlichen Unterlagen bekannt ist, nicht nur die Erbfolge ihres Hauses so weit wie möglich zu sichern, sondern auch die Zustimmung und Huldigung des Volkes ihrer Herzogtümer zu erreichen. Auf diese Weise schufen sie eine Verbindung zwischen Herzogtum und Volk. Die Jahre 911 bis 918 sahen in Deutschland die Entstehung von Herzogtümern mit fest abgegrenzten Machtvollkommenheiten und einem hohen, beinahe königlichen Begriff von ihren Rechten.

Konrad I. hatte sich von der Aristokratie seines Landes entfremdet, und es sah bereits so aus, als würde sich das ostfränkische Königtum ebensowie das lothringische Mittelreich in eine kleine Anzahl *›regna‹* auflösen. Diese Entwicklung wurde durch den Fortbestand tief verwurzelter regionaler Unterschiede eingeleitet. Sie bestimmten die Richtung, in welche sich das nächste Jahrhundert der deutschen Geschichte bewegte.

Als Konrad I. 918 starb und der Sachse Heinrich I. ihm als König nachfolgte, sah sich dieser vor das wichtigste Problem gestellt, die Herzogtümer unter die Kontrolle der Monarchie zu bringen.

Das erste Jahrhundert deutscher Monarchie von 919–1024 sah im karolingischen Reich kluge und willensstarke Persönlichkeiten am Werk, welche die schwache Zeit ausnutzten und unter der Einwirkung der politischen Geschehnisse fünf Herzogtümer errichteten: die Herzogtümer Franken, Sachsen, Bayern, Schwaben und Lothringen.

Diese Einrichtung von Stammesbildung oder Bildung von Herzogtümern aufgrund stammesmäßiger Herkunft mußte, falls diese Entwicklung nicht gebremst wurde, zum Auseinanderbrechen des ostfränkischen Reiches, also des deutschen Königstums, führen.

Allerdings waren diese Herzogtümer weder 918 noch jemals später festgefügte territoriale Blöcke. Wenngleich die Herzöge zu der Zeit, als Heinrich I. den deutschen Thron bestieg, wichtige politische Persönlichkeiten waren, so war es zu dieser Zeit dennoch eine offene Frage, ob das Amt eines Herzogs jemals einen dauernden Platz innerhalb der deutschen Institutionen einnehmen könnte.

Die politischen Probleme, die durch das Aufkommen der Herzogtümer aufgeworfen wurden, waren trotzdem ohne jeden Zweifel die ernstesten unter all jenen Schwierigkeiten, denen sich Heinrich I. gegenübersah. Die Rechte, welche die Herzöge in Anspruch nahmen, waren noch nicht fest in der Verfassung verankert. Sie konnten von einem König, der über Geschicklichkeit und politischen Sinn und vor allem Entschlossenheit und Tatkraft verfügte, abgewendet werden.

Herzogtum – Herzogtümer und Herzöge

Der *›herizogo‹* oder Herzog war Angehöriger des hohen Adels. Er stand in dessen Hierarchie zwischen Fürst und Großherzog und er wurde mit Hoheit angeredet. Bei jenen germanischen Stämmen ohne ständiges Königtum war er der für die Dauer eines Krieges aus den *principes* erwählte oberste Heerführer.

Bereits früh zeigte sich die Tendenz, diesen befristeten Auftrag zu einem dauernden Amt, auch für nichtkriegerische Aufgaben, zu erheben. In den germanischen Stammesreichen mit Königsverfassung ist in der älteren Zeit das Amt eines Herzogs allerdings nicht nachweisbar.

Solche Herzöge sind oft in den Dienst des spätrömischen Reiches getreten. Ihre Stellung verschmolz daher vielfach mit dem oströmischen Amt des *Strategos* und dem weströmischen des *Dux*. Später gab es jedoch in bestimmten Bezirken des Franken- und Langobardenreiches Herzöge als vornehme, dem König untergeordnete Amtsträger.

War die Zentralgewalt schwach, so gelang es Grenzherzögen oft, sich eine fast unabhängige erbliche Gewalt zu verschaffen. Schließlich kamen erbliche Stammesherzöge auf:

der Herzog von Benevent, der Herzog von Spoleto, der Herzog von Friaul, der Herzog von Bayern, der Herzog von Alemannien, der Herzog von Thüringen, der Herzog von Friesland, der Herzog von Aquitanien und der Herzog der Bretagne.

Die Karolinger machten die Herzöge wieder zu Amtsherzögen. Erst unter dem letzten Karolinger entwickelten sich aus den Markgrafschaften an den Grenzen des Reiches die neuen Stammesherzogtümer: Herzogtum Bayern, Herzogtum Schwaben, Herzogtum Sachsen.

Die neuerlichen Bemühungen deutscher Könige, die Stammesherzogtümer in von der königlichen Gewalt abhängige Amtsherzogtümer zu verwandeln, haben zwar keinen Erfolg gehabt, wohl aber die Bestrebungen begünstigt, die Stammesherzogtümer zu zerschlagen und sie in Territorial- oder gar Titularherzogtümer zu verwandeln.

Seit Heinrich I. wurde das Herzogtum auf Lehnsrecht gegründet. Die Zahl der Herzöge und ihre verfassungsmäßigen Befugnisse wechselten ebenso wie ihr Verhältnis zu den Bischöfen und Äbten, Markgrafen und Grafen.

Vorübergehend wurden Herzogtümer aufgehoben, beispielsweise Franken und Sachsen, um später in anderer Form wieder aufzuleben. Neue Herzogtümer wurden auf Kosten und durch Teilung der alten ins Leben gerufen. Ebenso konnte einem Herzog sein Herzogtum durch lehnsrechtliche Aberkennung entzogen werden. So geschah dies Heinrich dem Löwen 1180. Um 1180 gab es folgende deutsche Herzogtümer:

Herzogtum Bayern seit 907 – Herzogtum Schwaben seit 917
Herzogtum Sachsen seit 843 – Herzogtum Lothringen seit 895
Herzogtum Brabant seit 1128 – Herzogtum Kärnten seit 976
Herzogtum Böhmen seit 895 – Herzogtum Österreich seit 1156
Herzogtum Steiermark seit 1180 – Herzogtum Pommern seit 1152.

Hinzu kamen folgende Titularherzöge:

Herzogtum Zähringen, Herzogtum Meranien, Herzogtum Teck.

Bis 1806 entstanden in Deutschland weitere Herzogtümer:

Herzogtum Braunschweig seit 1235, Herzogtum Mecklenburg ab 1348,
Herzogtum Jülich seit 1356, Herzogtum Berg seit 1380, Herzogtum Kleve seit 1417,
Herzogtum Savoyen seit 1416, Herzogtum Holstein seit 1474,
Herzogtum Württemberg seit 1495, Herzogtum Preußen seit 1525,
Herzogtum Sachsen (Ernestinische Linie) seit 1547,
Herzogtum Oldenburg seit 1777.

Im Jahre 1806 entstanden die Herzogtümer: Nassau-Usingen, Anhalt-Brandenburg. 1807 entstanden: Anhalt-Dessau und Anhalt-Köthen. 1816 entstand das Herzogtum Nassau-Weilburg.

Gleichzeitig wurden einige Herzogtümer zu Großherzogtümern ernannt. Bis 1918 bestanden folgende Herzogtümer: Herzogtum Anhalt, Herzogtum Braunschweig, Herzogtum Sachsen-Altenburg, Herzogtum Sachsen-Coburg und Gotha und Sachsen-Meiningen.

Erzherzöge, Fürsten und Kurfürsten

»Sehen und erkennen sollen künftige Jahrhundete, was für Menschen diejenigen gewesen sind, die sich wider Ehrbarkeit, Gesetz und Recht, Treue und Frömmigkeit, mit Frevel und Verwegenheit gesetzt haben.«
Ulrich von Hutten über die Fürsten in seinem letzten Traktat vom 21. Juli 1523

Archidux – Erzherzog – war der seit 1453 anerkannte Titel der Prinzen des Hauses Österreich – dies wegen ihrer angeblich von Kaiser Friedrich I. 1156 im *»Privilegium maius«* ausgesprochenen Gleichstellung mit den Kurfürsten, die als Vertreter von Erzämtern auch Erzfürsten hießen.

Der *›princeps‹* war bereits in frühgeschichtlicher Zeit ein Führer von Völkern und Führer des Heeres und oberster Gerichtshalter auf den Thingstätten seines Gaues. Aus dem hohen Adel des frühen und hohen Mittelalters, dessen als Herzöge und herzoglich herrschende Angehörige als *›princeps‹* bezeichnet wurden, erwuchs seit dem 12. Jahrhundert im deutschen Reich der Reichsfürstenstand. Er fand mit dem Sturz Heinrichs des Löwen seinen Abschluß. Er konnte in den Fürstengesetzen von 1220 und 1231/32 seine älteren Bestrebungen nach Gewinn der Landeshoheit erreichen.

Auf diesem Weg waren ihnen die Bischöfe, die durch das Konkordat von Worms von Trägern der Reichsverwaltung zu geistlichen Reichsfürsten geworden waren, vorangegangen. Das Kennzeichen des Reichsfürstenstandes war die Belehnung seiner Mitglieder durch den König mit Fahn- und Zepterlehen (Fürstenlehen).

Auch die Benediktineräbte und Prälaten wurden als Territorialherren geistliche Fürsten. Die Goldene Bulle von 1356 bestätigte die Kurfürsten als geschlossene Gruppe über dem Fürstenrat. Die Reichsmatrikel von 1521 nennt als Fürsten bereits sieben Kurfürsten, vier Erzbischöfe, 46 Bischöfe, 28 weltliche Fürsten, 64 Äbte und Prälaten, 13 Reichsäbtissinnen und vier Deutschordensballeien. Die Gesamtheit der mit Sitz und Einzelstimme (Viril-Stimme) ausgestatteten Fürsten am Reichstag, wurde ›Fürstenbank‹ (Fürstenrat) genannt.

Der Kaiser und die Kurfürsten auf dem Reichstag zu Worms im Jahr 1521. Holzschnitt von Hans Sebald Beham.

Reichsritter und Reichsritterschaft

Entgegen den Bestimmungen der Goldenen Bulle von 1356 schlossen sich seit Mitte des 14. Jahrhunderts Edelfreie und einstige Ministeriale zu regionalen Vereinigungen zusammen, die 1422 durch ein Privileg Kaiser Sigmunds reichsrechtlich sanktioniert wurden. Schwerpunkte dieser Genossenschaften des reichsunmittelbaren niederen Adels waren Schwaben, Franken und das Rheingebiet. Als Stand mit einheitlicher politischer Zielsetzung trat die Reichsritterschaft erstmals 1495 im erfolgreichen Widerstand gegen die Heranziehung zum ›Gemeinen Pfennig‹ in Erscheinung und wurde im ›Ewigen Landfrieden‹ als Korporation anerkannt.

Der ›Ewige Landfrieden‹ wurde auf dem Reformreichstag zu Worms am 7. 8. 1495 verkündet. Im Gegensatz zu früheren Landfrieden sollte er dauernde Gültigkeit haben. Seine wichtigste Bestimmung war das generelle Verbot des feudalen Fehderechts. Bewaffnete Selbsthilfe des Adels, wie sie selbst noch unter gewissen Bedingungen die Goldene Bulle von 1356 anerkannte, war nunmehr rechtswidrig.

Maximilian I., Kaiser und deutscher König, verkündete auf dem Reichstag zu Worms 1495 den ›Ewigen Landfrieden‹, der für das gesamte Gebiet des Heiligen Römischen Reiches Deutscher Nation galt und die Fehde für alle Reichsmitglieder verbot. Über die Einhaltung des Friedens sollte das Reichskammergericht wachen.– Holzschnitt von Dürer 1519.

Gleichzeitig wurde mit diesem Ewigen Landfrieden die Zuständigkeit der Gerichte geregelt. Danach fiel die Bekämpfung schwerer Verbrechen wie Mord und Raub endgültig nicht dem Reich, sondern den einzelnen Territorialstaaten zu. Dazu wurde ergänzend in Worms eine »Handhabung des Friedens und Rechts« verabschiedet.

Der Versuch des Reichsritters Franz von Sickingen, der aus der Reichsministerialität herausgewachsenen Ritterschaft, dem Landauer Bund, eine mitbestimmende Stellung im Reich zu verschaffen, scheiterte. Seit etwa 1530 leistete die Reichsritterschaft statt Reichssteuern freiwillige (*caritative*) Subsidien. Sie erlangte im Augsburger Religionsfrieden 1555 erneut Anerkennung als selbständige Korporation, das *Jus Reformandi,* und erhielt im Westfälischen Frieden 1648 ausdrücklich Bestätigung ihrer Reichsunmittelbarkeit.

Im Jahre 1577 vereinigten sich die nunmehr bestehenden schwäbischen, fränkischen und rheinischen Ritterkreise, untergliedert in 14 Kantone, zum Bund der Freien Reichsritterschaft. Ihm war 1651–78/81 auch die elsässische Ritterschaft angeschlossen. Seit 1577 stand an der Spitze dieser etwa 350 Familien umfassenden Reichsritter-

»Die Katastrophe Sickingens wurde zur Katastrophe der gesamten Reichsritterschaft, sie wurde auch zur Grundlage für den Ausbau der landesfürstlichen Macht.«
Hellmut Diwald

schaft das Generaldirektorium, das im Turnus von den einzelnen Ritterkreisen ausgeübt wurde. Die Mitglieder der Reichsritterschaft wurden in einer Adelsmatrikel geführt. Voraussetzung war ursprünglich der Besitz eines Rittergutes. Seit 1590 besaß die Reichsritterschaft ein Vorkaufsrecht (Retraktrecht) an solchen Gütern. Neben diesen ›Realisten‹ wurden später auch ›Personalisten‹ – Ritter ohne Rittergut – zugelassen. Trotz mehrfacher Bemühungen erreichte die Reichsritterschaft keine Reichsstandschaft und blieb damit außerhalb der Reichskreisorganisation.

Der Reichsdeputationshauptschluß des Jahres 1803 brachte die Auflösung aller geistlicher und zahlreicher weltlicher Fürstentümer. Die Zugehörigkeit zum Hochadel und volle Ebenbürtigkeit verblieb jedoch den mediatisierten standesherrlichen Häusern. Die später gefürsteten Familien besaßen diese Rechte nicht. 1805/06 wurde das Territorium der Reichsritterschaft mit rund 1700 Rittergütern vorwiegend von den späteren Rheinbundstaaten mediatisiert. Damit verlor die Reichsritterschaft ihre privilegierte Stellung. Das wirkte sich vor allem für Franken mit seinen vielen Reichsrittern aus.

Die Freien Reichsstädte

Im alten deutschen Reich (bis 1806) wurden die unmittelbar unter dem Kaiser stehenden Städte (reichsunmittelbare Städte) im Unterschied zu den Landstädten, die einem Landesherrn untertan waren, ›Reichsstädte‹ genannt. Die ältesten Reichsstädte entstanden auf Königsgut (königliche Pfalzstädte). Andere erlangten durch Vertrag, gewaltsame Verselbständigung, durch Erlöschen der Landesherrschaft oder durch königliche Verleihung Reichsunmittelbarkeit. Ursprünglich übten königliche Beamte (Burggrafen, Vögte, Schultheiße) die Hoheitsrechte und die oberste Gerichtsbarkeit in diesen Städten aus. Seit 1250 brachten die Reichsstädte, besonders jene aus staufischem Gut, die meisten dieser Rechte und die Vogtei in ihren Besitz. Einige ehemalige Bischofsstädte, welche die Herrschaft ihrer ehemaligen geistlichen Herren im Laufe des 13. und 14. Jahrhunderts brachen, wurden ›freie Städte‹ genannt. Dieser Unterschied fiel später fort. Alle Reichsstädte hießen nun des ›heiligen Reiches freie Städte‹.

Seit dem Interregnum, jener herrscherlosen Zeit vom Tod Konrads IV. bis zur Wahl Rudolfs I. zum deutschen Kaiser, von 1254 bis 1273, wurden die Reichsstädte zu den Reichstagen zugezogen – aber erst seit 1489 regelmäßig. Sie waren gegliedert in die schwäbische und rheinische Städtebank. Erstere umfaßte die Reichsstädte des schwäbischen und fränkischen Kreises, letztere die des oberrheinischen, niederrheinischen, westfälischen und niedersächsischen Kreises.

Zeitweise betrug die Zahl dieser Reichsstädte 83. Östlich der Linie Lübeck-Nordhausen-Regensburg gab es keine Reichsstädte mehr. Die Eigenschaft der Reichsstädte hing zwar nicht von ihrer Größe ab. Dennoch waren die meisten großen Städte Reichsstädte, zum Beispiel Köln, Frankfurt, Straßburg, Nürnberg und Augsburg, aber auch ganz kleine, etwa im Südwesten (z.B. Gengenbach, Zell am Harmersbach, Oberheim), gehörten dazu. Andere große Städte, besonders in Nord- und Mitteldeutschland, erlangten trotz erheblicher Selbständigkeit nie rechtlich die Reichsstadtschaft, beispielsweise Braunschweig, Erfurt, Magdeburg. Andere verloren sie früh wieder meistenteils durch Verpfändung: unter ihnen auch Eger, Füssen, Oppenheim.

In den Jahren 1801–10 wurden die Reichsstädte mediatisiert. Der 1815 stattfindende Wiener Kongreß stellte nur Hamburg, Lübeck (bis 1837) Bremen und Frankfurt (bis 1866) als freie Städte wieder her (siehe G. Landwehr, *Die Verpfändung der deutschen Reichsstädte im Mittelalter,* 1967).

Die Mediatisierung der Freien Reichsstädte

Die Beseitigung der Reichsunmittelbarkeit eines weltlichen Reichsstandes unter gleichzeitiger Annexion seines Territorialbesitzes betrieb auf breiter Front erstmals der ›Reichsdeputationshauptschluß‹ von 1803. Bereits die Friedensschlüsse von Basel (1795) und Campo Formio (1797) hatten sich ebenso wie der Rastatter Kongreß (1797–99) und der Frieden von Lunéville vom 9. 2. 1801, teilweise in Geheimverhandlungen, mit der Säkularisation und Mediatisierung als Entschädigung für die an Frankreich verlorenen linksrheinischen Besitzungen befaßt und diesen Entschluß getroffen, den sie letztlich nur noch der deutschen Seite vorzuschreiben brauchten, um ihm den Anschein der Rechtlichkeit zu geben.

Der ›Reichsdeputationshauptschluß‹ mediatisierte also zunächst 41 Reichsstädte. Es waren dies im einzelnen: Rothenburg, Weißenburg, Windsheim, Schweinfurt, Gochsheim, Seinfeld, Kempten, Kaufbeuren, Memmingen, Dinkelsbühl, Nördlingen, Ulm, Bopfingen, Buchhorn, (Friedrichshafen) Wangen, Leutkirch, Ravensburg,

Mühlhausen, Nordhausen, Goslar, Offenburg, Zell am Harmersberg, Gegenbach, Überlingen, Biberach, Pfullendorf, Wimpfen, Weil der Stadt, Reutlingen, Esslingen, Rottweil, Giengen, Aalen, Schwäbisch Hall, Schwäbisch Gmünd, Heilbronn, Holzhausen, Friedberg, Dortmund, Isny, Wetzlar. Augsburg, Lübeck, Nürnberg, Frankfurt, Bremen und Hamburg blieben vorläufig unabhängig.

Der Frieden von Preßburg 1805 brachte auch für eine Reihe weiterer Reichsstädte das Ende ihrer Unabhängigkeit, so auch für Augsburg. Die Mediatisierung erreichte ihren Höhepunkt, als Napoleon 1806 bei der Gründung des Rheinbundes und des Königreichs Westfalen im folgenden Jahr weitere 70 unmittelbare Reichsstädte, unter ihnen die Reichsstädte Nürnberg und Frankfurt, sowie nunmehr auch sämtliche reichsritterschaftlichen Gebiete den Territorien seiner Bundesgenossen einverleibte.

Nach dem Zusammenbruch der napoleonischen Herrschaft strebten die Mediatisierten, die seit der Rheinbundakte als ›Standesherren‹bezeichnet wurden, ihre Wiedereinsetzung in den früheren Stand an. Auf dem Wiener Kongreß vertrat der ›Verein der Mediatisierten‹ seine standespolitischen Interessen, er forderte die Aufhebung der Mediatisierung.

Nur Hessen-Homburg erreichte diese Aufhebung. Die Fürstentümer Isenburg-Irstein und von der Leyen, die bis dahin der Mediatisierung entgangen waren, fielen ihr noch jetzt zum Opfer – dies, weil sie Napoleon angehangen hatten und nun dafür bestraft wurden, womit der Wiener Kongreß in die Fußstapfen des gestürzten Korsen trat. Eine Aufhebung der Mediatisierung war also völlig ausgeschlossen, im Gegenteil, es gab eine neuerliche Mediatisierung. Von dieser wurden die Großherzogtümer Berg, Würzburg und Frankfurt betroffen.

Allerdings räumte die Bundesakte vom 8. 6. 1813 im Artikel XIV, als dessen Verfasser der 2. österreichische Kongreßbevollmächtigte Baron Wessenberg zeichnete, den Standesherren eine staatsrechtliche Sonderstellung ein. Damit wurde eine neue hochprivilegierte Adelsschicht geschaffen, die sich zwischen die regierenden Häuser und den niederen Adel schob. Ihre Vorrechte, darunter vor allem die Ebenbürtigkeit mit den regierenden Dynastien, die Art der Besteuerung (in Zivilsachen bis 1877), der privilegierte Gerichtsstand, die Befreiung von der Militärpflicht bis 1848. Die Ausübung richterlicher Befugnisse auf ihren Besitzungen dauerte bis 1918 an (siehe H. Gollwitzer, *Die Standesherren,* 1964).

Die Säkularisierung und ihre Folgen

Als Säkularisation wurden die staatlichen Eingriffe in kirchliche Vermögensrechte und die Enteignung oder einseitige Aufhebung geistlicher Institutionen zu weltlichen Zwecken bezeichnet.

Diese Art des Besitzstandraubes kennt die Welt bereits seit der Spätantike und auch aus dem frühen Mittelalter. Die Reformation, der Westfälische Friede und die Französische Revolution mit ihrer Verstaatlichung des Kirchengutes waren Sälularisation in großem Stil.

Den Rekord aber bewirkte der Imperator Napoleon mit deutscher Hilfe. Von Napoleon angeordnet und von dem deutschen ›Reichsdeputationshauptschluß‹ beschlossen und zum Gesetz hochstilisiert, betrieb Deutschland ab dem Jahr 1803 die Auslöschung sämtlicher geistlicher Reichsstände.

Die Friedensschlüsse von Basel und Campo Formio sowie der Rastatter Kongreß hatten neben der Mediatisierung auch und vor allem die Säkularisation ›ins Programm genommen‹. Beide Formen einer Enteignung weiter deutscher Landesteile waren in Geheimartikeln bereits durch den Sieger festgelegt, ehe sie diesen Maßnahmekatalog dem deutschen Reichstag vorlegten und dessen Erledigung befahlen. Dieser beeilte sich, den Reichsdeputationshauptschluß ins Leben zu rufen und mit diesem Instrument die Enteignung und Ausplünderung als Büttel Napoleons voranzutreiben.

Der Reichsdeputationshauptschluß verfügte als erstes, daß die beiden geistlichen Kurfürstentümer Köln und Trier verfielen. Daran anschließend diktierte er in einem Artikelwerk als gehorsamer Diener des Kriegsherren die Aufhebung des Erzbistums Salzburg. In dichter Reihenfolge erlitten die Bistümer Trient, Brixen und Eichstätt das gleiche Schicksal. Es folgten Würzburg, Bamberg, Freising, Augsburg und Passau. Auch Hildesheim, Paderborn, Münster, Osnabrück, Speyer, Konstanz und Basel entgingen diesem Schicksal nicht. Hinzu kamen alle Güter der Domkapitel und der bischöflichen Domänen. Darüber hinaus wurden 44 Reichsabteien von der Säkularisation erfaßt.

Vorläufig verschont blieben die Besitzungen der Malteserritter, jene des Deutschen Ordens und das Bistum Regensburg, das zusammen mit dem Fürstentum Aschaffenburg das neue Territorium des Mainzer Erzbischofs und Kurerzkanzlers Dalberg bildete.

Karl Theodor von Dalberg, seit 1802 Erzbischof von Mainz und 1803 auch Erzbischof von Regensburg, wurde durch päpstliches Breve 1805 zum apostolischen Administrator für alle rechtsrheinischen nichtpreußischen Gebiete der Kirchenprovinzen Köln, Mainz und Trier ernannt. Im nächsten Jahr fand er Anschluß an Frankreich und bereitete die Gründung des Rheinbundes vor. Napoleon dankte ihm dafür mit der Erhebung zum Großherzog von Frankfurt.

Das alte Kurfürstentum Mainz wurde ebenfalls weitgehend säkularisiert. Alle diese Güter und Besitzungen wurden unter jene Fürsten verteilt, die bei der linksrheinischen Enteignung durch Napoleon geschädigt worden waren. Dementsprechend nannte man diese geraubten Güter auch ›Entschädigungsgut‹. Tatsache ist jedoch, daß nichts entschädigt wurde, sondern daß zweimal geraubt wurde: einmal zum eigenen Vorteil, das andere Mal zum Heile napoleonischer Vasallen.

Dieses ›Entschädigungsgut‹ wurde auf Reichsebene sowohl herrschafts- wie gleichzeitig auch vermögensrechtlich den weltlichen Reichsfürstentümern einverleibt. Von *rechtlich* konnte allerdings in keinem der Fälle die Rede sein.

Der Reichsdeputationshauptschluß fügte diesem Raum zusätzlich als *›Dispositionsgut‹* auf Landesebene das Eigentum der rund 200 landsässigen Klöster und Stifte hinzu, deren Aufhebung er den Landesherren freistellte. Dies war eine Ermächtigung von oberster Stelle, die einige Landesherren nicht erst abwarteten, sondern sie begannen sofort mit der Enteignung. Nach ihren Auswirkungen beurteilt, leitete die Säkularisation, mit der die Mediatisierung zahlreicher Reichsstädte und kleinerer Adelsherrschaften einherging und im kulturellen Bereich mit teilweise barbarischer Verschleuderung wertvollsten Kulturbesitzes unheilbare Schäden anrichtete, die bis dahin größte territoriale und politische ›Umgestaltung‹ Deutschlands ein. 95 000 Quadratkilometer Landes mit über 3 Millionen Einwohnern wechselten die Herrschaft. Die katholische Reichskirche mußte teilweise ohnmächtig, zum anderen Teil aktiv dem Verlust ihrer Existenzgrundlage und aller Bildungseinrichtungen zusehen. Papst Pius VII. beließ es denn auch bei einem matten Protest. (siehe K. D. Hönig, *Der Reichsdeputationshauptschluß vom 25. 2. 1803 und seine Bedeutung für Staat und Kirche,* 1969)

Reichskreise und Reichsstände in Deutschland

Pläne zur Einteilung des durch innere Wirren geschwächten deutschen Reiches in vier Reichskreise wurden erstmals 1436 auf dem

Reichstag zu Eger besprochen. Nikolaus von Kues schlug in seiner *Concordantia catholica* zwölf Kreise zur Organisation der Friedenswahrung vor. Im Nürnberger Landfrieden König Albrechts II. von 1438 wurde diese Idee erneut aufgegriffen, während die *Reformatio Sigismundi* des Kaisers Sigismund vier Reichsvikare vorschlug.

Im Zuge der Reichsreformbestrebungen unter Maximilian I. wurde das Reich, außerhalb der Kurfürstentümer und der habsburgischen Erblande, in der Regimentsordnung von 1500 in sechs Reichskreise eingeteilt, von denen jeweils ein Beisitzer für das Reichsregiment delegiert werden sollte. 1507 wurde diesen Reichskreisen die Wahl der Beisitzer zum Reichskammergericht übertragen.

»Jedes Reich, das in sich selbst uneins ist, wird veröden, denn seine Fürsten sind Diebsgesellen geworden.«

Eingangssatz der ›Goldenen Bulle‹

Im Jahre 1500 wurde der bayerische, schwäbische, fränkische, rheinische, niederrheinisch-westfälische und sächsische Reichskreis ins Leben gerufen. Die ab 1512 hinzukommenden Reichskreise waren: der kurrheinische, obersächsische, österreichische und burgundische Reichskreis. Durch eine Neueinteilung wurde im Jahre 1521 der im wesentlichen bis 1803 erhaltene Zustand erreicht. Böhmen, Mähren, Schlesien, einzelne kleinere Gebiete und die Besitzungen der Reichsritterschaft wurden nicht darin einbezogen.

An der Spitze jeden Kreises stand der von den Reichsstädten des Kreises gewählte Kreishauptmann (seit 1555 Kreisoberst), der im Kriegsfall die Kreistruppen befehligte und später durch den angesehensten Kreisstand (Kreisausschreibender Fürst) ersetzt wurde.

Die Aufgaben der Kreise waren zunächst: Wahrung des Landfriedens, Umlegung von Truppen-Kontingenten und Steuern, Aufsicht über Münze und Zoll sowie die Durchführung der Reichspolizeiverordnungen. 1555 wurde den Reichskreisen mit der Reichsexekutionsordnung die Landfriedenswahrung und die Vollstrekkung der Reichskammergerichtsurteile übertragen, 1559 endgültig auch die Aufsicht über Münzprägung- und umlauf, die von sogenannten Münzwardeinen wahrgenommen wurde. 1681 übertrug die Reichskriegsordnung den Kreisen Aufstellung und Unterhalt des Reichsheeres und Repartierung (die Aufteilung) der vom Reichstag beschlossenen Militärlasten. Außerdem bemühten sich die Kreise um allgemeine polizeiliche Maßnahmen, wie Verbrechens- und Seuchenbekämpfung, und um wirtschaftliche Maßnahmen außerhalb des Münzwesens.

Die dem Reichskreis angehörenden Stände versammelten sich in unregelmäßigen Zeiträumen zu Kreistagen, die in der Regel von Gesandten besucht wurden. Seit 1648 wurden die Kreistage ausschließlich von den Städten berufen. Der Kreis wurde von Kommissaren vertreten. Alle mit Mehrheit gefaßten Beschlüsse bedurften keiner kaiserlichen Ratifikation. Vor allem im zersplitterten südwestdeutschen Raum entwickelten die Reichskreise eine insgesamt positiv zu beurteilende Aktivität und schlossen sich mehrfach zu Assoziationen zusammen.

Die Reichsstände wiederum, die im deutschen Reich bis 1806 die unmittelbaren Glieder des Reiches waren, hatten in einem der drei Kollegien des Reichstages Sitz und Stimme. Geistliche Reichsstände waren die geistlichen Kurfürsten, die Erzbischöfe, Bischöfe, die Äbte und Äbtissinnen der Reichsabteien, der Hoch- und Deutschmeister und der Johannitermeister. Weltliche Reichsstände waren die weltlichen Kurfürsten, Herzöge, Fürsten, Landgrafen, Markgrafen sowie eine Anzahl Grafen und einige Freiherren, die im Kollegium der Fürsten und Herren saßen. Hinzu kamen die Reichsstädte.

Bis 1653/54 hatte der Kaiser das Recht, auch jenen Personen, die *kein* Territorium besaßen, die Reichsstandschaft zu verleihen. Diese wurden ›Personalisten‹ genannt. Seitdem bedurfte es zum Erwerb der Reichsstandschaft der Qualifizierung durch Besitz eines reichsunmittelbaren Territoriums, der Einwilligung des Kaisers und der Zustimmung des jeweiligen Kollegiums.

Die Reichsstände waren verpflichtet, persönlich oder durch Vertreter an den Reichstagen teilzunehmen, Truppenkontingente zum Reichsheer zu stellen und die vom Reichstag bewilligten Reichssteuern aufzubringen.

Kapitel 3

DEUTSCHE LANDSCHAFT FRANKEN

Allgemeine Übersicht: Land und Leute

Die Landschaft am Mittel- und Oberrhein, die als Franken bekannt ist, war – wie bereits dargestellt – bis ins 6. nachchristliche Jahrhundert hinein das Spannungsfeld einander bekriegender Stämme und Völker. Zunächst waren es die Thüringer, die mehrere Versuche unternahmen, die dort lebenden Alemannen zu überwinden und sich dieses Gebiet anzueignen. Danach wurde das gesamte Gebiet dem sich bildenden fränkischen Reich eingegliedert.

Nach dem Sturz des fränkisch-thüringischen Herzogtums, das sich mit Hauptsitz in Würzburg installiert hatte, wurde Franken um 720 Königsland und damit von der fränkischen Staatskolonisation erfaßt. Mit der Teilung des karolingischen Reiches unter den drei Söhnen Karls des Großen wurde der Ostteil – und damit das überwiegende Frankenland – zum ostfränkischen Reich geschlagen, das sich unter Ludwig dem Deutschen als Eigenreich entwickelte. Der Name Ostfranken bildete sich aus.

Die Konradiner versuchten nach der Reichsteilung und dem folgenden Zusammenbrechen des fränkischen Reiches, das alte Herzogtum Franken wieder zu erneuern, doch vergebens. Franken wurde etwa ab dem Jahre 1000 Reichsland. Die Herrscher über dieses Land, das sich inzwischen von Ostfranken zu Deutschland gewandelt hatte, nahmen dessen Großteil als Eigenbesitz, förderten die Städtebildung und ernannten alle jene Plätze, an denen sie überwiegend rasteten oder Hof hielten, zu Reichsstädten und freien Reichsstädten.

Es waren vor allem geistliche Gewalten, die das Land verwalteten, so die Bischöfe von Würzburg, Bamberg, Eichstätt, Fulda und eine weitere Reihe von Reichsklöstern (siehe Karte nächste Seite). Das fränkische Herzogtum der Bischöfe von Würzburg, das ihnen 1168 von Kaiser Friedrich I. verliehen wurde, war nur eine Würde. Die Würzburger Bischöfe konnten diese nicht über den Geltungsbereich ihres Hochstiftes hinaus ausüben.

Historische Grenzen Frankens

Mit dem Interregnum, der kaiserlosen Zeit, über die noch zu berichten ist, konnten der Adel und die Reichsministerialen, die bis dahin in Franken die Errichtung einer übergeordneten Landesherrschaft verhindert hatten, eine vielgestaltete Territorienbildung in Franken einleiten. So entstanden beispielsweise die Burggrafschaft Nürnberg, die Grafschaften Castell, Henneberg, Hohenlohe, Rieneck, Wertheim und Oettingen. Reichsstädte schossen hier mehr als in den übrigen Gebieten des deutschen Reiches wie Pilze aus dem Boden. Unter ihnen Rothenburg ob der Tauber, Dinkelsbühl, Windsheim und andere. Darüber hinaus wurden viele Edle zu Reichsrittern ernannt und Reichsdörfer errichtet. Solcherart wurde Franken in viele geistliche und weltliche Lehnshoheiten aufgeteilt, die einander im Gleichgewicht hielten und insgesamt als ›Franconia‹ einen zusammengehörenden Raum umschlossen.

Diese Zusammengehörigkeit wurde mit dem 1340 ins Leben gerufenen Landfriedensbund fester gestaltet und fand anschließend mit dem fränkischen Kreis staatsrechtliche Formen und Grenzen.

Über die Jahrhunderte hinweg blieb Franken in diesen Umrissen erhalten, bis der 1803 tätig werdende Reichsdeputationshauptschluß Franken als politischen Raum auflöste. Erst ab dem Jahr 1837 lebte Franken in den drei bayerischen Regierungsbezirken Unterfranken, Mittel- und Oberfranken wieder auf. Der gesamte Raum wurde kulturgeographisch auch Mainfranken genannt.

Wie alles begann – erste Bauernsiedlungen

Die Landschaft des alten Franken setzte sich zu Beginn des Mittelalters aus tiefen Wäldern, hügeligem Grasland, Sümpfen und Grashochflächen zusammen. Die Flußtäler galten als Möglichkeiten der Ansiedlung, soweit die Flüsse nicht dazu neigten, über die Ufer zu treten und die Täler mit Wasser anzufüllen. Dies zeigt an, daß es nicht an Weideland für Vieh oder an Land für den einfachen Ackerbau fehlte. Die bäuerlichen Möglichkeiten der Nahrungssicherung genügten im frühen ostfränkischen und deutschen Reich, denn die Bevölkerungsdichte dort betrug im 9. und 10. Jahrhundert etwa zehn Menschen auf einem Quadratkilometer. Die vom Wald freien Landesteile boten diesen Menschen zunächst eine angemessene Lebensgrundlage.

Als schließlich die Einwohnerzahl stieg, begann im 10. Jahrhundert die Rodung der deutschen Wälder und die Trockenlegung der Sumpf- und Moorlandschaften. Diese von den Bauern geleisteten Arbeiten schufen erst die Grundlage für die weitere Entwicklung des Landes. Diese Rodung kann in ihrer Intensität nur daran gemessen werden, daß bis zum 16. Jahrhundert die Zahl der im Lande lebenden Menschen von fünf bis sechs Millionen auf 14 bis 16 Millionen anstieg.

Daß sich das Bild der Landschaft durch diese Rodungstätigkeit verbesserte, indem der Wald den Feldern, der Sumpf den Weiden und die Stromwildnisse einer Auenlandschaft ähnlich wurden, ist eine nicht hoch genug einzuschätzende Leistung. Es waren die im Mittelalter lebenden Bauern, die immer wieder von dem Unternehmungsgeist der Herren, der Klöster und des Königs und Adels angehalten wurden, Rodungen anzulegen und die Versorgung der wachsenden Bevölkerung sicherzustellen.

Die Zahl der in den dichten Wäldern lebenden Wildtiere wurde durch Jagden der Edlen und Fürsten auf ein tragbares Maß herabgesetzt. Erst im 13. Jahrhundert starb in den deutschen Wäldern der Auerochse aus. Wölfe, Luchse, Füchse, ja selbst Bären machten den Wald zu dieser Zeit zu einem gefährlichen Gebiet, in das nur diejenigen Menschen eindrangen, die sich auskannten. Allerdings zogen auch die bäuerlichen Hirten in die Randgebiete vor allem der Eichenwälder, um dort ihre Schweine mit der Eichelernte eines jeden Jahres zu mästen. Auch Pferde wurden von bewaffneten Hirten in den Wald getrieben. Daß mutige Jungmänner ebenfalls in den Wald eindrangen, um Beeren, Kräuter, vor allem aber Brennholz ebenso wie Holz zum Hausbau zu holen, zeigt auf, daß es immer lohnenswert war, den Wald nach diesen Gütern auszuforschen. In Franken gab es überwiegend Laubwälder, in denen zunächst die Eichen, dann aber auch Buchen das beste Holz gaben. Aus dichten Buchenbeständen leitete sich der Name einer Ortschaft im Raum Fulda ab: Buchonia.

Als die Rodungsarbeiten und vor allem das wilde Holzhauen in den Randwäldern überhandnahm und die Stümpfe der geschlagenen Bäume nur noch ein Zerrbild des Waldes boten, wurden weite Teile der Wälder durch die Kennzeichnung ›Bannwälder‹, wiederum andere als ›Reichswälder‹ geschützt. In den Bannwäldern der edlen Herren wurden die ersten Verbote des Holzeinschlages erlassen. Das Kloster Lorch im Remstal erließ das erste Rodungsverbot bereits 1155. Aber erst ab dem 13. Jahrhundert wurde die Schonung der Wälder durch radikale Rodungsverbote verstärkt.

Von den sich durch Franken ziehenden Straßen des Mittelalters gab es zunächst nur wenige. Das Netz der Reichsstraßen, die als ›Straßen des Königs‹ galten, war nicht mehr als gepflegte Feldwege, dessen Breite ein Reiter mit quergelegter Lanze ausmaß. Auch bei Straßenprüfungen wurde das gleiche System angewandt. Was sich im Bereich der Lanzenbreite befand, wurde beseitigt.

Einige Jahrzehnte später wurde von Stadt zu Stadt festgelegt, daß zwei Heuwagen auf einer Straße nebeneinander herfahren konnten. Eine Postbeförderung gab es nur in Gestalt reitender Boten. Besser als alle übrigen Straßen waren die Verbindungswege von einem Kloster zum anderen. Da die Reisestrecke etwa 25 bis 30 Kilometer am Tag betrug, waren in diesen Abständen dort, wo es sich machen ließ, Wirtshäuser errichtet worden, in denen die Reisenden übernachten konnten und Nahrung erhielten. Daß dies nicht überall so war, ist bekannt. Dort, wo der Reisende nichts dergleichen fand, sprangen die Klöster ein, die Gastfreundschaft gewährten und auch Nachtlager zur Verfügung stellten.

Die Entstehung der Dörfer

Zwischen den Siedlungsgebieten der einzelnen Sippen und Stämme zogen sich bis ins 11. Jahrhundert hinein die großen Wälder hin. Durch sie wurden Wege freigehauen, denn in den Flußtälern war die Reise zu gefährlich, da diese wegen der unregulierten Fluß- und Bachläufe oftmals unter Wasser standen, zumindest aber moorig waren.

Während im Wald außer den Schweine- und Pferdehirten vor allem noch die Köhler hausten, die in ihren Meilern Holzkohle erzeugten, sah man wenige andere Menschen in diesen Weiten. Erst ab dem 16. Jahrhundert gab es Förster in den Wäldern. Durch das Zurückdrängen des Waldes, der Sümpfe, Moore und der Wildnisse an den Flüssen, in denen sich allerlei Insekten versammelten, verbesserte sich auch das Landesklima. Erst nach Beendigung der Rodungen war der Feuchtigkeitsgrad des Landes so reguliert, wie er etwa heute ist.

Diese Rodungen waren – Stahlbeile gab es zunächst noch nicht – eine zeitraubende und kräftezehrende Arbeit, die nur in Gruppen ausgeführt werden konnte. Dennoch ging es mit der Rodung ab dem Ende des 9. Jahrhunderts schnell voran, denn der Bevölkerungsüberschuß wurde größer, und für ihn mußten Siedlungs- und Erwerbsmöglichkeiten geschaffen werden. Diese Zunahme an Menschen setzte sich in den folgenden Jahrhunderten fort. So bemühte sich die gesamte Führungshierarchie, beginnend vom König über Bischöfe, Äbte, Herzöge und Grafen, aber auch kleinere Herren, Jungmannen anzuwerben und ihnen in ihren Wäldern Stücke zur Rodung auszuweisen. Daß die Benediktinermönche in Deutschland in dieser Hinsicht vorangegangen waren, ist an vielen Beispielen und Beweisen erhärtet. Ihre Rodungstechnik wurde nun von jenen Männern übernommen, welche die Gruppen von Jungmannen führten.

Zuerst wurde das neu zu schaffende Bauerndorf abgesteckt und die vorhandenen Bauernstellen ausgelost. Am Rande dieser Rodungsfläche wurden Holzhütten zusammengezimmert, die als Unterkünfte dienten. Damit hatten diese Männer den Dorfboden und dessen Umgebung in Besitz genommen. Für jede der beteiligten Familien wurde eine Fläche gerodet, die groß genug war, ihren Lebensunterhalt zu sichern. Sobald alles Land durch die Gemeinschaftsarbeit aller Helfer gerodet war, wurde es an die Familien – gemäß ihrem Anteil an der Rodungsarbeit – verteilt.

Damit war das erste ›Gewann‹ des Dorfes zur Bebauung bereit. ›Gewanne‹ hießen jene Abschnitte, die der Gebietsherr zur Verfügung gestellt hatte und die unter den neuen Besitzern streifenförmig aufgeteilt waren. Aus diesem ersten Gewann wurde nach Erweiterung durch die Urbarmachung weiterer Gewanne eine Gemarkung.

Falls die erste Ernte zufriedenstellend war, wurde das zweite Gewann, das der Besitzer zur Verfügung stellte, aus dem Wald herausgeschlagen. Alle Hütten des ersten Gewanns mußten aber vorher durch Bauernhöfe ersetzt worden sein. Erst wenn eine gewisse Anzahl an Gewannen, meistens waren es fünf, gerodet und bebaut waren, war daraus ein Dorf entstanden. Aus dieser Art der Terrainvergrößerung entstanden charakteristische Dörfer. So etwa die Ortsform des ›Drubbels‹, das Haufendorf oder die Anger- und Straßendörfer.

Durch diese intensive Rodungsarbeit, die spätestens ab Mitte des 11. Jahrhunderts mit Hilfe der eisernen Äxte rascher vor sich ging, wurde zum einen die wachsende Bevölkerung in eine sie ernährende Arbeit eingewiesen, zum anderen waren dadurch auch die wirtschaftlichen Voraussetzungen zur Vergrößerung der Bevölkerung gegeben.

Bauern pachten Land, roden und bauen ein Haus. Darstellung aus dem Sachsenspiegel *von Eike von Repkow (14. Jahrhundert). Links der Grundherr, der dem Bauern den Leihebrief überreicht.*

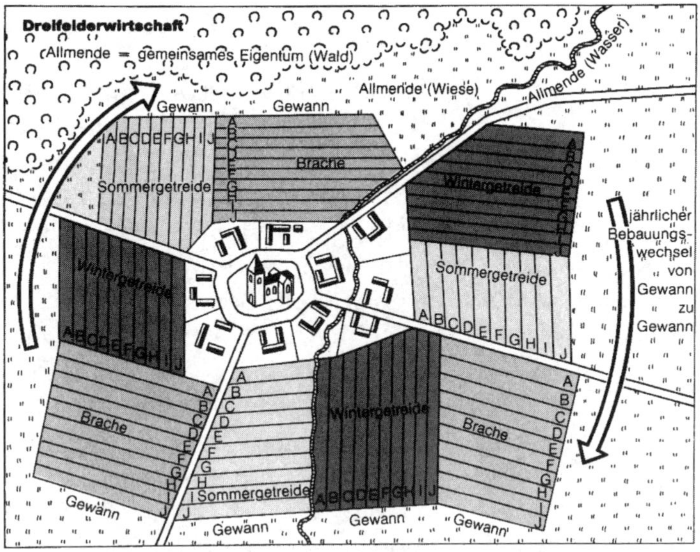

Das System der Dreifelderwirtschaft sicherte gute Ernten. Die Allmende am Wald und Weidegebiet gehörte allen Bewohnern der Ansiedlung.

Im Verlauf des 12. Jahrhunderts wurden diese Rodungen eingeschränkt, wenn man einmal von jenen des Deutschen Ordens im Osten absehen will, die erst im ersten Drittel des 13. Jahrhunderts einsetzte.

Die auf diese Weise entstandenen Dörfer lagen in den Akkerfluren oder den dazu gehörenden Wiesen und waren oftmals von Baumgärten mit Obstbäumen umgeben. Größere Dörfer errichteten ihre eigenen Kirchen, die meistenteils erhöht angelegt und von einer Mauer umgrenzt waren, die auch den Friedhof mit einschloß. Auf diese Weise bildeten die Kirchen beim Angriff fremder Angreifer Fluchtburgen für die Bauern.

Die Häuser der Bauern bestanden aus Fachwerk, ihre Dächer waren mit Stroh gedeckt. In den größeren Dörfern lag meistens am Dorfrand auch der Herrenhof. Der niedere Adel wohnte zu dieser Anfangszeit noch in den Dörfern. Erst zu Ende des 11. Jahrhunderts erfolgte ihr ›Umzug‹ auf die errichteten Burgen auf den Anhöhen bei den Dörfern. Das gesamte Dorf war zu dieser Zeit von einem Zaun oder einem Graben eingefriedet oder vom ›Edder‹, einer dichten Dornenhecke, gesichert, die auch gegen Raubwild schützte.

Zwischen diesen Dörfern und den aus dem Wald herausgeschlagenen Feldern schob sich dann und wann eine Kaiserpfalz, die den jeweiligen Kaisern auf ihren Reisen durch das Land als Unterkunft diente, manchmal auch ein Kloster oder die Stadt eines Bischofs mit einer Kirche.

Lediglich in jenen Landgebieten, in denen die Römer geherrscht hatten, wurde dieses Bild durch alte Römerstädte und Römerstraßen durchbrochen. In diesen Gegenden fand sich ab und zu auch ein verwilderter Weinberg oder ein altes Römerkastell mit einer Umwallung.

Bauern und Schutzherren

Die bäuerliche Bevölkerung Ostfrankens ebenso wie jene des deutschen Reiches um 1000 bildete mit etwa 90 Prozent den Hauptanteil an Menschen. Diese Bauern standen nur mit ihrem Herrn, der in ihrer unmittelbaren Nachbarschaft, wenig später bereits auf einer Burg auf einem überhöhten Platz immer noch nahe genug, lebte, in enger Verbundenheit. Diese ersten Herren bewirtschafteten zwar größere Bauernhöfe, waren aber dennoch in einer ähnlichen Lage wie die Bauern, auch wenn sie immer wieder einmal mit ihrem Grafen, Herzog oder Bischof, die wiederum ihre Lehnsherren waren, zusammentrafen.

Der König aber war für die Bauern des gesamten Landes so etwas wie eine Heilsgestalt mit beinahe göttlichen Machtbefugnissen. Sie bekamen ihn vielleicht einmal in ihrem Leben zu Gesicht, wenn er mit seinem Gefolge und Truppen über eine der Hauptstraßen – seine Königswege – weite Strecken Landes bereiste. Anders war dies in der unmittelbaren Umgebung der Königs- und Kaiserpfalzen, wo die Bauern der umliegenden Dörfer den Bedarf an Nahrungsmitteln für diese meistens riesigen Gefolge der Herrscher sicherzustellen und in die Pfalz zu schaffen hatten.

Anders als diese in verhältnismäßiger Abgeschiedenheit und Enge lebenden Bauern war es mit den Handwerkern bestellt. Sie arbeiteten oftmals in der Nähe der Königshöfe. Auch die Ritter, deren Gruppe sich soeben auszubilden begann und die oftmals mit einem königlichen Heerzug ausritten und dadurch auch andere Länder kennenlernten, hatten mehr vom Leben gesehen und von der Weite des Landes erfahren, als dies den Bauern möglich war. Letztere kamen nur sehr selten, vielleicht sogar nur einmal in ein 20 bis 30 Kilometer entfernt gelegenes anderes Dorf oder eine Stadt.

Daß diese Dörfer und die darin lebenden Bauern eines besonderen Schutzes bedurften, verstand sich von selber, denn paradiesische Zustände der Unschuld gab es auch im Mittelalter nicht. Im Gegenteil! Wenn die Bauern ihre Wiesen, die Felder und ihre Pferde- und Schweineherden, natürlich auch die Wohnstätten behalten wollten, mußten sie einmal im Dorf selber zusammenstehen, zum anderen für alle anderen Gefährdungen den Schutz eines Herrn haben. Dieser mußte ein Kämpfer und Draufgänger, kurz ein Ritter sein. Ritterliche Herren wurden zu Beschützern der Bauern und ihrer Dörfer. Dafür und für das Land, das sie zur Verfügung stellten, erhoben sie den Zehnten oder forderten andere Leistungen und Dienste von seiten der Bauern.

Der Staat selber war nicht in der Lage, die Sicherheit seines gesamten Reiches zu gewährleisten, der König war weit und seine Truppen oftmals in fremden Ländern unterwegs. Wer wirklich geschützt sein wollte, der mußte Helfer in seiner unmittelbaren Nähe haben, die beim ersten Horn- oder Trommelruf zur Stelle waren und natürlich auch eine kleine, aber schlagkräftige Hilfstruppe zur Verfügung hatten.

Bäuerliche Abgaben, aus Eike von Repkows Sachsenspiegel, *Heidelberger Handschrift, 14. Jahrhundert)*

Dies alles geschah ja in einer Zeit, da auch die Herren und Ritter, Grafen und Herzöge es gewohnt waren, den größten Teil ihrer Streitigkeiten durch gegenseitige Verhandlungen und – wenn dies nicht fruchtete – mit dem Schwert in der Faust auszutragen. Wenn es galt, Rache für irgendeine angetane Schmach zu nehmen, nahm man jene selbst in die Hand. Räuber, die sich in Gruppen in den Wäldern verschanzt hatten, wurden durch Streifzüge ausgeräuchert und – falls man sie fand und stellen konnte – erschlagen.

So traten die Bauern unter den Schutz dieser starken Herren, die es verstanden, ihre Waffen trefflich zu führen. Dieses Schutzbedürfnis ließ im Verlaufe der nächsten Jahrhunderte nicht nach. Bis zum 15. Jahrhundert waren Bauern darauf angewiesen, daß sie ein starker Herr unter seinen Schutz nahm. Jene Herren aber, die die meisten Dörfer unter ihren Schutz genommen hatten, genossen auch das höchste Ansehen. Erst an zweiter Stelle kam die Größe ihres Grundbesitzes.

Dieses Treueverhältnis der Bauern zu ihren Herren war ab dem 10. Jahrhundert eine entscheidende Klammer, die den Aufbau eines öffentlichen Lebens bewirkte. Es war zugleich auch ein wirtschaftliches Dienstverhältnis. Während der Bauer von einem der

Herren ein Bauernanwesen mit Feldern als Leihgabe erhielt, mußte der Bauer im Gegenzug von den Ernteerträgen aus diesen Äckern eine jährlich festgelegte Abgabe entrichten. Darüber hinaus leistete er auch Frondienste. So erschreckend dieses Wort sein mag und wie viel und Falsches darüber gesagt und geschrieben wurde, dieser Frondienst war zu leisten, *ohne* die eigene Arbeit vernachlässigen zu müssen. Diese Fronarbeit durfte an nicht mehr als 12 Tagen im Jahr gefordert werden. Von diesen durften nicht mehr als drei Tage in einem Monat liegen. Bei diesen Frontagen wurde nicht nur die Kost der Fronarbeiter von ihrem Herrn getragen, sondern später auch Lohn gezahlt.

Freie Bauern und ihre Dorfgemeinschaft

Daß der Bauer volksrechtlich frei war, zeigt auf, daß sein Stand benötigt wurde, um die allmählich entstehenden und rasch wachsenden Städte mit ihrer größer werdenden Bevölkerung zu ernähren. Der Bauernstand war darüber hinaus bis zum 15. Jahrhundert ein durchaus geachteter Stand, der sich mehr und mehr ausbreitete, je mehr Menschen in den Städten, Handwerker und Kaufleute sowie die ersten Gruppen der Gewerbetreibenden, auf die Versorgung mit Nahrungsmitteln angewiesen waren.

Daß neben den freien Bauern auch Knechte auf Bauernhöfen und Gütern der großen Herren arbeiteten, versteht sich. Die Herren der Gegend verfügten über sogenannte Fronhöfe, auf denen Unfreie arbeiteten. Vor allem aber verfügte der König auf seinen Eigentümern über solche Höfe, die über das gesamte Land verteilt waren. Diese Unfreien lebten meistens auf größeren Bauernhöfen, auf denen freie Bauern angesiedelt waren. Eine gewisse Anzahl arbeitete darüber hinaus auf den großen Höfen des Herrn als Knechte oder Hausgesinde.

Das gleiche Treueverhältnis, das Bauern und ihre Herren verband, band die Herren an ihre Vorgesetzten: Grafen, Herzöge oder Könige. Während aber die Bauern als Entgelt für ihre Höfe landwirtschaftliche Produkte lieferten oder gewisse Spann- und Frondienste leisteten, waren die Herren dazu verpflichtet, dem Adel im Fall einer Fehde oder eines Kriegs- und Heerzuges die geforderten Kriegsdienste oder die Heerfolge zu leisten.

Für die gesamte Dorfgemeinschaft traf das für die Einzelbauern Gesagte ebenfalls zu, denn sie alle hatten ja ihren Besitz von einem

Herrn erhalten. Herr und Bauer lebten also in einem Dorf zusammen. Sie waren in gemeinsamer Arbeit verbunden. Es kam aber nicht vor, daß beispielsweise eine Bauerntochter einen Ritter ehelichen konnte. Wenn auch im *Armen Heinrich* des Dichters Hartmann von der Aue eine solche Verbindung vorkam, so wurde dies als ganz außerordentlicher Fall dargelegt.

Wenn mit Beginn des Baues von Burgen diese auf einer gut geschützten übersichtlichen Stelle möglichst nahe am Dorf errichtet wurde, so war dies nicht – wie oftmals so dargestellt – ein Zeichen, daß diese Burgherren die Bauern des Dorfes unterdrückten. Im Gegenteil, dies war ein Zeichen dafür, daß der Bauer sich des Schutzes einer solchen festen Burg erfreuen durfte, wenn der Feind heranrückte. Sie bot also einen festen Schutz, war für die Bauern eine letzte Zuflucht, in deren Geborgenheit sie sich in Sicherheit bringen konnten.

Diese ständische Ordnung lebte fort, weil sie notwendig war, und wenn auch die Bauernkriege ein Gegenteil anzudeuten schienen, so ist diese Annahme unbegründet, denn die Bauernkriege (über die später zu berichten sein wird) waren kein Aufbegehren gegen die ständische Ordnung, sondern der Versuch, Härten zu mildern und die eigene Selbständigkeit vor allem in Sachen Gerechtigkeit zu erlangen. Es ging den Bauern *nicht* darum, ihre Herren und Fürsten zu vernichten, sondern sich ein Stück Freiheit zu bewahren.

Da ein Gemeinwesen wie das alte Dorf und später die ersten Zusammenschlüsse mehrerer Dörfer nicht ohne gewisse Spielregeln funktionieren konnten, mußten solche in Gestalt von Sitte, Brauchtum und Recht geschaffen werden. Erstere wuchsen aus der Gemeinschaft heraus. Das Recht aber wurde gegeben und war ursprünglich historische und unverändert göttliche Satzung. Es stand fest, seine Formeln und Gerichtssprüche ebenfalls. Was aber durch das Recht nicht festlegbar war, das mußte sich durch die Sitte äußern. Diese wurde unter den Bauern von Geschlecht zu Geschlecht weitervererbt und von der Bauersfrau über deren Töchter und Schwiegertöchter am Leben erhalten. Alles, was getan, gesagt und selbst gedacht wurde, war einem bestimmten Verhaltenskodex unterworfen.

Freibauern, Herren und Hintersassen

Eine Sparte der Bauern aber sei noch genannt: die Königs- oder Freibauern. Sie standen unmittelbar unter königlichem Schutz, dem

Königsmunt; der König war ihr Schutzherr. Da er selber, oftmals auf Heerzügen begriffen, diesen Schutz nicht selber wahrnehmen konnte, wurde er an Grafen und Herzöge übertragen. Diese aber waren so stark, wie es ihr Herrscher zuließ.

Der Königsschutz hatte eine erhöhte Rechtsgewalt. Die Freibauern hatten eine besondere Freiheit in dem ihnen durch den König zugewiesenen und durch diesen geschützten Lebensraum. Die vom König für die Freibauern zu Schutzherren berufenen Edlen waren die Freigrafen. Das ihnen unterstellte Gebiet war das Freigericht. Durch sie und die königlichen Fronhöfe war der König neben seiner Rolle als Herrscher auch der größte Grundbesitzer des Reiches. Dies wurde in der Praxis bei schwachen Königen dadurch gemindert, daß jene, welche die königlichen Rechte für ihn verwalteten, diese oftmals als *eigene* Rechte ansahen und sie auch in manchen Fällen durchsetzen konnten. Darüber hinaus mußte der König viel Land an die Kirchen schenken, was als seine religiöse Pflicht betrachtet wurde.

So wurden Königsgunt und Königsherrschaft unaufhörlich beschnitten. Es waren vor allem die Kirchen, die bereits ab dem frühen Mittelalter ihre Bistümer zu vergrößern trachteten. Darüber hinaus wurden die Klöster, welche der Königsherrschaft unterstanden, durch weitere Schenkungen des Königs und anderer Herren, die ohne Nachfolger starben, ständig größer. Der Besitz des Klosters Hersfeld erhöhte sich beispielsweise binnen weniger Generationen auf 195 Ortschaften mit 1050 Hufen Landes. Die bischöfliche Kirche von Augsburg verfügte über 1427 bearbeitete und 80 unbearbeitete Hufen Landes, um nur zwei geistliche Herrschaften zu nennen. Bis in das 11. Jahrhundert hinein behielten Kirchen und Klöster in Gestalt ihrer Gründer und Stifter die Vogtei über das ihnen geschenkte Gut, das heißt, sie wurden zu dessen Schutzherren.

Die Stifter aber handelten oftmals als Herren dieses Eigenkirchenrechts auf den Gütern. Damit entzogen sie den Bischöfen und Äbten einen beträchtlichen Teil des Kirchengutes.

Während der Karolingerzeit waren beispielsweise Grafenfamilien im Durchschnitt im Besitz von jeweils etwa 400 Hintersassenstellen. Die Herren wiederum verfügten nur über 200, höchstenfalls 300 dieser Stellen. Wirklich großer Grundbesitz aber lag in den Händen der Könige oder der Bischofskirchen. Jene Herren, die später die Ritterschaft bildeten, verfügten lediglich über wenige Dörfer, einige unter ihnen nur über ein einziges Dorf. Der weitaus größte

Teil dieses königlichen kirchlichen Herrengutes war zu Lehen an Bauern ausgegeben.

Diese Bauern erwirtschafteten auf ihren Höfen im 10. und 11. Jahrhundert 380 000 bis 400 000 Goldfranken im Jahr. Alle von seiten des Königs oder der Kirche als Eigenbetriebe bewirtschafteten Stellen – die Fronhöfe des Königs und der Kirche – nur etwa 200 000 Goldfranken. Diese Unterschiede wurden dadurch beendet, daß man die Form der Fronhöfe – vorweggenommene ›landwirtschaftliche Produktionsgenossenschaften‹, in denen niemand für sich selber arbeitete und demzufolge auch so wenig wie möglich tat – abschaffte.

Landwirtschaftliche Erzeugnisse

Angebaut wurde seit dem Jahr 1000 vor allem Hafer für die Pferde. Später kam der aus dem Norden eingeführte Roggen hinzu. Weizen wurde nur auf wenigen guten Böden angebaut. Die schlechteren Böden wurden mit Dinkel, Spelz und Buchweizen bestellt.

Die Pferdezucht war weit verbreitet. Im ›Heliand‹ waren denn auch jene Männer, die die Weihnachtsbotschaft des Engels erfuhren, Pferdehirten: »Wächter erst erfuhren's, die bei den Pferden im Freien waren.« Die Waldweide für Schweine setzte sich mehr und mehr als Erwerbsquelle durch. So wurden beispielsweise auf den Weiden im bischöflich speyerischen Wald Lußhart bei Bruchsal um das Jahr 1430 35 000 Schweine speyerischer und 8000 Schweine pfälzischer Bauern zur Eichelmast aufgetrieben.

Mit dem Verschwinden der Zugochsen und dem Einsatz der Pferde wurde die Arbeitsleistung in der Landwirtschaft enorm gesteigert. Pferdefleisch wurde allerdings nicht gegessen. Pferde standen unter einem besonderen Tabu. Als Fleischnahrung gab es Hammel-und Schweinefleisch. Pferde und Reiten waren etwas für Edelherren und auch Geistliche höheren Standes. Daß die Bauern auch die Honigernte betrieben, ist aus geschichtlichen Quellen überliefert. Es waren überwiegend noch Waldbienen, die in hohlen Baumstämmen lebten, deren Honig und Wachs man nahm. Der Fischfang in Bächen, Flüssen und selbstangelegten Teichen war weitverbreitet. Es waren vor allem Klöster, welche die Fischzucht betrieben und überwiegend Karpfenteiche anlegten, um auf diese Weise die Fastenkost aufzubessern.

In den bäuerlichen Siedlungen gab es bereits Äpfelgärten. Pflaumen, Quitten und Kirschen kamen hinzu. Der Gemüsegarten war Domäne der Bäuerin. Sie legte die Beete an, in denen Hanf, Flachs,

Hopfen, Kohl und andere Sorten Gemüse angebaut wurden. Es gab zuweilen auch Walnußbäume, Aprikosen und Pfirsiche, die bereits von den Römern angepflanzt worden waren. In Mainz wurden von den Römern gepflanzte Kastanienbäume gefunden. In den Klostergärten wuchsen Heil- und Würzkräuter. Allmählich hielt die Blumenzucht ihren Einzug. Rosen und Lilien standen dabei an der Spitze.

Arbeitsleben und Arbeiten auf dem Land

Mindestens 90 Prozent aller Menschen lebten um das Jahr 1200 auf dem Land. Neben den Bauern gab es dort jene Helfer, die für die Gerätschaften und Werkzeuge der Bauern notwendig waren, so Schmiede, welche die Pferde beschlagen mußten, aber auch Tür- und Fensterbeschläge und andere Werkarbeiten in Eisen auszuführen hatten.

Daß die Müller wichtig waren, auch wenn der eine oder andere Bauer seine eigene Getreidemühle hatte, erscheint selbstverständlich; dasselbe gilt für den Wagner, der sich um alle Arten von Wagen, von den Kutschen angefangen bis hinunter zum letzten Erntegefährt, kümmern mußte. Schneider und Bader kamen hinzu, um nur einige zu nennen, die aus dem dörflichen Leben nicht fortzudenken waren, außerdem die reisenden Kaufleute, die mit ihren Waren auf großen Wagen zu den Dörfern fuhren, um allerlei Gut zu verkaufen oder einzutauschen.

Daß es für die Landbevölkerung keine geregelte Arbeitszeit gab, sondern nur jene an die Vegetations- und Reifezeiten angepaßte Tätigkeit und daß diese in der Saat- und vor allem Erntezeit von Sonnenaufgang bis Sonnenuntergang dauerte, war einfach selbstverständlich, weil überlebensnotwendig. Dies bedeutete, daß der Arbeitstag der gesamten bäuerlichen Familie in der Hochsommerzeit etwa sechzehn Stunden am Tag betrug. Es wurde einfach bis zum ›Umfallen‹ gearbeitet, um die Ernte zeitig hereinzubringen, die ja über Haus und Land, Leben oder Tod entschied.

Auch der Lebensrhythmus der Tiere bestimmte die vorgegebenen Arbeitszeiten, die genutzt werden mußten. Zwischen jenen Stoßzeiten, in denen der Bauer pflügen, säen, eggen, ernten und dreschen mußte, gab es auch Zeiten, die nur im Viehstall oder bei der Obsternte zu verbringen waren oder in denen der Weingarten gehegt und die Rebenlese durchgeführt werden mußte. Natürlich gab es auch Freizeiten. Daß diese hauptsächlich genutzt wurden, um in

froher Runde den Erfolg der Ernten zu feiern oder später die Kirchweih zu begehen, verstand sich. In der Winterzeit gab es die zusätzliche Beschäftigungszeit der Frauen, Mädchen und Mägde. Es wurde gesponnen und gewebt.

Die Unterbrechungen in der Hocharbeitszeit bildeten die Essenspausen. Danach ging es weiter. Hacke, Spaten und Sichel, Sense und auch der Pflug waren die Geräte, die es zu handhaben galt.

Daß der Bauer im Mittelalter allen Umweltveränderungen und allen Unwettern hilflos ausgeliefert war, machte seine Erträgnisse und damit auch sein Leben zu einer Art Lotteriespiel. Ein einziger Hagelschlag war in der Lage, die Getreideernte zu vernichten. Eine einzige Viehseuche konnte den Reichtum an Tieren auslöschen. Schädlinge im Obstgarten, vor allem aber im Weinberg, bedeuteten eine Katastrophe. Um diesen Schicksalsschlägen nicht hilflos ausgeliefert zu sein, mußte jeder Bauer neben Getreide beispielsweise Rüben und Hülsenfrüchte anbauen, um etwas zu essen zu haben, wenn das Getreide vernichtet wurde. Neben den Rindern mußte er Kleinvieh und Hühner halten, um bei Rinderseuchen andere Möglichkeiten der Ernährung zu sichern. Daß diese Vielfalt *jeden* Menschen des Hofes einspannte, war eine Selbstverständlichkeit.

Da die Vergnügungsindustrie unserer Tage fehlte und weitere Unterhaltung und Vergnügungen rar waren, wurde die freie Zeit, vor allem auch der Sonntag – einmal vom Kirchgang abgesehen – zum Ausschlafen genutzt.

Die obere Abbildung zeigt die vielfältige Arbeit der ersten Siedler: Einzäunung der Äcker gegen Wildschaden, Roden, Pflügen usw. Unten: Durch ständig verbesserte Anbaumethoden und -geräte stieg die Nahrungsmittelerzeugung und damit die Bevölkerung in den Städten.

Darstellung landwirtschaftlicher Arbeiten im Kalendarium Salzburg, Anfang des 9. Jahrhunderts.

Die männlichen Kinder der Bauernfamilien hatten etwa um ihr sechstes Lebensjahr die Zeit der Kindheit hinter sich gelassen. Danach war ihre Arbeitskraft als Hütejungen oder Stalljungen gefragt. So verlebten sie weitere acht bis zehn Jahre als ihre Jugendzeit, denn nach salischem Recht war jedes Kind mit 14 Jahren volljährig.

So konnten Jungen aus eigenem Entschluß in ein Kloster eintreten, ja sie durften sogar heiraten. Diese Frühehen waren nicht nur in Kreisen des Adels, wo Kinder fürstlicher Familien einander bereits kurz nach ihrer Geburt versprochen wurden, üblich. Auch bäuerliche Familien sahen sich in ihrer Nachbarschaft nach einem Schwiegersohn oder einer Schwiegertochter um, die etwas ›an den Beinen‹ hatte, um den Hof weiter zu vergrößern und damit Ansehen und Einfluß im Dorf oder in der Mark zu festigen.

Damit einher ging die Tatsache, daß im 12. und 13. Jahrhundert das durchschnittliche Lebensalter mit 34 bis 37 Jahren angegeben wurde. Wer dieses Alter überschritt, der wurde wegen seiner Lebenserfahrung geachtet, denn er hatte *mehr* erfahren, *mehr* erlebt und konnte seinen Söhnen und Enkeln Lebensweisheit mit auf den Weg geben. Daß die alte Großmutter sich in Krankheit bei Mensch und Tier auskannte, daß sie Heilkräuter kannte, die Gänsemast verstand und ihrer Enkelin das Spinnen und Weben beibrachte, ließ sie als wichtiges Mitglied der Familie geachtet sein. Es waren vor allem die Großeltern – falls sie die Fährnisse des Lebens lange genug überstanden –, die durch Erlebnisse und Geschichten aus alter Zeit der ohne Schule heranwachsenden Jugend wichtige Impulse für ihr Leben mitgeben konnten.

Daß diese Bauern neben den Umbilden der Witterung auch noch anderen Gefahren zu begegnen wußten, ist durch eine Vielzahl an Abgaben und auch Frondiensten gekennzeichnet. Für alle Bauern war der Zehnte gültig, der an die Lehnsherren abzugeben war. Dieser hatte auch dafür zu sorgen, daß der *zweite* Zehnte an die Kirche geleistet wurde. So nahm es nicht wunder, daß zu Erntezeiten die ›Zehntmesser‹ in die Bauerndörfer strömten. Sie hatten zu überwachen, daß gute Waren in die Zehntscheuer und Zehntkeller geschafft wurden.

Daß darüber hinaus auch während des gesamten übrigen Jahres die Verwalter und ihre Gehilfen unterwegs waren, um von den Bauern die zusätzlichen Abgaben einzufordern, die in Fastnachtshühnern, Martinsgänsen, Ostereiern und Osterwecken, Kerzenwachs und ›Besthäuptern‹, Lämmer- und Schweinehälften, Johanniswein und Käse bestanden, verstand sich. Dadurch war in jeder Bauernschaft ein ständiges Kommen und Gehen und eine immerwährende Furcht vor weiterer Schatzung. Sowohl die Lehnsherren als auch deren Knechte, Gesinde und Angestellten lebten von diesem Bauernfleiß, dies nicht nur die weltlichen, sondern auch die geistlichen Herren.

Es kamen Pfändungen und Vertreibungen vom angestammten Hof vor, welche Bauernfamilien in die Kaste der Hörigen zurücktrieben. Damit aber waren sie an die Scholle gebunden, auf der sie für ihre Herren arbeiteten. Sie mußten selbst zur Hochzeit ihrer Söhne das Einverständnis ihrer Herren einholen. Wichtig war, daß eine Ehe mit einem minderfreien oder gar unfreien Partner den Eheschließenden ebenfalls minder- und unfrei machte, welchen Stand auch immer er vorher bekleidet hatte.

Die Bevölkerung wuchs in Franken bis etwa zur Mitte des 14. Jahrhunderts stetig an. Dementsprechend größer war der Bedarf an Versorgungsgütern und Lebensmitteln. Diese wurden durch Kaufleute aufgekauft und in den Städten mit Gewinn wieder verkauft. Handwerker, Herren und Bauern trieben einen regen Tauschhandel. Für die Bauernfamilien galt es, Tuche, landwirtschaftliches Gerät und vor allem auch Salz einzukaufen oder einzutauschen.

Erst mit dem ersten verheerenden Auftreten der ›schwarzen Pest‹, die zwischen 1347 und 1350 ganz Deutschland heimsuchte, wurde der Zuwachs der Bevölkerung geringer.

Ackergeräte, Wagen und andere Hilfsmittel – das Münzwesen

Der Pflug, eines der wichtigsten Ackergeräte, war auch in Deutschland bereits im Mittelalter weit ausgebildet, der vierrädrige Wagen ebenfalls, der zum An- und Abtransport der Güter geeignet war. Interessant zu wissen ist, daß man das Getreide zunächst immer noch mit der Sichel schnitt, während das Gras mit der Sense gemäht wurde.

Der Weinbau war in Franken bereits zu früher Zeit weit vorangekommen. Auf den nicht zu steilen und zu hohen Hängen des Landes wuchs ein guter Tropfen, ebenso wie am Rhein und in der Pfalz. An diesen Plätzen gewann der Weinbau mehr und mehr an Bedeutung und errang schließlich die Oberhand, so daß der Weinhandel zu den ältesten Gewerbezweigen Frankens gehört.

Was nun die Verrechnung der einzelnen Güter über den direkten Tausch hinaus anlangt, so war die Geldwirtschaft der heutigen Zeit damals nicht möglich. Zwar hat es auch zu Beginn des Aufschwungs der Bauern im 9. und 10. Jahrhundert bereits Geld gegeben. Sowohl die Merowinger als auch ihre Nachfolger, die Karolinger, kannten das aus römischer Tradition stammende Geld in Form von Münzen. Diese waren jedoch nicht in genügender Zahl und Größe vorhanden und noch im 11. Jahrhundert nicht im Gebrauch. Erst im

12., vor allem im 13. Jahrhundert begannen die Herren, den Zehnten oder die üblichen Abgaben der Bauern mit einem Geldwert zu belegen.

Die Brakteaten-Münzen kamen auf, große dünne Münzen, die nur einseitig geschlagen wurden. Sie sollten den gleichen Feingehalt und Gewicht haben wie die ehemaligen römischen *solidi*. Sie waren aber kaum geeignet, den Geldverkehr zu regeln. Vielmehr wurden sie von den prägenden Herrschaften zu dem Zweck geschlagen, ihr eigenes Bild geprägt zu sehen und es dem ganzen Volk bekannt zu machen. Die Bauern konnten dann wenigstens zu einem Teil ihren Zehnten mit dem Geld zahlen, welches das Bild ihres Herrn zeigte. Auf den Märkten wurden diese Münzen benutzt, um vor allem die Anerkennung der Markthoheit durch den dargestellten Fürsten oder König zu belegen.

Darstellung eines Schnitters mit Sense, 9. Jahrhundert. Unten: Kehrpflug mit ›aufgehängtem‹ Sech (Museum Stuttgart-Hohenheim). Ein grundherrliches Register verlangte, dreimal jährlich zu pflügen. Im Frühjahr und Herbst wurde aber der sogenannte Räderpflug eingesetzt.

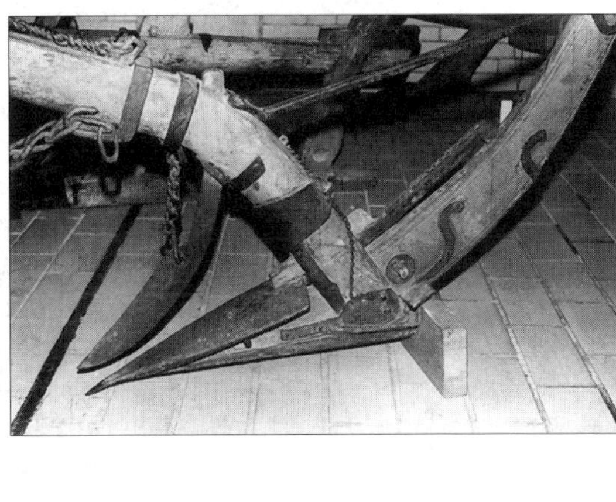

Erst in der zweiten Hälfte des 13. Jahrhunderts verschwanden diese Brakteaten vom Markt, während gleichzeitig aus Frankreich und Italien international gültige Münzen nach Deutschland kamen. Es waren dies beispielsweise der Florentiner oder Venezianer Goldgulden. Diese wurden dann mit den für sie charakteristischen Prägebildern auch in den deutschen Münzprägeanstalten zu Mainz, Köln und Straßburg und an anderen Münzorten geschlagen, um im Großhandel mit dem Ausland gleichwertiges und eintauschbares Geld zu haben.

Damit war auf dem Land der Tauschhandel noch immer nicht zu Ende. Als dann die Leistungen der Bauern nach diesem Geld gemessen wurden und das Geld in dieser Zeit ständig an Wert verlor, erhielten die Grundherren ihre Renten aus den Höfen zwar in immer gleicher Höhe, aber weiter schwindendem Wert. Dies ließ ihre Kaufkraft ständig geringer werden. Die Bauern hingegen, welche die fixierten Abgaben mit der immer gleichbleibenden Summe Geldes bezahlten, erlösten für ihre Waren mehr Geld und standen sich damit besser als ihre Herren. Die Festlegung der bäuerlichen Abgaben in Geld wurde also für die Bauern zum Vorteil. Dagegen spricht auch nicht die Tatsache, daß viele Bauern sich in der neuen Geldwirtschaft nicht zurechtfanden und sich oftmals bei Geldverleihern verschuldeten und in Not gerieten.

Abschaffung der Leibeigenschaft

Im Verlauf der Jahrhunderte verschwand in Franken auch der Begriff der ›Unfreiheit‹ und mit ihr die Leibeigenschaft. Der Unterschied zwischen Freien und Unfreien verwischte sich zusehends.

Allein an einigen Einschränkungen, denen die Unfreien unterworfen waren, waren diese noch zu erkennen, so beispielsweise an dem ›Besthaupt‹ bei Todesfällen, einer Abgabe aus dem Nachlaß eines Unfreien oder Hörigen an seinen Herrn. Diese Abgabe bestand oftmals in der Hergabe des besten Stücks, das der Verstorbene besessen hatte, und war durchaus ungerecht, aber auch in der Heiratserlaubnis, die der Leibeigene erst von seinem Herrn erhalten mußte, ehe er heiraten durfte. Diese und andere trennende Stufen wurden nur schrittweise im 15. Jahrhundert abgebaut.

Daß bereits vorher Freilassungen aufgrund irgendwelcher Vorkommnisse erfolgt sind, ist verbürgt. Bereits im 13. Jahrhundert war die christliche Anschauung von der Freiheit eines Christenmenschen verbrieft und die Unfreiheit als unannehmbar angesehen. Schon der *Sachsenspiegel* (um 1230) des Eike von Repgow verurteilte Unfreiheit mit den Worten: »Es ist Unrecht, daß ein Christ sich eines anderen Eigner nennt.«

Die Abschaffung der Leibeigenschaft aus ethischen Gründen aber wollte nicht so recht gelingen, und noch die Forderungen der Bauern aus dem Jahre ihres Aufstandes 1525 lauteten dahin, diesen »eines Christen unwürdigen Zustand« zu verbieten.

In den Königsgebieten und Forsten hatten sich im Laufe der Zeit mehrere Dörfer zu Marktgenossenschaften vereinigt. Sie unterstanden zunächst der herrscherlichen Munt- und Schutzherrschaft, die von einem Grafen in königlichem Auftrag ausgeübt wurde. Mit dem Sinken der Königsmacht und der Übertragung entscheidender Rechte durch Friedrich II. an die Landesfürsten und Grafen erlangten die Marktgenossenschaften immer mehr Selbständigkeit. Es gab sie überall dort, wo es Königsforste gegeben hatte und aus ihnen Königsbauernschaften oder Freibauernschaften entstanden waren.

Einige dieser Marktgenossenschaften erlangten große Bedeutung, so die Hohe Mark im Taunus und die Marktgenossenschaft von Dreieich südlich von Frankfurt. Aus diesen Kreisen erwuchsen schließlich die Femegerichte des späten Mittelalters. Aus den Marktgenossenschaften wurden Freigrafschaften und schließlich Markgrafschaften.

Alles in allem ist zu bemerken, daß gegen Ende des Mittelalters überall in Franken (aber auch in anderen Landschaften Deutschlands) wohlhabende Bauern ansässig waren. Es sollte sich zeigen, daß in den Bauernkriegen der Jahre 1524 und 1525 fast immer reiche und angesehene Bauern diese ›Haufen‹ angeführt haben. Mehr darüber folgt im Abschnitt: »Die Bauernkriege in Franken«.

Kultur und Erziehung – die Christianisierung

Die beruflich-praktische Qualifikation dieser Bauern war groß, weniger oder gar nicht vorhanden ihre Ausbildung auf anderen Gebieten. Dies lag daran, daß die meisten von ihnen weder lesen noch schreiben konnten. Schulen für Bauernkinder gab es noch nicht, wenn nicht Kinder sehr früh schon für den geistlichen Stand vorbereitet und in Klosterschulen erzogen wurden. Aber auch Adelige der niederen Kreise waren zum Teil des Lesens und Schreibens nicht mächtig. Wenn ein Bauer kirchlich heiratete, dann mußte er in der Regel das Vaterunser, das Glaubensbekenntnis und das Ave Maria aufsagen können. Diese Unkenntnis war der Grund für alle Bauern, das geschriebene Wort mit besonderer Achtung zu betrachten. Urkunden waren deshalb von großer Beweiskraft, was oftmals auch der Grund dafür war, daß sie gefälscht oder verfälscht wurden.

Alles das sagt noch nichts über die Erziehung der Kinder aus. Diese wurden zunächst von der Mutter, die Jungen später vom Vater in das bäuerliche Leben und Wirken eingeführt. Hinzu kam jene Lehre über das, was im Dorf Sitte war und was die Ordnung desselben betraf. Die Frömmigkeit der Eltern wurde auf die Kinder übertragen. Der Kirchgang war einfach ein Muß für die ganze Familie.

Daß für Jungen der Umgang mit Waffen aller Art und Geräten für den Wildfang ganz vorn auf der Liste der zu erlernenden Lektionen stand, ist verständlich. Es galt natürlich auch, sich der räubernden Wildtiere zu erwehren und im Falle eines Angriffs von Marodeuren die Waffen gut führen zu können.

Paradiesischer Friede war zu keiner Zeit im Mittelalter zu finden. Die *gute* alte Zeit erweist sich bei näherem Hinsehen nur als *alte* Zeit. Daß bei der Kindererziehung das elterliche Züchtigungsrecht in Anspruch genommen wurde, beweisen jene Zeilen des berühmten Hans Sachs:

»Hiebei merket ihr ehrbaren alten,
daß ihr sollt eure kinder halten
unter der ruten, die mit schmerzen
des kinds thorheit treibt aus dem Herzen.«

Daß des Bauern Frömmigkeit und christlicher Glaube zu dieser Zeit wohl am ausgeprägtesten waren und daß der langwierige Prozeß der Verbreitung des Christentums im ganzen Volk gerade bei den Bauern zuerst an Boden gewann, liegt in der Natur seiner Arbeit, da doch beinahe alles aufgrund göttlicher Fügung gedieh oder verrottete, wuchs und reifte oder durch Hagelschläge und Regenfälle, Mäuseplage und andere Katastrophen vernichtet werden konnte.

Es sollte einmal darüber nachgedacht werden, daß die Christianisierung im Frankenland erst im Jahre 700 einsetzte, als die ersten iro-schottischen Mönche durch das Land reisten und damit begannen, Alemannen, Bayern und Thüringer zu bekehren. Die zweite Christianisierungswelle, begonnen mit Bonifatius' Schüler Lul und Sturm der angelsächsischen Missionare, fand in Hessen und Thüringen statt, später wandten sie sich nach Bayern.

Die Gottesstreiter gingen so vor, wie es Papst Gregor der Große sie geheißen hatte: »Die heidnischen Gotteshäuser nicht zerstören, die gewohnten Stätten heidnischer Götterverehrung in christliche Gotteshäuser umwandeln und die heidnischen Feste zu christlichen wandeln. Überall sollt ihr Christus als neuen Gott an die Stelle der alten heidnischen Götter setzen.«

So wurden denn die Kirchen auf jenen Höhen gebaut, auf denen vorher der ›Sitz der Götter‹ war. Wintersonnenwende wurde zu Weihnachten, Mitsommerfest zum Johannistag, das Osterfest aber blieb weiterhin nach der germanischen Frühlingsgöttin Ostara benannt. Dort, wo an heiligen Quellen und Bäumen der Heidengötter gedacht und ihnen geopfert worden war, entstanden Kapellen mit Heiligenbildern anstelle der ›Götzenbilder‹. Die Namen der Götter verschwanden, aber jener des ›Druhtin‹ – des Herrn – blieb und konnte je nach eigenem Geschmack oder Verfassung als Christengott oder Heidengott gedacht werden.

Es war Widukind von Corvey, der die Umwandlung eines alten Heidenfestes – eines Sieges- und Gefallenen-Gedächtnisses – in ein christliches eingehend beschrieb: »Dieser Tag des heidnischen Irrglaubens wurde durch die Segnung frommer Männer umgewandelt zu einem Tag des Fastens, der Gebete und Meßopfer für die vor uns verstorbenen Christen.« (siehe Widukind I., 12).

Dem christlich gewordenen Bauern wurde beim Taufgelöbnis die entscheidende Frage gestellt, ob er dem Teufel und den Teufelswerken abschwören wolle. Der Bauer hatte seit dem 10. Jahrhundert zu antworten: »Ich schwöre ab allen Werken und Worten des Teufels, Donar und Wodan und Saxnot und allen Unholden, die ihre Genossen sind.«

Daß diese Worte den im alten Götterglauben groß gewordenen Bauern nur schwer über die Zunge gingen und es erst einiger Jahrhunderte bedurfte, um sie alle dazu zu bringen, ist verständlich bei dem Mindestmaß an Kommunikation und Erfahrungen aus der fernen Welt, die bereits einige 30 Kilometer hinter dem bäuerlichen Dorf begann.

Noch im Jahre 1020 sah sich Bischof Burchard von Worms dazu genötigt, die noch zu bekämpfenden heidnischen Bräuche zu geißeln und sie zu verbieten, als da waren: heidnische Wettermacherei, der Glaube an die Verwandlung eines Mannes in einen Wehrwolf, an den geschlechtlichen Verkehr von Elfen mit Männern und die Nachtfahrten von Hexen. Dies zeigt auf, daß zwar die ›germanischen Götter‹ nicht mehr genannt wurden, der Hexen- und Dämonenglaube aber weiterlebte. So kam es auch überraschenderweise noch vor, daß ein alter heidnischer Zauberspruch gegen das Lahmen eines Pferdes mit einem Vaterunser eingeleitet wurde.

Daß sich das demütige friedfertige Christentum unter der ritterlichen Herrenwelt des Mittelalters zu einem Christentum von ritterlicher und kämpferischer Art umwandelte, die notwendig war, um beispielsweise die Kreuzzüge führen und durchkämpfen zu können, ist eine andere Schau.

Die mit ihren Rittern ins Heilige Land ziehenden Knappen, oftmals Bauernsöhne, konnten sich dieser kriegerischen Art des Christentums nicht entziehen. Von Gernot von Reichersberg wissen wir, daß im zweiten Kreuzzug auch ein großer geschlossener Bauernhaufe dabei war, was jedoch eine Einzelerscheinung blieb. Im allgemeinen blieb der Bauer seinem Land verbunden. Unter den Bauern waren vor allem jene Stimmen zu finden, die sich gegen die Kreuzzüge aussprachen. Sie wurden von den Kreuzzugspredigern ›Söhne Belials‹, Menschen von großer Bosheit und Antichristen genannt.

Die Nahrungsversorgung im Bauernhaushalt

Um die kurze umrißartige Darstellung des Bauernlebens abzurunden, sei hier abschließend noch die Ernährung der Bauernfamilien dargelegt. Eines sollte vorab gesagt werden: Zwei der wichtigsten heutigen Nahrungs- und Genußmittel haben ihnen gefehlt, die Kartoffel und der Kaffee.

Die Hauptnahrungsmittel waren Hafer- oder Gerstenbrei, aber auch Brei aus Bohnen und Erbsen wurde gegessen. Selbst das Schlaraffenland, in dem sich die Kinder durch einen Berg von Brei essen mußten, ist Zeugnis dafür, daß dieses Nahrungsmittel nicht nur wichtig, sondern sogar begehrt war.

In jedem Bauernhaus und in jeder Kate wurde dreimal am Tag gegessen. Morgens gab es eine Suppe aus geschroteter Gerste oder anderen Feldfrüchten, mittags den bevorzugten Hirsebrei und auch Gemüse. Seltener wurde Fleisch gereicht. Dies war meistens Schaf-, vor allem Schweinefleisch. Hinzu kam Kleinwild, das die Bauern in Schlingen fingen oder von den Hirten im Wald eintauschten. Hochwild war als Herrenspeise den Bauern verboten. Daß dennoch Wildereien vorgekommen sind, ist belegt und wurde streng geahndet. Pferdefleisch war im gesamten Mittelalter durch ein selbst auferlegtes Verbot von allen Tischen verbannt. Pferdeopfer der germanischen Zeit und ›heidnische Opfermähler‹, die aus Pferdefleisch bestanden, sollten nicht mehr auf den Tisch kommen.

Die Fastenspeise bestand aus Fischen und Eiern. Aus letzteren wurden auch eine Reihe von Nachspeisen hergestellt, die an Sonn- und Feiertagen zusätzlich auf den Tisch kamen. An Wurstsorten setzten sich zuerst die Blut- und Leberwurst durch. Aus Hirn wurde ebenfalls Wurst gemacht.

Beim Abendessen, das sehr einfach war, kam oft Käse auf den Tisch, in der Hauptsache Schafskäse, später aber auch Käse aus Kuhmilch. Dazu gab es Haferbrot, während Gerstenbrot eine Knechtspeise, Weizenbrot hingegen eine Speise der Herren war. Auch aus Dinkel und Spelt wurde in den Gegenden, wo Roggen noch nicht angebaut wurde, Brot gebacken. Als Leckerei gab es Honigkuchen, Butterkuchen, auch Speckkuchen und andere Sorten. An Feiertagen wurde als Vorspeise oder auch als Nachtisch Obst aufgetragen. Gebratene Äpfel und mit Honig verfeinerte Kompotte und Marmeladen aus Pflaumen und Kirschen waren bekannt. Alle Nahrungsmittel wurden stark gewürzt, wozu allerlei einheimische Kräuter verwendet wurden. An Getränken gab es dazu entweder Wasser, Molke oder Milch. An Festtagen aber, vor allem auf den bäuerlichen Erntefesten, wurde üppiger getafelt.

Daß im Bauernhaus der Bauer den Vorsitz am Tisch hatte und alle anderen – die Bäuerin, Kinder und Knechte und die Eltern – ihren genau vorgeschriebenen Platz einzunehmen hatten, war ein nie geändertes Ritual. Jede Mahlzeit wurde mit einem Tischgebet eröffnet. Zum Schluß folgte ein weiteres kurzes Gebet. Alle um den Tisch Versammelten aßen mit den Händen aus einer Schüssel. Flüssigere Speisen wurden mit einem Holzlöffel gegessen. Wurde ein Messer zum Schneiden von Brot oder Fleisch benötigt, benutzte der Bauer jenes, das er in einer Scheide am Gürtel trug. Teller gab es nicht. Wurden festere Speisen verteilt, so dienten Brotschnitten als Unterlage. Die Hände wurden bei bäuerlichen Familien an den Hosen, Kitteln und Stiefeln abgewischt.

Daß zu besonderen Feiern auch Met und Bier, in den Weinbaugebieten auch Wein, getrunken wurde, verstand sich. Öfter wurde auch Obstwein gebraut und gern genossen. Met wurde aus Honig und Wasser hergestellt, das gesotten und in offenen Gefäßen zur Gärung abgestellt wurde. Dann wurde es durch feine Kräuter gewürzt und schmackhaft gemacht.

Daß der Wein- und Biergenuß an den Fürstenhöfen bereits seit der Zeit Karls des Großen, mit besonderer Steigerung aber im 15. und 16. Jahrhundert, großen Umfang hatte, hatte vielerlei Ermahnungen zur Folge. Bereits Karl der Große versuchte, dagegen anzugehen, blieb aber ohne Erfolg. Bis zum 14. Jahrhundert waren die Lebensbedingungen der Bauern einer ständigen Verbesserung unterworfen. Auch die finanzielle Lage verbesserte sich von Generation zu Generation.

In der zweiten Hälfte des 15. Jahrhunderts jedoch trat nach kurzer Erstarrung ein erster Rückschritt ein. Dieser ist darauf zurückzuführen, daß beispielsweise in Franken die Teilung der bäuerlichen Güter unter die Söhne immer kleinere Erwerbshöfe schuf, die sich kaum noch oder gar nicht mehr trugen. Anstelle der Hufenbauern traten oftmals Halbhufner oder gar Viertelhufner, die Katner, die später ›Kötter‹ genannt wurden. Sie mußten neben der Landwirtschaft noch einem anderen Broterwerb nachgehen und als Land- oder Forstarbeiter ihr Zubrot verdienen.

Hinzu kam, und das war der Hauptgrund der allmählichen Verelendung, die weitere rasche Zunahme der Bevölkerung. Da diese jungen Menschen keine Rodungsstellen mehr erhielten, auf denen sie sich eine eigene Existenz schaffen konnten, versuchten sie, in die Städte zu gehen. Diese sträubten sich mit aller Kraft gegen einen ungeregelten Zuzug und verlangten von jedem Zuziehenden eine Ausbildung, die ihm in der Stadt ein Auskommen verschaffte.

Ein weiterer Teil der Bauern zog in die großen Siedlungsgebiete des Deutschen Ordens, den Ordensstaat Preußen. Neue Steuern, den Bauern von den verschiedenen Landesherren auferlegt, trugen mit zu dieser Verelendung bei. Es kam in dieser Zeit schließlich so weit, daß einige Territorialherren versuchten, aus ihren Bauern einheitliche Untertanen zu schaffen, die alle eine gleich hohe Steuer zu entrichten hatten. Dies wurde zunächst auch auf der Stufe der niedrigsten Arbeiter durchgedrückt. So versuchten einige kleine Landesfürsten in Franken, alle von ihnen abhängigen Bauern und Kätner zu Leibeigenen zu machen, obgleich die Leibeigenschaft bereits als abgeschafft galt. Ein besonders gravierendes Beispiel bot der Abt von Kempten. Aber dort weigerten sich die Bauern. Streitigkeiten und bewaffnete Auseinandersetzungen zogen sich durch das ganze 15. Jahrhundert hin und eskalierten im Bauernkrieg des Jahres 1525.

Es waren insgesamt 400 der bis dahin freien Bauern, die im Raume Kempten zu Leibeigenen gemacht wurden. Der Abt von Kempten schreckte nicht einmal vor Gefangennahmen und geistlichen Strafen zurück, um dieses Ziel durchzusetzen. Ähnlich verhielt sich auch die Äbtissin von Buchau, die ihre Bauern aus dem Raum Mittelbiberach zu Leibeigenen machen wollte. Die Grafen von Waldburg versuchten zu Beginn des 16. Jahrhunderts, die Anrechte der Bauern oder ihrer Gemeinden an der Allmende (jener Teil der Gemeindeflur an Wald, Weide und Wasser, der sich im Gemeindeeigentum der Markgenossenschaften befand) zugunsten ihres Landesstaates zu verringern. Die Waldordnungen des Bischofs von Speyer von 1493 versuchten auf ähnliche Weise, den Bauern zu schaden. In vielen Orten und Grafschaften in Franken wurde mit vielerlei Tricks versucht, die Habe der Bauern zu schmälern oder sie ganz in die Abhängigkeit zu zwingen. Aus diesen Bemühungen erwuchsen die Schutzgenossenschaften der Bauern und schließlich in letzter Konsequenz die Bauernkriege, von denen später die Rede sein soll.

Stand und Herkunft eines Ritters

Als ›Ritter‹ wurde ein Reiter bezeichnet, der im Mittelalter bewaffnet und zu Pferde Kriegsdienste leistete. Aus dieser Kennzeichnung entwickelte sich der Begriff des Ritterstandes, des Rittertums und der Ritterlichkeit.

»Ritterlichkeit«, so formulierte es der ehemalige Chef der deutschen Olympischen Reitermannschaft, General Horst Niemack, »kommt von dem Wort reiten.« In unserem Buch bezieht sich die Bezeichnung ›Ritter‹ auf alle jene, die seinerzeit im Abendland den Ritterstand gebildet haben. Der Begriff der ›Ritterlichkeit‹ wiederum bildete den Inbegriff aller Eigenschaften, die zur Zeit des Rittertums Besonderheit dieses Standes waren.

Als nach Ende des Mittelalters auch diese Art des Rittertums zu Ende ging und dieser Stand verschwand, erhielt das Wort ›Ritter‹ eine andere Bedeutung. So wurde von nun an das Mitglied eines Ritterordens so genannt, und auch eine Stufe des niederen Adels erhielt die Zusatzbezeichnung ›Ritter‹.

Zu diesen positiven Eigenschaften des Ritters, der Ritterlichkeit, als deren bedeutendste Zeichen Tapferkeit im Kampf, Großmut gegen unterlegene Gegner, Höflichkeit zu den Damen, die Gastfreundschaft und Treue gegenüber den vorgesetzten Herzögen oder Königen und Kaisern und letztlich auch die Freude an Musik und Poesie gehörten, kamen noch die Gewandheit im Sport, in der Jagd, der Reit- und Fechtkunst.

Diesen gegenübergestellt seien auch die aufgetretenen dunklen Flecke auf den sonst makellosen Rüstungen der Ritter. Die oftmals auftretende Grausamkeit und Ungerechtigkeit gegenüber Untergebenen. Das Abtrünnigwerden von einem Herrn in Gefahr und schließlich, als gefährlicher und brutaler Auswuchs, das Raubrittertum.

Die deutsche Ritterschaft entwickelte sich aus dem Dienst beim Königshof. Die Volks- und Thingversammlungen der alten Gaue waren durch die weite Zerstreuung der germanischen Stämme *und* die Tatsache, daß viele unter den ›Römern‹ lebten, nicht mehr möglich. Von nun an wurde adelig, wer in der Gunst des Königs stand und von diesem dazu ernannt wurde. Es waren jene Persönlichkeiten, die dem Herrscher besondere Dienste geleistet hatten. Die Geburtsstunde des Dienstadels war gekommen. Der alte Geburts- oder Kriegsadel war ausgestorben oder nicht mehr genehm und verschwand deshalb ebenfalls.

Aus den ursprünglich unfreien Bediensteten wurden Ministeriale. Sie erhielten nicht nur freie Versorgung, sondern wurden auch mit einem *›beneficium‹* belehnt. Dies war in der Karolingerzeit besonders ausgeprägt. Viele Titel des heutigen Adels gehen auf sie zurück. Aus diesen politisch-sozialen Grundlagen, verbunden mit den militärischen, die im Gefolge der Könige, Herzöge und Fürsten dienten, erwuchs die Mehrzahl des Adels. Als schließlich durch den Niedergang der Freien und die zunehmende Unabhängigkeit der Herzöge und Fürsten die Herrscher versuchen mußten, weitere Krieger anzuwerben, geschah dies ab dem 10. Jahrhundert durch die Anwerbung von Söldnern. Sie füllten die Lücken der unbotmäßigen Vasallen aus.

Trotz dieser Hinweise darf gesagt werden, daß das Lehnswesen und die Feudalherrschaft nach wie vor bestimmend waren. Nach wie vor wurde von Herrschern Landbesitz zu Lehen vergeben, wozu der damit Belehnte seinem Herrn einen feierlichen Lehnseid schwören mußte. Daß das Lehnswesen in großem Maße dazu beitrug, die Landeskultur zu verbessern und die Güter besser zu verteilen, stärkte die sittlichen Beziehungen und das Pflicht- und Treuegefühl der Lehnsmannen zu ihrem Herrn.

Nach dem Verschwinden des alten Adels wurden die Grafen Träger des neuen Adelsstandes. Aus den von den Grafen und Bischöfen oder Äbten an Freie vergebenen Lehen entwickelte sich ein zweiter Dienstadel: der Ritterstand. Dieser stellte im Kriegsfall die schwer bewaffnete Reiterei, die nun den Hauptteil des Heeres ausmachte. Hinzu kamen später die in den Waffen geübten Hörigen, die Ministerialen, die damit den Stand der Gemeinfreien übersprangen. Sie zahlten keinen Zins, sondern leisteten lediglich Kriegs- und Hofdienst.

Danach umfaßte die Ritterschaft nunmehr drei Klassen: die Grafen, die freien Herren oder Ritter im engeren Sinne und die Ministerialen. Ein ritterliches Lehen aber, das verliehen wurde, galt nur dann als rechtes Lehen, wenn es außer dem Eigengut noch Mannschaft zum Gegenstand hatte; erst dann war es ein Ritterlehen. Der Rechtshistoriker Schröder drückte dies so aus: »Nur ein Mann von Ritterart, der mit ritterlicher Abstammung ritterliches Lehen verband, war vollkommen an Lehensrecht.« Die Dienstmannen und Ministerialen hingegen wurden unfreie Ritter und konnten bis ins 19. Jahrhundert hinein von ihren Herren lediglich Dienstlehen erhalten. Auch hier gab es eine große Ausnahme. Es war der zur Zeit Kaiser Friedrichs I. beginnende Übertritt vieler Edler in die Ministerialtätigkeit. Die Übergetretenen behielten nicht nur ihre Lehen, sondern auch die Lehensfähigkeit.

Danach konnte man auch den Dienstmannen die Lehensfähigkeit nicht mehr versagen. Aber nur aus den wirklich freien Rittern ging der hohe Adel hervor, während der niedere Adel aus den Ministerialen emporwuchs.

Aus diesen Ursprüngen entwickelte sich der Ritterstand in Deutschland. Um aber auch im kulturgeschichtlichen Sinne ein Rittertum zu werden, mußte er sich der aus dem westfränkischen Reich – später Frankreich genannt – herüberkommenden feineren Sitten befleißigen. Das Rittertum in Frankreich hatte durch den 1041 ausgerufenen »*Treuga Dei*« – Gottesfrieden – erreicht, daß Fehden unter Rittern nur an bestimmten Tagen stattfinden durften. Damit ging eine Verfeinerung der Gesittung Hand in Hand, denn auch die Regeln bezüglich der Fehden wurden verfeinert und unter ganz genaue Regeln gestellt, aus denen sich schließlich die Turniere entwickelten. Als eine der ersten soll Agnes von Poitou, die im Jahre 1043 als Gattin Kaiser Heinrichs III. nach Deutschland kam, auf die Verfeinerung der Sitten eingewirkt haben.

Ritterschaft im fränkischen Raum

Wenn immer wieder Ritter und edle Herren im Zusammenhang mit den Bauern genannt wurden, so soll an dieser Stelle ein Bild dieser Ritter, ihrer Häuser und Burgen aufgezeigt werden. Ritter waren vor allem in der Zeit der Stauferkaiser zu hohem Ruhm und Ansehen gelangt. Sie waren im gesamten Mittelalter die freien Herren auf freien Sitzen und zugleich die Träger des deutschen Adels, der aus der Ritterschaft hervorging. Die Zeit des 12. und 13. Jahrhunderts war jene der hohen Ritterkultur. Daß der Ritter zunächst ja auch bäuerlicher Herr unter Bauern war, hinderte ihn nicht daran, zugleich auch Kämpfer und Beschützer seiner Bauern zu sein. Es war seine Aufgabe, das Dorf zu schützen, die Fehden siegreich durchzufechten und mit den Herren zu königlichen Feldzügen oder Kreuzzügen auszuziehen.

Für ihn war ein Treueverhältnis nach unten, zu den zu beschützenden Bauern, ebenso wichtig wie jenes nach oben, das sich in der Lehnspflicht gegenüber seinem Herzog oder König bewies. Letzteres war die Lehnsverpflichtung, die zustande kam, wenn der Herzog oder König dem Ritter ein bestimmtes Gut zu Lehen verlieh. Daß er darüber hinaus auch immer die Dorfherrschaft und in vielen Fällen *dazu* noch die Herrschaft über den nächstgelegenen königlichen Fronhof innehatte, bezeichnet seine überragende Stellung.

Im Dienst am König oder Herzog mußte er alle ritterlichen Fähigkeiten beherrschen. Gut zu reiten und zu fechten und mit Schwert und Lanze zu siegen waren Grundbedingungen zu weiterem Aufstieg sowie Voraussetzung zu seiner gehobenen Stellung. Schild, Helm und Schwert waren im Kampf zu Fuß seine Waffen und Verteidigungsmittel. Zunächst waren es die Kämpfe gegen die Hunnen, Ungarn, Slawen und Normannen, die es zu bestehen galt, bevor es zu den Kreuzzügen ins Heilige Land oder auch nach Preußen ging. Diese kriegerischen Auseinandersetzungen ließen den Ritter in der Beherrschung seiner Waffen zum Fachmann werden. Danach kamen die großen Romzüge der Könige und Kaiser. Immer wieder aber hatte der Ritter auch in seinem Besitztum in Fehden seinen Mann zu stehen, den Tod eines der Seinen zu rächen oder verlorengegangene Besitzungen zurückzugewinnen.

»Dieser edle Stand einer edlen Zeit brachte es fertig, die Musen mit den Waffen zu vereinen, das Schwert mit der Leier, das Heldentum mit der Bildung, die Tat mit der Liebe, den Geist mit der Kühnheit, den Kampf mit der Kunst, das Herz mit der Hand, den Kopf mit dem Arm.«

Naumann über den Ritter, zit. in Adolf Helbok, *Deutsche Volksgeschichte*, S. 242

Durch diese Tätigkeiten und die Kommunikation zu den Großen des Reiches, sowie in der Nähe zu ihnen, fand das Rittertum seine eigenen Lebensformen. Aus ihnen heraus bildeten sich bald eine besondere Lebensart und eine besondere Kultur. Dies alles schloß die beiden Gruppen der aufeinander angewiesenen Bauern und Adeligen voreinander ab.

Der Adel schloß sich zu einer Kaste zusammen, dem große Teile der Klöster, alle Domkapitel und andere Stellungen vorbehalten waren. Zu ihnen gesellten sich schließlich die Meier, welche von geistlichen Grundherren zur Verwaltung der großen Höfe herangezogen wurden. Sie hatten daneben auch sowohl die Erhebung als auch die Sammlung der Grundzinsen der abhängigen Bauern zu regeln. Durch diese Tätigkeit wurden sie schließlich über die Stellung der Bauern emporgehoben. Da diese Meier dank ihrer Stellung imstande waren, ihre Erträgnisse besser zu gestalten, drängten sich bald auch verarmte Adelige in die Position als Meier auf Klosterhöfen. Diese Stellungen wurden schließlich erblich und vom Vater auf den Sohn weitergegeben. Der Meier amtete auch im niederen Gericht, dem die zur Meierei gehörenden Menschen unterworfen waren. Dies alles glich ihre Stellung den ritterlichen Dorfherren immer mehr an. Die Meier verschmolzen im 13. und 14. Jahrhundert mit den Rittern der geistlichen Herrschaften zu einer Ranggruppe.

Einen weiteren Zuwachs erhielt die mittelalterliche Ritterschaft durch den Kriegsdienst der Freien, auf deren Kampfbereitschaft geistliche wie weltliche Herren zählten. Diese Zahl gutausgebildeter Reiter, teilweise auch aus dem Stand der Unfreien entstanden, wurde zu neuen Rittern erhoben. Sie waren ihren Dienstherren, Königen oder Fürsten, Äbten oder Bischöfen treu ergeben. So wurden aus den Unfreien und Reichsministerialen Ritter und Grafen und sogar Herzöge. Neue Hofämter entstanden, so Reichsmarschälle, Truchsesse, Reichsschenken und Kämmerer. Aus ihnen wuchsen angesehene Familien hervor, wie beispielsweise die Herren von Pappenheim, Werner von Bolanden und die Herren von Münzenberg-Hagen, um nur drei zu nennen. Dennoch waren diese Ministerialen unfrei, obgleich sie zahlreiche Ehrentitel erhielten. Sie wurden zu *nobiles, dominus, nobiles viri* und *liberi* ernannt, ohne daß diese Titel mit einer Freilassung verbunden gewesen wären.

Besonders in staufischer Zeit wurde faktisch eine neue Art von Adel geschaffen, der für die Zukunft maßgebend wurde. Mit diesem neuen Adel verschmolzen durch Heirat, Kauf und andere Übergabemöglichkeiten schließlich auch die alten Adelsgeschlechter.

Die Zahl der Adeligen wurde nie exakt gezählt, wohl aber jene ihrer Schlösser. Auf deutschsprachigem Gebiet wurden deren 10 000 aufgelistet, die sämtlich zwischen 1000 und 1300 errichtet worden waren. Es gab also die gleiche Zahl adliger, zumindest aber ministerialer Familien, die auf den Burgen wohnten. Gesetzt den Fall, sie hätten alle aus jeweils 10 Angehörigen bestanden, hätte die Adelsschicht aus etwa 100 000 Personen aller Altersklassen bestanden.

Zur gleichen Zeit betrug die Einwohnerschaft Deutschlands rund 10 Millionen Menschen, so daß der Anteil des Adels an der Gesamtbevölkerung etwa ein Prozent betragen hat. Zur gleichen Zeit lebten also – die Städte waren bis dahin alle nur etwas größer als Dörfer – etwa 98 Prozent aller Menschen in bäuerlichen Familien auf dem Land.

Ihren Höhepunkt erreichte die deutsche Ritterschaft zwischen 1150 und 1250. Ein Jahrhundert lang blühte ihr Stand, ehe er zu erstarren begann. Die lange Jahrhunderte andauernde Talfahrt des

Adels begann. Von der ritterlichen Frömmigkeit der ›Gottesstreiter‹, die beispielsweise an den Kreuzzügen teilnahmen, über die Ritter als Lehnsmannen der Könige und Bischöfe bis hin zu den Raubrittern war es also nur eine kurze Zeitspanne.

Ritterburgen und Ritterleben

Daß die Ritterburgen auch heute noch sprechende Wahrzeichen dieses Standes sind, ist unbestritten. Daß es ihrer in Franken eine Vielzahl gibt, von denen eine ganze Reihe noch gut erhalten ist, soll im weiteren Verlauf dieses Buches dargestellt werden.

Der Adel lebte in früher Zeit auf seinen Gütern und Höfen in der Nähe der ersten bäuerlichen Ansiedlungen. Dies ergab sich aus seiner damaligen Stellung. Bereits im 9. Jahrhundert beginnend, erlebte der Bau von Burgen erst ab dem 10. Jahrhundert einen schnellen Aufschwung. Zu diesen zählten auch die Pfalzen der Könige, die überall dort im Reich angelegt worden waren, wo der König Rast machen mußte, die prächtigen schloßartigen Burgen der Herzöge kamen hinzu. Um ihre Wegnahme zu erschweren, wurden sie auf Höhen und oftmals unzugänglichen Felsspitzen errichtet, mit einer Mauer umgeben und mit Wohnungen der Burgleute ausgestattet, die sich um die Herrenburg scharten. Gräben und Palisaden sicherten die in der Ebene gelegenen Verteidigungs- und Wohnanlagen. Etwa zur gleichen Zeit wie die Burgen entstanden die befestigten Städte.

Aus dem Gesagten ergibt sich, daß eine Burg nicht nur zum Zweck der Verteidigung, sondern auch als Behausung für die ritterliche Familie und ihre Burgleute errichtet wurde. Burgen waren so etwas wie ein Sinnbild der Zusammengehörigkeit des ritterlichen Geschlechtes, das sie bewohnte. Eine möglichst starke und uneinnehmbare Burg war das Ziel jeder Bauarbeit. Dies deutet sich bereits durch ihre unzugängliche Lage an. Über den Bau von Burgen selber, ihre Errichtung und ihr oftmals dramatisches Schicksal wird zu gegebener Zeit noch zu berichten sein.

Falls die Burg Stammsitz eines fürstlichen Hauses war, verfügte sie über eine auserlesene Dienerschaft ritterbürtiger Menschen und dazu, für die groben Arbeiten, über eine niederbürtige, oftmals aus Unfreien bestehende Helferschar. Die höhere Dienerschaft, jene der Ministerialen, trug die gleichen Titel wie die Ministerialen an Königshöfen. Selbst ihre Tätigkeit war in etwa identisch.

So gab es den Truchseß, welcher der Küche vorstand, und den Schenk, der für den Keller verantwortlich zeichnete. Der Kämmerer war für die Burgräume zuständig, während der Marschall sich um den Bestzustand in den Ställen und vor allem der Pferde zu kümmern hatte. Daß auf sehr vornehmen Burgen – einem Königsprivileg nachempfunden – Narren und Zwerge zur Unterhaltung und Belustigung gehalten wurden, ist durch Chroniken verschiedenster Art bekannt.

Eine Ritterburg (Zeichnung von G. Bauernfeind). Je mächtiger und reicher der Herr, desto größer und stärker die Befestigungen.

Jene Leute des niederen Standes, welche die Burgen zu deren Versorgung betreten mußten, waren vor allem Kaufleute, die in Gruppen – von einer bewaffneten Eskorte geschützt, oft auch selber bewaffnet – reisten. Daß die Landesherren ihnen freies Geleit zusicherten und dafür einen Zoll erhielten, garantierte nicht die Unversehrtheit während einer Reise durch dessen Gebiet.

Fahrende Sänger und Erzähler waren gern gesehene Gäste auf den Burgen. Feuerspeier, Seiltänzer und Taschenspieler, Tierbändiger, Kunstreiter und Tierstimmen-Imitatoren waren zur Unterhaltung willkommen. Auf den Burgen wurden aber auch Reisende, Pilger und sogar Bettler willkommen geheißen und erhielten Kost und Quartier. Vor den Burgen gab es oftmals ganze Aufläufe von Bettlern und Krüppeln.

Die ritterliche Erziehung der Knaben oblag den Hofmeistern, und für die Mädchen waren die Meisterinnen zuständig. Nach der ersten elementaren geistigen Erziehung der Knaben ging der Hofmeister sehr bald zur Einübung des Waffenhandwerks über. Reiten und Fechten, aber auch Steinewerfen, Springen, Klettern und Ringen gehörten dazu. Es wurde Mann gegen Mann und zu Pferde gefochten. In einer besonderen Vorausbildung erhielten die Knappen die Turnierausbildung. Ab dem 12. Lebensjahr wurde der Rittersohn an einen Fürstenhof geschickt. Er hieß nun ›Knappe‹ und wurde hier unter der Aufsicht erfahrener Ritter in die letzten Feinheiten ritterlichen Kampfes eingewiesen.

Falls er alle Übungen und Prüfungen bestand, wurde er zum Ritter erhoben. Dabei stand die Schwertleite – die Umgürtung mit dem Schwert – in Deutschland an erster Stelle. Danach wurden dem Ritter Schild und Speer übergeben. Nach einem dann folgenden Turnier erhielt er den Ritterschlag. Die Leitsätze, die dem neuen Ritter mit auf den Weg gegeben wurden, lauteten:

Schwertleite. Nach einer Handschrift des 13. Jahrhunderts.

»Sei hochgemut im Unglück, beständig gegen deine Verwandten, freigebig gegen alle, tadellos in höfischem Geist und ehrenhaft in männlichen Tugenden. Höre täglich die Messe und setze dein Leben ein für den christlichen Glauben. Beschütze Witwen und Waisen und nimm an keinem ungerechten Krieg teil. Fechte für jeden Unschuldigen den Zweikampf aus. Gehorche dem König, achte das Reich, erwirb kein ungerechtes Gut und lebe vor Gott und Menschen unsträflich.«

An der Tafel der Ritter und Edlen gab es anstelle des Hammel- und Schweinefleisches das von Hirsch- und Rehwild, Wildschweinbraten und Bärenschinken. Hinzu kam Beute aus der gesamten Vogelwelt einschließlich der Wachteln, Drosseln und Singvögel. Pfauen, Fasanen und sogar Schwäne durften bei Festbanketten nicht fehlen. Bis zum 13. Jahrhundert wurde auch an ritterlichen Tafeln Bier getrunken, ehe sich der gute Wein Frankens und des Rheins durchsetzte.

Daß die Rechtsstellung der Frau in diesen erlauchten Kreisen besser als in den Bauernfamilien gewesen sei, ist eine Fabel. Ehe und Liebe, die das Leben eines bäuerlichen Ehepaares bestimmten, sahen denen in Ritterkreisen durchaus ähnlich. Lediglich bei den Höhergestellten, ob Fürsten, Königen oder Kaisern, war es Brauch, daß neben den angetrauten Frauen noch Konkubinen dem Hausherrn zur Lust dienten. Diese waren völlig rechtlos. Hermann von Reichenau (um 1050) beklagte sich bitter darüber, daß nur der Arme sich mit einer Frau begnüge. Zwar hatte die Mainzer Synode bereits 825 das Halten von Konkubinen bei Strafe der Exkommunikation verboten. Unverheirateten und Witwern aber wurde diese Strafe nicht angedroht, so daß die ›Onkelehen‹, nur unter einer anderen Bezeichnung, auch seinerzeit durchaus üblich waren.

Außer seinen ›Kebsweibern‹ hat beispielsweise Kaiser Karl der Große fünf Ehefrauen verschlissen. Daß diese ehelichen Frauen der Großen des Reiches etwa eine Stellung erhalten hätten, wie sie heute die Frau einnimmt, ist durch viele Beispiele widerlegt worden. Es war sogar möglich und anscheinend gar nicht selten, daß hochgestellte Persönlichkeiten in unritterlicher Gemeinheit ihre Frauen schlugen. Der Mann allein konnte seine Frau vor einem Gericht vertreten. Daß diese Unmündigkeit in krassem Gegensatz zu der Herrinnenstellung der Minnesängerzeit stand, sei am Rande vermerkt. Der Herr strafte alle Vergehen, die in seinem Anwesen passierten, und konnte Kinder und Ehefrau züchtigen, wann immer er es für notwendig hielt. Selbst einem Siegfried, dem strahlenden Helden der Sage, war diese menschliche Schwäche nicht fern. Krimhild berichtete, daß Siegfried ihr »zerblowen habe den lib«.

Die Kindererziehung wurde mit größerer Sorgfalt durchgeführt, und neben der ersten Ausbildung der Mädchen im Weben, Sticken und Spinnen mußten die Jungen reiten, schießen und jagen lernen. Jungen und Mädchen wurden größtenteils rechtzeitig in die Klosterschulen geschickt, um das Lesen, Schreiben und Rechnen zu erlernen. Daß in verschiedenen Klosterschulen sogar die Falkenjagd gelehrt und Gymnastik getrieben wurde, ist nicht weitverbreitet gewesen.

Der Frauendienst – Turniere und Sänger

Der Frauendienst und der mittelalterliche Begriff von der ›Minne‹, fälschlicherweise oft mit ›Liebe‹ in unserem Sinne verwechselt, war nichts mehr als die Verehrung, die ein Ritter einer ganz bestimmten adeligen Dame entgegenbrachte, die diese huldvoll zur Kenntnis nahm. Mehr gab es nicht, und nur so ist verständlich, daß es sogar einen Hofkaplan gab, der eine Schrift *Über die Liebe* verfaßte und darin erklärte: »Eine Ehe ist keine Entschuldigung dafür, nicht zu lieben.« Dies natürlich nur unter der Voraussetzung, daß die höfische Minne jene festgesteckte Grenze nicht überschritt. Daß dieses Minnespiel nicht in allen Ritterkreisen üblich war, erklärt sich aus deren Anspannung. Lediglich in größeren höfischen Kreisen verlangte der Frauendienst auch eine höfische Lebensart. Die Fähigkeit des Singens und Dichtens war eine der Voraussetzungen zur vollkommenen Erfüllung des Minnedienstes, »der keuschen Verehrung mit Worten und Liedern«.

Die Frau im Schutz der Ritterlichkeit. Allegorische Miniatur aus einem Psalter des 13. Jahrhunderts (Nationalbibliothek Paris)

Zur Unterhaltung an den Höfen gehörte auch das Turnier. Dieses bestand aus drei verschiedenen Formen: einmal aus dem Zweikampf Mann gegen Mann zu Pferde auf einer abgesteckten Kampfbahn; zweitens aus dem Gegeneinander-Anreiten mehrerer Paare gleichzeitig, mit leichten Lanzen und drittens aus dem eigentlichen Turnier, das beide Spielarten miteinander vereinigte und bei dem oftmals viele Ritter gegeneinander anritten und sich gegenseitig aus dem Sattel zu werfen versuchten.

Mit der späten staufischen Zeit war diese Zeit der Ritter und höfischen Spiele bereits überschritten. In den folgenden Jahrzehnten verkam der Begriff ›Ritter‹ bis hin zum ›Raubrittertum‹, wozu gesagt werden muß, daß es eine verschwindend kleine Zahl an Rittern war, die diesem Unwesen huldigten.

Aus der Zeit der höfischen Minne sind Namen wie die der Dichter und Sänger Walther von der Vogelweide, Heinrich von Mohrungen, Neidhart von Reuenthal, Wolfram von Eschenbach und Hartmann von der Aue bekannt. Wolfram von Eschenbach, in Obereschenbach um das Jahr 1170 geboren, wurde neben Walther von der Vogelweide einer der bekanntesten. Sein Heimatort wurde 1929 ihm zu Ehren in Wolframs Eschenbach umbenannt. Er war einer

Von oben links: Walther von der Vogelweide, Hartmann von Aue, Rudolph von Rothenburg und Walther von Klingen. Miniaturen aus der Manessischen Liederhandschrift *(1310–1314). Siehe ebenfalls farbige Abbildung von Wolfram von Eschenbach auf S. 101.*

der Ministerialen, ohne aber wohlhabend zu sein. Deshalb reiste er als fahrender Sänger durch das Land, zunächst im Maingebiet an den Höfen der Fürsten und Äbte, später gelangte er an den Thüringer Hof. Dort wurde er durch Markgraf Hermann um das Jahr 1203 zu seinem Epos *Willehalm* angeregt.

Wolfram von Eschenbach konnte kein Latein und sprach den Dialekt seiner Heimat, in die er schließlich zurückkehrte, wo er Frau und Kinder hatte. Daß die bedeutendsten Versromane des hohen Mittelalters seine Schöpfungen sind, ist deshalb um so höher zu beurteilen. Sein Roman *Parzifal*, der von 1200 bis 1210 entstand und in 16 Bänden gegliedert ist, dürfte einer der ausdrucksstärksten Romane dieser Zeit sein. Der *Willehalm* entstand erst danach. In ihm berichtet Wolfram über einen christlichen Ritter und dessen Einsatz im Heiligen Land gegen die Sarazenen.

Veränderte politische Verhältnisse

Mit dem Ende der hohenstaufischen Ära ging auch die Zeit der Ritter zu Ende, wenngleich sich das Rittertum noch mehr als 250 Jahre behaupten konnte. Danach haben manche von ihnen noch als Landsknechtsführer eine große Laufbahn gehabt, so zum Beispiel Georg von Frundsberg oder der Truchseß Georg von Waldenburg.

Georg von Frundsberg (geb. 1475), Bildbnis von Holbein. Siehe auch S. 261.

Der Niedergang des Rittertums begann mit dem Ende der großen Kreuzzüge und der endgültigen Besiegung der Normannen, Ungarn und Slawen. Erst mit den Versuchen der Türken, ihre Herrschaft aus Südosteuropa und Asien weit nach Nordwesten und Westen auszudehnen, gelang dem Rittertum eine Wiederkehr durch den Einsatz gegen diese ›Heiden‹.

Was jedoch für alle übrig blieb, waren die immerwährenden Grenzstreitigkeiten, Fehden und Raubzüge. Damit aber ging der Verlust ihrer Sinngebung einher. Hinzu kam die Tatsache, daß in den vielen Landesstaaten Mächte entstanden waren, die von sich aus ihre Landeskinder zu schützen trachteten und die Sicherheit des Landes garantierten. Damit waren die Ritter auch auf diesem entscheidenden Gebiet ausgeschaltet. Sie mußten sich nun den Fürsten anschließen und bei diesen in

Dienst gehen. Damit wurde dieser ihr Herr. Das Ende des Feudalismus war gekommen.

Daß es auch in der Folgezeit noch ritterlich denkende Menschen gab, daß sie auch später immer wieder als Helfer für das Landvolk aufstanden, sei in den folgenden Abschnitten dargelegt. Dennoch: Mehr und mehr mußte der Ritter – wie die Bauern und Städter – für seinen Lebensunterhalt arbeiten.

Nach Ende des 13. Jahrhunderts nahmen die veränderten politischen Verhältnisse den Rittern mehr und mehr von ihrem Glanz. Nun mußten sie wieder wie in der Anfangszeit für ihr Leben und Weiterbestehen tätig sein. Die kämpferische Ader wurde von den weiten großartigen Zügen ins Heilige Land weg auf die oftmals kleinen Raubzüge und kleinliche Streitereien untereinander verlagert.

Die Zeit der Raubritter begann, oftmals durch die Not der einzelnen Ritter erzwungen. So bemerkte der 1425 geborene Karthäusermönch Werner Rolevink über die Ritter seiner engeren Heimat Westfalen: »Viel Böses lehrt sie, und zu vielem Üblen treibt sie die unglückliche Armut. Ihre Felder sind so unfruchtbar, daß sie als Ödland unbewirtschaftet liegen blieben, wenn nicht diese Junker dort säßen. Wie ich glaube, könntest du es nicht ohne Tränen mit ansehen, wie sie tagtäglich um ihr kümmerlich Brot und Kleid kämpfen und sich Galgen und Rad aussetzen, um Not und Hunger zu scheuchen.« (siehe Rolevink, Werner, *De Westphalorum sive antiquorum Saxonum situ moribus,* etc. 1602)

Das gleiche läßt sich auch über die fränkischen Ritter sagen, und auch unter ihnen gab es große Gestalten, die dennoch zu Raubrittern wurden, wie dies ein Götz von Berlichingen war. Dennoch bildeten diese Raubritter die Ausnahme. So sagen ja auch die Quellen von dem Ritter Götz, daß hier »Ritter, denen es nicht besonders gut, aber auch nicht schlecht geht, zum Schwert griffen, um Fehden auszufechten, wie dies im gesamten Mittelalter das Recht der Herren war. Allerdings mußte man die in den Sitten vorgeschriebenen Formen, so auch die rechtzeitige Ansage einer Fehde, einhalten«. Allerdings störten diese Kämpfe einiger Ritter gegeneinander den Reise- und vor allem den Warenverkehr in Franken. Da die soziale Lage der Ritter gegenüber den reichen Bürgern der Städte – den Pfeffersäcken – zu einem Haß gegen dieselben führte, entlud sich dieser auch in Fehden der Ritter gegen diese Bürger.

Aber schon der Ritter auch der früheren Jahrhunderte war stets ein Krieger gewesen, dem es auf eine Fehde mehr oder weniger nicht ankam, mit aller damit verbundeten Grausamkeit und Lust an Raub und Zerstören.

Die landwirtschaftliche Revolution und die Technik

Mit Beginn des 15. Jahrhunderts war spätestens die landwirtschaftliche Revolution des Mittelalters beendet. Sie hatte eine enorme Ertragssteigerung gebracht, und dementsprechend stieg auch die Bevölkerungszahl in Franken rasch an. Einige technische Entwicklungen, die diese Steigerung in der Erzeugung bewirkten, so der Räderpflug, das Hufeisen und das Pferdekummet, welche beide den langsamen Zugochsen vor dem Pflug ausspannten und stattdessen Pferde einsetzten, waren ein großer Schritt nach vorn. Allerdings gab es diese Gerätschaften bereits in der Antike, nur daß sie nun verbessert und vervollkommnet und wirtschaftlich besser eingesetzt wurden. Die Dreifelderwirtschaft hatte sich schon bis zur Mitte des 12. Jahrhunderts durchgesetzt und sicherte ebenfalls größere Ernteerträge. So wurden auch die Transportmöglichkeiten mit Pferdewagen erheblich erweitert. Die Produktion der Landwirtschaft hielt mit dem Anwachsen der Bevölkerung Schritt, und die wachsende Bevölkerung begünstigte das Abwandern aus der Landwirtschaft in die Städte, die allenthalben aus dem Boden schossen.

Da es in ganz Deutschland Erzvorkommen gab, die seit früher Zeit ausgebeutet wurden und an vielen Stellen eine Eisenproduktion gestatteten, wurde dies von einigen bäuerlichen Familien, in denen es Schmiede gab, als Nebenerwerbsquelle genutzt. Dies ließ eine gesteigerte Eisenherstellung entstehen. In dem sogenannten Rennverfahren wurde aus diesen Eisenerzen direkt Schmiedeeisen erzeugt, indem man das zerkleinerte Erz in Öfen erhitzte, die mit Holzkohle beschickt wurden. Ohne den gesamten Prozeß auszubreiten, sei hier erwähnt, daß bei dieser Eisenerzeugung zur Gewinnung von 15 Kilogramm Eisenschwamm, ›Luppe‹ genannt, 150 Kilo Erz und 100 Kilo Holzkohle benötigt wurden. Dazu mußten zur Sauerstoffzuführung große von Hand betätigte oder gar von Ochsen getretene Blasebälge eingesetzt werden. Die ersten Eisenöfen dieser Zeit sind aus dem Jahre 1010 in der Oberpfalz bekannt geworden. In Schmidmühlen wurde die erste Eisenmühle gefunden. Es war dies ein wasserbetriebener Stielhammer.

Das wenig später durch das ›Frischen‹ entstandene wirkliche Schmiedeeisen, bei welchem Verfahren der zu hohe Kohlenstoffgehalt des Eisens durch Luftzufuhr verbrannt wird, konnte auch geschmiedet und geformt werden. Nun erst wurden die Bronzewaffen voll durch eiserne Waffen verdrängt. Eiserne Werkzeuge machten jene aus Holz überflüssig. Als schließlich die Eisenerzeugung immer wirtschaftlicher wurde und die Menschen nach immer besseren eisernen Geräten und Werkzeugen verlangten, kam die industrielle Herstellung hinzu.

Eiserne Pflugscharen und der von Pferden gezogene Räderpflug revolutionierten die landwirtschaftliche Erzeugung ebenso wie die neuen scharfen Sensen, welche die Sicheln bei der Getreideernte verdrängten. Die eiserne Axt, die bereits seit dem 10. Jahrhundert zum Roden der Wälder verwandt wurde, um zusätzliche Äcker zu schaffen, wurde in immer besserer Qualität hergestellt. Jedes Dorf hatte nun seinen Schmied. In den Städten arbeiteten Schmiede in der Messer- und Besteckherstellung, schlugen Nägel und Drähte, fertigten Gitter und Tore. Nach diesem Beginn wurden die Wassermühlen zur Initialzündung für die erste industrielle Revolution.

Die Tuchindustrie stieg rapide an, und ihre Herstellungstechnik wuchs mit dem Bedarf. Im 13. Jahrhundert wurde das Spinnrad eingeführt, der Tritt- und Zugwebstuhl folgten nach. Die Städte wuchsen und gediehen, und aus den alten Residenzen und Rastplätzen deutscher Könige und Kaiser entstanden Reichsstädte und jene Burgen und Pfalzen, die den Herrscher mit seinem Gefolge aufnahmen, beköstigten und für frische Pferde zur Weiterreise sorgten. Sich besonders auszeichnende Ritter wurden zu Reichsrittern ernannt.

Die kaiserlose Zeit: ein abschließender Überblick

Nach dem Tod Friedrichs II. im Jahre 1250 wählten die deutschen geistlichen Fürsten, die sich dieses Vorrecht erstritten hatten, einen neuen König und hoben ihn auf den Thron. Es war zunächst Konrad IV., der von 1250 bis 1254 regierte. Ihm folgte Graf Wilhelm von Holland, der 1254 als Alleinherrscher residierte und im Jahre 1256 in Friesland im Kampf fiel. Damit gab es im deutschen Reich keine zentrale politische und administrative Gewalt mehr. Daß dies den einzelnen Fürsten und Herzögen recht war und sie darin ihre Chance sahen, sich auf Kosten der noch verbliebenen Reichsgüter zu bereichern, war eine Folge der ihnen verliehenen Privilegien und Rechte von 1231 und 1232 durch Friedrich II.

Die Fürsten maßten sich nunmehr Rechte an, die bis dahin nur der König ausüben durfte. Kleinere Herren übten in ihren Territorien das brutale Faustrecht aus, ohne deswegen zur Rechenschaft gezogen zu werden, wenn sie nicht gerade in die Rechte der Fürsten eingriffen. Daß es im deutschen Reich auch noch Kräfte gab, die sich dieser Anarchie widersetzten oder sie zu mindern versuchten, wo es noch keine geschlossene Territorialherrschaft gab, milderte die Übergriffe in einigen Landesteilen.

Das deutsche Königtum wurde nach der Wiederaufnahme der Königsherrschaft von den deutschen Fürsten entscheidend beeinflußt. Wer in Deutschland König werden wollte, der mußte nicht nur von edlem Geblüt sein, sondern auch noch über entsprechende ›Handsalben‹ verfügen, wie die Bestechungsgelder seinerzeit genannt wurden.

Es war Graf Richard von Cornwall, der Bruder König Heinrichs III. von England, der durch solche ›Handsalben‹ für die Erzbischöfe von Köln und Mainz, den Herzog von Bayern und andere Fürsten im Jahre 1257 zum deutschen König gewählt wurde.

Er war ein reicher Fürst und wurde nun ein ebenso reicher König. Seine Gemahlin war mit Friedrich II. verschwägert gewesen, und Richard wollte über sie zum römischen Kaisertum gelangen und damit auch die Herrschaft über Italien antreten. Er stammte aus der Familie der Plantagenets, der England und ein Teil Frankreichs gehörte. Wäre Richards Plan in Erfüllung gegangen, wären die Plantagenets die größte Herrscherdynastie in Europa geworden.

Sein großer Konkurrent war Albert von Kastilien, der über seine Mutter Beatrix ebenfalls mit den Staufern verwandt war. Dieser, von Frankreich unterstützt, versicherte sich des Wohlwollens des Erzbischofs von Trier, des Herzogs von Sachsen und des Markgrafen von Brandenburg. Diese ›Fürstenfraktion‹ wählte Alfons von Kastilien 1258 zum König. Damit hatte Deutschland gleich zwei Herrscher, von denen keiner Deutscher war.

Diese Manipulationen waren durch die Tatsache ermöglicht worden, daß sieben Kurfürsten des Reiches allein einen deutschen König wählen konnten. Das war für sie eine grandiose Einnahmequelle, und je öfter gewählt wurde, desto häufiger sprangen die ›Bronnen des Geldes‹. In diesem Kurfürstenkollegium bildete sich eine Fraktion mit Stimmenmehrheit heraus. Sie bestand aus den Erzbischöfen von Mainz, Trier und Köln, der Pfalzgrafschaft bei Rhein, dem Herzog von Sachsen und dem Markgrafen von Brandenburg. Im Jahre 1289 kam der König von Böhmen hinzu.

Während dieser Zeit stand den Kurfürsten ein Fürst von besonderem Rang zur Verfügung, der in die Fußstapfen der letzten Staufer hätte treten können. Es war der böhmische König Ottokar II. Przemysl. Dieser herrschte während der kaiserlosen Zeit als ›Goldener König‹ über die weiten Räume Böhmens, Mährens, Kärntens und der Steiermark. Daneben war er Vogt des Erzbistums Salzburg und Vikar sämtlicher Länder rechts des Rheins. Ottokar II. holte beispielsweise nicht nur deutsche Siedler in sein Land, sondern auch die erfahrenen Bergleute zur Förderung der Silbervorkommen in Kuttenberg und Iglau. Sein Reich hatte eine riesige Ausdehnung. Es erstreckte sich vom Riesengebirge bis zur Adria und bedrohte zeitweise die venezianische Dogenrepublik.

Ottokar II., ein Vorläufer der Habsburger, war einer der fähigsten Herrscher seiner Zeit. Als Reichsfürst wäre er durchaus für die Wahl zum deutschen König in Frage gekommen. Allerdings hatte er unter den Reichsfürsten keine große Lobby. Er selber sah seine Aufgabe zunächst noch in der Festigung und Abrundung seiner Stellung im Südosten des damaligen Reiches. An der Wahl Rudolf von Habsburgs, der am 1. Oktober 1273 deutscher König geworden war, nahm Ottokar II. allerdings nicht teil, denn zu diesem Zeitpunkt hatte er seine Meinung über Wert oder Unwert einer Königskrone neu überdacht. Rudolf von Habsburg war es, der als Rudolf I. nicht nur mit dem Papst Frieden machte, sondern auch eine erfolgreiche Landfriedenspolitik betrieb. Darüber hinaus ging es ihm natürlich auch um die Sicherung des Krongutes. Er honorierte die Kurfürsten und Fürsten, daß sie ihn gewählt hatten, und erstattete ihnen sogar die Reisespesen zur Wahl und zu den Krönungsfeierlichkeiten. Darüber hinaus erteilte er ihnen ein Mitspracherecht bei der Handhabung des Krongutes und setzte damit die verheerende Politik der Staufer fort.

Dennoch wirkte er nicht nur in dieser Richtung, sondern wandte sich jener inzwischen angewachsenen und zu einiger Macht gekommenen dritten Gruppe zu. Diese war zwar von der Königswahl ausgeschlossen, gewann aber von Jahrzehnt zu Jahrzehnt mehr an Bedeutung und Einfluß: Es waren die Städte und ihre ersten Bürger.

Das Wachstum der Städte ging den regierenden Fürsten, die versuchten, sich ihrer auf jede Art und Weise zu bemächtigen, gegen den Strich. Das Stadtvolk, dessen Bezeichnung ›Bürgertum‹ sich bald

Rudolf I. von Habsburg beruft die Stände ein. Damit wollte er die Macht der Fürsten einschränken.

durchsetzte, war von einem König, der sich ihrer Rechte und ihrer Sicherung besonders annahm, sehr angetan. So entstand eine bestimmte und fördernde Interessengemeinschaft zwischen Königtum und Städten. In der Anfangszeit seiner Regierung verdankte Rudolf I. diesem Schulterschluß mit den Städten sehr viel. Die Städte boten ihm Schutz und Rückhalt. Sie empfingen ihn – wo immer er erschien – mit großem Pomp und noch größerer Begeisterung. Sie taten alles, daß sich der König auf Reisen in der jeweiligen Stadt seiner Wahl wohlfühlte, und versorgten den gesamten Hofstaat. Sie boten auch finanzielle Unterstützung auf, wenn der König dieser bedurfte.

König Rudolf war es denn auch, der vielen Städten in Franken besondere Privilegien zuerkannte. Er genehmigte ihren Lehnserwerb und regte einige Städtebünde an, mit deren Hilfe sie sich gegen verschiedene Fürsten wehren und ihr Recht behaupten konnten. Damit gelang es Rudolf I., den Expansionsdrang der Fürsten zu bremsen, denn wo Städte aufblühten und diese sich mit einer großen Fläche Landes als Stadtgebiet und Lehnsgebiet umgaben, konnten die Fürsten keine Gebiete mehr erwerben. Dies hatte Rudolf I. früh erkannt. Für ihn war sicher, daß in dem Stadtbürgertum eine neue Volksschicht heranwuchs, die dank ihres Reichtums zu einer gesellschaftlichen Macht werden mußte.

Mit Unterstützung der Städte kämpfte er gegen die unaufhörlich wachsende Macht der Fürsten an, um sich aus jeder Abhängigkeit von diesen zu lösen und es ihnen unmöglich zu machen, so wie sie ihn gewählt hatten, ihn auch ablösen zu können. Es galt, die Macht der Fürsten einzuschränken.

Um die Städte so weit wie möglich zu fördern, ernannte er viele von ihnen, mit denen er in enger Verbindung stand, zu Reichsstädten. Damit unterstanden sie *nur* dem König und waren den bischöflichen und fürstlichen Zugriffen entzogen. Mit Basel beginnend, das von einer Bischofsstadt zur Reichsstadt wurde, baute er dieses System aus. Damit gewann er eine Machtgrundlage für sich, die nicht von dem Veto der Kurfürsten behindert oder gar vereitelt werden konnte. (Basel wurde nach Erwerb der Reichsvogtei von Karl IV. noch einmal als Reichsstadt bestätigt.)

Alle ohne Zustimmung der Krone im Interregnum entwendeten Königsgüter wurden seit 1275 von Rudolf I. von den Adeligen zurückgefordert. Allerdings durften die Kurfürsten ihren Anteil am Raub dieser Güter behalten. Als Rudolf versuchte, seine Reichsgüter im Südwesten wieder zurückzugewinnen, bekam er es mit den Grafen von Württemberg zu tun, die dort als Territorialherren residierten und sich den Landraub nicht entreißen ließen.

»Sitz fest, Herre Gott, oder Rudolf wird auch nach Deinem Thron langen!«
Der Bischof von Basel bei der Nachricht der Königswahl Rudolfs I.

Die Grafen von Württemberg hatten bereits um die Mitte des 13. Jahrhunderts durch Aneignung von Reichsgut und Erwerb von Gebieten benachbarter Herren, so jenen von Teck und Urach, die größte Grafschaft des Reiches zusammengebracht und verfügten seit dieser Zeit über das größte geschlossene Territorium des deutschen Südwestens, obgleich sie ihr Stammgut am mittleren Neckar erst um 1250 erworben hatten. Sie waren nicht bereit, vor Königsthronen zu kapitulieren, sondern strebten noch nach Höherem, wie sich später erweisen sollte.

Auf einem Hof- und Reichstag zu Würzburg und Augsburg 1275 ging Rudolf I. auch gegen die Wegnahme des Herzogtums Steiermark durch Ottokar II. vor. Der König ließ Ottokar II. noch im selben Jahr ächten. Anschließend schleuderte auch die Kirche ihren Bannstrahl gegen den Landräuber, weil er die Reichsländer nicht herausgeben wollte und keiner Vorladung vor ein Schiedsgericht Folge geleistet hatte.

Der Reichskrieg gegen Ottokar II. begann im folgenden Jahr. Der Böhmenkönig mußte am 3. Dezember 1276 zu Kreuze kriechen – ohne daß es zum Kampf gekommen war – und die Herzogtümer Österreich, Steiermark, Kärnten und Krain dem König zurückgeben. Er empfing aber aus der Hand Rudolfs I. seine Kernländer Böhmen und Mähren als Reichslehen zurück.

Dies war jedoch nur ein Scheinfriede, denn zwei Jahre darauf, im August 1278, standen sich beider Herren Heere auf dem Marchfeld bei Dürnkrut gegenüber.

Während es zwei Jahre vorher gar nicht erst zum Schlagen gekommen war, ging es nun zur Sache. Es waren letztendlich die Habsburger, die den Sieg errangen, obgleich es zunächst nach einer verheerenden Niederlage ausgesehen hatte. Rudolf I. befand sich auf dem Höhepunkt der Schlacht in tödlicher Gefahr. Er wurde aus dem Sattel geworfen, aber einer seiner Getreuen, Ulrich von Kappellen, schlug mit seinem Schwert den König frei und rettete ihn und die Schlacht.

König Ottokar II. von Böhmen wurde nach der Niederlage »von den Seinen ein Strick um den Hals gelegt und unter seinem Helm, der sein Gesicht bedeckte, wurde er abseits geführt und seinem Schicksal überlassen. Bald wurde er von den scharfen Schwertern der Österreicher und Steirer, die für das Blut ihrer Freunde Rache nahmen, niedergeschlagen und starb«. (siehe Johanis abbatis Victoriensis, *Libercertarum historiarum.* Johann von Victring, Abt des gleichnamigen Zisterzienserklosters, war der Autor.)

Noch immer gab es für Rudolf I. keine feste Residenz. Er reiste viel durch das Land und rastete entweder in den Königspfalzen oder in den von ihm begünstigten Reichsstädten. Er verkündete neben Bayern, dem Rheinland und Thüringen auch in Franken ein neues Landfriedensgesetz. Eine seiner wichtigsten Aufgaben, um die ihn auch die Städte gebeten hatten, war die Bekämpfung des Räuberunwesens der Wegelagerer, welche die Warenzüge der Kaufleute von Stadt zu Stadt plünderten und ab und zu einen der aufmüpfigen Pfeffersäcke über die Klinge springen ließen. Rudolf ließ die Raubnester ausräuchern, und auch manche der Ritter und Edlen, die sich auf das Raubrittertum spezialisiert hatten, wurden zum Henker befördert und einen Kopf kürzer gemacht oder gar gevierteilt.

Die Kaufleute und Städte betrachteten König Rudolf I. als ihren Retter, denn unter seiner Herrschaft wurden die Straßen wieder sicher. Als Rudolf I. am 15. Juli 1291 in Speyer starb und, seinem Wunsch entsprechend, neben den salischen und staufischen Kaisern im dortigen Dom bestattet wurde, brachen die alten Gräben wieder auf.

Der Hochadel griff abermals energisch nach den Reichslanden, da ihm niemand auf die Finger klopfte. Er riß weitere Privilegien an sich, und untereinander kam es um solche Güter, deren Besitz sich lohnte, zu erbitterten Fehden.

Da zwei der Söhne Rudolfs I. vor ihrem Vater gestorben waren, blieb nur noch Albrecht von Österreich als Erbe des Hausbesitzes übrig. Als Reichsfürst war er mächtiger, als es sein Vater gewesen war, und schon aus diesem Grund kam er nicht für die Nachfolge in Frage. Das Kurkollegium wollte einen König, der sich gängeln ließ und ihm die Führung überließ. Die Wahl fiel auf Adolf I. von Nassau. Auch Albrecht von Habsburg huldigte dem neuen König, der 1292 in Frankfurt beinahe einstimmig zum König gewählt wurde.

Im Frühjahr 1297 waren alle Fürstlichkeiten des Reiches in Prag versammelt. Dort beschlossen sie, sich des Königs zu entledigen. Albrecht von Österreich war der Hauptdrahtzieher, denn er sah nun seine Chance gekommen, selber nach der Königskrone zu greifen.

Die Kurfürsten erklärten Adolf I. von Nassau für abgesetzt. Dieser fügte sich nicht dem Spruch, und so kam es am 2. Juli 1298 bei Göllheim in der Pfalz zur letzten großen Ritterschlacht des Mittelalters. König Adolf I. fand im Kampf den Tod.

Sein siegreicher Gegner wurde sein Nachfolger und nannte sich Albrecht I., König der Römer. Als auch Albrecht I. den Kurfürsten zu mächtig wurde und er den Versuch unternahm, Holland als erledigtes Reichslehen einzuziehen und das Land an ein Mitglied seiner Familie zu übertragen, beschlossen diese, ihn abzusetzen.

Albrecht I. war allerdings nicht mit Rudolf I. zu vergleichen. Er kämpfte mit harten Bandagen. Als ersten Schlag gegen die Kur-

Von oben: Rudolf von Habsburgs (Regierungszeit 1274–1291) Grabstein im Dom von Speyer; Siegel Adolfs von Nassau (1298–1298) und Albrechts I. (1298–1308).

fürsten befahl er die Abschaffung der Zölle und Abgaben auf dem gesamten Lauf des Rheins, aus denen den Kurfürsten eine reiche Pfründe zugefallen war. Dies hatte zur Folge, daß alle rheinischen Städte geschlossen auf seine Seite überschwenkten. 1301 kämpfte er mit Waffengewalt den Pfalzgrafen vom Rhein und den Erzbischof von Mainz nieder, die ihm Gehorsam schwören mußten. 1302 wurden die Erzbischöfe von Köln und Trier zur Räson gebracht.

Diese Erfolge des Königs lösten bei den Rheinstädten und den an sie liefernden Handelsstädten, vor allem bei den Bürgern, befreienden Jubel aus. Nunmehr hatte es Albrecht I. in der Hand, das Königtum von seiner Abhängigkeit von den Kurfürsten für immer zu befreien. Davor aber hatte die Kurie Papst Bonifatius VIII. gestellt. Er wehrte sich gegen die Zerschlagung des Kurkollegiums, und da Albrecht gerade mit der Kurie in Verhandlungen stand und vom Papst zum König bestätigt zu werden wünschte, schloß er einen Kompromiß.

Im Jahre 1303 kam es zum Sturz des Papstes, der in französische Gewalt geriet und bald darauf starb. Damit hatte Albrecht I. jenen Hebel gegen die Kurfürsten verloren, mit dessen Hilfe er die Kurfürsten als Wahl- und Abwahlgremium zur Seite stellen und durch den Papst ersetzen wollte. Nach der Übereinkunft, die Bonifatius VIII. mit Albrecht geschlossen hatte, würde der Papst die Wahl der Kurfürsten übertragen bekommen. Damit war er in der Lage, sie nicht nur einzusetzen, sondern sie *auch* ihrer Kurwürden zu entkleiden.

Albrechts I. Sohn Rudolf III. starb im Jahre 1307. Nun mußte Albrecht die Erbansprüche seines Hauses mit militärischen Mitteln verteidigen. Albrecht selber brach am 1. Mai 1308 nach einem Familienessen auf, um seiner Gemahlin entgegenzureiten, die ihr Kommen angesagt hatte. Am Übergang über die Reuß gelang es, vier adeligen Verschwörern unter Führung seines Neffen Johann von Österreich – ein Enkel Rudolfs von Habsburg – allein mit dem König in einer Fähre Platz zu nehmen. Als das bewachsene Ufergelände den Zurückbleibenden die Sicht versperrte, wurde Albrecht I. unter tatkräftiger Mithilfe seines Neffen umgebracht. Johann von Österreich trug wenig später bereits den bezeichnenden Beinamen ›Johann Parricida – der Vatermörder‹. Der ›Vatermörder‹ ist 1312 von Kaiser Heinrich VII. in einem Kloster in Pisa gesehen worden. Das Gerücht wollte nicht verstummen, daß Johann ›Vatermörder‹ nicht auf eigene Faust gehandelt hatte, sondern von den rheinischen

Kurfürsten, den Erzbischöfen von Köln, Mainz und Trier, zu diesem Mord angestiftet worden sei. Daß diese den allergrößten Nutzen aus jener Schurkentat zogen, steht außer Zweifel. Der tatkräftige König war jedenfalls in der Blüte seines Lebens, eben 53 Jahre alt, ausgefallen.

Die Kurfürsten wählten Heinrich VII., Graf von Luxemburg, zum neuen König, den Sproß eines luxemburgischen Adelsgeschlechtes. Dieser regierte von 1308 bis 1313. 1310 zog er nach Italien. Erst im Mai 1312 erreichte er nach einer Reihe von Kämpfen und Intrigen gegen ihn Rom. Trotz der erbitterten Straßenkämpfe gelang es ihm nicht, die Peterskirche zu erreichen. So ließ er sich schließlich von zwei Kardinalslegaten in der Lateranbasilika zum Kaiser krönen. Nach einigen Wochen der Erholung verließ er die Stadt. Von verschiedenen Seiten angegriffen und von seinen Hilfsquellen aus Deutschland abgeschnitten, mußte er sich bis nach Pisa zurückziehen. Glücklicherweise erwuchsen ihm im Süden Helfer in Gestalt des Königs von Sizilien. Heinrich VII. ließ nun wieder nach Süden marschieren. Aber bei Siena mußte er, vom Fieber entkräftet, rasten und starb hier am 24. August 1313. Zwar munkelte man, er sei einem Giftmordanschlag zum Opfer gefallen. In Wahrheit war er an der Malaria, die er sich bereits ein Jahr vorher zugezogen hatte, zugrunde gegangen.

Kapitel 4

FÜRSTEN, STÄDTE, RITTERBÜNDE IN FRANKEN

Nachdem die Fürsten und Kurfürsten die Ausdehnung und Abrundung ihrer Territorien betrieben hatten, war auch die wirtschaftliche Macht der Städte, vor allem der unabhängigen Reichsstädte, ungeheuer gewachsen. Sie entwickelten sich oftmals als Pfahl im Fleisch der fürstlichen Länder.

Darüber hinaus erweckte der stetig wachsende Reichtum der Städte den Neid der Fürsten. Diese versuchten zwar, durch hoheitliche Verfügungen ihren Anteil daran zu sichern. Das war jedoch bei den Reichsstädten nicht mehr möglich, und diese verstanden es ausgezeichnet, ihre Sonderstellung zu behaupten. Darüber hinaus schufen sie durch Kauf über die Befestigungsmauern ihrer Städte hinweg ihre eigenen Territorien. Einmal geschah dies, um einen gewissen Puffer zu haben, wenn sie angegriffen waren. Zum anderen aber waren solche Ländereien zur Versorgung der Städte mit allem Lebensnotwendigen erforderlich.

In den Bannmeilen der Städte und ihrer Erwerbungen wurde nur Stadtbürgern ein Gewerbe oder Handelsmonopol erteilt. Daß die bäuerlichen Untertanen der Landesfürsten oftmals den Verlockungen der Städte erlagen, dorthin abwanderten und damit zur Landbebauung und als Helfer der Fürsten verlorengingen, kam noch hinzu.

Um nicht trotz der Reichsfreiheit und der erworbenen Privilegien noch von dem einen oder anderen Fürsten annektiert zu werden, schlossen sich die Städte vor allem in den fürstlichen Territorien zu Städtebünden zusammen, weil sie nicht zuverlässig durch den König geschützt waren. Schließlich bestand stets die Gefahr, daß der jeweilige König Städte an die Kurfürsten verpfändete, wenn er Geld benötigte. Damit waren die Städte erneut der fürstlichen Willkür preisgegeben.

Diese Städtebünde waren nicht nur gegen die Fürsten gerichtet, sondern wurden auch als Gegengewicht zu den Ritterbünden ins Leben gerufen. Vor allem galt es, ihre Unabhängigkeit von König

Karl IV. zu behaupten. Dieser war am 11. Juli 1346 in Rhens zum Gegenkönig Ludwigs des Bayern gewählt worden und trat am 26. August 1346 die Nachfolge seines bei Crécy gefallenen Vaters als König von Böhmen an. Am 26. November jenes Jahres wurde er in Bonn zum König gekrönt.

»Es hat nie einen Kaiser gegeben, der die weltumfassende Politik, wie sie die Kaiser immer ausgeübt hatten, mit dynastischen Zwecken besser verbunden hätte als Karl IV.«
Leopold von Ranke

Auf seinem Italienzug errang er am 6. Januar 1355 in Mailand die Krone von Italien. Zu Ostern 1355 (es war der 5. April) wurde er in Rom zum Kaiser gekrönt. Um seine Hausmachtpolitik zu stärken, erlegte Karl IV. den Reichsstädten sehr hohe Steuern auf. Die Städte standen in dieser Zeit in Gefahr, jederzeit verkauft oder verpfändet zu werden.

Vierzehn Reichsstädte schlossen sich daraufhin am 4. Juli 1376 in Ulm zum Schwäbischen Städtebund zusammen. Neben Ulm waren es unter anderen noch Konstanz, Ravensburg, Memmingen, Reutlingen und Rottweil.

König Wenzel war durch seinen Vater Kaiser Karl IV. in die Rolle des deutschen Königs gehoben worden. Dazu hatte Karl IV. dem Erzbischof von Trier Kuno und anderen Fürsten und Kardinälen große Zugeständnisse machen müssen, ehe Wenzel am 10. Juni 1376 zum deutschen König gewählt wurde.

Es war Karl IV. nach 150 Jahren zum erstenmal wieder gelungen, noch zu seinen Lebzeiten seinem Sohn die Thronfolge im Reich zu sichern. Die genannte Zusicherung an die Städte des Bundes war offiziell dessen erste größere Amtshandlung.

Der zunächst nur bis zum Jahre 1380 befristete Bund entwickelte sich zu einem entscheidenden politischen Faktor und zählte nach Anschluß von Regensburg und Nürnberg, die von Bayern bedrängt wurden, im Jahre 1385 vierzig Mitgliedsstädte. Um schlagkräftiger zu werden, schloß er sich am 17. Juni 1381 mit dem Rheinischen Städtebund zusammen. Der Rheinische Städtebund wiederum hatte sich nach einer für die Reichsstadt Frankfurt katastrophal verlaufenen Fehde mit der Rittergesellschaft des Löwenbundes am 30. August 1376 gegründet. Es waren die Städte Mainz, Straßburg, Worms, Speyer, Frankfurt, Hagenau und Weißenburg, die einander gegenseitige Hilfe versprochen hatten. Nach der Vereinigung mit dem Schwäbischen Städtebund traten Schlettstadt, Oberlahnheim und die Landstadt Pfeddersheim, im Jahre 1382 noch Wetzlar bei.

Einzelne Adelige, die sich mehr zu den Städten als zu ihren ranghöheren Fürsten hingezogen und von jenen besser beschützt glaubten, traten in das zusammengeschlossene Bündnis ein. Es waren

Zu Seite 240: Das Treppenhaus der Residenz Würzburg
mit G. B. Tiepolos Gewölbefresko mit 35 m Länge, 18 m Breite und 5 m Stichhöhe.

Zu Seite 240: Der 1749 bis 1751 entstandene Kaisersaal in der Würzburger Residenz. Für diesen repräsentativen Raum malte G.B. Tiepolo zwei Szenen aus der Würzburger Geschichte: ›Die Trauung Friedrich Barbarossas mit Beatrix von Burgund‹ und ›Die Belehnung des Bischofs mit dem Herzogtum Franken durch Friedrich Barbarossa‹.

Zu den Seiten 252–264: Luftaufnahme von Schloß Horneck und Teilen von Gundelsheim.

Zu den Seiten 265–281 : Mergentheim, Lithographie von F. Mayer, entstanden um 1830.

Zu Seite 267: Die 1730 begonnene Schloßkirche in Mergentheim, der Hochaltar. Das riesige Deckengemälde stammt von Nikolaus Stuber.

Zu Seite 292: Schloß Weickersheim, Rittersaal, entstanden von 1600 bis 1603.

Zu Seite 302: Rothenburg ob der Tauber, der Markusturm.

Zu den Seite 301–310: Rothenburg ob der Tauber, Gesamtaussicht.
Man beachte die zwölf Türme und die zwei Toranlagen (Rödertor und Würzburger Tor).

Zu Seite 306: Rothenburg ob der Tauber, das Rathaus. Vom ältesten, 1250 entstandenen Rathaus ist nur der 60 m hohe Turm übernommen worden. Die Bekrönung und der Schmuck folgten allerdings erst im 16. Jahrhundert.

dies die Grafen von Nassau und Sponheim, die Schenken von Erbach und andere.

Auf der Höhe ihrer Macht stehend, wurde die Städtebund-Vereinigung auf der Heidelberger Stallung durch König Wenzel anerkannt. Gleiche Anerkennung fand auch der ›Herrenbund‹. Dieser Herrenbund bildete sich, als auf dem Reichstag zu Nürnberg am 11. März 1383 der Versuch König Wenzels scheiterte, einen alle Stände einschließenden Reichslandfrieden zu erlassen. Auf das königliche Gebot Wenzels hin schlossen sich lediglich Fürsten, Ritter und Herren als Herrenbund zusammen, der als Gegenspieler der Städtebünde auftrat.

Die Rittergesellschaft ›mit dem Löwen‹ kämpfte, wie alle anderen Ritterbünde übrigens, vor allen Dingen für die Bewahrung ihrer Reichsunmittelbarkeit, das heißt die direkte Unterstellung unter den deutschen König und Kaiser.

Der Rheinische Städtebund wurde 1388 bei Pfeddersheim durch eine fürstliche Truppe vernichtend geschlagen. Das gleiche Schicksal erlitt der Schwäbische Städtebund, der in der Schlacht bei Döffingen im selben Jahr eine schwere Niederlage erlitt. Am 2. Mai verbot König Wenzel im Landfrieden von Eger alle Städtebünde. Trotz dieses Verbots kam es noch im 15. Jahrhundert zeitweise zu einer Vereinigung schwäbischer Städte, die besonders in den großen Fehden um die Mitte des 15. Jahrhunderts erneut eine Rolle spielten.

Was nun den Löwenbund anlangt, so wurde dieser Ritterbund bereits am 13. Oktober 1379 in Wiesbaden ins Leben gerufen. Vierzehn Adelige vom Mittelrhein und aus der Wetterau hatten sich in ihm zusammengeschlossen. Zahlreiche Herren und Ritter aus Franken, Schwaben und dem Elsaß traten diesem Bund bei, dessen Existenz zunächst bis 1382 befristet war. Im Jahre 1383 wurde zum letztenmal von ihm gehört. Gegenüber dem Rheinischen Städtebund, der sich behaupten konnte, hatte er keine Chance mehr. Jener hatte sich mit dem Schwäbischen Städtebund zu einem Bündnis zusammengeschlossen. Einige der Mitglieder des Löwenbundes traten zu den beiden vereinigten Städtebünden über.

König Wenzel versuchte seit 1383 die einzelnen Territorien des Reiches durch seine Landfriedensbeschlüsse miteinander zu versöhnen. Die beiden Kontrahenten trauten ihm aber nicht. Die Städte befürchteten, den kürzeren zu ziehen, wenn sie noch vor dem Friedensschluß ihre Bünde auflösten. Die Landesfürsten wiederum wollten einen damit verbundenen Erfolg des Königs, der sie in ihrer Herrschaft schwächen würde, verhindern.

Ein wichtiger Punkt im Zusammenleben zwischen Landesherren und Städten, der letztere dauernd auf der Hut sein ließ, war die Tatsache, daß nicht einmal Reichsstädte vor der Verpfändung durch den augenblicklichen Herrscher sicher waren. Die Fürsten machten ihre Königshilfe davon abhängig, daß der König ihnen Zugeständnisse machte, die oftmals die völlige Preisgabe einer Reichsstadt bedeuteten, ja selbst städtische Ämter und Steuern wurden von Landesherren verpfändet und oftmals nie wieder eingelöst. Dies ließ nur *eine* Art des Entkommens aus den Fängen der Landesherren zu: Die Städte mußten sich selber freikaufen.. Jene Städte aber, die dazu nicht in der Lage waren, verloren ihre Unabhängigkeit.

Der Schwäbische Bund, zu dem sich bereits 1376 vierzehn Reichsstädte in Ulm zusammengeschlossen hatten, richtete sich vor allem gegen die Herzöge von Bayern, die Grafen von Württemberg und die Herzöge von Österreich. Vor allem aber mißtrauten sie Karl IV., der die Kosten für die Wahl seines Sohnes Wenzel zum deutschen König von den Städten erpreßt hatte.

Die bayerischen Herzöge wiederum provozierten die Städte immer wieder, bis es schließlich zum Krieg kam. Bayern, Schwaben und die Pfalz traten geschlossen gegen die Städtebünde an. Im Gegenzug beschloß der Schwäbische Bund, die Freiheitsrechte der angeschlossenen Reichsstädte mit den Waffen in der Faust zu verteidigen.

Karl IV. forderte die Städte auf, den Bund aufzulösen, aber die Städte dachten nicht daran und trotzten selbst einer Belagerung Ulms durch kaiserliche Truppen. Diese mußten nach mehrwöchiger Belagerung abziehen. Für sie traten dann die Truppen des Herzogs von Bayern und des Grafen von Württemberg in Aktion. Graf Eberhard II. von Württemberg hatte bereits ein besonderes Auge auf die Reichsstädte in seinem Herrschaftsbereich geworfen. Jetzt sah er mit kaiserlicher Bewilligung eine Chance, sie an sich zu reißen. Unter der Führung seines Buders, Ritter Ulrich, kam es 1377 bei Reutlingen zu einer ersten kriegerischen Auseinandersetzung, bei der die Württemberger Fürstentruppen geschlagen wurden.

Als Herzog Leopold III. von Österreich sein Glück versuchte, wurde er ebenso geschlagen wie die Truppen des Erzbischofs von Salzburg.

Diese Kämpfe überlebten die Stadtbewohner schadlos. Auf dem Land aber tobte das Chaos. Ganze Landstriche wurden verheert. Einer der zeitgenössischen Chronisten berichtete: »Die von Württemberg ritten vor die Städte und verheerten, was sie konnten. Sie hieben das Kraut und die Reben mit ihren Schwertern ab. Kaum ein Dorf war zu beiden Seiten, das nicht verbrannt oder beschatzt worden wäre. Die Städte aber taten nichts anderes, als daß sie den Herren das Vieh wegtrieben, raubten und brannten und die Leute fingen.« In ganz Schwaben sollen in dieser Zeit etwa 1500 Dörfer vernichtet worden sein.

Wo aber der Feind versuchte, die Städte zu erobern, dort wurde mit Klauen und Zähnen und allem, was sich dafür eignete, verteidigt. Sobald der Feind seine Sturmleitern an die Mauern legte, wurde er von den Mauerkronen und Wällen mit Steinen ›bombardiert‹, welche die Verteidiger aus den gepflasterten Gassen gerissen hatten. Sobald die Söldner kurz unterhalb der Mauerbrüstung angelangt waren, wurden sie mit kochendem Wasser ›abgebrüht wie Schweine beim Schlachten‹. Ungelöschter Kalk ließ sie schreiend zu Boden stürzen. Viele verloren ihr Augenlicht und brüllten ihren Schmerz hinaus. Siedendes Pech vervollständigte die Skala der Abwehrmittel.

So erforderte jede Erstürmung einer Stadt über die Mauern fürchterliche Opfer unter den Belagerern. Diese meterdicken Mauern waren von keinem Geschütz der damaligen Zeit zu zerbrechen. Dem Belagerer ging der Proviant schneller aus als den eingeschlossenen Bürgern in ihren wohlversorgten Städten. So konnte sich auch der Schwäbische Bund gegen alle Angriffe wirkungsvoll verteidigen.

Die Städte erreichten nach dem großen Sieg König Wenzels die Zusage, daß sie vom ›Reich nicht entfremdet werden‹ würden. Dennoch bestand der Bund weiter und entwickelte sich zu einem bedeutenden politischen Faktor. Nach dem Anschluß der von Bayern bedrängten Städte Regensburg und Nürnberg im Jahre 1385 zählte er etwa 40 Mitglieder. Die Vereinigung mit dem Rheinischen Städtebund war bereits am 17. Juni 1381 hinzugekommen. Auf der Höhe seiner Macht stehend, wurde er von König Wenzel in der Heidelberger Stallung anerkannt.

Zwar war am 5. November 1387 durch die Herzöge von Bayern in Mergentheim ein Landfrieden verkündet worden, der aber unter Bruch durch die Fürsten zunichte gemacht wurde.

Bayern und Württemberg gingen nun daran, mit einer letzten großen Anstrengung die fränkischen und schwäbischen Reichsstädte zu vernichten. Diese kamen jedoch den Truppen ihrer Gegner zuvor. Sie beschlossen im Juni 1388 einen zwölftägigen Präventivschlag in Gestalt eines Verwüstungszuges durch Württemberg, um die Fürsten zum Frieden zurückzuzwingen.

Ein Heer der Bundestädte in Stärke von 3000 Kämpfern, das von Nürnberg, Rothenburg ob der Tauber, Ulm, Memmingen, Kaufbeuren, Kempten, Lindau, Konstanz und Augsburg zusammengestellt worden war, brach am 7. August 1388 von Augsburg auf. Zunächst ging es über Esslingen nach Weil der Stadt. Die auf dem Wege liegenden Dörfer wurden gebrandschatzt, die auf dem Halm stehende Ernte wurde vernichtet. Auf dem Rückmarsch stieß das Städteheer bei der württembergischen Ortschaft Döffingen auf die Truppen unter Eberhard II. von Württemberg und seiner Verbündeten. Diese 2600 Mann waren gut postiert. Die Voraustruppen des Städtebundes gerieten in einen Hinterhalt, das Gros des Heeres wurde von drei Seiten angegriffen und vernichtend geschlagen. Diese Niederlage beendete die Vormachtstellung des Schwäbischen Städtebundes.

Im Reichslandfrieden zu Eger vom 5. Mai 1389 gelang es König Wenzel, den scharfen Gegensatz zwischen den Fürsten und den Städtebünden zu überbrücken und einen allgemeinen zunächst auf sechs Jahre befristeten Landfrieden für Bayern, Schwaben, Thüringen, das Rheinland, Meißen und Franken zu verkünden. Die ständischen Zusammenschlüsse, der Herrenbund und die Städtebünde wurden aufgelöst.

Um diesen überregionalen Frieden, der einen Großteil des Landes umfaßte, zu sichern, wurde in den eingeteilten Bezirken ein Friedensgericht unter einem Landfriedenshauptmann eingerichtet. In dieses Friedensgericht sollten Städte und Fürsten paritätisch ihre Vertreter entsenden.

Die sich König Wenzel hier bietende Chance, die Zentralgewalt wieder zu übernehmen und die Fürsten in ihrer Bewegungsfreiheit auf das richtige Maß zurückzustutzen, wurde von ihm nicht ergriffen. Zwar war es Ruprecht II. von der Pfalz gelungen, den zweiten Teil der Bündnisstreitkräfte bei Worms zu schlagen, doch damit war der Krieg noch nicht zu Ende, sondern entwickelte sich zu einem Klein- und Heckenschützengemetzel, das mit List und Tücke von beiden Seiten geführt wurde. Erst im Mai 1389, auf dem Reichstag zu Eger, trafen die Parteien zu dem von König Wenzel ausgerufenen Allgemeinen Landfrieden zusammen. Dieser Friede sollte sechs Jahre dauern. Die Städte sollten sich bereiterklären, ihre Bündnisse aufzugeben und den Landesherren im Sinne der Goldenen Bulle Zugeständnisse machen.

In dieser Bulle war von den Bürgern, die darum kämpften, das Joch ihrer alten Untertänigkeit abzuwerfen, verlangt worden, daß alle jene, die ›Pfahlbürger‹ genannt wurden, »in Zukunft die Rechte und Freiheiten der Gemeinden, als deren Bürger sie sich durch Betrug hatten aufnehmen lassen, in keiner Weise erhalten« sollten.

Pfahlbürger, im Mittelalter ›Schutzbürger‹ genannt, waren jene Bewohner eines Landes, die aus ihren von Flechtwerk und Pfählen umgebenen Dörfern an den Rand oder gleich in die Stadt zogen und von diesen Bürgerrechte erwarben. Damit entzogen sie sich meistens den Untertanenpflichten gegenüber ihren bisherigen Herren. Dieser Passus der Goldenen Bulle sollte also auf Betreiben der Landesherren den Pfahlbürgern jede Aufnahme in die Städte verbieten.

König Wenzel hatte nach Ansicht des Klerus und einiger Zeitgenossen seine Aufgabe als Vogt der Kirche völlig außer acht gelassen. Er war 1387 mit großem Gefolge nach Italien gereist und erst zehn Jahre später, im Jahre 1397 zurückgekehrt, um auf den Reichstagen zu Nürnberg und Frankfurt die Klagen der Fürsten anzuhören.

Damit war er bereits lange Zeit in die Schußlinie der Kurfürsten geraten. Diese waren der Überzeugung, daß sie ebenso wie sie einen König wählen, diesen auch abwählen könnten. Sie schickten König Wenzel eine Vorladung vor ihr Gericht nach Oberlahnstein. Wenzel folgte ihr nicht. Er blieb auf seinen Besitzungen in Böhmen und wurde denn auch prompt abgewählt. Die Kurfürsten ersetzten ihn durch Ruprecht von der Pfalz.

Wenzel konnte sich trotz der in der Folgezeit entstehenden Wirren in Böhmen behaupten. Er gab sein Recht auf die deutsche Königskrone nicht auf, auch wenn seit 1400 Ruprecht von der Pfalz zum Gegenkönig gewählt worden war. Seine Anerkennung durch Papst Bonifatius IX. und dessen Einladung zu einer Romfahrt verband König Wenzel mit der Zurechtweisung an die Kurfürsten, daß die Absetzung und Neuwahl eines Königs nur mit Genehmigung des Papstes möglich sei.

Die Kurfürsten waren inzwischen zu der Überzeugung gelangt, daß sie mit Ruprecht von der Pfalz keine gute Wahl getroffen hatten. Sie ließen ihn – wie man heute sagen würde – im Regen stehen und bildeten eine Opposition gegen ihn, als Ruprecht versuchte, für den inneren Frieden des Reiches einzutreten.

Im Jahre 1404 beschlossen die schwäbischen Fürsten und Städte, König Ruprechts eigene pfälzische Territorialpolitik und seine verstärkte Friedenspolitik zu stoppen. Erzbischof Johann II. von Mainz, Markgraf Bernhard I. von Baden, Graf Eberhard der Milde von Württemberg und siebzehn schwäbische Reichsstädte schlossen sich am 14. September 1405 »zum Schutz ihrer Rechte und Freiheiten« zum Marbacher Bund zusammen. Diese Aktion war eindeutig gegen König Ruprecht gerichtet, denn in der Satzung dieses Bundes wurde verankert, daß keiner der Verbündeten, nicht einmal durch den König selber, eine Schmälerung ihrer Rechte hinnehmen würde.

Der Landesherr von Württemberg, Graf Eberhard III. der Milde, mit seinen Räten, Herren der schwäbischen Ritterschaft.

Die Grundsatzfrage lautete: »Besteht eine Bündnisfreiheit der Reichsstädte oder nicht?« König Ruprecht verweigerte diesem Bund die Anerkennung und bestand auf *seiner* Friedenshoheit. Dennoch konnte er diesen starken Bund nicht zur Auflösung zwingen. Erst 1407 und ein Jahr darauf gelang es ihm, durch Sondervereinbarungen mit einigen Mitgliedern diesen Bund auszuhöhlen und zu unterlaufen, so daß er seine alte

Stärke verlor. Auch wenn er nicht aufgelöst wurde, war er nur noch ein ohnmächtiges Gebilde.

Als König Ruprecht am 18. Mai 1410 auf der Burg Landskron bei Oppenheim starb, war er nur ein ›Gegenkönig‹ geblieben. Jetzt hätte Böhmenkönig Wenzel, der nie auf die Krone verzichtet hatte, wieder in seine alten Rechte eingesetzt werden müssen, wenn die Reichseinheit wiederhergestellt werden sollte.

Bei einer solchen Änderung der Lage aber hätten die Kurfürsten, die ihn ja abgelöst hatten, ihr Gesicht verloren. Sie wählten Sigmund, den Sohn Kaiser Karls IV., am 20. September 1410 zum neuen König. Die Mehrheit der Versammelten aber war auf Jobst von Mähren festgelegt. Damit standen drei Könige zur Auswahl.

Erst nach Jobst von Mährens Tod im folgenden Jahr wurde Sigmund allgemein anerkannt. Er verständigte sich mit seinem Bruder Wenzel. Ihm gelang es als König, das Konstanzer Konzil von 1414 bis 1418 zustande zu bringen. Während der Hussitenkriege, die im Jahre 1419 begannen, ließ er gleich zu Beginn in Breslau 23 Bürger wegen Ketzerei und ›demokratischer Gesinnung‹ hinrichten und einen verbrennen.

Das gleiche Schicksal erlitt Johannes Hus, der vom Konstanzer Konzil unter der Zusicherung freien Geleits zum Vortrag seiner Lehre eingeladen wurde. Man hielt diese Geleitzusage nicht ein. Hus wurde vor Gericht gestellt und in 39 Anklagepunkten für schuldig befunden. Zum Tode auf dem Scheiterhaufen verurteilt, fand er am 6. Juli 1415 sein Ende. König Sigmund fühlte sich nicht an sein Geleitversprechen gegenüber einem solchen Ketzer gebunden.

Friedrich von Zollern, Burggraf von Nürnberg (links im Bild), begibt sich auf den Reichstag von Konstanz zur Belehnung mit Brandenburg. Unten: die Belehnung, der Kanzler liest dem Grafen den zu beschwörenden Eid vor.

Im Jahre 1436 konnte Sigmund von Böhmen Besitz ergreifen. Bereits 1433 wurde er durch Papst Eugen IV. zum Kaiser gekrönt. Von entscheidender Bedeutung war seine Belehnung der Hohenzollern 1417 mit der Mark Brandenburg und 1423 der Wettiner im Herzogtum Sachsen mit der Kurwürde. Es war der Burggraf von Nürnberg, Friedrich VI. aus dem Hause der Hohenzollern, der diese Belehnung mit Brandenburg annahm und 1417 mit der Kurwürde ausgestattet wurde.

Friedrich VI. war maßgeblich an der Absetzung König Wenzels beteiligt gewesen. Er war mit König Ruprecht 1401 nach Italien gezogen und erlitt mit diesem die schwere Niederlage bei Brescia. Nach Ruprechts Tod hatte er sich entschieden für die Wahl Sigmunds zum deutschen König eingesetzt. Die Belohnung war nicht ausgeblieben. Er hatte auf das richtige Pferd gesetzt und erhielt zum Dank für seine Dienste 1411 das Amt des Verwesers der Mark Brandenburg. Die förmliche Belehnung erfolgte – wie dargelegt – 1415.

Damit übten die Zollern für 500 Jahre die Herrschaft in Brandenburg aus, und Burggraf Friedrich VI. trug nunmehr den Titel Markgraf Friedrich I. und Kurfürst von Brandenburg.

Im Hausvertrag von 1437 teilte Markgraf Friedrich I. das gesamte Erbe zwischen seinen vier Söhnen auf. Von ihnen sollte der spätere Markgraf Albrecht Achilles von Brandenburg-Ansbach für und in Franken eine besondere Rolle spielen.

Da Kaiser Sigmund ohne männlichen Erben gestorben und seine älteste Tochter mit Herzog Albrecht von Österreich vermählt war, die als Mitgift die Erbländer Ungarn und Böhmen ebenso in die Ehe eingebracht hatte wie das Anrecht auf die deutsche Krone, konnten die Kurfürsten diesen nicht übergehen – dies, zumal Albrecht mit einem Herzogshut und zwei Königskronen der mächtigste Reichsfürst war.

Albrecht wurde am 18. März 1438 in Frankfurt zum deutschen König gewählt. Bereits im Dezember des Vorjahres war er zum König von Ungarn und kurz darauf auch zum böhmischen König gewählt worden. Da seine politischen Interessen sich überwiegend auf Böhmen und Ungarn konzentrierten, kamen die deutschen Reichslande zu kurz. Zu einer Krönung in Deutschland kam es ebenfalls nicht, denn er hatte sich für diese in Aachen stattfindende Zeremonie zwei Jahre Aufschub erbeten.

König Albrecht lebte nur kurze Zeit und konnte seine geplanten Regierungsgeschäfte nicht führen. Bereits als er zwei Reichstage zu Nürnberg 1438 einberief, um über die Reichsreform zu beschließen, konnte er nicht zugegen sein. In Böhmen stieß er zudem auf Widerstand einer Opposition, die Verbindung mit Polen aufgenommen hatte.

Noch war der Widerstand nicht gebrochen, als 1439 die Nachricht von einem Türkeneinfall nach Ungarn durchkam und Albrecht mit einem rasch zusammengetrommelten Heer nach Ungarn zog. Am 27. 10. 1439 erlag er bei Gran einer Ruhrepidemie, die im Lager grassierte.

Städte und Länderterritorien

Während der gesamten Zeit dieser wechselnden Herrschaften in Deutschland befand sich alles sowohl in politischer als auch in sozialer Bewegung. Der König, der bestrebt war, einen einzigen Staat zu schaffen, sah sich den Fürsten gegenüber, die hartnäckig auf ihren Länderterritorien beharrten. Dies war vor allem in der großen Landschaft Franken zu beobachten, in welcher die Territorien sowohl der Schwaben als auch der Württemberger und Bayern lagen. Hier kam es immer wieder zu Auseinandersetzungen mit den freien Reichsstädten, von denen es in diesem Raum eine Vielzahl gab. Fürsten, Herzöge und der Graf von Württemberg versuchten, jene Städte zu erwerben, die ihnen in ihren stadtherrlichen Rechten als Vogteien unterstanden und banden sie enger an sich.

Jene Städte aber, die weniger dem Zugriff der Fürsten unterlagen, versuchten mit allen Mitteln, reichsunmittelbar zu werden und die Herrschaft der Fürsten und Herzöge abzuschütteln. Um sich zu vergrößern und demzufolge auch stärkere Kräfte zu ihrem Schutz zu erhalten, boten sie ihren Landsleuten bemerkenswerte Vorteile an, falls sie sich zum Zuzug in die Städte entschließen würden. Zum gegenseitigen Schutz bildeten sie seit einiger Zeit Städtebünde, in die sie auch jene Ritter aufnahmen, die in der Hierarchie der Fürsten, Kurfürsten, Herzöge und Grafen an unterster Stelle standen.

»Seit dem späteren 13. Jahrhundert kämpfte der Realismus des Besitzes gegen das alte aristokratische Denken. So kam die Zeit, da nicht die Geblütsqualität, sondern die Größe des Besitzes den Vorzug gewann. Dieser neue Geist, der die Geblütsschranken überwand, war die letzte Konsequent der geldwirtschaftlichen Idee der Stadt.«
Adolf Helbolk, in *Deutsche Volksgeschichte,* S. 297

Durch diese Spannungen gestaltete sich auch die Stellung und Lage des Königs schwierig. Wem auch immer er sich zuneigte, er konnte sich der Feindschaft der anderen Seite sicher sein. Der Blick auf die Territorien im Mittelalter zeichnete sich durch eine vielfarbige Beschaffenheit aus, zumal ständig durch Teilung, Tausch, Verpfändung, Verkauf und Enteignung neue Veränderungen eintraten.

Eines ist angesichts der Landkarten überdeutlich: Eine große Zahl der kleineren Grafengeschlechter, vor allem die Reichsritter, die ihr Rittertum den Königen verdankten, konnten aus diesen Zeitläuften für sich keine Erfolge herausschlagen und ihr Gebiet ausweiten. Im Gegenteil: Viele gerieten zwischen die Territorien größerer Geschlechter und wurden nach und nach zwischen diesen aufgerieben und verschwanden von der Landkarte.

Selbst das fränkische Hochstift Eichstätt und die Gebiete der Herren von Hohenlohe, Henneberg und Wertheim in Franken hatten um den Erhalt ihrer Existenz schwer zu kämpfen. Sie hielten meistens zum Kaiser, der sie zu Reichsrittern und die Städte zu Reichsstädten gemacht hatte. Entscheidend zuungunsten des weltlichen gegenüber dem kirchlichen Adel fiel die Tatsache auf, daß die Besitzungen des weltlichen Adels durch eine Vielzahl an Teilungen unter den Erben zu klein waren, um sich zu behaupten. Im Gegensatz dazu waren die geistlichen Territorien für alle Zeit unteilbar, obwohl auch sie meistens Reichslehen gewesen waren. Dies trifft auch für den Besitz des Deutschen Ordens in Deutschland zu.

Ohne Zustimmung des Königs wurden kirchliche Güter zunächst auch innerhalb der Familien ihrer Inhaber aufgeteilt. Damit wurde die leihweise Überlassung durch das Lehnsrecht des Königs nach und nach zu einer selbständigen Landesherrschaft.

So entstand nach dem Niedergang des Hauses der Staufer eine Vielzahl lokaler Herrschaften an Donau und Neckar. Sie boten sich später für die Zusammenfassungsaktionen der Habsburger und Württemberger an. Diese Herren kleiner Territorien waren neben den Fürstenbergern und Zollern auch die Waldenburger, um jene in Franken liegenden zu nennen. Mittlere Herrschaften entstanden im fränkischen Mittelrheingebiet. Die Würzburger Bischöfe dehnten ihr Gebiet bis auf die Spessarthöhen aus.

Neben den vielen anderen, die nicht zur Landschaft Franken gehörten, entstanden im ehemaligen Herzogtum Franken während der Zeit des Machtverlustes der deutschen Könige im 13. und 14. Jahrhundert einige geschlossene Herrschaftsgebiete. Es waren dies jene der Bischöfe von Würzburg, Bamberg und Eichstätt und das Gebiet der Abtei Fulda.

Bamberg dehnte sich bis ins Quellgebiet des Mains hinein aus. Dort begann das Gebiet der Burggrafen von Nürnberg. Franken, zwischen Kulmbach und Frankfurt gelegen, war das Gebiet der Bischöfe von Würzburg.

Hinzu kamen im fränkischen Raum weltliche Territorien um Ansbach/Bayreuth und Kulmbach, ebenso um die Reichsstadt Nürnberg mit den Burggrafen aus dem Hause Hohenzollern.

In diesem Raum entwickelten sich die Burgen, Reichsstädte und Reichsritter, die unmittelbar vom König ernannt worden waren. Diese hatten immer wieder um den Erhalt ihrer Selbständigkeit zu kämpfen. Wenden wir uns diesen Städten und Städtebünden zu, die im fränkischen Raum entstanden waren.

Die erste gedruckte Karte des Frankenlandes, geschaffen von Sebastian von Rotenhan (gest. 1552), zuerst 1553 gedruckt. Holzschnitt und Kupferstich 56,4 x 59,6 cm.

Fränkische Städte – allgemeine Bemerkungen

Der Betrachter der Bilder mittelalterlicher Städte sieht diese auf dem Höhepunkt ihrer Pracht und Schönheit. Bilder von Größe und Reichtum vermittelnd, waren sie mit ihren Kirchen, den Befestigungsanlagen und den wuchtigen Geschlechtertürmen von imposanten Ausmaßen.

Würzburg, Bamberg, Regensburg, Ulm, Nürnberg und viele andere wetteiferten miteinander um den Höhepunkt an Großartigkeit. Aber auch andere kleinere Städte, vor allem die Reichsstädte, wiesen und weisen eine imposante Geschlossenheit und Schönheit in der Harmonie ihrer Anlagen auf.

Verwiesen sei nur auf Rothenburg ob der Tauber, Dinkelsbühl, Mergentheim, Windsheim, Heilbronn, Gundelsheim und viele andere, die im Verlauf des folgenden großen Abschnittes in ihrer Gesamtentwicklung einbezogen werden sollen.

Der Anblick dieser Städte und ihre Vielzahl vermitteln vordergründig den Eindruck, daß vom frühen Mittelalter bis zum Ende des Mittelalters eine grundlegende Wandlung in der Bevölkerungsstruktur Frankens erfolgt sein muß. Dieser Eindruck täuscht, denn auch zum Ende des Mittelalters lebte nur jeder sechste Bürger in den Städten. Interessant dazu ist die kurze Bemerkung, daß die

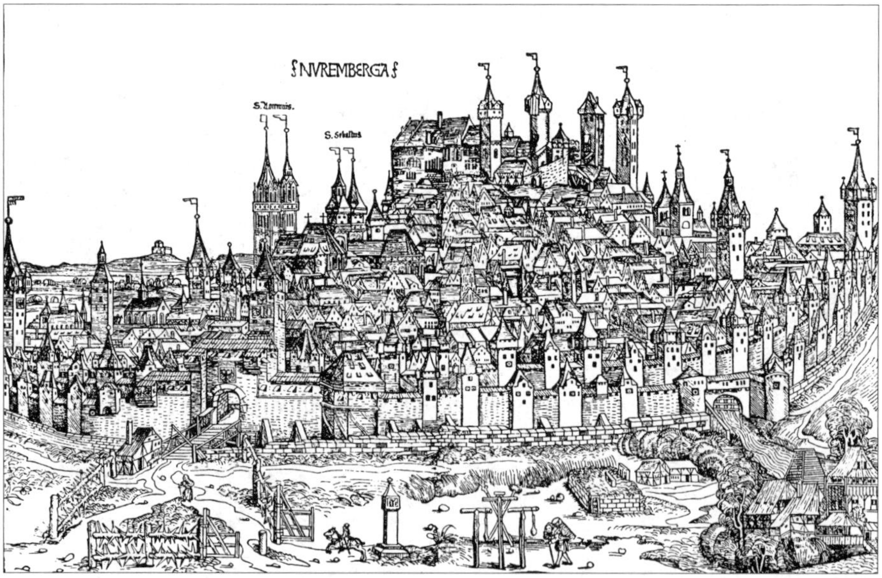

Ansicht von Nürnberg um 1480 (kolorierter Holzschnitt aus der Schedelschen Weltchronik; *die Zeichnung stammt wahrscheinlich von Dürer). Dieser Holzschnitt ist eine der frühesten wirklichkeitsgetreuen Darstellungen mittelalterlicher deutscher Städte.*

Bürger der Stadt Ulm ihrer Stadt ein Münster errichteten, das mehr Menschen faßte, als Ulm Einwohner zählte.

Es gab im Deutschen Reich zum Ende des Mittelalters etwa 20 Städte, die eine Einwohnerzahl von mehr als 10 000 Menschen hatten. Von den insgesamt gezählten 3000 Städten hatten 2800 unter 1000 Bewohner. Städte mit über 10 000 Einwohnern im gesamtfränkischen Raum waren Frankfurt mit 15 000, Augsburg mit 20 000 und Ulm mit 20 000 Einwohnern. Nürnberg verfügte über 22 000 Einwohner. Auch Würzburg hatte um diese Zeit über 10 000 Einwohner zu verzeichnen, wenn man die Umgebung der Stadt mit einbezieht.

Vor allem aber waren es die zahlreichen Städte mittlerer Größe, 245 an der Zahl, die zwischen 1000 und 2000 Einwohner hatten. Auch in ihnen regte sich Bürgersinn und Handwerkergeist. Hier waren die ersten Ansätze einer Industrie und eines aufblühenden Bergbaus zu finden.

Die zu Beginn des Städtebaues eingerichteten Umwallungen und Ummauerungen der Städte wurden für die aufstrebenden Gemeinwesen zu eng. Es ist bekannt, daß der Stadtkern beispielsweise von Mergentheim nur etwas mehr als 450 Meter im Durchmesser betrug. In Nürnberg mußte der Mauerring um die Stadt dreimal erweitert werden. Der letzte aus dem Jahre 1462 umschloß ein Stadtgebiet von 126 Hektar Größe. Um 1500 lebten hier bereits mehr als 30 000 Menschen. Im Jahre 1600 war ihre Zahl auf 60 000 angewachsen.

Diese Abwanderung in die Städte veränderte den agrarischen Charakter Frankens nicht besonders, denn nach wie vor waren weit über 80 Prozent der Gesamtbevölkerung Bauern. Erst mit dem Fortschreiten der Industrialisierung sollte sich dieses Verhältnis rasch verändern.

In diesen spätmittelalterlichen Städten gab es ein schroffes Gefälle von Arm und Reich. Um dieses Bild in etwa zu verwischen und keine größeren Neidgefühle aufkommen zu lassen, wurden von den Stadtoberen Kleiderordnungen erlassen. Die Luxusordnung beispielsweise sollte die einfachen Bürger davon abhalten, es den Reichen nachtun zu wollen und sich dadurch in nicht rückzahlbare Schulden zu stürzen, möglicherweise gar der Armenpflege zur Last zu fallen. Den ›gemeinen Bürgern‹ wurde in vielen Städten das Tragen von Pelzen, Edelsteinen, Gold und Silber verboten. Alle Kleider mußten aus einheimischen Stoffen gefertigt sein. Alle »anstößigen Ausschneidungen und Kürzungen« waren zu vermeiden. Ein Verstoß dagegen zog empfindliche Strafen nach sich.

In den Städten hatte sich eine Selbstverwaltung durchgesetzt. Es bildeten sich Stadträte, die von den Patrizierfamilien gestellt wurden. Sie besetzten auch die Sitze im Rat der Stadt und wurden Bürgermeister. Sie führten die Aufsicht auf den Märkten und bestimmten Preise und Zölle. Darüber hinaus übten sie die niedere Gerichtsbarkeit aus. Einige der großen Familien verwalteten auch das Münzrecht und hatten die Braurechte in den Städten erworben.

Die in den größeren fränkischen Städten lebenden Handwerker schlossen sich, bereits seit dem 13. Jahrhundert beginnend, zu Zünften zusammen und erkämpften sich eine Teilnahme am Stadtrat. So wird aus der Augsburger Stadtchronik berichtet, daß sechs ehrbare Handwerker am 23. Oktober 1368 vor den Rat traten und ihr erwählter Sprecher, Hans Weiß »in schlichten Worten« die Teilnahme der Zünfte an der städtischen Regierung erbat. Es kam nach mehrstündigen Verhandlungen zu einer neuen Stadtverfassung, in welcher »Reich und Arm«, Patrizier und Zunftmeister auf eine neue Stadtverfassung schworen. Darin sollte jede der beiden Gruppen gleicherweise im Rat sitzen und jede einen Bürgermeister stellen.

Das Augsburger Stadtregiment bei einer Sitzung. Miniatur von Jörg Breu in dem Geheimen Ehrenbuch der Augsburger Zunftregierung, *erste Hälfte des 15. Jahrhunderts.*

Daß die Stadtoberen dergestalt vor den Zünften kapitulierten, hatte besondere Gründe. Die Zünfte waren es, welche die Stadt im Angriffsfalle zu verteidigen hatten, und sie besaßen die Waffen. Auf sie hatte auch der Kellermeister der Weberzunft Hans Weiß seine Taktik abgestimmt, indem er seine bewaffneten Zunftbrüder am Perlachturm versammelt hatte. Die Stadttore waren von ihnen geschlossen worden, und damit saßen die Ratsherren in der Falle. Sie mußten wohl oder übel die Zünfte in den Rat aufnehmen.

Daß Städte von den Zünften allein regiert wurden, war selten. In der Mehrzahl kam es zu der vorher genannten Mischregierung. Einige andere Städte konnten sich unter die Vorherrschaft der reichen Bürger und Patrizier so halten wie vorher.

Daß die Handlungen der Zünfte zum Wohle der gesamten Stadt gewesen wären, muß verneint werden. Ihre Politik ging nicht über die Wahrung der eigenen Interessen hinaus. Allerdings setzten sie durch, daß *jeder* Handwerker, der sich in der Stadt niederlassen und arbeiten wollte, seiner Zunft angehören mußte. Die Zahl der Meister in den einzelnen Handwerken war streng begrenzt, und der Brauch, daß nach dem Vater der Sohn die Meisterstelle und den elterlichen Betrieb übernehmen würde, schloß die Niederlassung weiterer Meister nahezu aus.

Reigen vornehmer Bürger im Tanzsaal am Weinmarkt zu Augsburg. Anfang des 15. Jahrhunderts.

In Augsburg, einem der Textilzentren Deutschlands, waren es die Weber, die sich mehrfach gegen die gezahlten Hungerlöhne empörten. Ihre Rebellionen wurden stets blutig niedergeschlagen.

Freie Reichsstädte

Das absolute Sinnbild städtischer Freiheit und Selbstregierung war die Ernennung einer Stadt zur freien Reichsstadt. Sobald eine Stadt nur allein dem König untertan war, der ihr dieses Recht verliehen hatte, war sie Herrin im eigenen Hause.

Alle Städte des Mittelalters in Franken haben ein solches Privileg von ihren Herrschern angestrebt und wetteiferten miteinander, um größeres Ansehen und einen höheren Rang in den Augen des Herrschers zu erreichen und seiner Huld gewiß zu sein. Wo die Herrscher mit ihrem oftmals riesigen Gefolge erschienen, taten die Städte alles, um ihnen den Aufenthalt in ihrer Stadt so angenehm wie möglich zu gestalten.

Von der ersten Zeit der Ernennung zu Reichsstädten um das Jahr 1000 bis zum Jahre 1490 waren auf diese Art und Weise 105 freie

Reichsstädte entstanden. In Franken waren neben den bekannten größeren Reichsstädten noch Aalen, Biberach, Bopfingen, Gundelsheim, Isny, Pfullendorf und Windsheim hinzugekommen. Letzteres hatte ein besonderes Schicksal und wurde viele Jahrhunderte später bekanntes Heilbad. Von dieser und den übrigen Städten, ihrem Aufbau, ihrer Entwicklung und dem jetzigen Stand soll noch in einem späteren Abschnitt die Rede sein.

Richtig ist auf alle Fälle, daß die meisten Reichsstädte in Franken und Schwaben lagen und daß sie Schicksal und Bild dieser großartigen Landschaft prägten.

Jede Reichsstadt erhielt das Recht zugesprochen, sich mit einer Mauer zu umgeben, und war darüber hinaus berechtigt, sich selber gegen jeden Angriff von außen und innen zu verteidigen. Hinzu kam das Markt- und Zollrecht. Damit waren die freien Reichsstädte militärisch und wirtschaftlich unabhängig.

Daß der Handel mit den Städten und der Städte untereinander vordringlich von der Sicherheit der Verbindungswege untereinander abhing, wurde bereits angeschnitten. Raubzüge und Marodeure, aber auch Raubritter des niederen Adels, galt es zu verhindern und die Gewalt dieser Bedränger der Kaufleute und des Handels zurückzustutzen.

Als einer dieser Raubritter ist der berühmt-berüchtigte Götz von Berlichingen anzusehen, auch wenn er vorgab, aufgrund irgendwelcher Fehden aktiv zu werden. Auch er machte sich die Tatsache zunutze, daß Handelsleute über ungesicherte Straßen ziehen mußten. So konnte er in seinen Erinnerungen über eine ›Fehde‹ mit der Stadt Nürnberg berichten: »Ich wußte, daß die Nürnberger über Würzburg zur Frankfurter Messe reisten. Ich ließ sie im Spessart auskundschaften und warf sechs von ihnen nieder. Unter diesen war ein Kaufmann, den ich in diesem Sommer schon dreimal gefangen und an seinem Gut geschädigt hatte. Die anderen waren zu Nürnberg wohnende Ballenbinder. Ich ließ alle niederknien, so als wollte ich ihnen die Hände abhacken oder ihnen den Kopf herunterhauen. Doch das war nicht meine Absicht. Nur einen trat ich mit dem Fuß in den Hintern und einem anderen gab ich einen Handschlag hinter die Ohren.« (Siehe dazu: *Lebensbeschreibungen des Ritters Götz von Berlichingen,* in Schmidt, N.D., *Fragen an die Geschichte,* Bd. 2, Frankfurt/M. 1975)

Daß die Städte sich zur Wehr setzten und eine eigens zur Bekämpfung der Räuberhorden eingerichtete Miliz unter Waffen hielten, diente ihrem eigenen Überleben. Sie erstürmten jene Verstecke, in denen Räubergruppen erkannt worden waren, brannten sie nieder und nahmen die Knechte als Gefangene mit zurück in die Stadt, wo sie harte Arbeit zu verrichten hatten. Adeligen Straßenräubern ging es meistens schlechter. Sie wurden vom Scharfrichter einen Kopf kürzer gemacht, wenn sie nicht schon in den entbrennenden Gefechten getötet worden waren.

Der Handel, das war niemandem mehr einsichtig als den Städten, die davon lebten, verlangte nach sicheren Straßen und Märkten. Mit dem Machtverfall der Staufer und sich kontinuierlich fortsetzend, kam es zu Maßnahmen adeliger großer Herren gegen die Städte und ihre Besitzungen. Jene ließen nichts unversucht, sich diese mehr oder weniger gesetzlose Zeit zunutze zu machen. Oftmals versuchten sie auch erfolgreich, verstreut liegende Besitzungen kleiner Herren an sich zu bringen. Sie gierten nach den Rechten, die auf verschiedenen Städten und Ritterburgen lagen, brachten auch diese an sich und konnten so ihr eigenes Territorium vergrößern und zusammenschließen. Daraufhin erwarben sie eine Verwaltungs- und Gerichtsordnung für ihr Territorium und hatten sich damit zu eigenen Landesherren gemacht.

Dieser Art der Verselbständigung wurde durch den Herrscher kein Riegel vorgeschoben, weil er jeweils zu schwach war. Somit entstanden vor allem auch in Franken eine Vielzahl großer, mittlerer und kleiner Territorialgebilde, die schließlich um die Mitte des 17. Jahrhunderts auf 2000 angestiegen waren. Dieser Territorienflut hatten erfahrene Könige und Kaiser, mit den Städten zusammenarbeitend, versucht, Einhalt zu gebieten. So erhielten in der »*Reformatio Sigismundi*« die Städte eine Vielzahl an Privilegien. Sigismund hob die Herrschaftsverhältnisse auf und verbot das Fehderecht. Er förderte aus dem Land in die Städte abwandernde Menschengruppen und bewirkte bei den Städten, daß diese den Neubürgern »nach Jahr und Tag« ihre Bürgerrechte und Freiheiten verliehen. Im Stadtgebiet wurde den Bürgern Zollfreiheit gewährt. Das erworbene Bürgervermögen konnte auch an die hinterbliebene Witwe und die Kinder vererbt werden. In der Erbleihe konnten die Bürger über die von ihnen erworbenen Grundstücke frei verfügen. Der Marktfrieden wurde ebenso gewährleistet wie Handelsfreiheit und das bürgerliche Gewohnheitsrecht.

Die freie Wahl des Stadtvogtes und der Priester gehörte ebenso dazu wie beispielsweise auch der Ersatz geraubter Waren. Alle diese Rechte konnten aber nur von den Reichsstädten wahrgenommen werden. Die Landstädte waren nach wie vor von ihren Landesherren abhängig.

Daß viele der vor allem jungen Bauern die Höfe ihrer Eltern verließen, ergab sich aus den drückenden Bedingungen, denen die Bauern durch den Grundherrn allmählich unterworfen wurden. Diese vergaben den Bauern die Höfe lediglich zu Lehen und erwarteten davon einen ewigen und nicht ablösbaren Bodenzins und den Frondienst. Diese Grundherren übten auch die niedere Gerichtsbarkeit aus. Sie verfügten über Wald, Weide und die Gewässer, verlangten Leistungen an öffentlichen Arbeiten und erhoben Zins und Abgaben.

Über diesem allen thronte im wahrsten Wortsinn der Landesherr. Er erlegte den Bauern zusätzlich Kriegskosten und Steuern auf und übte die hohe Gerichtsbarkeit aus. Die Landesherren waren es auch, die einen ständig stärker werdenden Druck auf die Städte ausübten und je nach Stärke ihres Einflusses die Landstädte beherrschten und die Freien Reichsstädte in die Zange zu nehmen versuchten. Sie bekämpften vor allem jene Städtebünde, welche die Städte zu ihrem Schutz ins Leben gerufen hatten – dies besonders in jenen Gebieten, wo die Reichsstädte über ihr eigenes städtisches Territorium hinaus oftmals tief ins Land hinein eigene Gebiete besaßen und alle Bewohner dieser stadteigenen Landstücke unter ihren Schutz nahmen und ihnen oftmals auch Bürgerrechte gewährten, wenn deren Landbesitz groß genug war.

Dies waren die bereits vorher genannten Pfahlbürger. Diese Pfahlbürger rekrutierten sich oftmals auch aus Rittern, die mit ihren Gesellen den Schutzdienst in der Stadt übernommen hatten, die sie als Bürger aufnahm. Es kam auch vor, daß sich sogar Klöster unter den Schutz der Reichsstädte stellten und daß ganze Dörfer sich einer bestimmten Stadt, in deren Nähe sie lagen, zugehörig fühlten.

Das alles ließ die Städte einflußreicher werden als die Territorialherren und oftmals als deren Gegner auftreten. Immerhin entschlossen sich auch immer mehr adelige Herren dazu, sich unter den Schutz der Städte zu stellen und in den Genuß ihrer Freiheiten zu gelangen.

In der Folgezeit verloren dennoch einige Reichsstädte ihre Selbständigkeit, weil sie zu ihrer eigenen Sicherheit Unsummen ausgeben mußten. Um diese Beträge aufzubringen, mußten Schulden gemacht werden. Diese wiederum mußten mit neuen Krediten getilgt werden. Damit gerieten die Städte in immer dichter werdende Verstrickungen, aus denen sie sich nicht mehr zu lösen vermochten. Die bereits auf der Lauer liegenden Territorialherren konnten nun auch die solcherart in den Ruin getriebenen Reichsstädte an sich bringen. Diese wurden dann als Landstädte in die Territorien der Landesherren eingegliedert. Der alte Glanz der Städte mit ihren prächtigen Rathäusern, deren Portale durch den Reichsadler gekennzeichnet wurden, die riesigen und prachvollen weiten Säle mit den Bildern der Herrscher, die ihnen die Reichsunmittelbarkeit verliehen hatten, waren immer noch vorhanden. Die Städte selber sahen sich immer noch dem obersten Landesherrn untertan, auch wenn Fürsten und Bischöfe sich ihrer bemächtigt hatten.

Es sah gegen Ende des 15. Jahrhunderts so aus, als sollten die Reichsstädte in der Versenkung verschwinden, doch Kaiser Maximilian I., Sohn Friedrichs III., verfügte auf dem Reichstag zu Worms im Jahr 1495 den ewigen Landfrieden. Die Stände unter der Führung des Mainzer Erzbischofs Berthold von Henneberg waren es, die diesen kaiserlichen Entschluß durchsetzten. In der »Handhabung Friedens und Rechts« wurde der Reichstag formell als eine alljährlich tagende Einrichtung verankert.

Von diesen Entscheidungen gingen trotz ihrer Unvollständigkeit entscheidende Anregungen für die Weiterentwicklung der Reichsinstitutionen aus. Neben den weltlichen und geistlichen Fürsten berieten von diesem Zeitpunkt an auch die Reichsstädte als eigener Stand mit. Ihre Abgeordneten wurden gewissermaßen als geduldete Gäste betrachtet und saßen an der letzten Stelle der genau vorgeschriebenen Sitzordnung.

Der Markt – Kaufleute, Höker und Bauern

Daß in den Städten neben den anerkannten Kaufleuten, Händlern und Handwerkern auch jene zweite Klasse, die auf den Stadtmärkten anwesenden Höker, die Kremper, die Pfragler und Tratschler versuchten, ihre Waren an den Mann zu bringen, brachte zusätzliches Leben in das Marktgeschehen. Sie standen in Konkurrenz zu den Bauern, die zum Verkauf ihrer Waren ebenfalls in die Stadt kamen.

Kleinhändler, Großhändler und Kaufhäuser bestimmten das Stadtbild. Für die Verkäufer aller Handelswaren gab es die unterschiedlichsten Bezeichnungen. So standen auf den Märkten die Butterleute neben den Eierverkäufern. Heringer, Käsekrämer und Obstler hatten ebenso ihren Platz auf dieser vielfarbigen Palette, unter ihnen beispielsweise auch der Essigmann, der Weinhändler, der Seidenkrämer und der Häutekäufer. Daß verschiedene Händler nur an ganz bestimmten Plätzen der Stadt verkaufen oder kaufen durften und daß es neben dem großen Hauptmarkt eine Reihe kleiner Nebenmärkte gab, vervollständigte dieses bunte Bild. So gab es Hühner- und Wildmärkte, auf denen auch Milch, Gemüse und Obst verkauft wurde. Ortsbezeichnungen wie Kornmarkt, Wachsmarkt oder Salzmarkt gibt es noch heute in diesen mittelalterlichen Städten.

Die großen Kaufhäuser wurden in unmittelbarer Nähe des Hauptmarktes errichtet. Es gab auch sehr früh, beispielsweise in Frankfurt, Messehallen.

Alle auf den Märkten angebotenen Waren konnten nicht wahllos verkauft werden. Stadtbeamte kontrollierten ständig alles, was auf den Märkten angeboten wurde. Sie nannten sich beispielsweise Salzmesser, Weinmesser oder Kornmesser, um nur einige zu nennen. Vor allem aber oblag es ihnen, die Richtigkeit der Maße und Gewichte und das angemessene Verhältnis zwischen Ware und Preise zu überprüfen. Insbesondere die Qualität des ausgeschenkten Weines stand immer im Brennpunkt des Interesses.

Daß neben den Raubrittern und Wegelagerern auch noch eine legale Beraubung stattfand, zeigen die verschiedenen Zollarten, denen Waren und Kaufleute unterworfen waren. Grenz-, Schutz- und Paßzölle führten diesen endlosen Reigen an. Gefolgt vom Ufer-, Zug-, Tor-, Brücken-, Wagen- und Lastengeldeinzug. Es gab den Straßenzwang unseliger DDR-Zeiten bereits im Mittelalter.

Wer von der vorgeschriebenen Route abwich, möglicherweise, um die Zollstellen zu umgehen, der war arm dran. Es drohten ihm Verlust der Waren und Einziehung des Fuhrwerkes, was er nur durch eine hohe Geldsumme und Strafzölle ungeschehen machen konnte. Die Städte postierten an allen Straßen, die von ihnen gebaut wurden, ihre Mautwächter. Von den Burgen, die einige Durchgangsstraßen flankierten, waren selbst Ritter in den Überwachungsdienst der Städte eingeschaltet.

Sehr wichtig, außerdem kostspielig für die Kaufmannschaft, aber segensreich für die Städte und Kontore war das Stapelrecht. Alle Wagenzüge, die das Gebiet eines bestimmten großen Marktes berührten, hatten dort ihre Waren auszuladen. Die Güter mußten auf den öffentlichen Waagen gewogen werden und dann am Markt gestapelt und verkauft oder im Ortsbereich auf anderen Fahrzeugen weiterbefördert werden. Dafür wurde von den Städten ein gesalzenes Stapelgeld erhoben.

Im hohen Mittelalter und bis zu seinem Ende gab es bereits bekannte große Handelsunternehmen, zu denen ab dem 15. Jahrhundert große Familienunternehmen kamen. Die bekanntesten Unternehmen, an denen nur eine Familie beteiligt werden durfte, waren die Fugger und Welser in Augsburg, die Imhof und Tucher in Nürnberg, die Blum, Guldenschaf und Schott in Frankfurt.

Wenn für die Krämer und kleinen Händler die Märkte der eigenen und Nachbarstädte als Tätigkeitsfelder in Frage kamen, waren die Messen ein Tummelplatz der Großkaufleute. Sie waren jene Großmärkte, die es heute in verfeinerter Form gibt. Dort wurden nicht Waren in Einzelposten verkauft, sondern es ging um größere Geschäfte unter den fränkischen Großkaufleuten. Große Kaufmannsfamilien des Auslands kamen ebenso hinzu wie auch deutsche Großkaufleute, die Messen zu Brügge, Antwerpen und Genf beschickten.

Bereits seit dem 13. Jahrhundert stand Frankfurt am Main an der Spitze der deutschen Messeorte. Die zunächst allein bekannte Herbstmesse wurde durch König Ludwig den Bayern um eine Frühjahrsmesse erweitert.

Daß die großen Städte nicht nur Standorte der Messen und Märkte, sondern zugleich auch Orte des Geldhandels und -verkehrs wurden, ist durch eine Vielzahl von Daten und Fakten erhärtet. Um nicht unterwegs ausgeraubt zu werden, nahmen die Großkaufleute kein Bargeld mit, sondern stellten an Ort und Stelle bei Käufen ihre ›Meßwechsel‹ aus oder zogen ausgestellte Meßwechsel ein. Diese Methode veranlaßte den Reformator Dr. Martin Luther zu der bissigen Bemerkung: »Der Wucher sitzt in Leipzig, Augsburg, Frankfurt und den gleichen anderen Städten und handelt mit Geldsummen. Auf jenem Leipziger Markt nimmt man 30 Prozent auf Hundert.«

Es waren die Fugger, die als Webermeister in Augsburg den Beginn ihrer Laufbahn ausbauten und unter Jakob Fugger die Spitze des Geldadels erreicht hatten. Er wurde ›der Reiche‹ genannt. Das Kupfermonopol Europas lag in seiner Hand, ebenso der Silberhandel Tirols. Seit 1505 war er am ostindischen Gewürzhandel beteiligt.

Kaiser Maximilian verpfändete 1507 die Grafschaft Kirchberg an ihn, und so gelangte der Großkaufmann auf die Grafenbank des Reichstages. Weitere Erwerbungen kamen hinzu. Im Jahre 1514

»Die erste Blüte des deutschen Bürgertums liegt in dem weltumspannenden Geiste des deutschen Kaufmanns, die zweite, über weitere und größere Volkskreise ausgebreitet, trotz unvermeidlicher kleinlicher Züge, liegt in jenem Handwerkswesen, dessen Geist schließlich in genialem Erfinder- und Künstlertum die Entfaltung der deutschen Lebenskultur, aber auch eine Förderung jener der Welt brachte.«

Adolf Helbok, in *Deutsche Volksgeschichte*, S. 300

Jakob Fugger ›der Reiche‹ (1459–1525), Bildnis von Albrecht Dürer.– Rechts: das Fuggerhaus auf dem Weinmarkt in Augsburg (Huldigung der Augsburger Bürgerschaft vor Gustav Adolf, siehe auch S. 239).

Jakob Fugger mit seinem Hauptbuchhalter Matthäus Schwarz im Augsburger Kontor.

wurde Jakob Fugger wegen seiner Verdienste um Kaiser und Reich zum Reichsgrafen ernannt. Der Papst, vom Geschäftssinn der Fugger angeregt, überließ diesen den Handel in Deutschland mit dem St.-Peter-Ablaß, womit sich Jakob Fugger bei Luther den ›Ehrennamen‹ »Ablaßkrämer und Erzwucherer« verdiente. Aber Geld stinkt nicht, dies auch nicht zur Zeit des zu Ende gehenden Mittelalters.

Als Gegengewicht dazu ließ Jakob Fugger – auch in dieser Hinsicht der übrigen Welt weit voraus – die ›Fuggerei‹ errichten, die älteste Sozialsiedlung in Deutschland, die heute noch Bestand hat. Die Armen begleiteten ihn auch, als er am 30. Dezember 1525 starb, zu Grabe.

Als Dank für die richtige Eintreibung des Peterspfennigs wurde Jakob Fugger zum Pfalzgrafen im Lateran bestellt. Fugger ließ als sichtbares Zeichen seines Reichtums von 1509–19 die Fugger-Kapelle errichten. Dies war der erste deutsche Renaissancebau. Er wurde in den großen Kreisen der ›Reiche‹ genannt. Aber die Menschen und vor allem seine Gläubiger nannten seine Methode nicht Wucher, sondern in sinniger Abänderung ›Fuggern‹.

Ein würdiges Gegenstück zu den Fuggern waren die Welser, ein seit 1240 in Augsburg bekanntes Geschlecht, das bereits zu dieser Zeit rats- und gerichtsfähig war. Sie gründeten in Augsburg und Nürnberg eine Reihe Handels- und Bergbau-Unternehmen. Einer ihrer Compagnons waren die Vöhlin aus Memmingen. Diese Familie griff nicht nur in den Seehandel mit der Neuen Welt ein, sondern spielte eine entscheidende Rolle in der Politik, indem sie dem spanischen König Karl I. zum deutschen Kaiserthron verhalf. Karl I. mußte, um Kaiser Karl V. zu werden, die deutschen Kurfürsten bestechen. Das Geld dazu lieh er sich von den Welsern (den Fuggern war das Risiko zu groß). Insgesamt waren es zwei Wechsel über insgesamt 148 000 Gulden. Dafür wurde den Welsern die Übersee-Besitzung Venezuela als Lehen zugesprochen. Außerdem durften sie vier Jahre lang schwarze Sklaven nach Venezuela ›einführen‹.

Der Bauernkrieg – die ersten Vorläufer: Wucherer und Geldverleiher

Die ersten Revolten aufgebrachter Herren des niederen Adels und der Bauern richteten sich nicht etwa gegen ihre eigenen Herren, sondern gegen eine Menschengruppe, von der sie meinten, zu Unrecht übervorteilt und in den Ruin getrieben zu werden. Es waren jene in der Entstehungszeit größerer Städte überall auftretenden Geldwechsler und Händler, die sich durch ungerechtfertigte Zinsnahmen eine nie versiegende Einnahmequelle verschafft hatten, auf die sehr viel später auch Dr. Martin Luther eingehen sollte, als er diese »Wechsler und Wucherer« in Grund und Boden verdammte.

Obwohl diese Geldverleiher und -vermittler in allen Kreisen des Mittelalters zu finden waren, konzentrierte sich in Franken wie auch anderenortes die Wut der Menschen auf eine kleine jüdische Volksgruppe, die hier lebte und von der ein Teil das Leih- und Wechselgeschäft betrieb. Die ersten Pogrome gegen Juden hatten bereits im Jahre 1096 in mehreren rheinischen Städten stattgefunden. Dies war Veranlassung dafür, daß Kaiser Heinrich IV. im Mainzer Landfrieden des Jahres 1103 alle Juden unter königlichen Schutz nahm. Ab 1179 galten sie als des Königs steuerpflichtige Kammerknechte. Darüber hinaus wurde das Recht, Juden den Aufenthalt in den Städten und den Lehen der Grafen zu gestatten, unmittelbar vom Kaiser verliehen.

Bereits im Jahre 1146 wurde erstmals öffentlich der Vorwurf laut, Juden hätten Ritualmorde verübt, was völlig aus der Luft gegriffen war. Während der verheerenden Pestzeiten kam die Beschuldigung der Vergiftung der Dorf- und Stadtbrunnen hinzu. Das religiöse Motiv der ›Hostienschändung‹ wurde damals als Rache der Juden für die als jüdische Kollektivschuld betrachtete Kreuzigung Christi verstanden.

Seit Anfang des 13. Jahrhunderts wurden die in den Städten lebenden Juden in geschlossenen Wohnsiedlungen – Ghettos – angesiedelt, wo sie einer Anzahl von Diskriminierungen ausgesetzt waren. Auf dem 4. Laterankonzil von 1215 wurde ihnen von der römischen Kurie die Verpflichtung auferlegt, bestimmte Kleidung zu tragen. Sie wurden aus den Zünften ausgeschlossen, man verbot ihnen, im Stadt- und Landgebiet Grund und Boden zu erwerben.

Daß dies alles für Juden keine andere Chance zur Erwirtschaftung des Lebensunterhaltes als den Handel und schließlich auch den Geldverleih übrig ließ, wurde offenbar nicht gesehen.

Wegen einer angeblich von ihnen begangenen Hostienschändung wurden in Röttingen am 20. April 1298 alle in dieser Stadt lebenden Juden überfallen. An der Spitze des Überfallkommandos stand der ›nobilis Rintfleusch‹, ein Herr aus dem niederen Adel, von dem das Gerücht ging, daß er bis über beide Ohren bei einem jüdischen Geldverleiher verschuldet war und daß er nun auf verbrecherische Art und Weise seine Schulden loswerden wollte. Dieser ›Ritter Rindfleisch‹ zog an der Spitze eines mehr und mehr anwachsenden Haufens fanatisierter Menschen durch Röttingen und begann ein Werk der Vernichtung. Religiöser Fanatismus und Habgier ließ diesen Haufen nach den ersten leicht errungenen Erfolgen immer weiter durch Franken ziehen. Er erreichte Rothenburg ob der Tauber und trieb hier ebenfalls jüdische Bürger der Stadt ›zuhauf‹.

Es ging weiter nach Windsheim und Neustadt an der Aisch. Die Dörfer Iphofen und einige kleine Weiler folgten. Mergentheim, Tauberbischofsheim, Ochsenfurt und Kitzingen waren weitere Ziele der Mordbrenner. Selbst in so großen Städten wie Nürnberg, Bamberg, Würzburg und schließlich noch im Oktober dieses Jahres Heilbronn am Neckar wurden die Wohnungen und Geschäfte jüdischer Bürger geplündert und alle jene, die sich zur Wehr setzten, umgebracht.

Erst nachdem einige Tausend Juden den Tod gefunden hatten und Tausende weitere oftmals für immer zu Krüppeln geprügelt worden waren, erließ König Albrecht I. am 17. November 1298 ein allgemeines Landfriedensgebot. Dieses bereitete dem ungehemmten Wüten der Mörder und Plünderer ein Ende.

Die an diesen Massakern beteiligten Städte wurden zur Zahlung von Geldbußen verurteilt. Auf die Hinterlassenschaft der getöteten jüdischen Familien allerdings erhob der König Anspruch. Die Namen der Opfer wurden in Memoirenbüchern überliefert.

Dieser Landfrieden hielt nicht länger als etwa 38 Jahre, als in Nordbaden neue Judenpogrome einsetzten, die bis zum Jahre 1338 andauerten. Abermals begann es in Röttingen, als am 29. Juli 1336 aus ungeklärter Ursache wieder Juden durch Angehörige der städtischen Unterschichten und Bauern erschlagen wurden. Diese griffen unter der Führung ihres ›Königs Armleder‹ auch in den umgebenden Ortschaften ein. Der Anführer, ›König Armleder‹, war der Ritter Arnold von Uissigheim. Dieser war im Jahre 1333 durch den Grafen von Wertheim des Landes verwiesen worden. Seinen Sondernamen trug er, weil sein Armschutz, im Gegensatz zu den eisernen der Ritter, aus Leder gefertigt war.

Auch dieser Haufen, der mehr als alles andere und vor allem seine Schulden auf diese Weise ›erledigen‹ wollte, indem er die Gläubiger umbrachte, bewegte sich im unteren Maindreieck Frankens durch die kleinen Städte Aub, Mergentheim, Uffenheim, Krautheim und Kitzingen. Als er versuchte, Tauberbischofsheim im Sturm zu nehmen, schlossen die Stadtväter, gestützt auf ihre Kriegsknechte, die Stadttore und verwehrten den Marodeuren den Einzug. Dadurch blieb Tauberbischofsheim verschont.

Da es auch bereits in anderen Städten gärte und eine Eskalierung des Aufruhrs zu befürchten stand, ließ der Bischof von Würzburg, im Einvernehmen mit dem Rat der Stadt, das städtische Aufgebot zusammentreten und gegen die Marodeure ziehen. Ihr Ziel war es, einer weiteren Ausbreitung und ein so großes Blutvergießen wie bei der Rindfleisch-Revolte zu verhindern. Bei Kitzingen trafen die beiden Gruppen aufeinander.

Der Edle Gottfried von Hohenlohe hatte als Stadtherr von Röttingen ebenfalls seine Gesellen alarmiert und schloß sich zum Entscheidungskampf den Würzburger Truppen an. Die Marodeure wurden vernichtend geschlagen. Ritter Armleder geriet mit einigen seiner Spießgesellen in die Hände des Herrn von Röttingen und wurde am 14. November 1336 in Kitzingen hingerichtet.

Nach diesen beiden großen Angriffen gegen jüdische Menschen schien die Ruhe wieder einzukehren. Doch weit gefehlt! Bereits ein

Jahr später tauchten weitere ›Judenschläger‹ auf. Ihre Anführer wurden ebenfalls ›Armleder‹ genannt, weil sie diese ›Masche‹ pflegten, oder gingen als ›Könige der Judenschläger‹ in das Gemetzel.

Die Judenverfolgungen erreichten in den Pestjahren 1348 bis 1351 einen Höhepunkt, da die Juden beschuldigt wurden, die Pestseuche verursacht zu haben. Hier ein die Juden diffamierender anonymer kolorierter Holzschnitt um 1470.

Diesmal von Tauberbischofsheim ausgehend, das den Mördern noch 1336 den Zutritt in ihre Stadt verwehrt hatte, drang diese neue Plünderungsorgie von dort tief nach Hessen und an das Mittelrheingebiet vor und erreichte 1338 das Elsaß, wo der Aufruhr verebbte.

Alle diese Aufstände und Zusammenrottungen gehören in die Reihe der Vorläufer der Bauernkriege. Nach den schlimmsten Pestjahren 1348 und 1349 wurden Juden nicht mehr wie vorher massenweise ermordet, sondern meistens, nachdem man ihr Vermögen konfisziert hatte, einfach aus den Städten ausgewiesen. Oftmals erfolgte die Ausweisung aus dem gesamten Territorium eines Grafen oder gar eines Landes.

In dieser Chronologie des Judenhasses und der Tötungen soll abschließend durch eine knappe Übersicht die Folgezeit dargestellt werden. Zwar besserte sich unter dem Einfluß des Humanismus die Lage der Juden im 16. Jahrhundert. Dennoch kam es immer wieder zu Judenverfolgungen. Im Jahre 1551 wurden sie aus ganz Bayern vertrieben. 1584 folgte Baden-Baden diesem ›Vorbild‹, 1573 schloß sich die Mark und 1670 ganz Österreich den Ausweisungen an.

Die Bestrebungen des Dominikanerpaters Johannes Pfefferkorn gingen allerdings noch weiter. Der 1505 ›getaufte Jude‹, der zum Verwalter des Spitals St. Ursula eingesetzt war, forderte 1507 in Köln die Vernichtung aller jüdischer Schriften mit Ausnahme der Bibel. Er erreichte 1509 sogar ein Mandat Kaiser Maximilians zur Bekehrung seiner ehemaligen Glaubensgenossen und zur Überprüfung aller jüdischer Bücher.

Der Humanist Johannes Reuchlin, Advokat und Dr. jur. in Tübingen, Berater des Grafen Eberhard im Bart in Württemberg, übergab dem Mainzer Erzbischof Uriel nach Überprüfung dieser Werke ein Gutachten, in dem er die Vernichtung dieser wichtigen, ja unersetzlichen geschichtlichen jüdischen Werke ablehnte und statt dessen an allen deutschen Universitäten jeweils einen Lehrstuhl für Hebräismus forderte.

Dr. Reuchlin zog sich die Todfeindschaft des Dominikaners Pfefferkorn und dessen Ordens zu. Diese waren sich der Unterstützung durch die Dominikaner Hoogstraten und Gratius sicher. In der *Epistolae obscurorum virorum* wurde Dr. Reuchlin heftig angegriffen, 1520 wegen Ketzerei verklagt und verurteilt. Gottlob blieb diese Verurteilung ohne Folgen für diesen tapferen Streiter der Gerechtigkeit. Nur durch ihn blieben die kostbaren Werke jüdischer Geschichte der Nachwelt erhalten.

Im deutschen Reich durften die Juden seit dem 18. Jahrhundert nicht mehr öffentlich angegriffen werden. Die Reichsverfassung von 1815 sicherte ihnen die bürgerliche Gleichberechtigung zu.

Die Hexenprozesse

Daß der Hexenwahn nicht von der kirchlichen oder weltlichen Obrigkeit, sondern von Bauern und Handwerkern entfacht wurde, ist bekannt. Allerdings haben sich vor allem auch die ›Hexenbischöfe‹ genannten geistlichen Oberen der Hochstifte Eichstätt, Würzburg und Bamberg als schlimme Hexenjäger erwiesen. (siehe Behringer, *Hexenverfolgung,* S. 27 f., 241 ff. u. 301 ff.)

Da die Hexenverfolgung erst zu Ende des 15. Jahrhunderts einsetzte, ergibt sich, daß sie keine Erscheinung des finsteren Mittelalters war. Erste Hexenprozesse fanden 1470 statt. Sie dauerten bis 1775 an.

Hexenjagd und -verbrennung, farbige Miniatur aus dem 16. Jahrhundert.

Die systematische Erfassung der ›Hexenlehre‹ und deren inquisitorische Ahndung geschah durch den ›*Malleus maleficarum*‹, den ›Hexenhammer‹. Dieses Werk wurde von dem Kölner Dominikaner-Prior Jakob Sprenger und dessen Ordensbruder Heinrich Institoris, beide Inquisitoren, verfaßt und erschien bereits 1487 in Straßburg. Dieses Buch wurde zum großen Verfolgungsinstrument für Hexen. Es erlebte zwischen 1487 und 1669 28 Auflagen.

Im Verlaufe des 16. Jahrhunderts setzte sich diese Hexenlehre nur zögerlich durch. Diese Zusammenballung spätantiker und mittelalterlicher Ketzerei- und Zaubervorstellungen fand seine Hochzeit in dem unerbittlichen Kampf der beiden Großkonfessionen gegeneinander. Hier fanden sie ihre grausigste Anwendung.

Obwohl der Hexenhammer die Verfahren gegen Hexen in die Zuständigkeit der weltlichen Gerichte stellte, wurden diese mehr und mehr auch von anderen Gerichten übernommen.

Es begann stets mit einem peinlichen Verhör, das so lange andauerte, bis die Hexe – meistenteils waren es Frauen – gestand. Tod oder Scheiterhaufen war ihnen aber immer gewiß, selbst bei der Wasserprobe. Versank die Hexe, war sie unschuldig, aber ertrunken. Daß sie später nie ertrank, bewirkten jene Stricke, mit denen die Büttel sie über Wasser hielten.

Zu Ende des 16. Jahrhundert erlebte die Hexenverfolgung einen ersten Höhepunkt, zumal seit 1572 auch das ›Bündnis mit dem Teufel‹ ein todeswürdiges Verbrechen war. Von der ersten Hexenverbrennung bis zum letzten Todesurteil gegen eine Hexe am 11. April 1775 im Fürstenstift Kempten fielen etwa 100 000 Menschen diesem Wahn zum Opfer.

Es begann mit der Bulle *»Summis desiderantes«*, die Papst Innozenz VIII. im Jahre 1484 herausgab. Darin wurde die Hexenverfolgung in ein festes System gegossen. Unter Artikel I wurde bekundet, daß trotz der Tätigkeit der Inquisitoren Jacob Sprenger und Heinrich Institoris in vielen Hochstiften Männer und Frauen vom Glauben abirrten und mit Dämonen Unzucht trieben. Alle zauberischen Personen mußten ohne Ansehen ihres Standes inhaftiert und bestraft werden.

Damit wurden die Hexenjagden in Deutschland gerechtfertigt. Keiner der Reformer wandte sich gegen diesen Wahn.

Die Richter wetteiferten miteinander, ihre Pflicht zu erfüllen. Der Leipziger Richter Benedikt Carpzow rühmte sich, bis zu seinem Lebensende (er starb 1666) die Bibel 53mal gelesen und 20 000 Todesurteile unterzeichnet zu haben. Eine wahrhaft makabre Mixtur. Seine Richtschnur hatte er dem 2. Buch Moses, Vers 22, entnommen, der da lautet: »Die Zauberer sollst du nicht leben lassen.«

In Franken kam es zu einer Reihe von Hexenprozessen, in die nicht nur die Geistlichkeit, sondern auch der Deutschmeister des Deutschen Ordens verwickelt waren. In Gerolzhofen wurden von 1615 bis 1618 262 »hexische Personen« dem Feuer überantwortet.

Unter dem Fürstbischof von Würzburg Philipp Adolf von Ehrenberg, der von 1623 bis 1631 amtierte, wurden im Bereich des Hochstiftes Würzburg – der offensichtlichen Hochburg der Hexenverfolgung – 900 Hexenleute vom Leben zum Tode befördert. Allein in der Stadt Würzburg waren es 219. Im Jahre 1749 sollte es in Würzburg unter dem aufgeklärten Fürstbischof Echter von Mespelbrunn zu einer letzten Hexenverbrennung gekommen sein. (Siehe dazu Geschichte der Stadt und des Bistums Würzburg.)

Der offene Schlagabtausch

Bereits im Jahre 1460 richteten einige besorgte Adelige aus dem Hegau ein Schreiben an den Bischof von Augsburg, daß es in ihren Herrschaften vermehrt zu Unruhen unter der bäuerlichen Gesellschaft gekommen sei. Sie baten ihn, sie gegen die Aufständischen zu unterstützen und mitzuhelfen, »dem bäuerlichen Begehr zu begegnen«.

»Der Bauernkrieg ist der Angelpunkt der deutschen Geschichte.«
Friedrich Engels

Was hatten die Bauern von ihren Lehnsherren gefordert? Die Bauern, bereits seit dem 14. Jahrhundert in ihrer Freiheit durch die Landesherrschaften mehr und mehr beschnitten, beriefen sich auf ihr altes Recht und Herkommen und protestierten gegen die ihnen angelasteten neuen Steuern, die Beschneidung ihrer Nutzung der Allmende. Sie beharrten auf ihrer bäuerlichen Gerichtsbarkeit, während die Edelleute und Lehnsgeber das neue römische Landrecht in Anwendung brachten. Vor allem aber ging es ihnen um das göttliche Recht, daß zum Beispiel jeder Mensch frei sei, und sie forderten eine Neuordnung, die sich auf das Evangelium gründete.

Ihre Herren sollten nicht mehr willkürlich Dienste von ihnen einfordern dürfen, vor allem sollte ihnen das Recht auf ein freies Erbe zugestanden werden. Dies waren die Hauptforderungen. Darüber hinaus ging es um die Gewährung von Wald-, Jagd- und Gewässernutzung. Die Leibeigenschaft sollte aufgehoben werden, da sie eines Christenmenschen unwürdig sei, und die weltliche Kirchenherrschaft ein Ende finden.

Der Bischof erhielt im Gegenzug von den Herren des Hegaues die Meldung, daß die Bauern noch weitere geheime Artikel gegen ihre Herren aufgestellt hätten. Sie setzten noch eine Greuelmeldung obenauf, nach welcher die Bauern aus einem Dorf das Sakrament aus der Kirche geraubt und dem Priester, der dies verhindern wollte, die Hände halb abgehauen hätten.

»Sie haben«, so die Hegauer Herren, »ein Banner, auf dem ein Pflug und ein Bundschuh gemalt« sei.

Diese ›Beweise‹ genügten dem Bischof.

Dieser Bundschuh, ein auf einer Stange befestigter mit Lederriemen gebundener Schuh, sollte den Gegensatz zum sporenversehenen Ritterstiefel des 15. Jahrhunderts deutlich machen.

Unter dem Zeichen des Bundschuhs wurde erstmals 1443 in dem Dorf Schliengen bei Basel eine Bewegung bekannt, die sich um 1460 auch im Hegau bildete. Diese Bewegung erhielt 1493 größere Bedeutung durch den Einsatz des Schlettstadter Bürgermeisters Hans Ullmann und wurde vor allem 1502 im Hochstift Speyer gezeigt, als dort die Bauern erstmals die »Forderungen nach göttlicher Gerechtigkeit« erhoben.

Bauern mit Bundschuhfahne. Joß Fritz' Bewegung richtete sich zunächst gegen die Herrschaft der Kirchenfürsten. Aus den Holzschnitten Schäukelins zum Trostspiegel.

1513 wurde im Lehen Freiburg, 1517 im gesamten Oberrheingebiet von Basel bis zum Kraichgau von dem Bauern Joß Fritz aus Untergrombach bei Bruchsal eine Erhebung der Bauern geplant, die aber infolge der frühzeitigen Aufdeckung durch einen Verräter nicht zur Durchführung kam.

Das erklärte Ziel des Bundschuhs war es, nur »Kaiser und Papst untertan zu sein, die Leibeigenschaft und die herrschaftlichen Abgaben und die Beschränkung ihrer Allmendrechte aufzuheben und die geistlichen Güter aufzuteilen«. Daß diese Forderungen nicht erfüllt wurden, verstand sich aus der Sicht der Kirchen, die damit ihren gesamten Besitz verloren hätten.

Daß der Bundschuhsprecher Fritz mit seinen Forderungen auch Gesetze der *»Reformatio Sigismundi«* aufnahm, änderte nichts daran. Sein Aufstand wurde, wie gesagt, entdeckt, zehn Verschwörer gefangengenommen und enthauptet. Joß Fritz wurde rechtzeitig gewarnt und konnte entkommen. Er wurde später Bannwart im Freiburger Lehen und organisierte dort 1513 einen neuen Bund, der sich vor allem gegen den Adel richtete. Auch diese Verschwörung wurde verraten. Die gefangenen dreizehn Aufrührer wurden hingerichtet. Damit hatten die Bauern bereits dreiundzwanzig Märtyrer in ihren Reihen.

»Das gemeine Stadt- und bäurisch Volk muß aufrührerisch werden, so unzählig sind die Schmachbüchlein und Läster-Reden, die unter das Volk ausgehen wider päpstliche und weltliche Obrigkeit.«

Warnung des katholischen Humanisten Johannes Cochläus an Martin Luther 1523

Fritz gelang es, ein zweitesmal zu entkommen. Trotz aller Gefahr versuchte er es, ein drittesmal einen neuen Bund ins Leben zu rufen. Dies gelang bis zum Jahre 1517. Abermals wurde er verraten. Fritz mußte nun, inzwischen ein alter Mann geworden und auf ewiger Flucht begriffen, untertauchen. Das letztemal wurde er 1524 bei den aufständischen Stühlinger Bauern gesehen.

Dieser Joß Fritz hatte ein Reformprogramm ausgearbeitet, das bereits alle Forderungen der Bauern vorwegnahm, die später in den 12 Artikeln der Bauern aufgestellt wurden.

In diesen 12 Artikeln, die von dem Bauernführer Lotzer unter Mitwirkung des Theologen Christoph Schappeler am 1. 3. 1525 veröffentlicht wurden, stellten die Bauern folgende Forderungen auf: »Auf der Grundlage des göttlichen Rechts und mit biblischen Begründungen die freie Pfarrerwahl und ihre Absetzung selber zu tätigen. Regelung des Zehntwesens. Aufhebung der Leibeigenschaft. Änderungen zu unseren Gunsten im Jagdrecht und in der Waldnutzung. Die Minderung der Frondienste, ein Verbot der Erhöhung der Dienstleistungen. Die Neuaufsetzung der Gülten. Regelung des Gerichtswesens, die Rückgabe entfremdeter Allmende und die Abschaffung der Erbschaftsabgabe nach dem Tode an den Lehnsherrn.«

Daß es sich bei diesen Artikeln um ernsthafte religiös begründete Reformvorschläge, und nicht um ein radikales Programm handelte, ändert nichts an der Tatsache, daß bei der Erfüllung desselben den Grundherren und Adeligen ein Gutteil ihrer Vorrechte und besonderen Einkünfte entzogen werden würde. Sie wurden dennoch zur Verhandlungsgrundlage aller Bauern mit ihren Herrschaften.

Es war Dr. Martin Luther, der in dieser Phase zum Frieden mahnte und die Landesherren ebensowie die Grundherren bat, die berechtigten Forderungen der Bauern zu erfüllen.

Sebastian Lotzer, ein bibelfester Kürschnergeselle, war von dem Feldhauptmann des Baltringer Haufens, Ulrich Schmid, als Feldschreiber geworben worden. Er war es auch, der nach diesen 12 Artikeln Anfang März 1525 die Bundesordnung der christlichen Vereinigung verfaßte. Sein Helfer, Christoph Schappeler, war ein protestantischer Theologe aus St. Gallen. Dr. Schappeler war seit 1513 in Memmingen als Prediger tätig. 1524 wurde er exkommuniziert, weil er in seinen Predigten das Recht der Landesherren, auch der kirchlichen, auf Erhebung des Zehnten verneinte. Als geistiger Urheber der 12 Artikel mußte er bei der Besetzung Memmingens durch Truppen des Schwäbischen Bundes wieder in die Schweiz zurückfliehen. Nach dem Bauernkrieg versuchte er, nach Memmingen zurückzukehren, was ihm aber durch den Rat dieser Stadt verweigert wurde.

Ulrich Schmid aus Sulmingen, der Lotzer als Schreiber seines Bauernhaufens angeworben hatte, war vom Baltringer Haufen als »Mann von Namen und Handwerk« zum Hauptmann erkoren worden. Er selber hatte keine Klagen vorzubringen, wollte aber als Vermittler zwischen den Bauern und ihren Herren dienen. In seiner tiefreligösen Verfassung war er der Initiator zur Bildung der christlichen Vereinigung.

Die christliche Vereinigung hatte es sich zum Ziel gesetzt, mit einer möglichst großen Anzahl an Mitgliedern aus den Bauernschaften ein Gegengewicht zu Adel und Herren in die Waagschale der Verhandlungen zu werfen, mit dem Ziel, eine drohende kriegerische Auseinandersetzung zu verhindern.

Es gelang ihr, den Allgäuer-, See- und Baltringer Haufen Anfang März 1525 auf einer gemeinsamen Tagung in Memmingen zu vereinigen. Die in Memmingen von Lotzer vorgeschlagene Organisation der Bauern ganz Schwabens kam zusammen. Sie schwuren auf die Bundesfahne und bestimmten, daß eine militärische Auseinandersetzung mit dem Schwäbischen Bund vermieden werden sollte. Eine kriegerische Auseinandersetzung war nach dem Scheitern der angestrebten Verhandlungen jedoch unvermeidlich, womit auch das Ende der christlichen Vereinigung gegeben war.

Der Schwäbische Bund

Mit dem bereits 1488 gegründeten Schwäbischen Bund hatten die Teilnehmer versucht, die Bedrohung Schwabens und der schwäbischen Hausmacht im Südwesten Deutschlands durch andere Herren zu verhindern. Die Herzöge Georg von Niederbayern und Albrecht von Oberbayern waren ihre Angstgegner, und deren Gehabe ließ das Schlimmste befürchten.

Am 14. Februar 1488 schlossen die Rittergesellschaft von ›Sankt Jörgenschild‹, 20 schwäbische Reichsstädte, der Erzherzog Sigmund von Tirol und Eberhard V. (der I.) von Württemberg einen bis 1496 befristeten Bund zur gegenseitigen Hilfeleistung. Jener Initiator, der diesen Bund wünschte, war niemand anderer als Kaiser Friedrich III. Zweck des Bundes sollte es sein, den von Kaiser Friedrich III. verkündeten Frankfurter Landfrieden von 1486 durchzuführen. Weitere Reichsstädte traten dem ›Bund zu Schwaben‹ bei. Hinzu kamen eine Reihe Fürsten und der spätere Kaiser Maximilian I. als Erbe Sigmunds.

Dieser Landfriedensbund wurde immer wieder erneuert. Er focht 1499 den Schwabenkrieg aus, war 1504 bis 1505 auf der Seite Albrechts von Oberbayern am Landshuter Erbfolgekrieg beteiligt und vertrieb 1519 den bereits vor fünf Jahren aus dem Bund ausgetretenen Herzog Ulrich von Württemberg, nach dessen Angriff gegen die Stadt Reutlingen, die zum Bund gehörte. Er verleibte sich dieses Herzogtum ein, um es 1520 an Kaiser Karl V. abzutreten.

Immer kampfbereit unter der Führung des kriegserfahrenen Georg von Waldburg trat das kampferprobte Heer des Schwäbischen Bundes in Schwaben und Franken gegen die aufständischen Bauern an.

Einer jener Männer, die in Franken die Trommel für die Bauernsache rührten, war Hans Böhm aus dem Dorf Niklashausen, der als Stadtpfeifer verkündete, daß ihm die heilige Jungfrau Maria erschienen sei und ihm verkündet habe, daß alle Menschen gleich seien. Jede weltliche Obrigkeit sei Sünde. Der Zins, die Pacht und die Steuern müßten abgeschafft werden, das Regiment der Fürsten und der unchristlichen Geistlichkeit sei abzutun.

Böhm gehörte als Untertan zum Bistum Würzburg. Als er schließlich gar seine Zuhörer aufforderte, beim nächsten Zusammentreffen ihre Waffen mitzubringen, schickte der Würzburger Bischof vorbeugend einen Trupp Reiter nach Niklashausen, der ihn festnahm und auf die Festung Marienberg über Würzburg schaffte, wo er in ein Verlies geworfen wurde.

Tausende Bauern zogen nun gen Würzburg und verlangten lautstark die Freilassung ihres Predigers. Der Bischof ließ einige Warnschüsse abfeuern, worauf die Protestierenden wieder abzogen.

Bischöfliche Truppen zogen den Bauern hinterher, um die angeblich unter ihnen erkannten Aufrührer zu fangen. Nur etwa acht Kilometer hinter Würzburg preschten die bewaffneten Reiter in die Bauerngruppen. Es kam zu einem ungleichen Gefecht, bei dem zehn

Bauern den Tod fanden. Eine Reihe weiterer wurden verhaftet. Die meisten wurden nach Verhören wieder freigelassen. Hans Böhm und zwei seiner Gefährten aber erlitten als Ketzer auf dem Scheiterhaufen den Feuertod.

Diesen Vorgeplänkeln folgten weitere Übergriffe beider Seiten. Es geschah in der Landgrafschaft Stühlingen, daß im August 1524 die dortige Gräfin ihre Bauern an einem Sonntag in der Erntezeit angeblich zum ›Schneckenhäusleinsuchen‹ losschickte.

Der evangelische Prediger Balthasar Hubmair aus Friedberg, 1512 Professor in Ingolstadt und seit 1522 Pfarrer in Waldshut, und der ehemalige Landsknecht Hans Müller von Bulgenbach stellten sich an die Spitze der hier gegen ihre Herrschaft aufständischen Bauern. Der Aufstand konnte nicht niedergeworfen werden und breitete sich rasch auf andere Gebiete in Franken und Schwaben aus. Kempten im Allgäu war die letzte Phase vor dem Ausbruch des offenen Kampfes.

Zum Zustand im Gebiet der Fürstäbte von Kempten hatte Leopold von Ranke in seiner *Geschichte im Zeitalter der Reformation* geschrieben, »daß diese Fürstäbte bereits seit rund 100 Jahren mit brutaler Willkür gegen die freien Bauern vorgegangen sind und sie in die Leibeigenschaft zu zwingen versucht« hätten. Die Aufständischen schlossen sich in sogenannten Haufen zusammen. Es waren zunächst der Baltringer Haufen, der Bodensee-Haufen und der Allgäuer Haufen. Höher im Norden kamen andere Haufen hinzu.

Der Krieg bricht los – Bauernkrieg in Franken

Im Juli 1524 begann der Aufstand der Bauern, der sich zum Bauernkrieg ausweiten sollte. In der Landgrafschaft Stühlingen begonnen, breitete er sich im Frühjahr 1525 rasch über ganz Süddeutschland aus. Die fränkischen Bauern, denen sich die Städte Würzburg und Rothenburg anschlossen, standen unter der Führung von Wendel Hipler und Florian Geyer. Hinzu kam für einige Wochen der Reichsritter Götz von Berlichingen.

Aus dem anfänglichen Religionskrieg wurde schließlich eine politische Revolution. Das Heer des Schwäbischen Bundes unter Truchseß Georg von Waldburg, dem ›Bauernjörg‹, gelang es, am 14. April 1525 die Bauern-Haufen bei Wurzach, am 12. Mai bei Böblingen zu schlagen. Die fränkischen Bauernhaufen wurden bei Königshofen und Ingolstadt geschlagen. Wie sich der Bauernkrieg in Franken entwickelte, sei im folgenden dargelegt.

Es war die Bauernschaft des Taubertaler Haufens, der sich auf seinem Weg von Rothenburg ob der Tauber nach Würzburg der Stadt Mergentheim näherte. Als sie Weikersheim erreichten, drangen sie in den dortigen Weinkeller des Ordens ein und tranken sich Mut genug an, um anschließend die Burg Neuhaus niederzubrennen.

Obwohl der Komtur Wolfgang von Bibra versuchte, den aufgebrachten Bauernhaufen zu besänftigen, und eine freiwillige Schatzung von Mergentheim als Ausgleich versprach, griffen die 5000 Bauern an. Die Bürger der Stadt öffneten ihnen die verrammelten Tore. Der Bauernsturm auf die Stadt selber blieb zwar aus, doch das Schloß wurde geplündert. Komtur Wolfgang von Bibra blieb unbelästigt. Der von den Bauern in Mergentheim angerichtete Schaden belief sich in nachträglichen Schätzungen auf 15 000 Gulden, während in der gesamten Ballei Franken der Deutschritter ein Verlust von 250 000 Gulden entstand.

Im selben Angriffssturm war auch der Neckartaler-Odenwälder Haufen zum Angriff angetreten. Um den Bauern zu entkommen, setzte sich der auf der Burg Horneck residierende Deutschmeister des Deutschen Ordens, Dietrich von Cleen, ab und floh, von den Bauern nur lasch verfolgt, zu seinem Schutzherrn, dem Kurfürsten von der Pfalz, nach Heidelberg. Daran sollte er gut getan haben, denn am 18. April 1525 plünderten die Bauern unter Beteiligung der Deutschordensuntertanen die Reichsstadt Heilbronn und verheerten das dortige Ordenshaus. Zur gleichen Zeit gelang es einem anderen Bauernhaufen, das Ordensschloß Stocksberg zu verheeren und auch den Ordensbesitz Vaihingen leerzuplündern. In diesen beiden eroberten Besitzungen fielen den Bauern eine Reihe Haken und Büchsen in die Hände, und damit schossen sie sich bei sporadischem Widerstand den Weg frei.

Zunächst hatte Deutschmeister Dietrich von Cleen die Burg Horneck mit den Ordenssoldaten verteidigen wollen. Als sie aber jene Nachricht von dem »Hausen der Bauern in Weinsberg« erhielten, lehnten sie eine Verteidigung ab. Am 17. April wurde durch einen geheimen Ausgang im Schloß ein Teil des wertvollen Inventars von Unbekannten entwendet. Die Vorsteher von Gundelsheim, der Bürgermeister und Stadthauptmann gingen daraufhin auf die Horneckburg und überzeugten sich davon, daß sie tatsächlich geplündert worden war.

Noch auf der Horneck sitzend, hatte Deutschmeister von Cleen aus dem Mund des Reichsritters von Berlichingen erfahren, wie er das Weinsberger Tal bei seinem Erkundungsritt vorgefunden hatte. Das bewog ihn zu raschester Flucht, unter Mitnahme einer Reihe wertvollen Schmuckes und anderer Pretiosen.

Götz von Berlichingens Bericht über die Geschehnisse in Weinsberg meldete, daß die Bauern die Stadt erstürmt hätten. Es sei der Odenwälder Haufen unter der Führung des Jäckelin Rohrbach, eines Leibeigenen des Herrn von Nepperg, gewesen. Seit dem 2. April hätten sie sich auf dem Plünderungszug befunden. Rohrbach und seine Männer erstürmten Weinsberg, nahmen den Grafen von Helfenstein und einige seiner ›Genossen‹ gefangen und ließen sie durch die Spieße laufen. Auf diese Art und Weise wurden die Männer um den Grafen von Helfenstein und dieser selber auf brutale Weise ermordet. Es war dies die schwerste Bluttat, die auf Befehl von Rohrbach verübt wurde. Seine Bauern trennten sich von ihm.

Während Graf Ludwig von Helfenstein und fünfzehn seiner Knappen in der Spießrutengasse zu Tode geschunden wurden, führte man seine Gattin im Triumphzug auf einem Mistwagen nach Heilbronn. Dies war es, was die Adelswelt so empörte: Daß die Bauern nicht einmal vor einer Gräfin haltmachten, die außerdem ja noch eine Tochter Kaiser Maximilians, und damit auch die Tante des augenblicklich herrschenden Kaisers, war.

Der blutdürstige Anführer wurde wenig später gefangengenommen und am 21. Mai 1525 durch Georg von Waldburg, den Kommandierenden des Schwäbischen Bundes, zum Feuertod verurteilt.

»Er wurde«, so ein zeitgenössischer Chronist, »langsam auf dem brennenden Haufen geschmort, und die Adeligen, die diesem Schauspiel beiwohnten, trugen jeder eigenhändig weiteres Holz herbei und warfen es auf den Scheiterhaufen, um den Tod ihres ermordeten Standesgenossen zu rächen.« (Siehe Taddey, Gerhard, *Lexikon der deutschen Geschichte*)

Von der Eroberung Weinsbergs siegestrunken, zog dieser Haufen nach Heilbronn weiter. Die Bürger dieser Stadt übergaben sie den Aufständischen und mußten zusehen, wie ihre Häuser geplündert und teilweise in Brand gesteckt wurden. Als man auch den dortigen Deutschen Ordenshof ausplünderte, kamen einigen besonnenen Bauern Bedenken.

Dennoch zog der erfolgreiche Haufen weiter und erreichte das Schloß Scheuerburg des Deutschen Ordens. Die Besatzung hatte es im Anblick der anrückenden dichten Bauernhaufen fluchtartig verlassen. Nach der Plünderung ging das Schloß in Flammen auf.

Als nächstes war das Stadtschloß des Ordens in Neckarsulm an der Reihe, verwüstet zu werden. Ihm nachfolgend erlitt das Deutschordensschloß Heuchlingen das gleiche Schicksal. Dies alles deutet darauf hin, daß vor allem auch der Deutsche Orden als Unterdrükker und Peiniger der Bauern verschrien war.

Diese Verwüstungen vor Augen *und* die Flucht ihres Herrn, des Deutschmeisters Dietrich von Cleen von der Burg Horneck, hatten auch die Standfestigkeit der Burgmannschaft der Horneck verunsichert. Sie floh in der nächsten Nacht, und wahrscheinlich war sie es, die einen guten Teil des wertvollen Inventars mitgehen ließ. Diese Erfolge festigten die Entschlossenheit der Bauern, bis zum endgültigen Sieg und zur Annahme ihrer 12 Punkte weiterzukämpfen. Um einen wirklich im Kampf geschulten Anführer und Feldhauptmann zu gewinnen, ließ der Wortführer der Bauern, Wendel Hipler, ehemals Kanzler des gräflich-hohenlohischen Besitzes, den Burgherrn der oberhalb der Jagst gelegenen Burg, Götz von Berlichingen, nach Gundelsheim bitten. Dort trug er ihm die Dienststellung des obersten Bauernhauptmanns an. Über diesen Antrag wußte der Ritter mit der eisernen Hand in seinen von Pistorius herausgegebenen *Lebenserinnerungen* treffend zu bemerken: »Gott, mir nit! - Das thue der Teufel!«

Dennoch nahm der Ritter mit der eisernen Hand, von seinen Freunden gedrängt, die Kandidatur an. Wendel Hipler brachte seine Sprecher dazu, den Ritter Götz von Berlichingen zum Feldhauptmann zu wählen.

Am 27. April 1525 nahm der Götz dieses Amt für vier Wochen an. Er wollte vermitteln und einen Frieden durch Verhandlungen erreichen. Gegen seinen Unterführer konnte er sich nicht durchsetzen. Dem unter seinem Kommando weiterziehenden Bauernhaufen fiel Amorbach zu, das am Sonntag dem 30. April erreicht wurde. Fünf Tage darauf erging im Namen des Hauptmanns Götz von Berlichingen und des Georg Metzler als Feldhauptleute, sowie des Hans Reuter von Bieringen als Amorbacher Schultheiß der Befehl, das Schloß Horneck bis auf den Grund aufzubrechen und zu zerstören. So nachdrücklich auch Götz von Berlichingen später bestritt, diesen Befehl gegeben zu haben, so deutete doch seine Unterschrift unter dieses Dokument an erster Stelle an, daß er ihn dennoch ausgab. Andererseits haben neuere Nachforschungen zu diesem Umstand dazu geführt, daß der Zerstörungsbefehl möglicherweise von den Bürgern von Gundelsheim selber ausgegangen sei und daß durch deren Beziehungen zu dem pfäffischen Bauernschreiber, der

Oben: *Ein Landsknecht aus dem Bauernkrieg, gestochen von Bartel Beham.*

Unten: Zwei Bauern aus dem Bauernkrieg, Stich von Hans Sebald Beham aus dem Jahr 1544.

das Siegel geführt hatte, der Name des Götz gefälscht unter diesen Befehl gesetzt worden sein könne.

Der Befehl wurde am 5. Mai von Amorbach her ausgeführt. »Zwei Stunden vor Mitternacht hat Horneck zu brennen begonnen. Bis zur Vesperzeit war alles mit Ausnahme von drei Türmen in Flammen aufgegangen.« (Bericht der Tochter des Ordenskanzlers Dorelin an ihren Vater)

Es waren vierzehn Bauern, die zu dieser Mission ausgewählt worden waren. Die Steininschrift über den Eingang zur Wendeltreppe der Burg sagt dazu: ». . . Am Sonntag nach Ostern warde es von den Hauffen der bawern grimmigkeitt geblündert und genomen, am Freitag nach Quasimodogenitii des 5then Dags Maii durch 14 dorzu verordenthen von bawern in Boden verbrennt.« (Siehe: Kolbeck, Alfred, *600 Jahre Stadt Gundelsheim*)

Den Bauernaufstand als Anlaß benutzend, seine besondere Lehre »von der Abtuhung der Bylder« durchzusetzen, betätigte sich der sächsische Theologe Andreas Rudolf Karlstadt in Rothenburg ob der Tauber. Er hetzte 1525 die dortigen Müller auf, die künstlerisch wertvolle Einrichtung der Kobolzeller Kirche zu zerstören.

Die Stadtbewohner hatten sich mit des Bauernführers Florian Geyers Truppen verbündet. Es gelang, wie an anderer Stelle dargelegt, den Truppen des Schwäbischen Bundes, die Bauernhaufen vernichtend zu schlagen und »Ruhe und Ordnung« wiederherzustellen. Um dies auch in Rothenburg ob der Tauber zu erreichen, hielt Markgraf Casimir von Ansbach auf dem Marktplatz der Stadt Gericht über alle erkannten und eingekerkerten Aufrührer. Siebzehn von ihnen wurden für schuldig gesprochen und enthauptet.

Dr. Karlstadt gelang es, rechtzeitig aus der Stadt zu fliehen. Die Stadt selber mußte eine Kriegsentschädigung zahlen, und nach wenigen Jahren der Religionsausübung in protestantischer Form wurde erneut die katholische Messe eingeführt. Nach einem langen Irrweg gelangte Karlstadt 1534 nach Basel, wo er an der Pest starb.

Am 24. April 1525 hatte sich der Deutsche Orden durch die Gestellung eines Fähnleins der Ritter dem Schwäbischen Bund angeschlossen. Die Truppen des Schwäbischen Bundes stießen am 2. Juni 1525 im Vormarsch auf Würzburg, dessen Marienburg von den aufständischen Bauern und den Würzburger Bürgern, die sich auf ihre Seite gestellt hatten, belagert wurde, bei der Ortschaft und Burg Königshofen auf den Odenwälder

Ostern 1525: der Bauernkrieg auf dem Höhepunkt. Nach einer Zeichnung von E. Ad. Clotz.

Haufen der Bauern. Dieser hatte bei der Meldung des herannahenden Gegners die Belagerung der Marienburg aufgegeben und sich dem Gegner zugewandt. Nahe Königshofen schloß er sich mit einer anderen Bauerngruppe und Bürgern aus den kleinen Tauberstädtchen zusammen. Sie versuchten, den bei Königshofen gelegenen Tauberübergang für den Schwäbischen Bund zu sperren, und errichteten, gewissermaßen als Vorläufer der Buren, eine Wagenburg in günstiger Stelle auf der Höhe.

Inzwischen hatte sich auch Götz von Berlichingen von den Bauern losgesagt, deren Marodeurtaktik er nicht billigte, so daß die Bauern ohne Führung dem Ansturm der geschulten Truppen ihrer Gegner nicht standhielten und die Flucht ergriffen. Von den Berittenen des Schwäbischen Bundes verfolgt, wurden einige Tausend niedergemacht. Im sogenannten Schlachtholz verlor das Gros sein Leben. Etwa

250 Bauern ergaben sich nach tapferer Gegenwehr, alle verwundet. Das Schicksal des Odenwälder Haufens war damit besiegelt.

Zwei Tage später wurde auch der zweite große Bauernhaufen bei Sulzdorf nahe Ingolstadt vernichtend geschlagen. Bei Giebelstadt wurden die restlichen Belagerer von Würzburg, unter ihnen Landsknechte des Florian Geyer, vernichtet.

Reichsritter und Bauernführer Florian Geyer, der sich aus innerer Überzeugung den Bauern angeschlossen hatte, führte als Mitglied des Bauernrates auch bei der Belagerung von Würzburg. Nachdem der letzte Bauernverband geschlagen worden war, ereilte auch ihn das Schicksal. Er weilte gerade zu Verhandlungen mit Markgraf Casimir von Ansbach in Rothenburg und wurde aus der Stadt ausgewiesen. Auf der Flucht nach Norden – der Schwäbische Bund hatte seine Stammburg in Giebelstadt zerstört – wurde er am 10. Juni 1525 im Gramschatzer Wald bei Rimpar von einem Knecht seines Schwagers Wilhelm von Grumbach ermordet. Der Bauernkrieg war im Raum Franken und Schwaben zu Ende.

Reichsritteraufstand von 1523 und großer Bauernkrieg von 1524/25

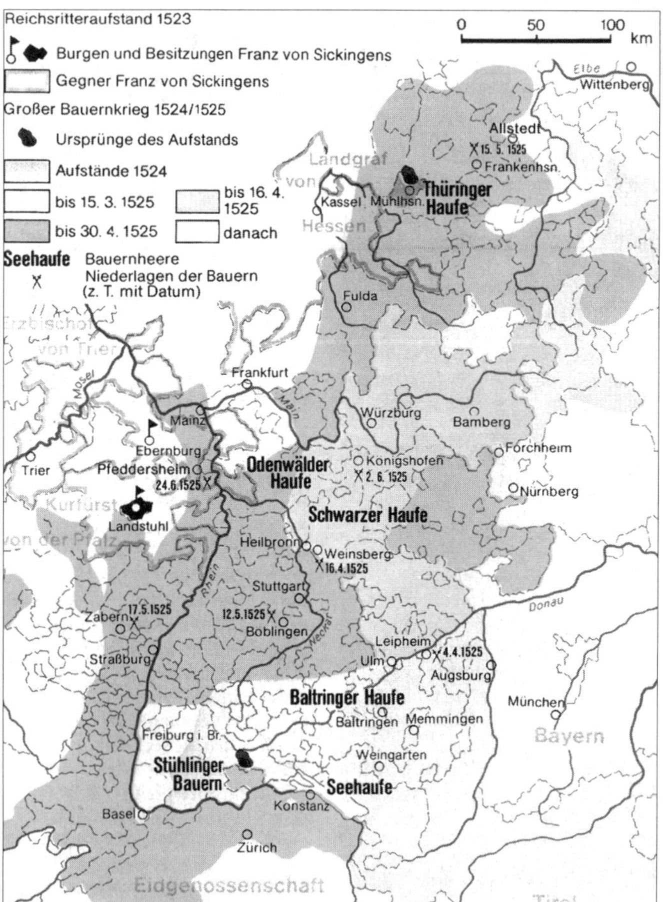

Die Reichsstadt Windsheim war ebenfalls von revoltierenden Bauernhaufen im April 1525 berannt und ›erobert‹ worden. Die Bürger der Stadt schlugen sich auf die Seite der Eroberer, rotteten sich zusammen und besetzten das Rathaus. Hier konnten sie den Rat der Stadt, der von ihnen wegen seiner verwandtschaftlichen Verflechtungen ›Vetterleinsrat‹ genannt wurde, festsetzen.

Aus Nürnberg – an diese Stadt hatte sich Windsheim enger angeschlossen – kam schließlich Hilfe. Die Nürnberger Kriegsknechte konnten Ruhe und Ordnung wieder herstellen und den ›Vetterleinsrat‹ befreien.

Damit nicht genug, versuchten Windsheimer Bürger den Belagerungsring der Bauern, zu denen sich einige der eigenen Bürger gesellt hatten, mit Getreide für den eigenen Feldbau zu besänftigen und eine Schonung der eigenen bäuerlichen Felder zu erreichen. Dadurch gerieten sie aber bei der Obrigkeit unter den Verdacht, sich auf die Seite der Bauern stellen zu wollen.

Wieder einmal mehr war es Markgraf Casimir von Ansbach, der beim Städtebund wegen dieser Windsheimer Übergriffe klagte und damit die Windsheimer in Schwierigkeiten brachte.

Der schwäbische Städtebund griff sofort und unnachsichtig durch. Es gab ein strenges Gerichtsverfahren. Einige Bürger Windsheims verloren durch das Henkerbeil ihr Leben, andere wiederum, bei denen nur ein Verdacht auf Rebellion und Aufstand bestand, wurden als Aufrührer des Landes verwiesen und mit Schimpf und Schande aus der Stadt gejagt.

Fazit

Im Bistum Bamberg vernichteten aufständische Bauern etwa 150 Klöster und Schlösser, ehe sie im Juni 1525 vernichtend geschlagen wurden. Nur in Österreich, vor allem in den Erzbistümern Salzburg und Steiermark, ging der Aufstand weiter.

Dr. Martin Luther, der zu Beginn den Bauernaufstand gerechtfertigt hatte, stellte sich wenig später »auf die Seite der Legitimität«. Damit entzog er den Bauern die religiöse und moralische Grundlage. Seinen Sinnenwandel hatte er mit dem Wüten seines Widersachers Thomas Müntzer begründet. Wie sah dieses ›Wüten‹ aus?

Der ›Revolutionär‹ Thomas Müntzer, der 1519 im Kloster Beuditz bei Weißenfeld wirkte und sich, von Luther gefördert, dennoch 1521 gegen diesen richtete und wegen eines Angriffs gegen die Obrigkeit 1521 amtsenthoben wurde, mußte 1524 aus Mühlhausen in Sachsen fliehen. In Nürnberg veröffentlichte er mehrere Schriften gegen Luther. Er wurde der ideologische Bauernführer in Thüringen. Als seine Anhänger bei Frankenhausen schwer geschlagen wurden, geriet er in Gefangenschaft und wurde an den Grafen von Mansfeld ausgeliefert. Nach grausamer Folter widerrief er seine Lehren und wurde mit 53 Anhängern gemeinsam enthauptet. Luther konnte zufrieden sein. Er hatte einen Widersacher aus dem Felde räumen helfen.

Von oben: Florian Geyer von Geyersberg, Thomas Müntzer und Titelholzschnitt zu Luthers Kampfschrift Wider die mordischen und reubischen Rotten der Bauern.

Während der Reformator Dr. Martin Luther in seiner *Zwei-Reiche-Lehre* differenziert zwischen Theologie und Politik unterschied, erkannte er in den Aufruhrpredigten eines Thomas Müntzer dessen sozialrevolutionäres Programm und in Müntzer selber einen Anhänger der radikalen Reformation. Damit wurde Müntzer sein Feind. Luther schwenkte nach anfänglicher Unterstützung der Bauern und ihrer Anliegen in das andere Lager ein. Nun war er gegen die Bauern und für die Fürsten. Allein von diesen konnte er den sicheren Schutz für seine Kirchenerneuerung erwarten. Diese Haltung bewies zwar seinen politischen Spürsinn und war von Erfolg gekrönt. Dieser wurde jedoch durch das Leben Tausender von Bauern bezahlt, die mit Luthers Sprüchen auf den Zungen in den Kampf gingen.

Das Hinschlachten der Bauern geschah nicht nur mit stillschweigender Billigung Luthers, sondern mit seiner eingangs Mai 1525 gegebenen Aufforderung an die Fürsten: »Liebe Herren steche, schlage, würge, wer da kann! Bleibst du drüber tot, wohl dir! Seligeren Tod kannst du nimmermehr bekommen. Denn du stirbst im Gehorsam göttlichen Befehls. So soll die Obrigkeit mit gutem Gewissen dreinschlagen, so lange sie eine Ader regen kann. Denn die Bauern, böse Gewissen und unrechte Sachen, und welcher Bauer darüber erschlagen wird, mit Leib und Seele verloren und ewig des Teufels ist.« (Siehe *Luthers Schriften* WA, Bd. 18: *Wider die räuberischen Rotten der Bauern,* 1525)

Bereits am 25. Mai 1525 hatten Neckarsulm, Stocksberg und Gundelsheim ihre Huldigung gegenüber dem Schwäbischen Bund geleistet. Dennoch wünschten sie den Abzug des bündischen Heeres. Für den Deutschen Orden in Franken wurde dieser Bauernaufstand schließlich zum Gewinn, indem bei Ziehung der ersten Bilanz der fränkischen Kommenden auf der Kapfenburg im August 1525 ein neuer Meistersitz festgelegt wurde. Dieser hieß Mergentheim. (Siehe Kapitel »Die Reichsfürsten des Deutschen Ordens in Franken«)

Als Ratsherr und seit 1520 erster Bürgermeister der Stadt Würzburg wurde Tilman Riemenschneider während des Bauernkrieges in den Strudel der Verwicklungen hineingerissen, als er sich mit seinen Ratskollegen der fürstlichen Forderung auf Einsatz der Bürgerschaft gegen die angreifenden Bauern widersetzte. Riemenschneider war offen genug, ein Gerücht weiterzuberichten, welches den Übergang der Stadt ins Lager der Aufständischen auslöste.

Die Versuche der Bürgerschaft von Würzburg, sich von ihrem Bischof zu lösen, endeten mit dem Zusammenbruch des Bauernaufstandes, dem sich die Stadt selbst und mit ihr auch der Ratsherr Riemenschneider angeschlossen hatten.

Der leichtsinnige Angriff der Bauern auf die Feste Marienberg am 15. Mai 1525 kostete 340 Bauern das Leben. Nur drei Mann der Verteidiger fanden den Tod. Insgesamt verloren die Bauern in diesen vergeblichen Kämpfen etwa 100 000 Mann. Die Sieger konnten die Bauern nun noch fester ins Geschirr bannen.

Selbstbildnis Tilman Riemenschneiders aus dem Marienaltar in Creglingen.

Riemenschneider zog sich die Ungnade des Landesherrn zu, der ihn nach dem Sieg über die Bauern ins Gefängnis werfen ließ. Dort hatte er auch die Schrecken der Folter erfahren. Seine bürgerliche Existenz war auf das Höchste bedroht, als er aus Gefangenschaft und der Todesfurcht in sein Haus zurückkehren durfte.

Hier wartete auf ihn die Vollendung seines Werkes »Bild der Trauer«, das er schließlich 1526 »als ein Symbol des Sieges über Aufstand und Aufruhr« beendete. Er starb am 7. Juli 1531. In den letzten Jahren war er bereits vergessen. Seine Werke aber, die im ganzen Taubertal und auch in seiner Vaterstadt Würzburg zu finden sind, überlebten ihn.

»Erst der Bauernkrieg gab den Fürsten den Weg frei, um den alten Ständestaat zu überwinden und den modernen absolutistischen Territorialstaat aufzurichten.« (Siehe Bickle, Peter, *Die Revolution von 1525,* München 1981)

Reichsfürsten, Reichsgrafen und Reichskreise: eine Übersicht

Bereits in der Darstellung der Bauernkriege und auch schon vorher tauchten Vereinigungen und Bündnisse auf, die infolge der Zerrissenheit und der Kleinheit der fränkischen Territorien notwendig waren, um sich gegenüber den großen Landesherren behaupten zu können. Geistliche und weltliche Fürsten, die allmählich in die Rechte der Könige eingetreten waren, hatten ihre eigenen Territorien und Residenzen aufgebaut.

Bereits seit dem 13. Jahrhundert hatte sich die Herrschaftsausübung weitgehend gewandelt. Während bis dahin noch immer kein fester Königssitz bestanden hatte und die Herrscher, von Pfalz zu Pfalz reisend oder von Burg zu Burg durch das Land ziehend, ihre Herrschaft gewissermaßen unterwegs ausübten, begann im 13. Jahrhundert die Festsetzung des Hofes und der Regierung in den Residenzen des Reiches.

Es war nicht mehr möglich, die Kanzleien mit ihrem Personal, die Archive und Registraturen mitzuführen. Sie wurden nunmehr ortsfest gebunden. Damit wurden die ersten wirklichen Behörden der neueren Zeit eingerichtet. Für den Herrscher galt es nicht mehr, überall dort, wo es brannte, auch persönlich anwesend zu sein. Es wurde mehr und mehr bürokratisch verwaltet und eine Ämterorganisation eingerichtet, die sehr bald flächendeckend wirkte. Herrschaftliches Charisma wurde durch juristische Professionalität ersetzt.

Daß die Macht der Herrscher nicht unumschränkt war, ist bereits vielfach dargestellt worden. Die Großen eines jeden Herrschaftsgebietes waren am Hofe tätig. Sie berieten den Herrscher und versuchten, auf seine Entscheidungen zu ihren Gunsten Einfluß zu nehmen.

Die bayerischen Bischöfe beispielsweise verlegten ihre Höfe in die Nähe der Regensburger Herzogs- und Königspfalz. Sie waren umgehend zur Stelle, wenn es galt, den eigenen Herrschaftsbereich zu vergrößern und ihre Macht auszubauen.

Dort aber, wo Herrschaft ausgeübt wurde und herrschaftliche Schlösser und Städte entstanden, entwickelte sich zugleich auch das geistige und künstlerische Leben und trieb zur vollen Entfaltung seiner Möglichkeiten. In den Residenzen standen jene Mittel zur Verfügung, welche die Einrichtung und Ausgestaltung von Bibliotheken, Schulen und Universitäten, vor allem aber das Heranziehen von Künstlern möglich machten.

Daß es Franken im staatlichen Sinne längst nicht mehr gab und sich nach dem ostfränkischen Reich Ludwigs des Deutschen eine Vielzahl an Herrschaften bildete, ist ebenso deutlich wie die Versuche beispielsweise der Fürstbischöfe von Würzburg, den fränkischen Herzogstitel zu erlangen.

Es war der *Fränkische Merkur*, der im Jahre 1797 Franken als eine große Landschaft beschrieb und diese als »ein Durcheinander, für das man keinen Namen hat«, bezeichnete.

Die besonders enge Beziehung zum Reich war es, welche die Herrschaftsgeschichte Frankens zunächst prägte. Die Reichsnähe zeichnete Adelige, Reichsritter und Grafen ebenso wie die Reichsstädte bis ins 18. Jahrhundert hinein aus. Das Reichsgut bildete den Grundstock für die Territorien der Fürstbischöfe von Würzburg und Bamberg ebenso wie für das kurmainzische Gebiet um Aschaffen-

Ansicht von Nürnberg zu Beginn der Reformationszeit, im Vordergrund die Gestalt eines Eremiten. Kupferstich von Albrecht Dürer,1519.

burg. Im Dienst des Reiches stiegen die Hohenzollern zu mächtigen Territorialfürsten empor. Dabei drangen sie in Ansbach ebenso wie in Bayreuth in jene Gebiete ein, die vorher von kirchlichen Trägern der Herrschaft beansprucht und besetzt waren.

Nürnberg nahm beispielsweise von einer Reichsburg seinen Anfang. Auch der Deutsche Orden verdankte Königen und Kaisern, vor allem *vielen* adeligen Familien seinen Aufstieg in Franken und im Reich, bis zur Reichsunmittelbarkeit und zur Erhebung seiner Hoch- und Deutschmeister in den Stand der Reichsfürsten.

Daß Edle im fränkischen Raum im Laufe der Entwicklung durch Könige und Kaiser immer neue und größere Privilegien erwarben und zu Grafen, Reichsgrafen und sogar Reichsfürsten aufstiegen, wird noch anhand einiger Familien darzustellen sein.

Mit dem Aufstreben dieser Edlen, der Reichsritter, Grafen und Fürsten verbunden ist der Rückzug der königlich-kaiserlichen Zentralgewalt – dies in einem Teil des Heiligen Römischen Reiches Deutscher Nation, in dem noch Karl IV. Reichslandpolitik betrieben hatte, mit dem Ziel, dieses Land in Franken zu einer tragenden Säule seines Herrschaftsgebietes zu machen.

Vor allem aber war es die Reformation, welche die Staatlichkeit Frankens entscheidend beeinflußte. Sie ermöglichte den protestantischen Landesherren nämlich den Zugriff auf katholisches Kirchengut, stärkte damit ihre Finanzkraft und ihr Prestige. Diese übten zugleich auch das Kirchenregiment aus, womit sie den Bereich des religiösen Lebens der weltlichen Gewalt unterwarfen. Die Gegenreformation in den geistlichen Territorien ist in einem engen Zusammenhang mit der Entwicklung des Absolutismus zu sehen.

Die territoriale Zersplitterung Frankens führte jedenfalls dazu, daß viele fränkische Ortschaften, oftmals aus Burganlagen und deren engere Umgebung hervorgegangen, sich auch zu kleinen Residenzen entwickelten.

Was das Alte Reich politisch, religiös und kulturell gewesen ist, wird in Franken deutlicher als anderswo. Diese kleinen Residenzen und auch die Reichsstädte waren einzeln und, auf sich allein gestellt, nicht in der Lage, sich gegen Übergriffe größerer und großer Herren zu schützen. Dies war der Ausgangspunkt zu einer Bildung verschiedenster Kreise, Räte und Reichsgrafenschaften. Daß auch die großen Herren ihre Standesvertretungen hatten, sei vorab eingeblendet.

Der Reichsfürstenrat

An der Spitze aller Vereinigungen und Zusammenschlüsse im Reich stand der Reichsfürstenrat, die sogenannte Fürstenbank. Dieser konstituierte sich bereits in der zweiten Hälfte des 15. Jahrhunderts. In ihm waren alle Reichsfürsten und Reichsgrafen zusammengeschlossen. Mit diesem Reichsfürstenrat verbanden sie die Absicht, ihre Forderungen gegen Kaiser und Könige, vor allem gegenüber dem Kurfürstenkollegium, durchsetzen zu können.

Der Reichsfürstenrat setzte sich aus Fürsten, reichsständischen Grafen und Herren sowie nichtfürstlichen Prälaten zusammen. Er gliederte sich in eine geistliche und eine weltliche Bank und votierte mit Viril und Kuriatstimmen. Die Virilstimmen (die Stimmen der altfürstlichen Häuser) waren ein Privileg der Fürsten. Sie waren von Anfang her an die Person des Fürsten gebunden und wurden beim Aussterben eines Geschlechtes storniert. Ihre Zahl stieg bei der Aufspaltung eines Hauses entsprechend an.

Die Kuriatstimmen wiederum (die Gesamtstimmen) waren den übrigen Mitgliedern, den Grafenbänken, vorbehalten.

Erst im Jahre 1582 wurde das System der Stimmenvermehrung bei Teilung der Häuser aufgegeben und die Anzahl der Virilstimmen nach der Zahl der derzeit vorhandenen Fürstenhäuser festgeschrieben. Darüber hinaus wurde der Aufstieg in den Reichsfürstenstand erschwert. Bei den Kuriatstimmen, Gesamtstimmen der Grafen, Herren und nichtfürstlichen Prälaten, standen jeder Grafenbank jeweils eine Stimme zu. Dies waren seit 1653 jeweils sechs Stimmen: vier weltliche für die wetterauische, schwäbische, fränkische und westfälische Grafenbank und zwei geistliche der rheinischen und schwäbischen Prälatenbank.

Die Fürsten verfügten zu Ende des 18. Jahrhunderts über insgesamt 94 Virilstimmen. Die Direktion im Reichsfürstenrat führte im Wechsel Österreich und Salzburg.

Nach dem Frieden von Lunéville erfolgte 1801 ein radikaler Wandel, der sich mit dem Reichsdeputationshauptschluß 1803 noch verstärkte. Dort wurden die Stimmen der Frankreich zugeschlagenen linksrheinischen Reichsstädte und der Geistlichkeit annulliert bzw. als Ersatz für Verluste auf weltliche Stände übertragen. Damit waren sie der Willkür und Gunst der Herrscher von Napoleons Gnaden unterworfen. Es kam bis zur Auflösung des Alten Reiches zu keiner Reorganisation mehr.

Neben und vor allem gegen diese Institution erblickten eine Vielzahl weiterer Bünde das Licht der Welt, die sich durchweg als Schutz- und Trutzbünde erweisen sollten.

Die Reichsgrafen-Kollegien

Bereits im 15. Jahrhundert schlossen die Grafen der Wetterau miteinander Verträge, die alle teilnehmenden Herren dazu verpflichteten, jedem der ihren beizustehen, sobald dieser in kriegerische Ereignisse verwickelt wurde. Darüber hinaus hatten sie einander mit Schlichtungsvorschlägen zu unterstützen.

Im Jahre 1518 befaßten sich die solcherart in ein Bündnis zusammengeschlossenen Grafen auch mit Reichsangelegenheiten. Sie übernahmen neben den schwäbischen Reichsgrafen die Führung und Vertretung des gesamten Grafenstandes im Reichstag. Erst im Jahre 1576 wurde eine solche Tätigkeit ausschließlich diesen beiden Vereinigungen zugestanden.

Bedingungen für die Aufnahme ins wetterauische Reichsgrafen-Kollegium war der Besitz eines reichsunmittelbaren Territoriums, die Zugehörigkeit zu einem der Reichskreise und dortige Beiträge. Außerdem gehörte die Zustimmung der Kurfürsten und des Fürstenrates dazu.

Zu Anfang dieses Zusammenschlusses gehörten vor allem die wetterauischen Grafen in Nassau, Hanau, Solms, Stolberg, Isenburg und deren Linien sowie die (links)rheinischen Grafen mit den Rheingrafen, Leiningen, Falkenstein, Seyn, Wied und Waldeck dazu.

Nach 1579 wurden auch entferntere Grafenhäuser aufgenommen, sogar solche im Norden, wie Bergen op Zoom, Schaumburg, Bentheim, Oldenburg, Lippe, Ostfriesland und Diepholz. Im Süden aber, im Gesamtraum von Franken und für unser Buch von Interesse, waren es Hohenlohe, Erbach, Schenk von Limburg, Löwenstein-Wertheim und Castell.

Im Jahre 1653 schieden die westfälischen Grafen wegen der Schwierigkeit bei der Anreise zu den Treffen aus diesem Kreis aus und bildeten den westfälischen Reichskreis.

Vom Herzogtum Franken zum fränkischen Reichskreis

Nach dem Zerfall des Karolingerreiches bildeten sich neue Stammesherzogtümer. Das Gebiet mit fränkischem Recht zwischen Mittelrhein und Main war von diesem Entwicklungsprozeß ausgeschlossen. Es umfaßte in etwa das Land nördlich des Mains bis nach Fritzlar, im Süden bis nach Stuttgart und nach Osten bis an den Thüringer Wald.

Hinzu kamen die linksrheinischen Gebiete um Worms und Speyer. Es zerfiel nicht eben scharf abgegrenzt in das *Francia orientalis* (Ostfranken) mit dem Zentrum Würzburg und in das *Francia rhenensis* (Rheinfranken).

Seit dem 10. Jahrhundert kämpften in diesem weiten Raum einige Familien um die Herzogswürde. Es waren zunächst die Babenberger und Konradiner, die einander diese erstrebte Stellung streitig machten. Erst nach dem erfolgreichen Ausgang der Babenberger Fehde im Jahre 906 wurde Konrad I. praktisch Herzog von Franken. 911 erfolgte seine Wahl zum König.

Sein Bruder Eberhard folgte ihm in Franken ins Regiment und erlangte zwar eine herzogähnliche Stellung, ohne aber diesen Titel für sich in Anspruch zu nehmen. Er fiel 939 im Kampf gegen Otto den Großen. In dieser Situation wurde das ehemalige Herzogtum Franken eingezogen und unmittelbar dem König unterstellt. Es wurde zum Reichsland.

In Rheinfranken wiederum konnte sich nach dem Aussterben der Salier ebenfalls keine herzogliche Gewalt mehr durchsetzen. Hier entstanden eine Vielzahl kleiner und kleinster Territorien, so etwa die Pfalz, Nassau, Hessen, Katzenelnbogen, Hanau und die Hochstifte Mainz, Worms und Speyer. Bereits sehr früh verschwand hier der Name Franken aus der Geschichte.

Seit Anfang des 12. Jahrhunderts beanspruchte der Bischof von Würzburg im herzogfreien Ostfranken die herzoglichen Rechte, vor allem die Gerichtsgewalt. Dabei stützte er sich auf eine Reihe gefälschter Privilegien und erhielt denn auch von Kaiser Friedrich I. die herzoglichen Rechte in Franken bestätigt. Konrad von Staufen, der diese Rechte bereits von Kaiser Heinrich V. erhalten hatte, ging leer aus.

Seit dem Jahr 1200 bezieht sich der Name Franken auf den östlichen Teil der karolingischen Königslandschaft. Der Bischof von Würzburg konnte trotz eines ihm verliehenen kaiserlichen Landgerichts die Herzogsgewalt nicht über seinen Hochstiftsbereich hinaus ausdehnen. Er mußte also auf den angestrebten Besitz der im alten Ostfranken entstandenen Territorien von Bamberg, Fulda, Henneberg, Nürnberg, Castell, Hohenlohe, die fränkische Reichsritterschaft und Reichsstädte verzichten.

Darüber hinaus versuchte auch König Konrad III. dem Bischof von Würzburg die Herzogswürde streitig zu machen und in Franken eine herzogähnliche Stellung einzunehmen. Seine Söhne führten nach ihrem Herrschaftsmittelpunkt den Titel ›Herzog von Rothenburg‹. Dieses neue territoriale und nicht mehr Stammesherzogtum erlosch mit dem Tod von Barbarossas Sohn Konrad im Jahre 1196.

Im fränkischen Reichskreis wurde 1500 das alte Gebiet der *Francia orientalis* neu zusammengefaßt. (Die Erneuerung eines Herzogtums Franken für Herzog Bernhard von Weimar im Dreißigjährigen Krieg hielt sich nur wenige Jahre.) Die Pläne einer Reichskreiseinteilung aus dem Jahre 1495, die Franken als eine Region vorsahen, wurden erst auf dem Reichstag des Jahres 1500 verwirklicht.

Es entstand der fränkische Reichskreis, der weitgehend mit dem alten Stammesherzogtum Franken übereinstimmte. Direktor dieses fränkischen Reichskreises wurden 1522 der Bischof von Bamberg

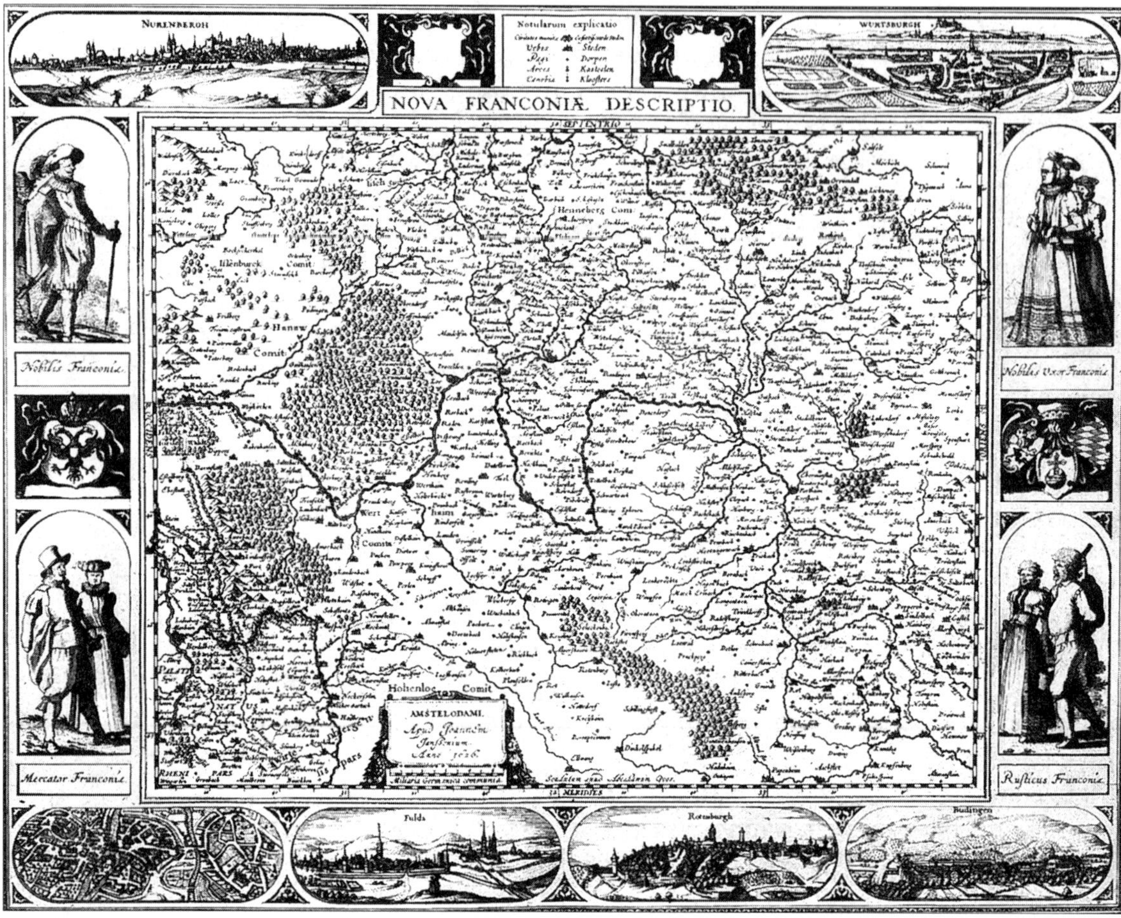

Nova Franconiae descriptio, Kupferstich (54,4 x 43,5 cm) von A. Goos, verlegt in Amsterdam 1626.

und die brandenburgischen Linien Kulmbach (Bayreuth) und Ansbach. Als einer der wenigen Reichskreise neben dem bayerischen und schwäbischen Reichskreis folgte der fränkische Reichskreis dem Beschluß von 1571 über gemeinsame Münzprüfungstage auch nach dem Dreißigjährigen Krieg weiter und war entscheidend an den ›Assoziationen‹ beteiligt. Darunter sind jene Unionen und die kleinen Stände im Westen des Reiches zu verstehen, die kein stehendes Heer erhalten konnten, um ihr Sicherheitsbedürfnis zu befriedigen.

Daß der fränkische Reichskreis durch die Religionsunterschiede beeinträchtigt wurde, beispielsweise in der Frage, welcher Konfession der Kreisobrist als Führer der Truppe des Reichskreises anhing, gehörte bereits 1572 der Vergangenheit an, als die Polizeiordnung in Kraft getreten war.

Seit 1681 war der fränkische Reichskreis in der Reichskriegsverfassung tätig. 1702 mußte er unter bayerischem Druck dem Nördlinger Traktat beitreten. Darin griffen die Mitgliedsterritorien des fränkischen Reichskreises, aber auch anderer Reichskreise zur Aufstellung eines Heeres auf die Frankfurter Assoziationsrezesse zurück, in denen kaiserliche Hilfstruppen zur Abwehr französischer Angriffe vorgesehen wurden. Mit dem Kaiser als Mitglied wurde das stehende Reichsheer gebildet. Auch später noch stellte der fränkische Reichskreis ein Heereskontingent, und zwar bis zum Ende des Alten Reiches zwischen 1803 und 1806.

Im fränkischen Reichskreis waren alle vier Bänke nach dem Reichsstand seiner Mitglieder besetzt. Es waren dies: die Bistümer Bamberg, Würzburg und Eichstätt, der Deutsche Orden mit seinem Hauptsitz in Mergentheim, die brandenburgischen Linien Kulmbach und Ansbach, die 1791 an Preußen fielen, sowie die gefürstete Reichsgrafenschaft Henneberg, die sich im Besitz des Kurfürsten von Sachsen befand. Hinzu kamen die sächsischen Herzogslinien Weimar, Meiningen, Coburg, Gotha und Hildenburghausen mit abwechselndem Stimmrecht. Jene im Besitz von Hessen-Kassel befindlichen Herrschaften folgten. Die Familien Schwarzenberg, Hohenlohe-Waldenburg, Hohenlohe-Neuenstein, Castell, Wertheim, Rieneck, Erbach, die Herrschaft Limpurg-Gaildorf, Seinsheim und Schönborn-Reichenstein und -Wiesentheid kamen als typisch fränkische Besitzungen hinzu. Den Schluß bildeten die Reichsstädte Nürnberg, Rothenburg ob der Tauber, Windsheim, Schweinfurt und Weißenburg.

Der fränkische Ritterkreis

Erstmals trat die fränkische Reichsritterschaft bereits als Korporation 1495 in Erscheinung. Sie schloß sich 1577 mit dem schwäbischen und dem rheinischen Ritterkreis zum Bund der Freien Reichsritterschaft zusammen. 1590 gaben sie sich eine eigene Verfassung. Mit seinem Sitz in Schweinfurt hatte der fränkische Ritterkreis etwa um das Jahr 1790 herum rund 700 Territorien mit insgesamt 200 000 Einwohnern. Er wies 150 Ritterfamilien auf und gliederte sich in sechs Kantone:

1. Odenwald mit Sitz in Heilbronn bis 1764,
2. Gebirg mit Sitz in Bamberg,
3. Rhön-Werra mit Sitz in Schweinfurt, mit jeweils einem saalischen, mainfränkischen, hennebergischen Quartier,

4. Steigerwald mit Sitz in Erlangen,
5. Altmühltal mit Sitz in Wilhermsdorf,
6. Baunach, bis 1778 mit Sitz in Rügheim, anschließend in Nürnberg.

In zweijährigem Turnus wechselten die einzelnen Kantone im Direktorium. Mit der Mediatisierung der fränkischen Reichsritterschaft von 1805 bis 1806 löste sich auch der fränkische Reichsritterkreis auf.

Das fränkische Reichsgrafenkollegium

Ergänzend zum fränkischen Ritterkreis waren zunächst die schwäbischen und wetterauischen Grafen seit dem Jahre 1518 im fränkischen Verein zusammengeschlossen. Dieser unterzeichnete im 16. Jahrhundert lediglich einige Reichstagsabschiede. Er mußte sich im Jahre 1545 nach Entscheid der kaiserlichen Kommissare dem schwäbischen Reichsgrafenkollegium anschließen, das 1557 *auch* für die Grafen und Herren in Franken sprach und 1576 gemeinsam mit dem Wetterauer Reichsgrafenkollegium eine Vertretung im Reichsfürstenrat auf diese beiden Kollegien beschränken ließ.

Seit 1579 warb insbesondere das Wetterauer Reichsgrafenkollegium auch um auswärtige Mitglieder. Es erreichte den Anschluß einer Reihe fränkischer Grafen, die jedoch seit etwa 1630 bei den Versammlungen der evangelischen Stände mit einer Kuriatstimme zugelassen wurden und 1641 auf dem Reichstag zu Regensburg die dritte Grafenstimme im Reichsfürstenrat erhielten.

Im alle drei Jahre nach dem Alter wechselnden Direktorium waren die bedeutenderen Mitglieder vereinigt, so die fränkischen Edlen und Grafengeschlechter der Hohenlohe, der Castell, Erbach, Löwenstein-Wertheim und ihre Linien, die vor 1641 dem Wetterauer Reichsgrafenkollegium angehört hatten.

Außerdem gehörten die Grafen von Limpurg und von Wolfstein oder ihre Erben, die Grafen von Nostitz für Rieneck, Schönborn für Reichelberg, Wiesentheid und Grävenitz, sowie die Fürsten von Schwarzenberg, diese für Seinsheim, dazu. Hinzu kamen vor allem eine Reihe Personalisten *ohne* Reichsgrafenschaft. Letztere waren die Herren Grafen von Windischgraetz, Ursin von Rosenberg, die Starhemberg, Giech und Pückler. Auch dieses fränkische Reichsgrafenkollegium war mit dem Ende des Alten Reiches im Jahre 1806 abgetan. Von da an wurde die Vereinigung den evangelischen Reichsständen zugerechnet.

Bliebe nur noch der schwäbische Ritterkreis und das schwäbische Reichsgrafenkollegium zu umreißen. Die schwäbische Reichsritterschaft, die außerhalb der Reichskreisorganisation stand, wurde als Korporation nach der 1541–45 erfolgenden Auflösung des schwäbischen Ritterbundes ins Leben gerufen. Im Jahre 1560 gab sie sich eine Verfassung, und im darauf folgenden Jahr wurde diese von Kaiser Ferdinand I. bestätigt. Im Jahre 1577 schloß der schwäbische sich mit dem fränkischen und rheinischen Ritterkreis zum Bund der freien Reichsritterschaft zusammen.

Dieser Bund erlangte im Jahre 1609 die Hochgerichtsbarkeit. Mit Kreissitz in Ehingen umfaßte allein der schwäbische Ritterkreis etwa 670 Territorien mit 160 000 Einwohnern und 140 Ritterfamilien. Damit verfügten der fränkische und der schwäbische Ritterkreis über 1370 Territorien mit 360 000 Einwohnern und 290 Ritterfamilien. Auch der schwäbische Ritterkreis gliederte sich 1749 in Kantone. Es waren dies:

1. Kanton Donau mit Sitz in Ehingen,
2. Kanton Hegau mit den Bezirken Hegau und Bodensee mit Sitz in Radolfzell,
3. Kanton Neckar-Schwarzwald-Ortenau mit Sitz in Tübingen,
4. Kanton Kocher mit Sitz in Esslingen,
5. Kanton Kraichgau mit Sitz in Heilbronn.

An der Spitze aller Kantone stand ein gewählter Ritterhauptmann oder Direktor. Alle Kantone verfügten über das Besteuerungsrecht, übten die Militärhoheit aus und verfügten über das Vorkaufsrecht für ritterliche Güter. Sie vertraten den schwäbischen Ritterkreis auch nach außen. Mit der Mediatisierung der schwäbischen Reichsritterschaft in den Jahren 1805/06 löste sich diese auf und wurde gemäß Artikel XXV der Rheinbundakte in die ritterschaftlichen Gebiete des Rheinbundterritoriums eingegliedert. Alle Restitutionsversuche während des Wiener Kongresses scheiterten.

Der bereits erwähnte rheinische Ritterkreis, zu dem sich der reichsunmittelbare Adel am Rhein zusammenschloß, erlebte zur gleichen Zeit wie die übrigen Ritterkreise seine Gründung. Er schloß sich 1577 dem fränkischen und schwäbischen Ritterkreis an, womit der Dreierbund der freien deutschen Rechsritterschaft seinen Anfang nahm. Er gab sich 1652 seine eigene Verfassung. Ihm unterstanden 360 Territorien mit 90 000 Einwohnern und etwa 60 Ritterfamilien.

Damit hatte sich der Bund der freien Reichsritterschaft auf eine Gesamtzahl von 450 000 Einwohnern mit 1730 Territorien und 350

Ritterfamilien zusammengefunden – zu der damaligen Zeit eine gewaltige Machtzusammenballung, die sich gegenüber den meisten Territorialherren durchaus zu behaupten wußte.

Auch die rheinische Gliederung war in Kantone unterteilt. Es waren dies:

1. Kanton Oberrheinstrom mit Sitz in Mainz,
2. Kanton Mittelrheinstrom mit Sitz in Friedberg,
3. Kanton Niederrheinstrom mit Sitz in Koblenz.

Mit dem Friedensschluß von Lunéville fielen bereits die linksrheinisch gelegenen ritterschaftlichen Territorien an Frankreich. In der folgenden Mediatisierung der Reichsritterschaft löste sich auch der rheinische Ritterkreis auf, um in das Rheinbund-Territorium eingegliedert zu werden.

Die hierzu angezogene Rheinbundakte hatte zum Ziel, den Mitgliedern des Rheinbundes von Napoleons Gnaden eine Vergrößerung ihrer Besitzungen zu verschaffen und die Reichsritterschaft so weit wie möglich zu beseitigen. Sie war am 12. Juli 1806 durch Napoleon in Paris durchgesetzt worden und hatte in ihren 40 Artikeln alle Fallstricke ausgelegt, die eine Staatwerdung Deutschlands für 65 Jahre verhinderten.

In dieser Rheinbundakte sagten sich die Reichsstände Bayern, Württemberg, der Kurerzkanzler, Baden, Berg und Kleve, Hessen-Darmstadt, Nassau-Usingen, Nassau-Weilburg, Hohenzollern-Hechingen, Hohenzollern-Sigmaringen, Salm-Salm, Salm-Kyrburg, Isenburg-Birstein, Arenberg, Liechtenstein und von der Leyen vom deutschen Reich los und schlossen sich im Artikel 1 der Reichsbundakte zu einer Konföderation zusammen.

Kapitel 5

REICHSSTÄDTE UND RESIDENZEN IN FRANKEN

Würzburg – Bistum und Bischofsstadt

Bereits im sechsten Jahrhundert nach Christus drangen Franken und Thüringer über den Main in Richtung Würzburg vor. Es war der thüringische Herzog Heden der Jüngere, der an dieser Stelle mit seinem *Castello Virteburch* seit 704 urkundlich bekannt ist. Er stellte damals die erste Urkunde über eine »Residenz« aus. Wo genau dieses Kastell lag, etwa dort, wo das heutige Neumünster steht, oder auf der anderen Mainseite bei der späteren und jetzigen Feste Marienberg, ist unbekannt.

Dieses Gebiet war nach wie vor Pfalz des Herzogs von Thüringen, auch wenn fränkische Verbände sich ihr mehr und mehr genähert hatten und als ›Verwandte‹ integriert worden waren.

Der heilige Kilian, lebensgroße Büste von Tilman Riemenschneider, 1945 im Würburger Neumünster verbrannt.

Der Mönch Kilian kam als Führer einer Gruppe irischer Missionare der Iroschottischen Mission etwa um 687 in den Raum Würzburg. Der dort zu dieser Zeit regierende Herzog Gozbert, Vater von Herzog Heden, hatte die Mönche in die Stadt gerufen. Kilian konnte ihn und seine Untertanen ebenso wie die hier wohnenden Franken taufen. Er wurde aber mit seinen Gefährten Kolonat und Totnan ermordet. Unbewiesene Gerüchte sprechen davon, daß diese Morde auf das Konto der Schwägerin Gozberts, Gailana, gingen. Wahrscheinlicher jedoch dürfte sein, daß die drei Missionare Opfer einer heidnischen Reaktion auf ihre Bekehrungsversuche waren.

Kilian wurde zum Patron der Stadt Würzburg sowie der Diözesen Würzburg und Paderborn. Sein Grab und das seiner Gefährten wurde im Neumünster an der Stelle verehrt, wo sie der Sage nach zu Tode gekommen sind.

Im Jahre 742 wurde das Bistum Würzburg gegründet. Im selben Jahrhundert, etwa um 780, wurde die

Lebensbeschreibung des fränkischen Wanderpredigers und Heiligen Kilian geschrieben. Darin wird Würzburg als Hauptstadt des thüringischen Reiches benannt.

Die Stadt blieb zwar im Besitz des Königs, aber im Laufe der Zeit erhielten die Bischöfe von ihm mehr und mehr Rechte eingeräumt.

Bereits 719 war der Missionar und Bischof, seit 731 Erzbischof Bonifatius in Würzburg eingetroffen mit der Aufgabe, das Christentum in Ostfranken zu festigen. In Büraburg, Erfurt und Würzburg errichtete er Bischofssitze, die von Papst Zacharias bestätigt wurden. Damit hatte der von Papst Zacharias ernannte *legatus germanicus* ganze Arbeit geleistet. Auch die fränkischen Klöster Tauberbischofsheim, Kitzingen, Ochsenfurt und Fulda gingen auf seine Arbeit zurück.

Die damaligen Würzburger Bischöfe residierten seit der Bistumstradition, die 742 begann, im Bereich des heutigen Neumünsters, das damals jedoch noch nicht errichtet worden war. Bereits für die zweite Hälfte des 8. Jahrhunderts ist allerdings schon der Dom, das ›alte Münster‹, bezeugt.

Stadt und Bistum Würzburg entwickelten sich unter dem besonderen Schutz der Karolinger und ihrer Nachfolger in Gestalt der ostfränkischen Könige weiter. Durch die Verleihung von Hoheitsrechten und Schenkungen weitete es sich rasch aus, ehe es zu Anfang des 11. Jahrhunderts von dem neuen Bistum Bamberg im Osten abgegrenzt wurde. Dennoch vergrößerten sich sein Herrschaftsbereich und die Macht seiner Bischöfe durch königliche Schenkungen im Gebiet südlich bis Schwäbisch Hall und nördlich bis in den Raum vor Hersfeld.

Daß der Bischof zu einem Fürsten des Reiches *und* einer festen Stütze der Königsmacht in Franken wurde, erlitt auch durch die Gründung des neuen Bistums Bamberg 1007 auf Würzburger Kosten keine Einbußen.

Zwar hatte Kaiser Heinrich II. Bischof Heinrich I. mehrfach versprochen, Würzburg zum Metropolitensitz zu machen, aber dieser Prestigeverlust war zu verkraften, denn die Entwicklung der Stadt und des Bistums bewegte sich steil aufwärts, was auf die Bedeutung der Stadt für den Handel zurückzuführen war. So wuchs die größere Siedlung im 11. Jahrhundert zur Stadt heran, die bereits eine feste Ummauerung aufwies und etwa 3000 Einwohner hatte.

Bischof Meginhard I. (1018/1019–1034) erhielt von König Konrad II. die Regalien für die Gesamtansiedlung Würzburg. Ab 1030 etwa konnte man von einer echten Stadt sprechen. Bereits zu dieser Zeit kam es zu den ersten Zerwürfnissen zwischen Bischof und dem frühen, sich eben erst bildenden Stadtbügertum. Grund dieser Zerwürfnisse war der Investiturstreit, bei dem sich der Bischof der päpstlichen Seite, die Bürger aber dem salischen König Heinrich IV. anschlossen.

Als beispielsweise Bischof Adalbero (1045–1080) von der Wahl Rudolfs von Rheinfelden zum deutschen Gegenkönig 1077 nach Würzburg zurückkehrte, an der er mitgewirkt hatte, waren von den Stadtbewohnern die Tore der Stadt verrammelt. Sie verwehrten Bischof Adalbero den Einzug und dies für volle zehn Jahre. Im Jahre 1127 fand hier das erste Turnier in Deutschland statt.

»Diese weinreichen, so fruchtbaren, so schönen Landstriche, die allenthalben berühmt sind, umfassen das liebliche Würzburg gleich einer Rose. Trefflich ist diese Lage, wunderschön erschien sie mir, und ins Tal eingeschnitten liegt die Stadt da wie ein irdisches Paradies.«

Gottfried von Viterbo, Gesta Friderici *(12. Jahrhundert)*

Am heutigen Standort wurde im 11. Jahrhundert der dritte Würzburger Dom errichtet, als die Vorgängerkirche abgebrannt war. Die Weihe dieses neuen Gotteshauses konnte allerdings erst im Jahre 1187 stattfinden.

Es war Bischof Herold (1165–1171), der sich an Kaiser Friedrich Barbarossa wandte und um die Gunst bat, die weltlichen Rechte Würzburgs auf ganz Ostfranken ausdehnen zu dürfen. Er konnte mit einer wohlwollenden Genehmigung rechnen, denn Friedrich I. ›Barbarossa‹ hatte 1156 in Würzburg seine Vermählung mit Beatrix von Burgund gefeiert.

Die Bitte des Bischofs wurde 1168 durch Friedrich I. erhört. Bischof Herold wurde zum Herzog von Ostfranken ernannt. Damit hatte er einen großen Schritt auf der Erfolgsleiter aufwärts genommen, ohne daß diese Erhöhung besonders in bezug auf die weltliche Machterweiterung Würzburgs zu Buche schlug. Dennoch bestand der Titel für den Bischof und Konrad I. von Querfurt, seinem bischöflichen Nachfolger, der 1198 unter etwas undurchsichtigen Bedingungen auf den Bischofsstuhl gelangt war. Dieser verfolgte als erster, gestützt auf den Herzogstitel, eine weit ausgreifende Territorialpolitik. Er gründete Städte, ließ Burgen errichten, um diese Besitzungen und die Durchgangsstraßen durch sein Land zu schützen. Er dehnte seinen Einfluß weit ins Umland hinein aus.

Vor allem ging es ihm darum, die Ministerialen des Hochstiftes, die sich im Laufe der Zeit die ihnen zu Lehen gegebenen Besitzungen als Eigengut angeeignet hatten, zurechtzustutzen. Dieses Gut sollte wieder der bischöflichen Macht einverleibt werden, um daraus Zins und Zehnten zu ziehen. Daß dies nicht nur für böses Blut und für Unmut, sondern sogar für Mord sorgte, zeigt die Tatsache, daß der Bischof 1202 in Würzburg durch einen seiner Dienstmannen, den er derart beschnitten hatte, erschlagen wurde.

Neben dem Bischof entwickelte sich vor allem das Domkapitel zu einer eigenen Körperschaft. Dieses konnte die Mitregierung erlangen und stellte 1225 erstmalig eine Wahlkapitulation auf. In den folgenden Auseinandersetzungen, die schließlich zu Mord und Totschlag ausuferten, behielt der Bischof die Oberhand. Es gelang aber nicht, den fürstlichen Absolutismus in Würzburg durchzusetzen.

Bereits zur Zeit Bischof Konrads I. von Querfurt wandte sich die bischöfliche Führung entschieden dem Marienberg zu, auf dem seit dem 10. Jahrhundert eine Rundkirche stand.

Diese exponierte Lage – dazu die bereits zu dieser Zeit auftretenden Wirren – ließ Bischof Konrad schließlich in Aktion treten. Er befahl, die Befestigung des Marienberges, die sofort in Angriff ge-

Die am linken Mainufer hoch aufragende Festung Marienberg in Würzburg; seit 1947 beherbergt sie das Mainfränkische Museum. Links: die zweigeschössige Marienkirche auf der Festung, aus der mittelalterlichen Rundkirche wurde ein Zentralbau der Renaissance.

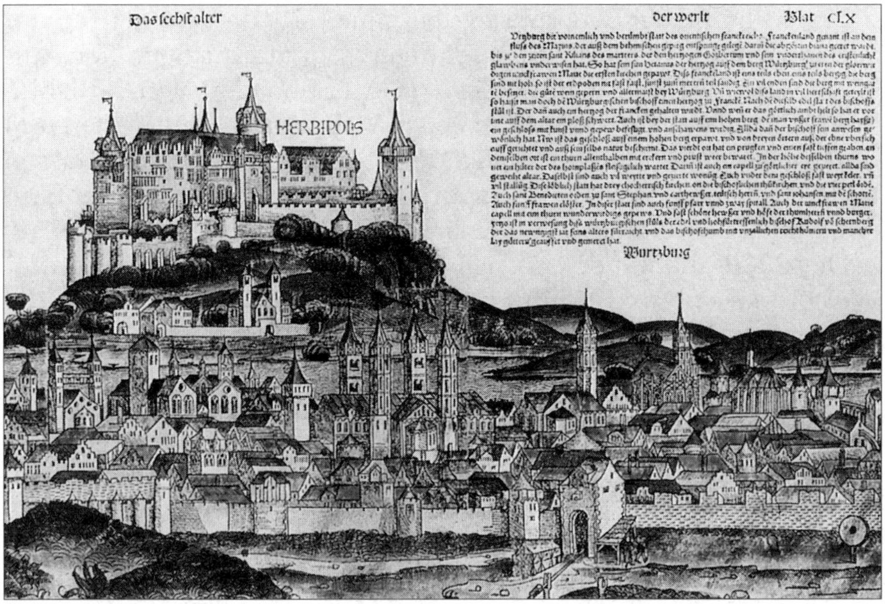

Ansicht Würzburgs aus der Schedelschen Weltchronik *(1493), kolorierter Holzstich.*

nommen wurde und sehr bald ihren Nutzen für die bischöfliche Stellung unter Beweis stellte.

Bischof Hermann von Lobdeburg (1225–1254) hatte sich als papsttreuer kirchlicher Würdenträger mit der königstreuen Stadt auseinanderzusetzen. Als er von den Bürgern 1247 aus Würzburg vertrieben wurde, zog er sich mit seinen Rittern und dem Hofstaat auf den Marienberg zurück. Von hier aus beherrschten seine Truppen das andere Mainufer und konnten die Straße nach Frankfurt nach Belieben sperren, womit den Bürgern zwei wichtige Verkehrs- und Güterwege verwehrt waren.

So wurde denn mehrfach in kritischen Situationen die Festung Marienberg zum Ausdruck der Macht und des Herrschaftsanspruches der würzburgischen Bischöfe. Offiziell blieb sie bis zum Jahre 1720 Residenz der Würzburger Fürstbischöfe.

Neben der von Konrad von Querfurt errichteten Marienkirche und der von Hermann I. erweiterten Burg, mit dem runden Bergfried im inneren Burghof, ließ Fürstbischof Rudolf von Scherenberg (1466–1495) die Mauern der Festung verstärken. Zu dieser Zeit aber hatte der derzeit regierende Fürstbischof bereits mit fester Hand auch Würzburg zur Räson gebracht, als im Januar 1400 bei Bergtheim das Heer der Stadt Würzburg im Kampf gegen die bischöflichen Truppen eine vernichtende Niederlage erlitt.

Erst während der Bauernkriege besannen sich die Bürger der Stadt abermals auf ihre Stärke und schlugen sich auf die Seite der Aufständischen. Als diese unter Florian Geyer und Götz von Berlichingen 1525 mit etwa 20 000 Mann gegen Würzburg heranrückten und unterwegs eine breite Schneise der Vernichtung zurückgelassen hatten, schlugen sich die Würzburger Bürger auf die Seite der Bauern, um es den Pfaffen heimzuzahlen.

Diese Kalkulation erwies sich als Fehlüberlegung, denn vor der ›Veste‹ Marienburg und ihren mächtigen Mauern zerschellten die anbrandenden Wellen der Bauernhaufen.

Der in der Festung kommandierende Befehlshaber, Sebastian von Rotenhan, und seine kampfstarke Besatzung waren diesem ungezügelten Ansturm voll gewachsen.

Während sich die Festung mühelos halten konnte, war Fürstbischof Konrad III. von Thüringen (1519–1540) in der Nacht auf Schleichwegen, die Belagerungskräfte umgehend, nach Heidelberg gelangt und hatte Hilfe herbeigerufen. In einer offenen Feldschlacht vor den Toren der Stadt wurde das Bauernheer das erstemal geschlagen und Würzburg von den Truppen des Fürstbischofs eingenommen.

Die aufrührerische Bürgerschaft, unter ihnen – wie bereits angemerkt – auch Tilman Riemenschneider, einer der bekanntesten Künstler der Stadt und des Landes Franken, wurde in den Kerker geworfen. Seine Bürgermeisterwürde half ihm nicht. Er wurde wie alle anderen Aufrührer der Tortur unterworfen und kam als gebrochener Mann aus dieser Haft wieder heraus. Alle seine Werke, die er den Würzburger Bischöfen und den Ortschaften seiner Diözese widmete, und solche, die er auf der Veste Marienberg und im Dom geschaffen hatte, halfen ihm nicht.

Der geschichtliche Überblick

Die Stadt Würzburg, die im 13. Jahrhundert bereits die Reichsunmittelbarkeit anstrebte, blieb in bischöflicher Hand. Diese fränkische Stadt war von der Zeit Kaiser Heinrichs V. bis zum Anfang des 12. Jahrhunderts Ausrichtungsort einer Reihe von Hof- und Reichstagen gewesen. 1165 hatte hier der Schwur der Reichsfürsten zu Gunsten Kaiser Barbarossas stattgefunden, in dem diese sich verpflichteten, »niemals Alexander III. als Papst anzuerkennen«.

1168 hatte Kaiser Friedrich I. den Würzburger Bischöfen die Herzogswürde zuerkannt. In dieser Stadt wurden 1180 Heinrich dem

Löwen alle Reichslehen aberkannt, und hier konnte auf dem ersten selbständigen Reichstag Kaiser Heinrichs VI. im Jahre 1189 die Heiligsprechung Bischof Ottos I. von Bamberg verkündet werden. Auch unter Rudolf I. von Habsburg war Würzburg noch zweimal, 1275 und 1287, Reichstagsstadt. Alles dies hatte den Bürgern berechtigte Hoffnungen auf die Reichsunmittelbarkeit und Ernennung ihrer Stadt zur freien Reichsstadt gemacht. Im Jahre 1316 erwarb die Stadt den Hof des bischöflichen Schultheißen, des Grafen Eckard, aus dem 13. Jahrhundert mit einem großen romanischen Saal und errichtete darin ihr Rathaus.

Der ›Fürstenbau‹ genannte Nordflügel des Juliusspitals, das J. Echter errichten ließ und 1576 gestiftet wurde.

An der Stelle des 1349 zerstörten Juden-Ghettos wurde der Marktplatz eingerichtet, an dem im 14. bis 15. Jahrhundert die Marienkapelle als Kirche der Bürgerschaft entstanden war.

Handel und Wandel blühten deshalb so stark, weil diese Stadt mitten im Zentrum des Verkehrs innerhalb des deutschen Reiches lag. Aus Thüringen führte die Straße nach Bayern an Würzburg vorbei. Die Pilgerstraße von Jütland nach Rom mußte ebenfalls Würzburg passieren, so daß hier zu allen Zeiten gute Einkommenschancen für bürgerliche Kaufleute bestanden.

Daß Würzburg seit dem 14. Jahrhundert eine Bildhauerschule unterhielt, die etwa um 1500 mit ihrem Meister Tilman Riemenschneider zu großem Ruf gelangte, ist erwiesen. Zwischen 1473 und 1543 wurde die alte Mainbrücke errichtet und viel später mit den großen Heiligenstatuen versehen, die jedem Besucher als erstes auffallen.

Fürstbischof Julius Echter von Mespelbrunn (1573–1617) errichtete einige dauernde soziale Einrichtungen in Würzburg, so das Juliusspital, das außerhalb der Stadtmauern auf dem ehemaligen Judenfriedhof zwischen 1576 und 1585 entstand. Es diente neben seiner speziellen Funktion als Krankenhaus auch als Waisenheim und Pilgerstation. Darüber hinaus bot es alten Bürgern der Stadt, den sogenannten Pfründern, Unterkunft und Verköstigung. Auch der Erzbischof verfügte in diesem großartigen schloßähnlichen Bauwerk über eine eigene Wohnung. Das Spital diente in schweren Zeiten sogar als bischöfliche Residenz.

Die Universität war das zweite Großprojekt, das Bischof Julius Echter 1582 in Angriff nehmen ließ. Die Gründung wurde 1586 vollzogen. Bezeichnenderweise mußte dieses Projekt gegen den Widerstand des Domkapitels durchgesetzt werden. Bereits kurz nach dem Amtsantritt von Fürstbischof Johann I. von Egloffstein (1400–1411) war eine erste Universitätsgründung geplant worden. Seinerzeit hatte sich jedoch die erste Ausstattung als zu gering erwiesen, als daß sich daraus eine echte Universität hätte entwickeln können. Nunmehr jedoch gelangte sie rasch zu Ruhm und Ansehen, nicht zuletzt deswegen, weil ihr auch eine juristische und medizinische Fakultät angegliedert worden war. Dies machte sie von der alles umschließenden ›Fürsorge‹ durch die Jesuiten freier, auch wenn diese das Priesterkolleg und die philosophischen Fächer fest im Griff hatten.

Die feierliche Eröffnung der Universität wurde ein Großereignis, nicht zuletzt auch dadurch, daß sich Fürstbischof Julius Echter zu ihrem ersten Rektor wählen ließ. Dieser war sehr um das Wachstum und Gedeihen der Hochschule besorgt und stattete diese mit reichem Besitz aus.

Auf dem Höhepunkt der rasanten Entwicklung dieser Universität wurden jene Statuten von 1734 erlassen, in denen allen Angehörigen im Reich anerkannter Religionen das Studium ermöglicht wurde.

Daß der aufgeklärte Fürstbischof, der eine juristische und vor allem humanistische Bildung erfahren hatte, *dennoch* während seiner Regierungszeit auch in seinem Bistum die Hexenverfolgung zuließ, ist für alle, die ihn kannten, und vor allem für die Nachwelt, ein unlösbares Rätsel.

Nichts deutete auch nur im entferntesten darauf hin, daß er an diesem Unfug mit tödlichem Ausgang geglaubt hätte. Um so schwerer wiegt aber die Tatsache, daß er ihn zuließ und daß dieses Unwesen sich im Bistum Würzburg noch im Sommer 1749 äußerte, als am 21. Juni jenes Jahres die siebzigjährige Subpriorin von Unterzell auf eine Weise hingerichtet wurde, die einem Schauer des Entsetzens über den Rücken jagen. Daß sie den »geistlichen Beistand von vier Jesuiten, zwei Kapuzinern und einem Beichtvater« erhielt, macht die ganze Tortur noch schrecklicher. Nicht einmal die Intervention der Kaiserin Österreichs, Maria Theresia, konnte diese Freveltat verhindern. Die Kaiserin hatte sich eingeschaltet, weil der Vater der ›Hexe‹ kaiserlich-österreichischer General gewesen war.

Unter der Ägide von Bischof Julius Echter wurde auch die Veste Marienberg um riesige Neubauten erweitert. Dies nutzte jedoch

Die Fürstbischöfliche Residenz zu Würzburg, erbaut 1720 bis 1744 von Balthasar Neumann. Letzterer (1687–1753), unten, war wohl der führende Architekt des Spätbarocks; er entwarf unter anderem über hundert Kirchen.

nicht viel, denn im Jahre 1631 belagerten schwedische Truppen unter Gustav Adolf von Schweden die Stadt und die Burgfestung. Sie eroberten und zerstörten beide.

Erst unter Bischof Johann Philipp von Schönborn (1642–1673) wurde die Neubefestigung in Angriff genommen.

Unter dem zweiten Schönborner Bischof, Johann Philipp Franz (1719–1724), begann der Neubau des Residenzschlosses in der Stadt nach Plänen des Ingenieurs, Baumeisters und Artillerieoffiziers Balthasar Neumann.

Nicht zuletzt die Finanzkraft der Familie Schönborn vermochte es, dieses epochale Werk zu beginnen und schließlich auch zu vollenden. Immerhin stand dem Bischof in Gestalt seines Onkels Lothar Franz der Fürstbischof von Bamberg zur Beratung zur Seite. Hinzu kam sein Bruder Friedrich Carl, weiland Kurfürst von Mainz und Reichsvizekanzler. Letzterer bestieg nach Johann Philipp Franz' Tod im Jahre 1729 den Würzburger Bischofssitz und konnte den Rohbau der Residenz vollenden. Daß neben Johann Dientzenhofer vor allen Balthasar Neumann, der wohl größte Baukünstler des 18. Jahrhunderts, darin sein Lebenswerk sah und sich aus Paris mit G. Bodfrand und R. de Cotte geniale Helfer holte, führte zu diesem vollkommensten Palastbau seiner Zeit. Ab 1744 wurde unter dem dritten Bischof aus dem Hause Schönborn, Friedrich Carl (1729–1746), die kostbare Innenausgestaltung vollendet. Das Treppenhaus und der Kaisersaal wurden mit Fresken von G. B. Tiepolo geschmückt (s. farbige Abbildungen, S. 169/170). Unter Fürstbischof Adam Friedrich von Seinsheim (1755–1779) wurde schließlich die vierte Etappe bewältigt, als deren Krönung der Hofgarten, das Lustschloß und der Park in Veitshöchheim mit den berühmten Gartenplastiken entstanden.

Die hochbarocke Front des Kollegiatstifts Neumünster.

Bis zum Jahre 1778 beliefen sich die Kosten des Residenzbauwerkes auf 1 564 000 Gulden. Balthasar Neumann erhielt als fürstbischöflicher Beamter jährlich mit 1055 Gulden, gemessen an dem Honorar von 22 000 Gulden, die Tiepolo für die Fresken im Kaisersaal und Treppenhaus erhielt, ein Taschengeld.

Die Finanzkraft des Hauses Schönborn wurde noch dadurch unterstützt, daß in einem Unterschlagungsprozeß die schuldig gesprochenen Täter mit einer Geldbuße von 600 000 Gulden belegt wurden.

Noch in diesem Jahrhundert entstand auch die Fünfeckanlage der Stadt. Um dieses Zentrum legte sich der halbkreisförmige Ring der Würzburger Grünanlagen

Zu Seite 292: Ochsenfurter Hauptstraße.

Zu Seite 292: Marktbreit, das an die Stadtbefestigung angelehnte Rathaus und der Malerwinkel.

Zu Seite 306: Heiligblutaltar in Rothenburg ob der Tauber
vonTilman Riemenschneider, 110 cm x 417 cm, entstanden 1501–1504.

Zu Seite 306: Tilman Riemenschneiders Marienaltar in der Herrgottskirche zu Creglingen

Zu den Seiten 321–325: Dinkelsbühl.

Zu Seite 324: Das Deutsche Haus in Dinkelsbühl.

Zu den Seiten 328–335.: Heilbronn (Stich), Partie am Neckar.

Zu den Seiten 369/370: Das Spiegelkabinett in der Ansbacher Residenz, einer von 27 prunkvollen Schauräumen.

Zu Seite 384: Bayreuth, Markgräfliches Opernhaus, eines der fünf Theater, die Markgräfin Wilhelmine von Bayreuth hinterließ.

von W. Lindahls, welche den Festungsgürtel abgelöst hatten.

Vor der Säkularisation bestand das Hochstift aus 54 Ämtern mit den der Stadt Würzburg nur mittelbar unterstellten Besitzungen des Domkapitels. Hinzu kamen neben einigen Stiftungen alle jesuitischen Anwesen und die 14 Abteien. Der Würzburger Bischof hatte im Reichsfürstenrat ebenso wie beim fränkischen Reichskreis Sitz und Stimme.

Das Haus zum Falken (rekonstruiert 1950) am Markt (rechts) und Blick auf die Marienkapelle.

Die Mediatisierung brachte auch für Würzburg das Ende als fürstbischöfliche Residenzstadt. Vorausgegangen waren 1796 und 1799 die Besetzung der Stadt durch französische Revolutionstruppen. Der letzte Fürstbischof, Karl Freiherr von Fechenbach (1795–1808), der bei dem ersten Überfall der Franzosen nach Böhmen geflohen war und später wieder zurückkehrte, konnte sich nur noch von französischen Gnaden bis 1808 im Amt halten.

Bereits 1803 wurde das Hochstift im Reichsdeputationshauptschluß dem Kurfürsten von Pfalz-Bayern, Maximilian IV. Joseph, zugesprochen. Zwei Jahre später bereits übergab Napoleon im Frieden von Preßburg das Fürstbistum Würzburg dem ehemaligen Großherzog der Toskana, Ferdinand, als Großherzogtum Würzburg. Nach dem Ende Napoleons in Rußland 1812 und während der Befreiungskriege 1813–14 fiel Würzburg endgültig an Bayern. Das Gebiet des Hochstiftes wurde zum Kern des Untermainkreises, also des heutigen Regierungsbezirkes Unterfranken.

Die Residenz fiel den Wittelsbachern zu. Diese bewohnten sie im 19. Jahrhundert, um dadurch die Verbundenheit des Königshauses mit den fränkischen Landesteilen zu bekunden. Ludwig I. lebte beispielsweise als Kronprinz längere Zeit in Würzburg.

So groß aber war die Wittelsbacher Toleranz nicht, daß sie den verdienstvollen Bürgermeister Würzburgs, den Juristen Wilhelm Josef Behr, der 1825, 1827 und 1831 in den bayerischen Landtag gewählt worden war, in seinem Amt belassen hätten, als er von Denunzianten angezeigt wurde. Er durfte sein Mandat nicht länger ausüben. Der Grund für diese Disziplinierung lag in der Aussage eines Mannes, der behauptet hatte, Bürgermeister Behr habe in einer am 27. Mai 1832 an der Konstitutionssäule zu Gaibach gehaltenen Rede provokante Sätze gesprochen. Studenten hätten ihn danach angeblich auf die Schultern gehoben und ausgerufen: »Das sei unser Frankenkönig.« Dies wurde als »Majestätsbeleidigung und Hochverrat« angesehen. Bürgermeister Behr wurde aller Ämter enthoben, zu Festungshaft verurteilt und mußte kniend vor dem Bild Ludwigs I. Abbitte leisten.

Die große Katastrophe

Am Freitag, dem 16. März 1945, um 21.20 Uhr, gab es in Würzburg Fliegeralarm. Es waren 227 Lancasterbomber, die von 16 Mosquitos gedeckt wurden, welche, aus Richtung Ochsenfurt kommend, Würzburg angriffen und die altehrwürdige Bischofsstadt mit Sprengbomben, Brandbomben und Napalm in Schutt und Asche legten. Daß sich viele der Einwohner aus der Stadt in Richtung Main und in die Verstecke flüchten konnten, verhinderte ein noch größeres Massaker, so daß ›nur‹ 4000 Menschen diesem Inferno zum Opfer fielen. Die alliierten Bomber ließen 2 700 000 Tonnen Bauschutt zurück. Würzburg wurde zu 85 Prozent zerstört. Die Zerstörungen waren derart, daß man allen Ernstes beratschlagte, ob es nicht besser sei, die Stadt an anderer Stelle wieder aufzurichten. Es waren die Stadtbaumeister Mokross und Schlick, denen es gelang, gegen die Stimmen der jungen Architekten, der Stadt den alten Glanz wieder zu verschaffen und das alte Würzburg ins neue Würzburg hinüberzuretten.

Wer von Würzburg aus in diesen Raum Frankens aufbricht, dem bieten sich eine Reihe weiterer fränkischer Schmuckstücke zu Besichtigungen und zum Verweilen an. Da sind Wertheim und Bad Mergentheim, Weikersheim und Ochsenfurt, Sommerhausen und Sulzfeld, Bad Windsheim und Rothenburg ob der Tauber, um nur einige zu nennen.

Wenn Napoleon diese Stadt einmal den »schönsten Pfaffenhof Europas« nannte, so darf ihm dies verziehen werden. Mit seinen prächtigen Bauten und der Festung Marienberg, mit ihren Museen und Veranstaltungen bietet die Stadt aber nicht nur diese geschichtlichen Fakten und historischen Bauten, sondern viel mehr, von dem ein kleiner Rundblick Kultur, Kunst und Künstler dieser Stadt nennen soll.

Walther von der Vogelweide, der bedeutendste deutschsprachige Lyriker des Mittelalters, lebte in Würzburg. Friedrich II. hatte ihm einen Altersplatz im Neumünsterstift verschafft. Hier fand er nach erfolgreichem Leben als Künstler seine Alterssicherung und Geborgenheit. In dem Kreuzgang des Lusamgärtchens neben dem Neumünster wurde er bestattet.

Viele Könige und Kaiser besuchten während ihrer Regierungszeit Würzburg. Den Rekord an Besuchen hatte Konrad III. zu verzeichnen, der neunzehnmal in der Bischofsstadt weilte. Kaiser Barbarossa kam achtzehnmal nach Würzburg. In dieser Stadt wurden zehn Reichstage abgehalten.

In den Mauern der Stadt wirkten Künstler von Rang. An der Universität arbeitete nicht nur der berühmte Pathologe und Anthropologe Rudolf Virchow, sondern auch Wilhelm Conrad Röntgen, der hier 1895 die nach ihm benannten Röntgenstrahlen unter Mitarbeit von Philipp Lenard entdeckte.

Gundelsheim: vom Römerlager zur Stadt des Deutschen Ordens

In der zweiten Hälfte des ersten nachchristlichen Jahrhunderts wurde der Raum des heutigen Wimpfens und Gundelsheims in das römische Reich eingegliedert. Er lag nach einer Streckenverkürzung des Limes vom Niederrhein über Mainz nach Augsburg innerhalb dieser Abwehrlinie der römischen Legionäre gegen die Alemannen.

Bei Wimpfen und auch im Raum Gundelsheim wurden Kastelle und Wachtürme errichtet. In den jeweiligen Kastellen lag entweder ein ›Numerus‹ oder eine ›Kohorte‹ römischer Legionäre, was einer Beobachtungsabteilung von etwa 160 oder einer 500 Mann starken Kohorte entsprach. Die Neckarkastelle Neckarburken und Wimpfen schützten das Grenzland. Auf dem Michaelsberg oberhalb von Gundelsheim lag zu dieser Zeit eine Benefiziarierstation, also eine Polizeistation. Daß vor den Römern auch keltische und dann germanische Gruppen in diesem Raum gelebt haben, ist durch die Grabungstätigkeit erhärtet.

Römischer Inschriftenstein auf dem Michaelsberg bei Gundelsheim, Weihung des Benefiziariers C. Fabius Germanus an Jupiter und Juno.

Die Geschichtsforschung hat im Raum des Neckars um Wimpfen und Gundelsheim die ›*cohors II Hispanorum equitata*‹, die ›2. berittene spanische Kohorte‹, lokalisiert.

Jene nach dem Zweiten Weltkrieg bei Gundelsheim gefundenen Weihesteine römischen Ursprungs weisen einmal den Namen eines Marcus Firminius Fabius Germanus auf. Sein Stein wurde in der Böttinger Talaue 1952 beim Kiesabbau ausgebaggert. In einer benachbarten Kiesgrube wurden Mauerreste und ein Brunnenschacht gefunden, ferner die Bruchstücke einer Jupitersäule.

In einer Nische der alten Kirche auf dem Michaelsberg von Gundelsheim steht neben dem Südportal ein weiterer Weihestein. Er war wie der erstgenannte ebenfalls dem Gott Jupiter und der Königin Juno gewidmet. Der Aufsteller desselben war Beneficiarius Consularis, also Dienststellenleiter der erwähnten römischen Straßenpolizeistation auf dem Michaelsberg.

Dieser Odenwaldlimes war gut besetzt und durch Wachtürme in Sichtweite, Kastelle und andere Befestigungen versehen. Er wurde bereits im Jahre 233 nach Christus von den Alemannen auf breiter Front angegriffen und durchbrochen. Die Alemannen stießen durch diese Befestigungslinie hindurch tief ins römische Hinterland hinein und plünderten dieses, wobei alle Baulichkeiten verwüstet wurden.

Kaiser Maximinus Thrax gelang es unter Anspannung aller Kräfte und der Herbeirufung von Verstärkungen, die Limesgrenze wiederherzustellen. Die eingedrungenen Alemannengruppen wurden verjagt oder niedergemacht.

26 Jahre später griffen Alemannen, unterstützt durch Stammesteile freier Franken, abermals den Limes an dieser Stelle an. Diesmal stießen sie weit nach Westen und Süden vor. Die Angriffszeit, die bis 260 nach Christus datiert, war insofern günstig gewählt, als römische Thronanwärter einander bekämpften und Bedrohungen Roms von außen hinzukamen. Dadurch verlor das römische Reich nach und nach das gesamte Gebiet zwischen Limes, Rhein und Donau.

Die Alemannen hatten auf dem Michaelsberg eine ihrer Opferstätten. Die dort befindlichen Weihesteine, beispielsweise auch die Jupiterstatue, wurden zerschlagen und in die Brunnenschächte geworfen, wo sie schließlich eineinhalb Jahrtausende später gefunden wurden. Die römischen Gutshöfe – da aus Stein errichtet – wurden von den Alemannen und Franken nicht übernommen.

Die weitere Entwicklung des Ortes Gundelsheim liegt noch im dunkeln. Die erste schriftliche Urkunde, in welcher der Name erwähnt wurde, stammt aus dem Jahre 767. Sie taucht in dem Schenkungs- und Besitzregister des während der Karolingerzeit von der Reichsaristokratie begünstigten, 764 errichteten Klosters Lorsch auf. Abt Gundland hatte das Kloster unter dem Schutz Karls des Großen errichtet. Es wurde 774 in der Anwesenheit des Kaisers geweiht und war somit Reichsabtei geworden. Infolge des großen Grundbesitzes, der dem Kloster bereits bei seiner Errichtung geschenkt worden war, mußten umfassende Schenkungs- und Besitzurkunden ausgestellt werden. Darin wurde 767 der Name Gundelsheim erwähnt. Es waren fränkische Herren, die dem Kloster Lorsch, das dem heiligen Nazarius geweiht worden war, dessen Gebeine dort seit 765 ruhten, aus ihren weit verstreuten Besitztümern Güter übereigneten. Eines davon war das Dorf Gundelsheim.

Dieser »*Codex Laureshamensis*«, datiert mit dem 26. April 767, nennt den Namen Gundelsheim mehrfach. So heißt es beispielsweise in der Schenkung des Edlen Eberwin aus Offenau:

»In Gottes Namen wollen wir, Eberwin und meine Gattin Engiltrud, eine Opfergabe, in Gedenken an Christus darbringen. Sie soll dem heiligen Nazarius gewidmet sein, dessen Leib im Lorscher Kloster ruht, das sich in der Obhut des ehrwürdigen Abtes Gundeland befindet. Wir geben auf ewig zu eigen alles, was wir in der genannten Markung Offenheim, in Gundelsheim und in Greozheim [Griesheim] an Äckern, Hofreiten, Wiesen, Wäldern und Gewässern besitzen. Geschehen im Kloster Lorsch am 26. April des 15. Jahres des Königs Pippin.«

Frühere Funde bei Gundelsheim

Weitere Zeugnisse darüber, daß dieser Raum besiedelt war, sind jene im Bereich des Gewannes Sandbuckel 1846 und 1847 gefundenen fränkischen Reihengräber. In diesen beiden Jahren wurden im Zug der Weiterführung der Obergriesheimer Straße in Richtung auf Gundelsheim mehr als 30 Funde aus fränkischer Zeit gemacht.

Im Jahre 1958 wurde beim Ausschachten eines Kellers in der Nähe dieses bekannten Gräberfeldes das Grab eines Kindes freigelegt. Die Gegenstände, die diesem etwa dreijährigen Kind beigegeben waren, zeigen, daß es sich um ein frühes alemannisches Grab handelte. Der bekannte Bodenforscher Robert Roeren dazu: »Es gilt als sicher, daß in Gundelsheim um das Jahr 300 und im ersten Viertel des 4. Jahrhunderts eine hochangesehene Familie gelebt hat, wahrscheinlich ein Gaufürst der Alemannen. Von ihnen hatten einige während der Kämpfe gegen die römischen Kaiser Julian, Valentinian I. und Gratian hier gekämpft.« Dies würde bedeuten, daß die später als Gundolfesheim bekannte Siedlung im 4. Jahrhundert Sitz eines alemannischen Edlen gewesen sein könnte.

Als es Chlodwig gelang, die Alemannen in den 496 stattfindenden Kämpfen zu besiegen, wurden diese aus dem Nordabschnitt ihrer Wohngebiete zurückgedrängt. Franken zogen nach und wurden im Nordraum bis zu jener Grenzlinie zwischen Lemberg im Westen und Ellwangen im Osten ansässig.

Diese Franken übernahmen nicht nur die Ortschaft Gundelsheim und die dort vorhandenen Äcker, sondern auch die alemannischen Begräbnisstätten.

Bis zur Stadtwerdung

Die nach und nach entstehende Gundelsheimer Altstadt mit der mächtigen Burg Horneck, am Ende derselben auf einer Anhöhe gelegen, lag etwa 600 Meter südlich der neuen Stadt Gundelsheim, zu beiden Seiten des unteren Lohgrabens in nächster Nähe der Georgskapelle, der frühen Pfarrkirche. Um die Georgskapelle herum – wie dies üblich war – muß sich auch das Dorf befunden haben. Nur 400 Meter nordostwärts davon befindet sich auch das fränkische Reihengräberfeld.

Die Burg Horneck in Gundelsheim, sie war bis 1558 fester Sitz des Deutschen Ordens.

Im gesamten Raum Gundelsheim begann nach Seßhaftwerden der Franken eine umfangreiche Rodungstätigkeit. Auf den bewaldeten Höhenzügen wurden ›Flure‹ eingeteilt und auf dem südlichen Höhenzug die Gundelsheimer Weingärten angelegt.

Den ersten Sprung vom Dorf zur Stadt machte Gundelsheim, als der Deutsche Orden im 13. Jahrhundert die Burg Horneck erwarb und damit auch gleichzeitig die Herrschaft über das Dorf Gundelsheim erhielt. Die erste Aussage über Gundelsheim als Stadt ist die Verleihung des Stadtrechtes, das König Wenzel dem Deutschmeister Konrad von Egloffstein mit den Worten bestätigte: »Wir Wentzlaw von gotes Gnaden Künig, bekennen und tun kunt, offentlichen mit diese brive, allen den, die in sehen, oder horen lesen, das wir durch annemer dinste und ouch sunderlicher bete willen des Ersamen Cunrates von Egloffstein, Meister des deutschen Ordens in deutschen Landen, unsers Rates und liben andechtigen, seinen Burgern und ynsessen des Stetels Gundelsheim uf dem Neckar, under der Vesten Hornek gelegen, unseren liben getrewen Ir Statrecht, das

In vormals von unserem Herren und vater, seligen Keyser Karl gegeben und verlihen ist, gnädiclichen bestetet und In ouch diese besundere Gnade getan haben. . .«

Aus dieser Bestätigung geht zweifelsfrei hervor, daß Gundelsheim bereits unter Karl IV. das Stadtrecht verliehen worden sein muß. Wann dies geschah, ist unbekannt.

In dieser Bestätigung wurde allen »geistlichen und weltlichen Grafen, Freien, Edlen, Dienstleuten, Rittern und Knechten, den Amptleuten, Bürgermeistern, Räten« auferlegt, diese Bestätigung genau einzuhalten. Gegeben wurde sie in Nürnberg 1398 am Abend des Sankt-Margaretentages. Zu dieser Verleihung gehörte auch das Recht, alljährlich Jahrmärkte und Messen abzuhalten.

Der Komtur des Deutschen Ordens auf der Burg Horneck erhielt mit dieser Verleihung die Gerichtshoheit. Diese Stadterhebung und der Blutbann ermöglichten es, Gundelsheim der Zehntzugehörigkeit zum dort ansässigen Adel zu entziehen und eine eigene Hochgerichtsbarkeit zu schaffen. Der Zehntherr von der Kurpfalz war damit ausgeschaltet.

Allerdings gelangte nicht einmal durch diese Stadterhebung Gundelsheim aus dem Bannkreis der in diesem Raum führenden Reichsstädte Wimpfen und Heilbronn hinaus. Gundelsheim blieb das kleine Ackerbaustädtchen, das auf engem Raum von nicht mehr als 5 Hektar Landes gründete.

Dennoch war es als Verwaltungsort des Deutschen Ordens, vor allem mit seiner mächtigen Burg Horneck, die für lange Zeit den Deutschmeistern als Wohnung und Residenz diente, eine Stadt von politischem Gewicht.

Von nun an sollte Gundelsheim über 500 Jahre die Zentrale der Ordenskommende Horneck sein. (Über den Deutschen Orden siehe: Kapitel ›Mergentheim, Residenz des deutschen Ordens‹.)

Die Burg Horneck und ihr Schicksal

Die Burg Horneck wurde von dem ›Edel Freymann‹ Konrad von Hornegg und seiner Frau bewohnt. Das Ehepaaar hatte drei Kinder. Als dem Freymann die Frau starb, schickte er seine Tochter in das Kloster Billigheim und übergab seine Burg »mit allem seinen Gute Gott, unserer Frauen sel. Maria und dem teutschen Orden«. Konrad von Hornegg und sein erstgeborener Sohn zogen ins Heilige Land. Dort starb sein Sohn, und der Ritter kehrte nach Hause zurück. Er starb wenig später und wurde im Chor der Kapelle der Burg Horneck vor dem Altar bestattet.

Sein zweiter Sohn Wernher, der wie seine Schwester im Kloster aufwuchs, führte ein »heiliges Leben«. Er wurde Propst zu Wimpfen und starb im Jahre 1306. Seine letzte Ruhestätte fand er ebenfalls vor dem Altar der Kapelle Horneck.

Eine Urkunde vom 27. Mai 1254 zeigt auf, daß Wernher und Konrad von Hornegg der Stiftskirche von St. Peter zu Wimpfen im Tal die ihnen gehörenden Patronatsrechte in Aglasterhausen und Helmstadt überschrieben hatten.

Vier Jahre darauf wird durch eine weitere Urkunde bezeugt, daß Wernher, als Dekan des Speyerischen Domstiftes, und »Bruder Konrad« – sein Vater – als Komtur des Ordenshauses Horneck auftraten. Danach muß die eingangs erwähnte Überschreibung der Burg an den Deutschen Orden in dieser Zeit, also zwischen 1254 und 1258, stattgefunden haben.

Auch im Totengedenkbuch des Nonnenklosters Billigheim erscheint unter dem 11. August 1258 »Conradus de Horneke de ordine Teuton«. Unter dem 27. November wird eine »Domina Alheidis monialis dicta de Hornek«, die »Klosterfrau Alheid von Horneck«, genannt.

Konrad starb noch vor 1277, denn zu diesem Zeitpunkt war bereits Wernher als Komtur genannt. Alles dies bezeugt, daß Konrad von Horneck mit seinen beiden Söhnen in den Deutschen Orden eingetreten ist und diesem als Mitgift die Burg Horneck und den dazu gehörenden Besitz übergeben hat.

Dieser Besitz war nicht eben klein, denn der Orden richtete dort sofort eine Kommende ein. Wäre der Besitz geringer gewesen, wäre er unter die Verwaltung der Kommende Heilbronn gestellt worden, die bereits um 1225 ins Leben gerufen worden war. Das Dorf Gundelsheim gehörte ins Eigentum der Herren von Horneck und damit auch der Grundbesitz, sowie die Zehnt- und Vogteirechte. Zum Salgut gehörte auch eine 82 Morgen große Wiesenfläche.

Im Jahre 1294 überließ das Stift St. Peter zu Wimpfen im Tal dem Deutschen Orden einen ihm gehörenden Hof in Gundelsheim. Heinricus von Sunnisheim, Stiftsherr von St. Peter zu Wimpfen im Tale, überschrieb am 11. Juni 1300 dem Kommendenchef des Ordens ein Pfründgut, das in der Ortschaft Haßmershausen lag. Im Jahre 1334 verkaufte Heinrich Cappelan, Sohn des Cappelans von Ödehaim, dem Komtur und den Brüdern des deutschen Hauses zu Horneck seinen Besitz in der »Mark zu Selbach, im velde und im dorf«. Weitere Güter vergrößerten den Besitz des Ordens, und als erstmals Rafan von Ehrnberg 1394 als Komtur zu Horneck auftrat, hatte er vorher dem Orden einen Teil von Heinsheim überschrieben.

So wuchs das Einkommen der Kommende Horneck bereits in der Mitte des 14. Jahrhunderts beträchtlich. Beispielsweise konnte sie 1379 dem Deutschmeister ein Darlehen von 1500 Gulden gewähren. Nicht nur in der Umgebung der Burg, sondern auch in Gundelsheim und in den Dörfern der Umgebung wurde weiterer Besitz dem Orden überstellt.

Um seinen Einfluß zu festigen und zu stärken, drängte der Orden sowohl Karl IV. als auch König Wenzel, Gundelsheim die Stadtrechte zu verleihen. Dies hatte bereits zur Zeit Karls IV. Erfolg, doch erst die unter König Wenzel gemachte Bestätigung der Verleihung war das entscheidende Dokument.

Im Verlaufe des 15. Jahrhunderts wurde Horneck die Residenz des Deutschmeisters, der ursprünglich als Vertreter des im Deutschordensland Preußen residierenden Hochmeisters die deutschen Balleien führte und sich nach Unterstellung der Welschen Balleien in der Folgezeit »Meister in deutschen und welschen Landen« nannte. Dieser konnte nach einer Reihe Verhandlungen mit dem Hochmeister das Recht erkämpfen, Verträge mit anderen Mächten abzuschließen.

Die Grabplatte des Deutschmeisters Eberhard von Seinsheim (1420–1443)

Als erster auf der Burg Horneck residierender Deutschmeister wurde Eberhard von Seinsheim bekannt, der von 1420 bis 1443 als Deutschmeister amtierte. Er wurde bereits in mehreren Urkunden genannt.

Sein Vorgänger Konrad von Egloffstein, der von 1396 bis 1416 Deutschmeister war, hatte wenigstens zeitweise auf der Burg Horneck gewohnt. Auch Mergentheim und Frankfurt waren zeitweise seine Sitze gewesen.

Eine Reihe weiterer Deutschmeister haben in den folgenden 104 Jahren auf der Horneck residiert. Sechs von ihnen wurden in der Gruft der Kapelle zu Horneck bestattet.

Da die Räume der Burg nicht genügend Platz boten, um ein Generalkapitel abzuhalten, wurden hier auch nur in den Jahren 1444, 1529 und 1534 Provinzialkapitel abgehalten.

Für die Generalkapitel waren Städte und Ordenssitze wie Frankfurt-Sachsenhausen, Mergentheim, Heilbronn,

Die hochromanische Stiftskirche in Wimpfen im Tal.

Speyer, Marburg, Prozelten und nach dem Bauernkrieg auch Neckarsulm vorbehalten. Dennoch blieb die Horneck seit dem Einzug Eberhards von Seinsheim Mittelpunkt der deutschen Ordensballeien. Sie war gewissermaßen Zentrale und Schaltstelle des Deutschen Ordens in der Heimat.

Abschließend kann zur Arrondierung des Ordens im Bereich von Gundelsheim gesagt werden, daß alle Deutschmeister, die auf der Horneck residierten, den Ordensbesitz vergrößern halfen. Neben dem Zuwachs an Grundbesitz erlangte der Deutsche Orden bereits im 15. Jahrhundert sämtliche Hoheitsrechte von Kirchhausen und gewann einen Teil des Frucht- und Weinzehnten von Stockheim und Stocksberg, dazu auch die Weinäcker Hofstätten, alle Kelter und Kelterrechte. Damit war auch Stockheim fest in ordenseigener Hand.

Im Süden Gundelsheim wurde diese Erwerbspolitik in der zweiten Hälfte des 15. Jahrhunderts fortgesetzt. Mit dem Eintausch von Stadt und Schloß Neckarsulm gegen die Kammerkommenden Prozelten und Neubronn am Main hatte Reinhard von Neipperg einen guten Fang gemacht, zumal noch die Burg Scherberg hinzukam.

Den Dominikanern zu Wimpfen am Berg wurde ein Drittel der Vogtei- und Gerichtsrechte zu Jagstfeld abgekauft. Jagstfeld selber, Duttenberg, Ober- und Untergriesheim und Offenau, alles alte Reichsdörfer, die zum Reichsgut Wimpfen gehörten, kamen über den Erzbischof Gerlach von Mainz an den Orden. So ging der Besitz des Hans von Sickingen, Sohn des gleichnamigen Bauernführers, 1506 in den Besitz des Ordens über.

Alle Hin- und Herverkäufe können hier nicht genannt werden. Eines aber steht fest: Der Deutsche Orden verfolgte damit eine zielbewußte Konzeption der Vereinigung aller Besitzungen innerhalb einer gleichen Grenze, welche die Kammerkommende Horneck umgab. Damit wäre ein geschlossenes Ordensterritorium frei von fremden Rechten erreicht worden.

Unter Deutschmeister Wolfgang Schutzbar, der von 1543 bis 1566 dem Orden vorstand, erscheint auch der Deutschmeister 1553 als Stadtherr von Gundelsheim und als Dorfherr über eine Reihe Dörfer in der Umgebung. Im Stadtgericht von Gundelsheim wurden alle 12 Richter vom Komtur ausgewählt, was deren Rechtsprechung zu Gunsten des Ordens sicherte und den Zorn der Städter und Bauern hervorrief. Der Stadtschultheiß beispielsweise wirkte als Statthalter durchaus im Sinne des Deutschmeisters und später auch des Hoch- und Deutschmeisters.

Das Halsgericht hatte der Orden direkt an sich gezogen, indem er durch Deutschmeister Hartmann von Stockheim im Jahre 1500 von Kaiser Maximilian die Erlaubnis erhielt, das Verfahren selber festzusetzen. Diesem Hochgericht zu Gundelsheim unter Führung der Ordensobrigkeit wurde 1540 auch das Ordensdorf Kirchhausen unterworfen. Desgleichen wurden auch die in Heinsheim verübten Malefizfälle dem Stadtgericht Gundelsheim zugewiesen.

Glücklicherweise für den Orden war Gundelsheim nach seiner Stadterhebung aus der Zehntgerichtsbarkeit zu Mosheim herausgelöst worden. Dies brachte ihm das Hochgericht in Gundelsheim ein. Im Amt Neckarsulm mit den Orten Neckarsulm, Offenau, Bachenau und einer Reihe weiterer Ortschaften, darunter Ober- und Untergriesheim, Jagstfel und einige weitere Dörfer, gehörte die Vogtei zur Hälfte dem Orden. Aus alledem ergibt sich die Tatsache, daß die Bauern des gesamten Raumes dem Orden zehntpflichtig waren und der Orden über sie in allen Dingen zu Gericht sitzen konnte, was eine Gegnerstellung bewirkte, die sich mit Beginn des Bauernkrieges in Franken explosionsartig offenbarte.

Auch in Gundelsheim empörten sich die Bauern weniger wegen der Zehntbesteuerung oder ähnlicher Dinge. Vielmehr begehrte die Mehrheit der Bevölkerung, besser behandelt zu werden. Sie forderte die Einstellung ihrer Deklassierung gegenüber den Stadtbürgern und vor allem dem Adel. Bereits am 14. April 1525 begann der Aufstand in der Kommende Horneck. Ein aufständischer Bauernhaufen zog ungestört in Neckarsulm ein. Bei Weinsberg kam es zu dem Gemetzel gegen den Grafen von Helfenstein (siehe Kapitel »Der Bauernkrieg in Franken«). In Heilbronn wurde der dortige Deutschordenshof geplündert und das Stadtschloß verwüstet. Die Bürger der Stadt hatten den Bauern kampflos die Tore geöffnet. Am 19. April ging das Deutschordensschloß Scheuerburg in Flammen auf, kurz darauf das Schloß Heuchlingen an der Jagst.

Die Burgmannschaft auf der Horneck ergriff das Hasenpanier. Die Gundelsheimer Bürger öffneten den Bauern die Tore.

Hier in Gundelsheim fanden die Verhandlungen des Bauernführers Wendel Hipler mit Ritter Götz von Berlichingen statt. Darüber wußte der ›Götz‹ in seinen Erinnerungen anschaulich zu berichten:

»Wie ich in meinem Hauß war, da brachen die Bauren zu Gundelsheim wieder uff und schickten die Hauptleuth und meinen Schultheißen zu mir. Ich solt zu ihnen kommen. Sie hatten was mit mir zu handeln. Wust ich doch nit, wie oder wann. Furcht mich auch, sie mögten mich übereilen, daß es meinem Weib und Kindern und den Meinigen zu Nachtheil mögt gereichen. Denn ich hett kein wehrsames Volck in meinem Hauß. So wären die Bauren al voll Teuffel. Und wolten Knecht und Mägd auch nit guth thun.

Also zog ich mit dem Schuldheiß hinauf uns saß vorm Wirthshaus ab und will hineingehen. Als ich auch thet, so gehet Max Stumpff von den Bauren die Stegen herab und spricht: ›Götz bist du da?‹

Da sage ich Ja, was ist die Sach? Waß sollt ich thun oder waß wollen die Hauptleute mein?

Da hebt er an: ›Du mußt ihr Hauptmann werden!‹

Da sagt ich: Gott mir nit. Das thue der Teufel!« (Siehe *Götz von Berlichingen,* aaO.)

Etwa einen Monat blieb der Götz neben Jörg von Frundsberg Bauernhauptmann, ehe er sich wegen der Brutalitäten der Bauern von ihnen lossagte.

Aus dem Lager Amorbach schickten die Bauernführer der Stadt Gundelsheim den Befehl, vierzehn Bauern aus der Umgebung zu beauftragen und diese voll zu unterstützen, die Burg Horneck bis auf den Grund niederzubrennen. Am 5. Mai wurde die Burg von diesem ›Kommandounternehmen‹ niedergebrannt.

Erst am 28. Mai endeten im Raum Gundelsheim-Neckarsulm die Kämpfe, als ein Bauernhaufen, der vor den Mauern von Neckarsulm lag, aufgab. Bei Königshofen kam es noch am 2. Juni 1525 zu einer Schlacht, in der die Bauern schwer geschlagen wurden. Deutschmeister Dietrich von Cleen, der sich in Heidelberg in Sicherheit gebracht hatte, kehrte erst im August zur Burg Horneck zurück und forderte von den Untertanen Rechenschaft. Alle mußten dem Orden unverbrüchliche Treue und Huld schwören. Eine weitere Forderung verlangte die Auslieferung aller Anführer des Aufstandes, Ablieferung aller Waffen und, sofort wieder mit den

Zahlungen des Zehnten, der Zinsen und Gülten zu beginnen. Die Bauern hatten den angerichteten Schaden sofort zu ersetzen, indem sie alle zerstörten Burgen und Schlösser wieder errichten mußten. Allein für die vernichteten Werte der Burgen Horneck und Scheuerberg hatten sie 18 000 Gulden zu zahlen.

Der neue Deutschmeister Walter von Cronberg forderte noch bei seiner Erbhuldigung am 18. Februar 1527 von Gundelsheim die Summe von 1000 Gulden und weitere Fronleistungen zum Wiederaufbau der Burg Horneck. Alle anderen Ortschaften mußten eine Buße von sechs Gulden je Herdstatt aufbringen. Lediglich Kirchhausen blieb von allen Strafen verschont und erhielt im April 1527 einen Gnadenbrief des Deutschmeisters, weil sich seine Bewohner beim Bauernaufstand zum Orden bekannt hatten.

Die Zeit der Burg Horneck als Sitz des Deutschmeisters ging im Jahre 1558 zu Ende, als auf einem Großkapiteltag zu Frankfurt bestimmt wurde, daß die Kommende Mergentheim auf Lebenszeit dem derzeitigen Hochmeister Wolfgang Schutzbar als Residenz dienen solle. Residenz und Kanzlei zogen nach Mergentheim. Gundelsheim versank in einen lange Jahrhunderte dauernden Dornröschenschlaf.

Als sich im 18. Jahrhundert der Wohlstand im Raum Gundelsheim wieder mehrte, wurde die Burg Horneck in einen wuchtigen Barockbau umgewandelt. Bis zum Jahr 1788 bildete die Kommende Horneck und Mergentheim das Meistertum, ehe dieses die gesamte Ballei Franken 1789 umfaßte.

Als 1805 Napoleon auch Österreich niederrang, besetzte Württemberg, das sich auf die Seite Napoleons gestellt hatte, das Neckaroberamt, dessen Oberamtmann Hauskomtur der Burg Horneck gewesen war. Seit dem 29. November 1805 war auch Gundelsheim württembergisch.

Gundelsheim in der Neuzeit

Der Stadtpfarrer von Gundelsheim G. M. A. Hille, der seit 1791 im Rathaus residierte, hat eine große Zahl besonderer Ereignisse aufgezeichnet, die in der Stadt zu seiner Zeit geschahen.

So berichtete er, daß der Chirurgus Michael Zettler 1782 von seiner Frau mit einem Messer erstochen worden sei und daß ein Mann namens Faseloch den herrschaftlichen Güterbeständer Philipp Erlenwein getötet habe. Von 1798 bis 1800 mußte er einige Epidemien vermelden, in denen jeweils mehr als zehn Menschen in Gundelsheim verstarben. Hinzu kam als besonderes Ereignis die Erschießung der Magd des hiesigen Jägers mit Namen Christiana durch einen württembergischen Offiziersbedienten. Ein Liebeshandel, und nicht Unvorsichtigkeit des Täters, soll Anlaß dafür gewesen sein.

Die nach Franken einfallenden französischen Truppen erreichten 1799 Wimpfen. Sie zogen nach Heilbronn und Neckarsulm weiter und trafen am 1. Oktober in Gundelsheim ein, wo sie raubten und plünderten.

Am 30. November 1805 nahmen Truppen des Kurfürsten von Württemberg Besitz vom Deutschordensamt am Neckar. Am 1. Dezember schlugen sie in Neckarsulm das württembergische Wappen an, und am 16. dieses Monats mußten alle Beamten den Eid auf Württemberg ablegen. Im Januar 1806 wurde der Kurfürst von Württemberg König, das Kurfürstentum war durch Napoleons Gnaden zum Königreich emporgestiegen. Alle Beamten, Pfarrer und Schultheißen mußten den Eid auf den König von Württemberg ablegen.

Als der König von Württemberg 1809 Mergentheim mit Truppenmacht besetzte, kam es am Tage Peter und Paul zum Aufstand der dortigen Bauern. Viele Bauern fielen im Kampf, mehrere Gefangene wurden aufgrund eines königlichen Befehls erschossen, einer kam an den Galgen. 30 Geiseln wurden gefangen nach Heilbronn geführt.

1809 wurde die Schloßkapelle auf Burg Horneck aufgehoben und geschlossen. Im darauffolgenden Jahr verlegte das II. Bataillon des Regimentes Scharffenstein in die Hornecker Kaserne. Am 25. Mai 1810 wurde das gesamte Silber der Hornecker Kapelle durch den württembergischen Kammerverwalter Schubart abgeholt und in die Residenz nach Stuttgart geschafft.

Während der Befreiungskriege wurde Gundelsheim von Truppen aller Mächte durchzogen, die teilweise dort Quartier nahmen. Ende Dezember 1813 erfolgte die Umwandlung von Schloß Horneck zum Militärhospital. Kranke Kosaken, Österreicher, Franzosen, Bayern und Würzburger Soldaten wurden darin betreut. Russische Soldaten stellten 1814 die Mehrzahl der ›Gäste‹ in der Stadt.

Im Jahre 1818 kam König Wilhelm mit Gemahlin Katharina per Schiff auf dem Neckar nach Gundelsheim, ohne länger als eine Stunde zu bleiben. Die Stadt zählte zu dieser Zeit 141 Wohnhäuser und hatte etwa 800 Einwohner.

Damit ging die Zeit des Alten Reiches auch für Gundelsheim zu Ende. Im Jahre 1979 feierte die uralte Siedlung und spätere Stadt Gundelsheim ihr 600jähriges Bestehen.

Mergentheim – durch Schenkungen zum großen Ordensbesitz

Der fränkische Grafenbesitz ›Mergintaim‹ im Taubertal führt sich auf die fränkische Gräfin Marigunt zurück. Die ältere Forschung wiederum beharrt darauf, daß es sich hier um einen alten Wallfahrtsort handeln müsse, der Marienheim genannt worden sei und von dem alten lateinischen Ortsnamen Mariae Domus oder Vallis Mariae virginis herrühre.

Diese Theorie wurde insbesondere durch die Aufzeichnungen des bischöflich-würzburgischen Sekretärs Lorenz Fries vertreten, der von 1491 bis 1550 lebte. Dieser bemerkte zu einigen Archivalien aus dem Jahre 1169, daß zu dieser Zeit ein besonderes »Gelauf und walfahrt« zur »Maria als Gottesmutter« stattgefunden habe. (Siehe dazu auch: Bayerisches Staatsarchiv Würzburg, *Standbuch* 1012 fol. 112)

Aus dem Jahre 1220 ist bekannt, daß drei Söhne des Heinrich von Hohenlohe, eines der ältesten Edlen, die im Raum Mergentheim große Besitzungen hatten, sich dem 1190 vor Akkon ins Leben gerufenen Deutschen Orden zugewandt hätten. Ihre Namen lauteten: Andreas, Friedrich und Heinrich.

Der Ganerbenort Mergentheim gehörte einer Erbengemeinschaft zu »gemeinsamer Hand«, mit der im allgemeinen ein verstorbener Hausvater alle seine Abkömmlinge in ein ungeteiltes Erbe zusammenfaßte. (›Ganerbe‹ hieß früher ein Miterbe, ›Ganerbschaft‹ war ein ungeteiltes Erbe, und Mergentheim war ein Ganerbenort, weil es einer Erbgemeinschaft gehörte.) Er befand sich in den Händen der Familie des Edlen von Hohenlohe. Die drei genannten und in den Orden eingetretenen Brüder führten diesem ihr Erbe zu, das in verschiedenen Gutshöfen, Häusern und Mühlen und dem Kammerforst bestand.

Zusätzlich gewann der Deutsche Orden in der engeren Umgebung durch Schenkungen anderer Geschlechter weitere Gebiete hinzu.

Damit legten die Ordensherren den festen Grundstein zu ihrer 300 Jahre später entstehenden Residenz Mergentheim, die schließlich zum Fürstentum emporstieg.

Die Hohenlohes selber, deren Grafschaft zum erstenmal 1153 durch den Herrn Konrad von Weikersheim, wenig später auch in Pfotzingen bezeugt ist, nannten sich erst ab 1178 nach ihrer Burg Hohlach bei Uffenheim ›Hohenlohe‹.

Im Laufe der Zeit wuchsen mehrere hohenlohische Geschlechter heran, von denen jenes um Mergentheim für Frankens Geschichte von besonderer Bedeutung ist. Dies einmal, weil sie im späteren ›Württembergisch-Franken‹ lag, jenem Land der Täler zwischen und an den drei Flüssen Kocher, Jagst und Tauber, zum anderen, weil die Hohenlohes aus Mergentheim zu höchstem Ruhm emporstiegen. Zwei Herren dieses Hauses wurden schließlich Hochmeister des Deutschen Ordens. Diese edelfreie Familie tauchte immer wieder als Zeugen auf den Urkunden der Bischöfe von Würzburg auf, ohne daß sie deren Untertanen waren. Pfitzingen und Weikersheim waren ihre ersten Sitze, ehe sie nach Mergentheim gelangten.

Als die ersten Ordensbrüder 1223 und vor allem 1224 nach Mergentheim kamen, war es ihre Aufgabe, diesen Flecken notdürftig zu befestigen, um sich und den Orden gegen alle Feinde schützen zu können. Gleichzeitig damit erhielten sie eine Schutzzusage durch den Bischof von Würzburg, Dietrich von Homburg, der auf Bitten der Herren Gottfried und Konrad von Hohenlohe den Zehnten, der Würzburg zustand, dem Orden überließ. Dieser Zehnt war den Herren von Hohenlohe für den Mergentheimer Raum als echtes Lehen gegeben worden, bevor diese es am 20. Oktober 1224 dem Orden zueigneten.

Weikersheim war bereits seit dem 9. Jahrhundert als Reichsgut in den Annalen von Fulda bezeugt. Die Besitzer nannten sich zunächst ab 1153 Herren von Weikersheim und ab 1178 Hohenlohe. Dieser Name wiederum wurde im 15. Jahrhundert auf das beherrschte Territorium übertragen. Die Hohenloher Edlen standen nicht nur mit dem Bistum Würzburg in einem engen Vertrauensverhältnis, auch zum staufischen Haus wurden enge Verbindungen gepflegt.

Nach der Überschreibung der Güter in Mergentheim an den Deutschen Orden grenzten im Jahre 1230 Gottfried und Konrad von Hohenlohe ihre Interessensphären ab. Während Konrad den östlichen Teil erhielt, auf diesem Territorium die Burg Brauneck errichten ließ und nach seiner Heirat mit der hessischen Erbtochter Petrissa von Büdingen auch noch deren Besitzungen in der Wetterau zugewann, behielt Gottfried die westlichen Teile des riesigen Besitzes. Im gesamten Bereich des hohenlohischen Besitzes gab es zu dieser Zeit noch dichte Wälder, nur wenige Überlandwege, aber keine Städte. Wichtig war für die Edlen von Hohenlohe die Salzgewinnung im Kochertal bei dem heutigen Schwäbisch Hall und in Niedernhall.

Diese riesigen Besitzungen setzten sich im 13. Jahrhundert aus Eigengütern, Lehen und Regalien zusammen. Das älteste Lehensbuch der Hohenlohe verzeichnet nicht weniger als 225 Vasallen, deren Namen von Adelmann bis Zobel reichten.

Nach der knappen Erkundung der Geschichte der Hohenloher Edlen zurück zu Mergentheim. Im Jahre 1248 hielt das Deutschmeistertum des Ordens – jener Teil also, der die ›Etappe‹ Deutschland betraf – in Mergentheim das erste Ordenskapitel ab. Hier wurde auf die besondere Lage der Ortschaft und ihre Nähe zu Würzburg verwiesen und beschlossen, ein Schloß mit Schloßkirche zu errichten. Vier Jahre später war Baubeginn. Bis 1264 waren beide Bauten fertiggestellt. Der damalige Deutschmeister Konrad von Nürnberg wurde 1259 in der Krypta der Pfarrkirche beigesetzt. Im Mai 1312 überließen die Edlen Gottfried, Gebhard und Andreas von Hohenlohe-Brauneck dem deutschen Orden die Mergentheimer Zehnt und damit auch das örtliche Halsgericht. (Siehe dazu: Karl Weller (Hg.), *Hohenlohisches Urkundenbuch,* Stuttgart 1901.) Der Deutsche Orden war nunmehr Zehntherr von Mergentheim und sollte dies bis zu seinem Ende in Deutschland bleiben. Die Brüder Hohenlohe hatten dem deutschen Haus »das Gericht zu Mergentheim rechtens und auf ewig und ungehindert« überlassen.

Damit stand der Entwicklung Mergentheims zur Stadt nichts mehr im Wege, es galt nur noch, sich diesbezüglich bei höchster Stelle bemerkbar zu machen. Dies besorgte der Deutschmeister Wolfram von Nellenburg. Er schrieb einen Bittbrief an Kaiser Ludwig den Bayer und bat, dem Marktflecken die Stadtrechte zu verleihen.

Da Wolfram von Nellenburg zum Freundeskreis Ludwigs des Bayern zählte, hatte seine Bitte Erfolg. Am 2. Juli 1340 verlieh König Ludwig in Nürnberg den Brüdern des Deutschen Ordens »In Ansehung ihrer treuen Dienste für Kaiser und Reich die Gewalt (über) den Markt zu Mergentheim, der da gelegen ist an der Tauber, in dem pistüm Wirtzburch (, daß er) ein Stat süllen seyn und munzen machen« könne. Damit zugleich wurde den Bürgern die Gnade verliehen, die Stadt befestigen zu dürfen und dazu Steinbauten, Mauern, Türme und Palisaden und andere Festungswerke zu errichten.

Die Herren gingen sofort ans Werk und erhoben zunächst von allen Bürgern ein ›Ungeld‹, aus dem die Festungsbauten bestritten wurden, von denen es 1361 hieß, daß Mergentheim eine mit Mauern und Gräben umschlossene Stadt sei. Die Türme dienten nicht nur als besondere festungsmäßige Schwerpunkte, sondern waren der Überbau zu den Stadttoren.

Da Mergentheim bereits mit dem Stadtrecht am 2. Juli 1340 auch der Blutbann – die Hochgerichtsbarkeit – verliehen worden war, erhielt der Komtur der Stadt dementsprechend die Banngewalt über alle Sachen an Leib und Gut, mit der Berechtigung, Richter, Schöffen und den Rat der Stadt einzusetzen oder abzusetzen.

Neben diesen kaiserlichen Vorrechten war der Stadt noch am 26. Mai 1341 durch Ludwig den Bayern das Privileg erteilt worden, daß kein Bürger Mergentheims durch ein anderes Gericht als jenes der Stadt belangt werden durfte. Ein Jahr später wurden dem Orden weitere Vorrechte genehmigt. Eines der wichtigsten war, daß bei jeder Versammlung des Stadtrates der Komtur oder einer seiner Ritter anwesend sein mußte. Zu St. Walpurgis (dem jeweiligen 1. Mai) hatte die Stadt 200 Pfund gute Heller an den Orden zu zahlen.

Das Wappen ebenso wie das Stadtsiegel war dem Deutschordenskreuz angenähert. Sie trugen das Deutschordenskreuz mit einem Herzschild, darin jener einköpfige Adler Friedrichs II. stand, den der Staufer seinem Getreuen und Helfer, dem Hochmeister Hermann von Salza, verliehen hatte.

Kaiser Karl IV. verlieh als Nachfolger Ludwigs des Bayern Mergentheim 1361 das Münzrecht, nach welchem Heller nach Nürnberger Korn geprägt werden durften, zugleich noch das Recht des Johannismarktes.

Trotz dieser herrscherlichen Gunst waren die Bürger und Handwerker Mergentheims unzufrieden, denn die Herrschaft des Ordens war hart und die Steuern hoch. Immer wieder kam es zu kleinen Reibereien zwischen Stadtbürgern und der Herrschaft, die schließlich 1380 in einer Empörung der Bürger gegen den Deutschmeister Konrad von Rüde ausuferten. Dieser Aufruhr wurde mit harter Hand niedergeschlagen. Die Bürger mußten zur Strafe *und* Buße im Jahre 1382 ein steinernes Sühnekreuz auf dem Markt errichten.

Am 13. Juli 1366 erlebte die Stadt einen hohen Besuch. Pfalzgraf Ruprecht III., der Jüngere, weilte mit seinen Eltern in der Stadt und verlobte sich dort am selben Tag mit Elisabeth, der achtjährigen Tochter des Grafen Friedrich V. von Nürnberg. Ruprecht heiratete seine Verlobte am 27. Juli 1374 in Amberg. Er wurde 1400 deutscher König und regierte zehn Jahre.

In den folgenden Jahren kam es in der aufblühenden Stadt oftmals zu wichtigen Treffen und Beratungen – so am 3. August 1386, als eine Reihe deutscher Fürsten mit einigen Städten des Schwäbischen Bundes berieten, unter ihnen auch die fränkischen Städte Augsburg, Nürnberg, Ulm und Esslingen. Das Treffen stand unter der Schirmherrschaft des Deutschmeisters Siegfried von Venningen. Es ging dabei vor allem um Geleit- und Zollfragen für Nürnberg sowie um Ansprüche des Würzburger Bischofs an die fränkischen Städte Rothenburg, Windsheim, Schweinfurt, Schwäbisch Hall und Heilbronn. Glanzvoller Höhepunkt war der im Oktober 1387 in Mergentheim tagende Reichstag. Hier wurde in der Mergentheimer Stallung vom 5. 11. 1387 der Vergleich zwischen der Partei der Fürsten und dem Schwäbischen Bund herbeigeführt.

Die Fürstenpartei war durch den Pfalzgrafen Stephan, Herzog Albrecht von Österreich und Burggraf Friedrich von Nürnberg vertreten. Der Schwäbische Bund hatte Augsburg, Ulm und Nürnberg ins Rennen geschickt. (Siehe dazu Fritz Hartung, *Geschichte des fränkischen Kreises*, I. Bd. Neudruck Aalen 1973.) Am 12. März 1415 kam König Sigismund (1410–1437) der Bitte des Deutschmeisters Conrad von Egloffstein nach und verlegte den Zuständigkeitsbereich Mergentheims zum Gelnhäuser Oberhof nach Wimpfen am Neckar. Nunmehr brauchten die Herren Mergentheims lediglich zu des Heiligen Römischen Reiches Stadtgericht nach Wimpfen zu reisen, das bedeutend näher lag, wenn ein Prozeß anstand. Alle überführten und auf frischer Tat ertappten Straßenräuber wurden zu dieser Zeit enthauptet. Dieben drohte bei schweren Diebstählen der Galgen. Ketzer und Mordbrenner wurden verbrannt, Mörder gerädert.

Mit dem 16. Jahrhundert änderte sich auch für Mergentheim die innere Ratsverfassung. Von nun an wurde der Bürgermeister aus den im Bereich der Stadt lebenden Adeligen gestellt. Diese handhabten von nun an mit Richtern und Schöffen des Gerichtes die Hoch- und Niedergerichtsbarkeit. Alle Urteile über Leben und Tod aber wurden im Namen des Deutschen Ordens gefällt. Der inzwischen morsch gewordene Galgen auf dem Kitzberg wurde abgebrochen und durch einen neuen ersetzt. Noch um diese Zeit gab es auch den Strafstock. Beide symbolisierten die Hoch- und Niedergerichtsbarkeit der Stadt. Das Stadtgericht war mit dem Hauskomtur, 12 Stadträten und einem Stadtschreiber besetzt.

Nachdem der deutsche Ordensstaat Preußen im Jahre 1525 unter tätiger Mithilfe von Dr. Martin Luther in ein weltliches Herzogtum umgewandelt worden war und der letzte im Deutschordensland Preußen lebende Hochmeister, Albrecht von Brandenburg, weltlicher Herzog von Preußen geworden war, begann die große Zeit des Ordens in Mergentheim, das schließlich Hauptsitz desselben wurde. Aus der Stellung einer Versorgungsbasis für das Ordensland Preußen wuchsen der Deutschmeister und der Orden in Deutschland zur Hauptvertretung heran.

Bereits im Jahre 1496 hatte der Deutschmeister, ungeachtet früherer Lehnsverbote des Papstes, alle Besitzungen und Rechte als Reichslehen angenommen und wurde solcherart in den Reichsfürstenstand erhoben. Damit wurde die bereits seit geraumer Zeit bestehende Reichsunmittelbarkeit offiziell anerkannt.

Die Kammer des Deutschmeisters, die sich bereits seit dem 14. Jahrhundert herauszubilden begann, bestand zu dieser Zeit aus den Kommenden Mainz, Waldbreitbach, Frankfurt-Sachsenhausen, Speyer, Weißenburg im Elsaß, Weinheim und Horneck. Hier lag auch in Zukunft der Interessenschwerpunkt des Ordens, denn zwischen Rhein-Main-Donau hatte er einen reichen Besitz erworben und ihn zur Ballei Franken vereinigen können. Diese Verbundenheit zwischen Deutschmeistertum und der Ballei Franken war ebenfalls bereits im Jahre 1444 durch den Deutschmeister Eberhard von Stetten in einer Versammlung zu Mergentheim vertraglich festgelegt worden. Damit war klar umrissen, daß Franken nach Verlust des Ordenslandes Preußen zum Hauptgebiet des Deutschen Ordens werden würde.

Der Bauernaufstand endete in Mergentheim glimpflich. Weder dem Komtur noch den Rittern des Ordens wurde auch nur ein Haar gekrümmt. Als die Burg Horneck in Flammen aufging, wurde Mergentheim zum neuen Meistersitz erkoren.

Langsam wuchs auch Mergentheim selber in die Rolle der Residenz eines Reichsfürsten und Ordensoberen hinein. Bis 1528 wurde die Burg Neuhaus wiederhergestellt und diente dem Hoch- und Deutschmeister als Sommersitz. Eine offizielle Bezeichnung ›Hochmeister‹ gab es freilich nicht. Walter von Cronberg, der Dietrich von Cleen abgelöst hatte, ließ die Ordenskanzlei und das Ordensarchiv in Mergentheim einrichten. Bis zum Jahre 1534 gehörten lediglich 140 Personen zum Hofstaat, davon waren 90 Bedienstete der Kommende. Später waren es über 400.

Im zweiten Markgräflerkrieg von 1552–1554, in dem im Raum Franken vor allem Markgraf Albrecht Alcibiades von Brandenburg-Kulmbach gegen den Deutschen Orden antrat, hatte Mergentheim schwer zu leiden. Es ging Markgraf Albrecht Alcibiades darum, sein Territorium auf Kosten des Ordens und der Städte Bamberg, Würzburg und Nürnberg zu erweitern. Würzburg, Bamberg und Nürnberg erkauften sich den Frieden durch Gebietsabtretungen. Der Markgräflerkrieg sah die Truppen des Markgrafen von Brandenburg-Kulmbach auch vor Mergentheim. Sie eroberten die Burg des Ordens Neuhaus und brannten sie ein weiteres Mal nieder.

Mergentheim um 1630, die Johannes-Kirche und das Residenzschloß des Deutschen Ordens sind klar zu erkennen. Kupferstich aus Daniel Meißners Schatzkästlein.

Die Stadt selbst, die ihre Verteidigungstruppen auf 1100 Mann erhöht hatte, hielt etwa eine Woche lang stand. Dann mußte sie dem Feind die Tore öffnen. Die Soldaten des Markgrafen stürmten ins Schloß, wo reiche Beute winkte. Alles, was beweglich war, wurde ausgeräumt. Auf 130 herbeigeschafften Wagen wurde fast das gesamte Inventar des Schlosses aufgeladen und als Kriegsbeute fortgefahren. Allein dadurch entstand ein Schaden von 600 000 Gulden. Kaiser Karl V. schickte nun seine Truppen, um diese auf eigene Faust marodierenden Gesellen niederzuwerfen. Der Fränkische Bund, zu dem sich König Ferdinand und andere hohe Herren vereinigt hatten, verjagte Albrecht Alcibiades' Truppen aus Franken.

Deutschmeister Wolfgang Schutzbar gelang es, die Stadt rasch wieder aufzubauen und das Schloß mit den leider nur spärlich zurückerlangten Gegenständen auszustatten. Unter Deutschmeister Georg Hund von Wenkheim, der im Jahre 1570 die Tochter Kaiser Maximilians II. als Braut des spanischen Königs Philipps II. bis in die Niederlande begleitete, um sie dort den Abgesandten Philipps wohlbehalten zu übergeben, wurde auch die Burg Neuhaus wieder aufgebaut. Die bereits unter Schutzbar begonnenen großen Türme ließ er ausbauen und das Burggelände mit einem tiefen Graben umziehen. Damit war die Burg so stark geworden, daß sie vom Deutschmeister zur Schatzkammer des Ordens erklärt wurde. Alle Wertsachen, Gold, Silber und die Ordenskleinodien wurden 1573 dort untergebracht. Die erstellte Inventurliste gab dafür einen Wert von 180 000 schweren Goldgulden an, was einer Million rheinischer Goldgulden entspricht. Hinzu kamen »große Mengen gediegener Goldstangen«. In der Rüstkammer wurden untergebracht: 14 vergoldete massiv-silberne Harnische, 76 Harnische aus Eisen, 15 silberne und vergoldete Pulverflaschen und weitere 15 Pirschbüchsen. Hinzu kamen 64 schwere, silberbeschlagene Schwerter, 30 Kettenhemden und eine große Menge weiterer Waffen.

Wenn man diesen aufgehäuften Reichtum betrachtet und den Armutsschrei des Deutschmeisters noch im Ohr hat, der etwa 50 Jahre vorher dem Hochmeister jede Art von Hilfe versagt hatte, die für den Ordensstaat Preußen das Überleben bedeutet hätte, dann mutet dies doch eigenartig an. In den Jahren des verheerenden Dreißigjährigen Krieges und des 2. Markgräflerkrieges konnten diese Werte nicht geschaffen worden sein. Sie waren auch schon *vorher* vorhanden. Ein Teil davon hätte genügt, das so wichtige Ordensland Preußen dem Orden zu erhalten.

Mergentheim im Aufwind

Kurz nach diesen Ereignissen wurden dem Deutschmeister alle Rechte und Nutzungen in Mergentheim unmittelbar zugestanden. Cronbergs Nachfolger Wolfgang Schutzbar wurde auf dem Ordenskapitel zu Speyer die Residenz Mergentheim für weitere 15 Jahre zugesprochen. Noch im Jahre 1572 wollten die Mitglieder des Kapitels, nach der Wahl Heinrichs von Bobenhausen zum Deutschmeister, ihm lediglich für weitere 10 Jahre den Sitz in Mergentheim zugestehen. Erst 1595 wurde endgültig entschieden, daß Mergentheim für *immer* Ordensresidenz sein solle.

Das auf Kosten des Deutschen Ordens gebaute Rathaus. Der Marktbrunnen mit der Mariensäule stammt aus dem 19. Jahrhundert.

Seine Vorgänger im Amt hatten das Stadtbild von Mergentheim entscheidend verbessert. An erster Stelle sei hier Wolfgang Schutzbar genannt, der die Stadtbefestigungen verbessern ließ und ein »gut Rathausz zue Mergentheim dem Orden undt der stat zue ehren und zue bestem zu bawen« versprach.

1561 wurde das alte Rathaus wegen Baufälligkeit abgebrochen und mitten auf dem Marktplatz das neue Rathaus errichtet. In dessen Erdgeschoß befanden sich die für die Bürgerschaft wichtigen Brot- und Fleischbänke, weitere Läden und eine Arrestzelle, ›Narrenhäusle‹ genannt. Im ersten Stock lag der große Ratssaal, der für die Sitzungen des Stadtrates und des Gerichts zur Verfügung stand. Nicht zuletzt stand er auch für Bälle, Empfänge und besondere Feste angesehener Bürger zur Verfügung. Im zweiten Obergeschoß liegen alle Amtsstuben, die auch heute noch genutzt werden.

Das Rathaus, das auf Kosten des Ordens gebaut wurde, überließ dieser der Stadt für eine jährliche Gebühr von 99 Gulden. Alle Läden und Waagen hatten darüber hinaus eine Konzessionsgebühr zu entrichten. (Das Rathaus wurde erst im Jahre 1838 für einen Preis von 1500 Gulden vom württembergischen Staat käuflich erworben.)

Wolfgang Schutzbar widmete vor allem den sanitären Einrichtungen besondere Aufmerksamkeit. Er ließ die erste wirkliche Wasserleitung legen. Das Quellwasser des Eisenberges wurde in bleiernen Röhren in die Stadt geleitet, die alten Zieh- und Pumpbrunnen wurden durch Dreiröhrenbrunnen ersetzt. Der Milchlingsbrunnen wurde zur Erinnerung an Wolfgang Schutzbar errichtet. Als dieser 1566 in Mergentheim starb, wurde er in der Gruft der Kirche bestattet.

Die weitere Geschichte Mergentheims unter den nächsten Trägern des Deutschmeisteramtes zeigte einen stetigen Aufschwung. Heinrich von Bobenhausen ließ das zu klein gewordene Spital 1579 umbauen und 1584 das Langhaus der Pfarrkirche neu wölben und ausmalen. Im selben Jahr wurde den Mergentheimer Schützen das Schützenhaus auf dem Bleichwasen (einer Rasenfläche, auf welcher das Linnen gebleicht wurde) errichtet. Die Schützen waren direkt vom Orden dazu bestimmt, die Stadt im Kriegsfall zu sichern.

Der Wohlstand der Mergentheimer Bürger mehrte sich in der Folgezeit sichtlich. Es war Bobenhausen, der auf einem Generalkapitel in Mergentheim der Forderung Kaiser Rudolfs II. nachgeben mußte und Erzherzog Maximilian, einen Bruder des Kaisers, als Koadjutor – entgegen den bestehenden Statuten – in den Orden aufnahm. Er war zunächst Administrator des Hochmeistertums, 1590 wurde er zum Deutschmeister gewählt, womit der Deutsche Orden gewissermaßen in das Habsburgische Fahrwasser gesteuert wurde.

Nach seiner Aufnahme in den Deutschen Orden und seiner Inthronisierung als neuer Deutschmeister 1590 legte Erzherzog Maximilian 1606 auf dem neuerlichen Generalkapitel zu Mergentheim ein *»exercitium militare«* für alle Ordensritter fest. Da dieser Deutschmeister mehrfach zu ›Heideneinsätzen‹ nach Ungarn reiste und dort als General an der Abwehr der Heiden mitwirkte, wurde Oberhofmeister Marquard Freiherr von Eck sein Stellvertreter. Neben seinen kriegerischen Einsätzen ließ Maximilian auch den Umbau des Schlosses vollenden und am östlichen Ende des Seitenflügels die neue Hofkapelle errichten. Sein Statthalter ließ 1607 die Ecksche Kapelle bauen, die über der Sakristei der Stadtkirche errichtet wurde. Er zeichnete auch für die Errichtung der Kirche zu Stuppach verantwortlich.

Während der Meisterzeit Erzherzog Maximilians fanden in Mergentheim fünf Reichstage statt. Die Amtszeit Maximilians ging am 2. November 1618 mit seinem Tod zu Ende. Noch während seiner Amtszeit wurde er schon als ›Maximilian der Deutschmeister‹ bekannt.

Der Dreißigjährige Krieg und Mergentheim

Noch vor seinem Tod hatte Maximilian I. auf einem Kapiteltag zu Mergentheim seine Nachfolge geregelt. Sein Nachfolger sollte Erzherzog Karl sein, der bereits Bischof von Breslau und Brixen war. Als ›Geweihter‹ hätte er nicht in Wehr und Waffen zum Ritter geschlagen werden können, wie es die Ordensvorschrift vorsah. Papst Paul V. willfahrte der Bitte des Bischofs und erteilte ihm dazu päpstlichen Dispens. Er sollte nur von 1618 bis 1624 amtieren.

Der Dreißigjährige Krieg brachte große Not. Mit dem Vorbeizug von 18 000 Mann Mansfeldischer Truppen 1621 erlebte die Umgebung von Mergentheim schwere Verluste. Zwar wurde die Stadt durch Deutschmeister Karls Stellvertreter Eustach von Westernach geschlossen gehalten. Diese Mansfelder Truppen verwüsteten alles, was auf ihrem Weg lag. Ihnen fielen 13 Weiler und Höfe zum Opfer, die dem Erdboden gleichgemacht wurden.

Ihnen folgten jene des Feldherrn Tilly. Am schrecklichsten aber hausten 1622 polnische und böhmische Reiter. Im Winter bezogen sechs kaiserliche Regimenter in Mergentheim ihre Winterquartiere.

Durch diese ununterbrochenen Durchzüge und Belegungen wurde jede Feld- und Erntearbeit unterbunden. Teuerung und Hungersnot waren die Folgen. Ein Paar Schuhe kostete das Zehnfache ihres früheren Preises. Als letzte furchtbare Krankheit trat im Jahre 1626 die Beulenpest auf. Es gab kaum ein Haus in der Stadt, das von dieser Seuche verschont blieb.

Johann Kaspar von Stadion, seit 1627 Deutschmeister, ehemaliger kaiserlicher Feldherr, Präsident des Hofkriegsrates und Kommandant von Wien, sollte bis 1641 die Geschicke des Ordens leiten. Seine vordringlichste Aufgabe sah er in der Rückführung der protestantisch gewordenen Bürger zum alten Glauben. Da die ›katholische Partei‹ zu Beginn des großen Völkerringens Vorteile erlangen konnte, schritt die Gegenreformation in Mergentheim gut voran.

Um Hilfestellung zu erlangen, holte der Deutschmeister 1628 Kapuziner nach Mergentheim und ließ von ihnen das Kloster Maria-Hilf errichten. Im Jahre 1629 hielt die katholische Liga in Mergentheim einen allgemeinen Kriegsrat. Noch war keine Gefahr im Verzuge. Als aber der schwedische König Gustav Adolf 1631 bei Breitenfeld das kaiserliche Heer unter Tilly schlug und die Schweden gen Franken marschierten, wurde bald auch Mergentheim bedroht. Der Deutschmeister floh auf die Insel Mainau im Bodensee. Kurz vor Weihnachten wurde die Stadt durch das evangelische Heer unter Feldmarschall Horn beschossen und kapitulierte.

»Ich werde Bayern bis auf den Grund verwüsten und in Asche legen, so daß sich die kaiserliche Soldateska darin selbst aufzehrt.«
Gustav II. Adolf im Frühjahr 1632

Oberst Sperreuther im Hornschen Heer, der Ende November bereits die Burg Neuhaus in seinen Besitz gebracht hatte und das vor der Stadt liegende neue Kapuzinerkloster niederbrannte, stand dicht vor Mergentheim. Die Stadt konnte sich bei Feldmarschall Horn mit 6000 Talern freikaufen. Das schwedische Heer zog weiter.

Gustav Adolf verlieh als Lohn für geleistete Kriegserfolge Schloß und Amt Neuhaus an Oberst Sperreuther. Marschall Horn erhielt die Stadt Mergentheim zum Geschenk, »mit allen Gütern und anderen um die Stadt liegenden Besitzungen als Fürstentum« übereignet. Lehnsherr war die Krone von Schweden. Ihr gehörte die Stadt zwar nicht, aber die Schweden hatten sie in der Hand.

Stadtpfarrer Faber, der »die Hosen voll« hatte, trat zum Protestantismus über. Dies dauerte jedoch nur bis zum Jahre 1634, als die Kaiserlichen nach ihrem großen Erfolg bei Nördlingen Mergentheim entsetzten. Der Deutschmeister kehrte zurück und ließ als erste Amtshandlung das Kapuzinerkloster mit der Kapelle Maria Hilf neu errichten. Da die Grafen von Hohenlohe sich auf protestantische Seite gestellt hatten, entzog der Kaiser ihnen die Herrschaft Weikersheim und übergab sie dem Orden »mit aller Landesherrlichkeit«. Dieser Zustand dauerte jedoch nur bis zum Westfälischen Frieden 1648 an.

Die Hexenverfolgung um Mergentheim

Kaspar von Stadion hatte dem Deutschen Orden in Mergentheim von 1627–1641 vorbildlich gedient. Ein Schatten fällt allerdings auf seine Amtszeit und zugleich auf das gesamte Meistertum. Auch im Deutschordensgebiet wütete die Hexenverfolgung, niemand gebot ihr trotz besseren Wissens Einhalt.

Mit der Durchführung der Verfolgung der peinlichen Befragung und Überführung der geständigen Hexen aller Art und ihrer grausigen Bestrafung war das Zehntgericht zu Markelsheim für die gesamte Kommende Mergentheim zuständig.

Die festgenommenen Hexen, überwiegend Frauen, auch einige Mädchen, wurden auf die Burg Neuhaus geschleppt und dort zunächst in die tiefen Verliese gesperrt.

Die Akten des Ordensarchivs zu Mergentheim weisen zweifelsfrei aus, daß im Gebiet Mergentheim in den Jahren 1628 bis 1632 125 Menschen als Hexen hingerichtet worden sind, davon 35 aus Mergentheim und 90 aus Markelsheim, das offenbar eine dicht mit Hexen ›verseuchtes‹ Gemeinwesen gewesen sein muß, eine richtige Hexenstadt.

Das Zehntgericht Markelsheim verfolgte denn auch jede Anzeige rigoros, um Schuldige für die Unbill dieser Jahre zu finden und dem Bürgerzorn Genüge zu tun. Aus jedem Beschuldigten wurde selbstverständlich auch ein vollständiges Tatgeständnis erpreßt, und von ihnen wurden weitere mitschuldige Hexen genannt.

Die Frau des Deutschordenskanzlers Kirchheimer war auch eine der Hexen. Außerdem befand sich noch ein neunjähriger Knabe unter den Hexen.

Bei diesen ›peinlichen‹ Befragungen wurden Daumenschrauben angesetzt, Beinschrauben gedreht, Finger- und Zehennägel ausgerissen und die Körper der geschundenen Menschen auf Rädern und Leitern gestreckt. Brennende Kerzen, unter Achselhöhlen gehalten, zählten noch zu den harmloseren Torturen. Das wohl makaberste Überführungs- und Geständnisinstrument war der mit spitzen Nägeln versehene Beichtstuhl.

Eine einzige als Hexe angeklagte Frau konnte diese unsäglichen Martern überstehen. Drei Monate lang wurde sie geschunden, ohne daß ein Wort des Geständnisses über ihre Lippen gekommen wäre. Die Folterknechte waren ratlos. Schließlich sperrte man sie drei Monate lang wieder in die Verliese der Burg Neuhaus ein, um sie dann ohne ein einziges Wort des Bedauerns oder des Mitleides hinauszuwerfen.

Die ewige Schande, noch in dieser Zeit solche Methoden der Schinderei anzuwenden, wurde noch dadurch übertroffen, daß alle der

Ordenskasse entstehenden Kosten – einschließlich Zechkosten und Verpflegung der Zehntschöffen – von den Verurteilten zu tragen waren. Den Rest mußten die Hexen testamentarisch – dazu waren sie als einziges noch berechtigt – für gute Zwecke stiften.

Aus den Erträgnissen dieser Mergentheimer Hexenprozesse wurden allein in den Jahren 1628 und 1629 3495 Gulden ›erwirtschaftet‹. Diese wurden an das Hochmeisteramt abgeführt. Weitere 600 Gulden der verurteilten Hexen wurden als Gerichtskosten verwandt.

Dieses sinnlose Foltern und Hinschlachten gilt auch heute noch als das mit Abstand schlimmste Ereignis in der Geschichte des Deutschen Ordens, an das nicht einmal Mord und Totschlag unter den Ordensbrüdern auch nur im entferntesten heranreichten.

Dies ist kein Ruhmesblatt in der Geschichte Mergentheims und seiner Führung. Niemand konnte sich damit entschuldigen, daß »in aller Welt solche Prozesse geführt und Hexen gefoltert und verbrannt« wurden.

Dem Ende des Ordens entgegen

Im Jahre 1631 wurde das Kapuzinerkloster durch die Schweden niedergebrannt. 1636 begann der Wiederaufbau, der bis 1637 vollendet wurde. Als 1641 Erzherzog Leopold Wilhelm das Amt des Hochmeisters übernahm, hatte der Orden den Bock zum Gärtner gemacht, denn in seiner 21jährigen Amtszeit kam er nicht ein einziges Mal in seine Residenz Mergentheim. So konnten denn von 1627 bis 1662 auch keine Generalkapitel mehr stattfinden. Die Balleien in Deutschland waren sich selber überlassen, obgleich sie gerade in der Zeit des Dreißigjährigen Krieges jeder Hilfe bedurft hätten.

Als am 5. Mai 1645 bei Herbsthausen in nächster Umgebung der Ordensresidenz eine Schlacht zwischen dem kaiserlichen Feldherrn Mercy de Wal und dem französischen Marschall Turenne stattfand, kam es zu einer Reihe von Ereignissen, die bei Anwesenheit des Deutschmeisters hätten verhindert, zumindest abgemildert werden können.

Marschall Turenne hatte sich im Mergentheimer Schloß einquartiert. Seine Regimenter waren auf mehrere Nachbarorte aufgeteilt worden. Diesen Zustand der Schwäche nutzten die Kaiserlichen aus. Mercy de Wal und sein General der Reitertruppe, Jahn von Werth, erstürmten vor Sonnenaufgang die ersten feindbesetzten Ortschaften, hieben den Gegner nieder und ritten zur nächsten Ortschaft weiter. Es kam zu vernichtenden Schlägen gegen die französischen Truppen, auch einige Dörfer gingen in Flammen auf.

Die Reste der französischen Truppen zogen sich zurück. Marschall Turenne mußte Hals über Kopf fliehen und seine große Beute dort zurücklassen. Auch die auf der Burg Neuhaus einquartierten Franzosen mußten so rasch wie möglich um ihr Leben laufen. Sie ließen in den Schatzkammern der Burg ebenfalls viel erbeutetes Gold und Silber zurück.

Damit waren zwar die Franzosen aus dem Felde geschlagen, doch die Truppendurchzüge und Vorbeizüge hörten immer noch nicht auf. Die Kaiserlichen nahmen um Mergentheim Quartier, preßten und raubten die Bevölkerung aus, die ganz sich selber überlassen blieb.

Mit Ende dieses Völkerringens 1648 atmeten die Bürger der Stadt und die Bauern der Umgebung auf und gingen an die Aufbauarbeit. Allerdings folgten bald wieder weitere Schatzungen während der französischen Raubkriege. Eine Statistik des Jahres 1660 berichtet über eine Einwohnerzahl von 1075 Menschen gegenüber beinahe 4000 vor Beginn des großen Krieges.

Mit Beginn des spanischen Erbfolgekrieges im Jahre 1700 wurden Franken und Schwaben erneut Kriegsschauplatz. Nach der Niederlage der Franzosen in der Schlacht bei Höchstädt am 20. 9. 1703 ließen die englischen Sieger immer neue Kriegsgefangenentransporte durch Franken marschieren. In Mergentheim mußten sie von den Bürgern und Bauern verpflegt werden.

Als sich Mergentheim dieser Forderung verschloß, wurde es bedroht. Aber eine große Gefahr kam von anderer Seite. Eine französische Streife nahm Mergentheim im Handstreich in Besitz und plünderte sowohl das Schloß als auch die reichen Bürgerhäuser aus. Die zur Hilfe herbeigerufenen bei Herbsthausen stehenden fränkischen Kreistruppen kamen zu spät. Sie konnten nicht einmal mehr verhindern, daß der Mergentheimer Hof- und Regierungspräsident, Freiherr von Kageneck, von den Franzosen gefangen wurde. Erst für 200 000 Gulden Lösegeld kam er frei. Der Freiherr erklärte, daß die Bürgerwache am fraglichen Tag volltrunken gewesen sei und beim Nahen der wenigen Franzosen sofort die Flucht ergriffen habe. Dieser spanische Erbfolgekrieg kostete die gesamte Region 12 Millionen Gulden.

Große bauliche Veränderungen begannen in Mergentheim im Jahre 1698, als Hochmeister Franz Ludwig, Herzog von Pfalz-Neuburg, der ab 1694 das Amt des obersten Herrn in Mergentheim und im

Schloß (begonnen 1568) und Kirche (1730–1736) des Deutschen Ordens in Bad Mergentheim. Unten: Der 1628 entstandene Torbau führt in den Innenhof der Hochmeisterresidenz.

gesamten Deutschen Orden übernommen hatte, das verfallende Spital völlig neu errichten ließ. Er stimmte auf Bitten der Stadt auch dem Bau eines vierklassigen Gymnasiums zu. 1710 erfolgte der Neubau des Priesterseminars der Dominikaner.

Nach beinahe einem Jahrhundert der Pause wurde nun auch das Schloß, ferner die gesamte Anlage desselben, umgebaut. Der Ordensbaumeister Franz Keller führte diese Arbeiten durch. Nach seinem Tod im Jahre 1724 wurde der Obristwachtmeister Balthasar Neumann aus Ellingen nach Mergentheim berufen.

Der gesamte Umbau wurde erst unter dem Nachfolger Franz Ludwigs, Herzog Clemens August von Bayern, vollendet. Auch in seiner Zeit kam 1735 ein 10 000 Mann starkes russisches Hilfskorps für den Prinzen Eugen durch die Stadt. In umgekehrter Richtung zogen 1741 die französischen Truppen.

Ein Ereignis aber schreckte die Bürger mehr als alles andere auf. Im Mai 1743 erfroren bei

einem starken Frost alle Weinstöcke der Umgebung. Die Winzer zürnten ihrem Schutzheiligen, dem heiligen Urban. Sie trugen sein Standbild durch die Straßen der Stadt und warfen es ins Wasser der Weth, einen Feuerteich am oberen Markt. Dabei riefen sie ihm nach:

»Hast du uns den Wein erfrieren lassen,
dann sauf nun auch wie wir Wasser!«

Sie mußten auf Befehl des Hochmeisters den Bildstock wieder errichten.

In den folgenden Jahrzehnten wurde Mergentheim bei wechselnder Herrschaft der Deutschmeister mehr und mehr zu einer fürstlichen Residenz und zur Kulturstadt. Im Jahre 1791 beispielsweise weilte der junge Beethoven mit dem Orchester des Hoch- und Deutschmeisters Maximilian Franz in Mergentheim. Dieser Hochmeister, jüngster Sohn der Kaiserin Maria Theresia, genehmigte außerdem die Herausgabe eines *Intelligenzblattes*.

Beethoven, zu dieser Zeit 21 Jahre alt, wirkte in dem großen Orchester als Cellist und Bratschist mit. In Privatkreisen galt er als exzellenter Pianist, der immer zur Stelle war, wenn gute Musik gefragt wurde. Ordenskanzler von Breuning öffnete ihm sein Haus. Beethoven wurde bereits zu dieser Zeit von dem Musikschriftsteller Karl Ludwig Juncker in einer sehr angesehenen Musikzeitschrift »der erste Klaviervirtuose Deutschlands« genannt.

Bis zum Jahre 1809 blieb Mergentheim Hauptstadt des Ordens und Residenz des Fürstentums. Erst dann wurde der Deutsche Orden nach jahrelangem Tauziehen durch ein Dekret Kaiser Napoleons aufgelöst. Kernsatz dieses Dekrets war: »Alle Güter und Domänen des Deutschen Ordens werden mit den Domänen der Fürsten, in deren Staaten sie liegen, das Gebiet von Mergentheim mit der Krone Württembergs vereinigt.« Damit wurde der König von Württemberg, der diesen Rang der Gnade seines Gönners Napoleon verdankte, auch Fürst von Mergentheim.

Seine Truppen besetzten die Stadt und plünderten auch das Residenzschloß. Mergentheim war der Würde als Residenzstadt entkleidet und drohte in die Bedeutungslosigkeit zu versinken. Aber genau 17 Jahre darauf, im Jahre 1826, entdeckte der Schäfer Franz Gehrig eine wertvolle Mineralquelle von großer Heilkraft. ›Bad Mergentheim‹ schickte sich an, zum größten Heilbad von Baden-Württemberg zu werden.

Das Bad und die schöne Stadt mit den vielen Sehenswürdigkeiten zogen natürlich sehr früh auch Künstler aller Couleur an – unter ihnen den Dichter Eduard Mörike, der mit seiner Schwester Klara anläßlich eines Kuraufenthaltes im August 1837 Mergentheim schätzen gelernt hatte. Als er 1843 dem Pfarramt von Cleversulzbach wegen Krankheit entsagen mußte, hielt er nach einem Abstecher über Hall am 1. November 1844 in Mergentheim seinen Einzug. Die Geschwister zogen nach einer kurzen Zwischenperiode in der »Fuchshöhle mit trüben Kasernenfenstern«, so Mörike, schließlich in das schönste Haus am Marktplatz, das dem Oberstleutnant a.D. von Speeth gehörte. Beim Tod des Oberstleutnants 1845 schloß sich dessen Tochter Margarethe den Mörikes an. Die ganze Erscheinung dieser jungen Frau berührte Mörike tief. Sie wurde seine Braut und erst sehr viel später, als er besser gestellt war, 1851 seine Frau. Als seine Muse übte sie eine außerordentlich fruchtbare Wirkung auf sein Schaffen aus.

»Wer müd' vom Leben oder krank,/ dem ist zu helfen, Gott sei Dank,/ wenn er sich kann vergunnen,/ den Mergentheimer Brunnen!»
Eduard Mörike

In diesem Haus waren Mörikes Freunde gern gesehene Gäste, so Justinus Kerner und Ludwig Uhland. Pfarrer Ottmar Schönhuth von Wachbach war der Familie ebenfalls freundschaftlich verbunden.

Weitere wichtige kulturhistorische und zeitgeschichtliche Ereignisse Mergentheims seien dem Abschnitt ›Bäder- und Freizeitland Franken‹ vorbehalten.

Bad Windsheim – Zentrum im Frankenland

Durch den Abt Trithemius von Sponheim aus Würzburg ist ein Gedicht aus dem 15. Jahrhundert erhalten, in dem in gereimter Form über die frühe Windsheimer Zeit folgendes zu lesen steht:

»Pharamundus der Franken Herr
Bat vier gelehrter Männer sehr
Sie sollten Fränkisch Gesetz statuirn.
Clodoväus thät sie declarirn.
Windegast der verständig Mann
Fieng die Stadt Windsheim zu bauen an.
Nach Christi Geburt 422 Jahr,
Sagt die fränkisch Chronick offenbar.«

Demnach hatten Franken bereits im Jahre 422 damit begonnen, die Ortschaft Windsheim anzulegen. Diese Zahl wurde jedoch nicht bestätigt, sondern erst aus dem Jahr 500 wurden an der Aisch alemannische Bevölkerungsreste gefunden, die im 6. Jahrhundert unter die Herrschaft der angreifenden und landnehmenden Franken gelangten. Die ältesten exakten schriftlichen Belege über die Stadtgeschichte stammen jedoch erst aus dem Jahre 822. Durch sie läßt sich die Ortschaft seit dem 8. Jahrhundert nachweisen.

Es war laut diesen Dokumenten der Regent von Ostfranken, Karlmann, der dem Ort Windsheim neben der vorher bereits gegebenen Kirche zu Würzburg ebenfalls eine Kirche schenkte. Diese Originalurkunde Karlmanns ging zwar verloren, aber ein Dokument, das von Kaiser Ludwig dem Frommen am 19. Dezember 822 für Windsheim ausgefertigt wurde, nimmt eindeutig darauf Bezug. Windsheim war in diesem ersten verlorengegangenen Dokument dem Bistum Würzburg geschenkt worden. In der Schenkungsurkunde wurde erstmals auch die Martinskirche genannt.

Windsheim, seinerzeit noch ›Uuinidesheim‹ genannt, war ein wichtiger Ort im ehemaligen Rangau, der wiederum seinen Namen nach dem Bach Ranach erhalten hatte, welcher nahe Windsheim in die Aisch mündet.

Die Ortschaft verdankte ihr erstes Aufblühen ihrer besonderen Lage am Kreuzungspunkt zweier alter Heerstraßen: jener, die von der Donau über die Altmühl und die fränkische Rezat zum Main und von dort zum Rhein führte, und der, die die Pegnitz mit der Tauber verband.

Die älteste Siedlung der Franken lag an der Stelle des heutigen Stadtteils Kleinwindsheim, an der heutigen Kleinwindsheimer Mühle, nahe der Mündung der Ranach in die Aisch. Die Martinskirche stand wahrscheinlich auf jenem Hügel, auf dem später die St. Kilianskirche errichtet wurde.

Rund um die Martinskirche entstand um das Jahr 1000 ein kleiner Handwerksmarkt, der um 1200 bereits einige Bedeutung erlangt hatte, so daß die Würzburger Bischöfe um diesen Markt herum eine erste Befestigung errichten ließen. Diese umschloß bereits den um 1190 begonnenen Bau der Kilianskirche, die etwa 1200 in den Umrissen fertiggestellt war und auf den Namen eines Würzburger Heiligen getauft wurde. Erst im Jahre 1290 wurde diese romanische Basilika vollendet.

Würzburger Bischöfe ließen den Marktflecken Windsheim zur Stadt aufsteigen. Ihr Vorhaben lief darauf hinaus, hier einen Kaufmittelpunkt *und* eine Festung für den Raum des Aischgrundes zu errichten. Diese Anlage wiederum sollte den von ihnen angestrebten großen Territorialstaat schützen helfen. Da die Hohenstaufen aus dem Raum Rothenburg ob der Tauber in gleicher Absicht nach Norden und Nordosten vorrückten, versuchten sie, Windsheim eine ähnliche Befestigung gegenüberzustellen. Dies geschah in der Förderung des Marktfleckens und Dorfes Lenkersheim und seiner Erhebung zur Stadt.

Seit 1210 wurde im Lehnsgüterverzeichnis Windsheims erstmalig ein Schultheiß des Klosters Heilsbronn belegt, der als Beamter der Bischöfe von Würzburg tätig war.

Im Jahre 1234 wurde Windsheim ›forum‹, ›Markt‹, genannt. Ein Jahr später bereits mußte der Bischof von Würzburg Markt und Kirchenpatronat von Windsheim an das Reich abtreten. Würzburg hatte sich an einem Aufstand gegen Kaiser Friedrich II. beteiligt und war unterlegen. Diese Abtretung an Kaiser und Reich war der erste Schritt Windsheims zur Stadtwerdung.

Den Reichsstatus einer Stadt erhielt Windsheim wahrscheinlich 1280 durch Rudolf von Habsburg. Aber erst seit 1284 ist das Große Stadtsiegel bekannt. Elf Jahre darauf, am 5. Mai 1295, war es König Adolf von Nassau, der Windsheim die eigene Gerichtsbarkeit übertrug. Die Abschrift dieses besonderen Privilegs ist im Privilegienbuch des Stadtrates von 1525 vorhanden. Dieses Privileg schützte Windsheim jedoch nicht vor weiterer Unbill, so, als Adolf von Nassau im Jahre 1297 die Stadt für 2000 Mark in Silber an den Würzburger Bischof verpfändete. Aus eigener Kraft und unter Rückzahlung dieser Summe konnte sich Windsheim 1302 auslösen und erhielt daraufhin von König Albrecht die Gerichtsfreiheit. Darüber hinaus sicherte er der Stadt die Nutzung und die Steuern aus der gesamten Markung Windsheim zu.

Bereits 1291 hatten Angehörige der hier lebenden ritterbürtigen Geschlechter vor allem derer von Gailing auf dem bei Illesheim gelegenen Schloß Röllinghausen das Kloster der Eremiten des Augustinerordens erbauen lassen, das ihnen fortan als Erbbegräbnis diente. Der begüterte Bürger Konrad Förster wiederum begründete das Spital zum Heiligen Geist.

Im Verein mit anderen fränkischen Reichsstädten stand Windsheim im Krieg (1315–16) Ludwigs IV. des Bayern gegen Friedrich den Schönen von Österreich auf König Ludwigs IV. Seite. Zum ›Dank‹ dafür verpfändete dieser die Stadt für 3000 Pfund Heller an die Burggrafen von Nürnberg.

Abermals gelang es den inzwischen zu einigem Reichtum gekommenen Bürgern der Stadt, Windsheim 1331 wieder zurückzukaufen. Als Anerkennung und zum Dank für diese Hilfe befreite Ludwig IV. Windsheim für sechs Jahre von der Reichssteuer und versprach, die Stadt »nimmermehr« zu verpfänden.

Die Zeit bis zu diesem Sanktnimmerleinstag währte jedoch nur bis zum Jahre 1347, als Ludwig IV. wieder knapp bei Kasse war und er Windsheim und gleichzeitig auch Weißenburg gegen 14 000 Mark Silber an die Burggrafen Johann und Albrecht von Nürnberg verhökerte. Ein drittes Mal raffte die Stadt allen Mut und alles Geld zusammen und konnte sich 1360 für 28 000 Gulden freikaufen.

Karl IV., Ludwigs IV. Nachfolger, versicherte die Stadt seiner besonderen Huld für deren Reichstreue. Er sprach ihr die völlige Unpfändbarkeit zu. Diese mußte von allen Kurfürsten des Reiches und den Reichsstädten Nürnberg und Rothenburg bestätigt werden. Die Windsheimer Stadtführung schloß sich nunmehr eng an Nürnberg an und sicherte diese Verbindung durch eine Reihe von Verträgen. Damit wurde die ›Einung‹ mit Nürnberg aus dem Jahre 1344 weiter festgeschrieben und zuletzt noch 1616 erneuert. Auch mit den übrigen Reichsstädten in Franken hatte Windsheim eine Reihe Übereinkommen geschlossen.

Stadtbefestigung und weiterer Aufbau

Die im Jahre 1379 begonnene weitere Sicherung der Stadt mit einem neuen, weiter ausgelegten Mauerring, in den drei Tore eingebaut waren, wurde dadurch erleichtert, daß Kaiser Wenzel der Stadt die Steinbrüche am Kehrenberg nahe Oberntief schenkte.

Zwei Jahre darauf beteiligte sich Windsheim an der Fehde des schwäbisch-fränkischen Städtebundes gegen den fränkischen Landadel, der eine Reihe räuberischer Umtriebe veranstaltet hatte. Die Städte gingen mit allen Mitteln zur Sache, und die in diesem Bund vereinigten Reichsstädte eroberten und schleiften die Burgen der Adeligen bei Külsheim, Unterntief und Ergersheim. Hinzu kamen jene bei Illesheim liegenden Schlösser von Hoheneck und Röllinghausen.

1383 trat die Stadt Windsheim offiziell dem Städtebund bei, was ihre Verwicklung in den 1388 beginnenden Krieg zwischen den Städten und Fürsten bedeutete. Während Burggraf Friedrich von Nürnberg und Bischof Gerhard von Würzburg Windsheim 45 Tage belagerten, hielt sich Windsheim hinter den neuen Befestigungen gut. Schließlich brachte ein Vorstoß ihrer Verbündeten, der Nürnberger Bürger, die gegen das Gebiet des Burggrafen vorstießen, die Belagerer in Verlegenheit und ließ sie die Belagerung von Windsheim abbrechen. 1390 wurde mit Friedrich von Nürnberg Friede geschlossen. Windsheim mußte sich verpflichten, die Nürnberger Burg Hoheneck wieder aufzubauen.

Windsheim blühte weiter auf durch den regen Verkehr auf der Durchgangsstraße. 1406 verkaufte der Ritter Schoder seine Hörigen, den Burgstall und das Patronat von Oberntief an Windsheim. Die Stadt vergrößerte sich 1454 weiter, indem sie Unterntief erwarb. Im Laufe der Zeit erwarb die Stadt noch in vielen weitern Dörfern Untertanen und Gehöfte, insgesamt 200 zehntpflichtige Bauern. Die letzte Erwerbung war 1553 die Gemeinde Hompfrechtsau. Windsheim wuchs und gedieh. 40 Jahre nach der ersten Stadterweiterung folgte eine zweite. Die Stadtmauer wurde nicht zuletzt unter dem Eindruck des Hussitenkrieges in den Jahren 1424 und 1426 noch einmal vergrößert.

Eine wichtige Landschaftsaufgabe bewältigte die Stadt im Jahre 1434, als sie die Aisch oberhalb der Einmündung der Ranach faßte und sie auf einer neuen Strecke zur Stadt umlenkte. Damit wurden die neuen Wallgräben und das tiefe Vorgelände der Befestigung unter Wasser gesetzt. Darüber hinaus konnten mit der umgelenkten Wasserkraft an der südlichen Stadtmauer drei neue Mühlen errichtet werden, um den Brot- und Mehlbedarf der wachsenden Bevölkerung zu sichern.

Das Zeughaus wurde 1427 errichtet und gleichzeitig eine Geschützgießerei in Betrieb genommen. Um das Aischtal unter Kontrolle zu haben, wurde 1428 noch über der Stadt der ›Weinturm‹ als Wachturm errichtet. Der Markgraf von Ansbach ließ ihn gewaltsam niederreißen, weil der Turm nach der Meinung des Markgrafen und nach dem Recht des Stärkeren ein Übergriff der Windsheimer in seine Rechte bedeute. Der Turm wurde nach langen Verhandlungen wieder aufgerichtet, wenn auch etwas niedriger.

Als Kaiser Sigmund 1413 Windsheim besuchte, wurde ihm von den Bürgern gehuldigt. Im Gegenzug bestätigte er alle Privilegien der Stadt. Das wichtigste Privileg war die Loslösung vom Landgericht Würzburg, die bereits durch König Ruprecht von der Pfalz 1401 gewährt worden war.

Kaiser Friedrich III. kehrte mit seinem Sohn Maximilian 1474 in Windsheim ein. Er war es, der der Stadt bereits 1446 den Blutbann verliehen hatte, womit die Stadt ermächtigt wurde, über Leben und Tod ihrer Bürger zu entscheiden.

Reformation und Bauernkrieg

Seit etwa 1520 hielt die Reformation ihren Einzug in Windsheim, das bereits 1521 den ersten evangelischen Pfarrer anstellte und sich in diesem Sinne an die Stadt Nürnberg anschloß. Auf einem Kreistag in der Stadt im Jahre 1524 – bekannt als der ›Windsheimer Ratschlag‹ – wurde die Sozialfürsorge der bedürftigen Bürger begonnen. 1525 übernahm der Komtur des Deutschen Ordens von Virnsberg das Patronatsrecht über die Stadtkirche und löste das Augustinerkloster auf. In den folgenden Jahren wurden Teile des katholischen Kultus abgeschafft. Im Jahre 1532 war Windsheim eine evangelische Stadt geworden.

Daß der Bauernkrieg an dieser reichen Stadt mit inzwischen über 200 Bauern-Untertanen nicht vor ihren Toren Halt machen würde, stand zu erwarten. Die aufständischen Bauern warteten das Eintreffen des Bauernheeres im Aischgrund ab, ehe sie sich in der Stadt zusammenrotteten, das Rathaus besetzten und den sogenannten ›Vetterleinsrat‹ einsperrten.

Die Bürger erreichten schließlich den Abzug der Bauern. Als Gegenleistung mußten sie diese mit Getreide und Lebensmitteln versorgen. Es soll außer diesem Aufstand der Männer auch einen Frauenaufstand in Windsheim gegeben haben.

Windsheim geriet durch die Unterstützung für die Bauern in den Verdacht der Mittäterschaft. Markgraf Casimir klagte denn auch unverzüglich beim Städtebund, und als der Bauernaufstand in diesem Raum am 10. Juni 1525 zu Ende ging, fand die Gerichtsverhandlung gegen die Aufrührer von Windsheim statt. Einige Bürger wurden durch das Schwert hingerichtet, andere weniger ›schuldige‹ lediglich aus der Stadt verbannt.

In enger Verbundenheit mit Nürnberg durchlebte Windsheim die nächsten Jahre und wurde 1532 auf dem Reichstag zu Augsburg durch Bürgermeister Sebastian Hagelstein würdig vertreten. Dieser unterzeichnete für Windsheim die »*Confessio augustana*«.

Der katholische Kaiser versuchte, das Rad der Zeit in Windsheim zurückzudrehen, und säte durch das Interim Zwiespalt zwischen Reich und Reichsstadt. Erst im Ausgsburger Religionsfrieden von 1555 wurde Windsheim nicht nur rehabilitiert, sondern der Stadt auch noch das Recht zugestanden, die eigene Gerichtsbarkeit unter einem von der Stadt gewählten Oberrichter ausüben zu dürfen.

Ratsherr Hagelstein war danach neben seiner Tätigkeit als Bürgermeister auch noch Oberrichter geworden. Er vertrat die Stadt auf einer Reihe Reichstagen und knüpfte das Band zu Nürnberg enger, so daß sich Windsheim trotz der unruhigen Zeiten erholen konnte.

Auch in Windsheim wurden Hexenprozesse geführt. Von 1596 bis zum Jahre 1600 wurden hier viele Menschen als Hexen entlarvt und hingerichtet. Die ›Hexenstäbe‹ im Museum im Ochsenhof und verschiedene Marterinstrumente sind heute noch zu besichtigen.

Im Stadtarchiv sind Akten erhalten geblieben, die von dreiundzwanzig Frauen und zwei Mädchen berichten, die dieser Hysteriewelle zum Opfer fielen. Das Richtschwert und die Windsheimer Halsgerichtsordnung zeugen auch hierbei von der Rechtshoheit der Stadt.

Der Dreißigjährige Krieg

Im Jahrzehnt von 1610 bis 1620 wurden alle Mauern Windsheims ausgebessert und verstärkt. Dies alles nutzte jedoch nichts und schützte in den folgenden Jahrzehnten nicht vor Einquartierungen, Plünderungen und Verwüstungen bei Durchzügen durch das Stadtgebiet. Die Stadt, mitten im Durchzugsgebiet von Böhmen zur Pfalz und nach Süden gelegen, sah nacheinander ab Oktober 1621 die

16 000 Mann mansfeldischer Truppen, die von Böhmen zur Pfalz marschierten. 14 Tage darauf tauchten die Truppen der katholischen Liga unter Herzog Maximilian von Bayern auf. 1622 machten sich 9000 Kroaten und 8000 Polen an die Plünderung der Stadt.

Diese Art der Schröpfung der Bürger von Windsheim nahm kein Ende, und im März 1632 hielt König Gustav Adolf von Schweden in Windsheim Einzug. Sein großes Gefolge mußte natürlich aus der Stadtkasse versorgt werden. Am 13. September kehrte er mit seiner Gemahlin Eleonore nach Windsheim zurück. Bis 1640 hielt diese Art von Schatzung und auch Brandschatzung an. Verarmung und Not waren die Folgen. Als Dreingabe dazu brachen Seuchen aus.

Als im November 1648 das Ende der Schrecken gefeiert werden konnte, mußte er von den Windsheimern mit einem Friedensgeld von 14 000 Talern erkauft werden. Den schwedischen Besatzern gefiel es in Windsheim derart, daß sie – gut verköstigt und mit Geld versehen – bis 1650 in der Stadt blieben.

In den nächsten Jahrzehnten ging es mühselig weiter, bis neues schweres Leid über die Stadt hereinbrach. Es war die große Feuersbrunst vom 3. Dezember 1730, die im Hospital begann und sich rasch über die gesamte Innenstadt ausbreitete. Das neue Rathaus, erst 1717 fertiggestellt, die Stadtkirche und mehrere Bürgerhäuser wurden neben dem Hospital ein Raub der Flammen.

Das Rathaus von Bad Windsheim

Bad Windsheim. Die Seegasse der alten Reichsstadt, links der Turm der Kilianskirche.

Der Rat der Stadt schickte einige seiner Ratsherren in die übrigen Reichsstädte. Sie baten dort um eine Gabe zum Wiederaufbau der Stadt. Die Reichsstädte stifteten in vorbildlicher Solidarität 15 000 Gulden. Die Bürger »sparten sich weitere 3000 Gulden vom Munde ab«. Damit konnte Windsheim neu errichtet werden.

Windsheims große Persönlichkeiten

Die neue Erholungsphase schritt rasch vorwärts, und gerade in dieser Zeit, aber auch schon vorher, konnte die Stadt auf einige ihrer berühmtesten Söhne stolz sein. 1709 wurde hier Georg Wilhelm Steller geboren, der nach seinen Studien in Leipzig, Jena und Halle 1736 Assistent an der russischen Akademie der Wissenschaften in St. Petersburg wurde. 1738 ging er als Mitarbeiter einer ostsibirischen Expedition nach Kamtschatka. 1741 war er Mitarbeiter von Vitus Bering und unternahm mit dem berühmten Asienforscher eine Entdeckungsreise, die von der Küste Alaskas über Kodiak zu den Aleuten führte. Die Ergebnisse seiner Forschungsfahrten legte er in einem Werk über die Einwohner von Kamtschatka und die Flora und Fauna, Medizin und Brauchtum vor, das erst 1774 veröffentlicht wurde. Er erlebte dieses Werk nicht mehr, denn bereits 1746 starb er in Sibirien.

In Sommerhausen am Main wurde im Jahre 1651 Franz Daniel Pastorius geboren. Sieben Jahre alt, kam er mit seinem Vater Melchior Adam Pastorius, der später Ratsjurist und Chronist der Stadt wurde, nach Windsheim. Hier besuchte Sohn Franz Daniel das Gymnasium, studierte anschließend Jura und war seit 1672 Rechtsanwalt in der Reichsstadt. Als er in Frankfurt am Main Verbindung mit William Penns Quäkern erhielt, reiste er als Führer der ersten deutschen Auswanderer nach Amerika und gründete dort die Stadt Germantown, die später Stadtteil von Philadelphia werden sollte. Er wurde zum Bürgermeister gewählt und war gleichzeitig auch Friedensrichter und Schulleiter der deutschen Schule. Franz Daniel Pastorius nahm bereits in der frühen Geschichte Amerikas den Kampf gegen die Sklaverei auf.

Eine der alteingesessenen Bürgerfamilien Windsheims waren die zunächst ihr Handwerk ausübenden Kegets. Bereits im 16. Jahrhundert saßen Angehörige dieser Familie im Rat der Stadt. Sehr bald zu vermögenden Kaufleuten aufgestiegen, gelang es dem 1639 in Windsheim geborenen Augustin Keget, sich zur führenden Persönlichkeit in der Stadt emporzuschwingen. Nacheinander übernahm er alle wichtigen Ämter der Stadt. Für seine besonderen Verdienste um die Reichsstadt wurde er im Jahre 1708 von Kaiser Joseph I. in den Adelsstand erhoben. Sein Diplom trägt die persönliche Unterschrift des Kaisers. Von diesem Zeitpunkt an nannte sich die Familie de Keget.

Als August de Keget 1712 als oberster Stadtherr starb, folgte ihm sein Sohn Georg Wilhelm nach. Er führte die Stadt zum Höhepunkt ihres barocken Daseins. Eine ganze Reihe der stattlichen Barockbauten der Altstadt, vor allem aber jene Häuser, in denen die große Familie de Keget wohnte, ebenso wie das Rathaus, das in der Art eines Palazzos errichtet wurde, zeugen von ihrem Wirken. Daß sie immer wieder mit ihrem Privatvermögen für Hilfe sorgten, wenn wichtige Belange der Stadt auf dem Spiel standen, ist vielfach dankbar bezeugt.

Als im Jahre 1749 die ersten Bürgerunruhen seit vielen Jahren entstanden, die sich bis ins Jahr 1750 hinein fortsetzten, richteten sich diese vor allem gegen die ›Vetterleinswirtschaft‹ im Rat der Stadt. Schließlich reisten einige angesehene Bürger nach Frankfurt, um dem dortigen Reichsgericht ihre Beschwerden vorzutragen.

Obwohl Kaiser Franz die Haltung dieser Bürger mißbilligte, setzte er dennoch die kaiserliche Hofkommission zur Aufklärung und

Prüfung der Vorkommnisse im Windsheimer Rat ein, die alles zu prüfen und vorgefundene Mißstände auszuräumen hatte. Die Beschwerde ging aus wie das Hornberger Schießen. Alles blieb beim alten.

Als der König von Preußen 1792 die Fürstentümer Ansbach-Bayreuth übernahm und der preußische Minister Karl August von Hardenberg in Ansbach-Bayreuth ans Ruder kam, übte dieser die volle Landesherrschaft bis vor die Tore von Windsheim aus. 1796 fielen die Franzosen wieder einmal mehr in Windsheim ein. Der Rat der Stadt richtete auf Wunsch der Bürgerschaft zweimal die Bitte um Unterwerfung an den König von Preußen, die dieser aber ablehnte.

Im Frieden von Lunéville fiel Windsheim an Bayern. Noch bevor der Reichsdeputationshauptschluß am 23. 3. 1803 diese Entscheidung bestätigen konnte, war bereits Kurfürst Maximilian IV. von Pfalz-Bayern in Aktion getreten und hatte die Stadt am 5. September 1802 durch seine Truppen besetzen lassen. Das umliegende Land Ansbach und Bayreuth waren hingegen preußisch, womit Windsheim als einzige bayerische Stadt innerhalb des preußischen Territoriums lag. So wurde sie denn auch am 20. Februar 1804 an Preußen abgetreten und blieb bis 1806 preußisch.

Nach dem entscheidenden Waffengang Frankreichs gegen Preußen, der 1806 begann und Preußen als Unterlegenen zurückließ, wurde im Frieden von Tilsit vom 10. Juni 1807 Ansbach-Bayreuth an Frankreich abgetreten. Für kurze Zeit wurde Windsheim 1809 österreichisch, um schon im August dieses Jahres wieder französisch zu werden. Nach dem Friedensschluß von Schönbrunn ging die Stadt am 28. Februar 1810 mit dem Fürstentum Ansbach-Bayreuth an Bayern über.

Durch diese beinahe fliegenden Regierungswechsel war die Stadt arg gebeutelt worden. Durchmärsche der Franzosen und der Rheinbundtruppen während der Befreiungskriege wurden durch die Kolonnen der verbündeten Armeen Preußens, darunter starke russische Verbände, abgelöst.

Erst nach 1810 – Windsheim war nun bayerisch – wurde das Rathaus reorganisiert, Polizeidirektion und Landgericht zusammengelegt und das Finanzamt in die Stadt verlegt. Die Bildung eines Munizipalrates im Jahre 1813, bestehend aus dem Bürgermeister und fünf Magistratsräten und dem 25köpfigen Bürgerausschuß, wurde bald wieder im Zuge der bayerischen Verfassungsänderung erneuert. Die Stadt erhielt nunmehr mit dem Bürgermeister, einem rechtskundigen und acht bürgerlichen Magistratsräten sowie 24 Gemeindebevollmächtigten eine völlig neue Führung.

Die neu eingerichtete Poststation, das königlich-bayerische Postamt, unterhielt noch 1821 einen reitenden Boten. Eine der letzten großen Gestalten, kurz nach der Zeit des Alten Reiches geboren, war der Windsheimer Pfarrer Johann Andreas Jäckel. Er war ein bekannter Ornithologe und Zoologe. Durch seine wissenschaftlichen Erfolge sehr geschätzt, wurde er 1865 in die Nürnberger Naturhistorische Gesellschaft und 1873 in die kaiserliche Naturforschende Gesellschaft zu Berlin aufgenommen.

Bad Windsheim und die Deutschordenskommende Virnsberg

Bad Windsheim ist als Zentrum und Ausgangsort in Franken von besonderer Bedeutung. Von hier aus kann der Frankenreisende ohne besondere Umstände eine Vielzahl schöner Ziele erreichen und in Halbtages- und Tagesfahrten nach Norden, Osten, Süden und Westen Dutzende wichtiger Sehenswürdigkeiten besuchen.

So sind unter anderem Marktbreit, Ochsenfurt und Sommerhausen im Norden, Aub, Creglingen, Markelsdorf, Weikersheim und Bad Mergentheim im Westen, Rothenburg ob der Tauber, Feuchtwangen, Dinkelsbühl und Ellwangen, wie auch Ansbach im Süden und Neustadt an der Aisch und viele andere Ziele im Osten zu erreichen.

Von besonderer Bedeutung – wenn auch noch vielerorts nicht bemerkt und anerkannt – ist eine Exkursion aus Bad Windsheim zur ehemaligen Deutschordenskommende Virnsberg im Südosten der Stadt, nur wenige Kilometer von der alten Freien Reichsstadt entfernt.

Bereits in Bad Windsheim weist eine Tafel darauf hin, daß hier ein ›Teutschordenshaus‹ bestanden hat. Dies ist allerdings nicht die einzige Verbindung der Reichsstadt mit der Kommende.

Die Ortschaft Virnsberg, bereits im Landkreis Ansbach gelegen, soll nach der Erkenntnis der Experten ihren Namen nach dem alten Virkunnawald erhalten haben, dort, wo nach einer alten Urkunde Kaiser Karls des Großen aus dem Jahre 786 Onoldsbach lag,

Allerdings wurde die Burg Virnsberg erst seit der staufischen Zeit geschichtlich faßbar. Als älteste Besitzer derselben tauchten Ludwig und Alberich von Virnsberg auf. Diese hatten das zur Burg gehörende Gut als Reichslehen in Besitz.

Das Kloster Onoldsbach war bereits *vor* der Zeit Karls des Großen Gründung des Grafen und Abtbischofs Gumbert. Erst nach dessen Tod wurde das Benediktinerkloster Karl dem Großen als Reichsbesitz übertragen. Dieser überließ es 786 wahrscheinlich dem Bistum Würzburg. Die erste offizielle Beurkundung dieser Überlassung stammt aus dem Jahre 800. Fünfzig Jahre darauf wurde das Kloster in ein Chorherrenstift umgewandelt.

Etwa um die gleiche Zeit wie Onoldsbach wurde übrigens auch das in dessen Nähe liegende Kloster Herriden – allerdings von Eichstätt aus – gegründet.

Eichstätt und Würzburg waren es auch, welche die über tausendjährige Führung der kirchlichen Belange in diesem Großraum innehatten. Von Würzburg wurden auch die Urpfarreien Frankens ins Leben gerufen. Unter ihnen auch Windsheim und das nur etwa fünf Kilometer entfernt liegende Ickelheim. Beide wurden bereits im Jahre 742 als Ausstattungsgüter genannt.

König Karlmann war es, der dem Bistum Würzburg in ›lipago Hramgauginse‹ – dem Rangau – und dort in der ›villa Uuindisheim‹ – Windsheim – die ›basilica in honore sancti Martini‹ überschrieb.

Aus dieser Bezeichnung ist zu erkennen, daß Windsheim bereits seit langer Zeit fränkisches Königsgut gewesen ist. Ein weiteres Indiz dafür ist die Tatsache, daß der heilige Martin von Tours ein Lieblingsheiliger der fränkischen Könige war.

Es gilt als gesichert, daß aus diesen Räumen, den Flußtälern der Rezat und der Aisch, die Besiedlung des Kernlandes Franken ausging. Dies beweist auch, daß eine dritte Urkirche auf dem Königsgut von Obernzenn errichtet worden war.

Aus den Annalen des würzburgischen Bistums des Jahres 800 geht hervor, daß ›piperode‹, eine Rodung des Freien Pippo, sich zu einer weiteren Siedlung entwickelte: das spätere Unternbibert, womit eine vierte Urpfarrei in diesem Raum gefunden wäre. Die fünfte der Urpfarrereien war ohne jeden Zweifel Vlasslanden, das spätere Flachslanden, die allerdings erst im Jahre 1294 in einer Schenkungsurkunde Konrads des Frommen erscheint. Dies bedeutet, daß die frühmittelalterliche Entwicklung von den Urpfarreien zu Siedlungen, Dörfern und Städten seit den Tagen des Missionars Bonifatius im Raum Franken und innerhalb der würzburgischen Diözesangrenzen stattgefunden hat.

Hier im Rangau hatte der Propst des Chorherrenstiftes St. Gumbertus seit dem 12. Jahrhundert die Stellung eines Archidiakons inne.

Als die Herren von Virnsberg in die kriegerischen Auseinandersetzungen Kaiser Friedrichs II. mit seinem Sohn Heinrich (später als deutscher König Heinrich VII.) hineingezogen wurden, hatte sich Graf Ludwig von Virnsberg auf die Seite des Kaisersohnes gestellt und als dessen Gefolgsmann dem Gefolgsmann des Kaisers, Graf Gottfried von Hohenlohe, eine Burg weggenommen und diese in Brand gesteckt. Die Herren von Virnsberg glaubten, auf der richtigen Seite zu stehen, doch dieser Glaube trog, denn Heinrich VII. mußte sich am 2. Juli 1235 seinem Vater unterwerfen und wurde von den über ihn in Worms zu Gericht sitzenden Fürsten entthront.

Diese Niederlage kostete die Herrn von Virnsberg die Hälfte ihres Besitzes, den sie als Entschädigung Graf Konrad von Hohenlohe übergeben mußten.

Graf Konrad aber mußte den ihm zugefallenen Besitz bereits ein halbes Jahr später an Konrad von Zollern, Burggraf von Nürnberg, aus Geldnot verkaufen. Damit hatten die Zollern nach Erwerb einiger weiterer Besitzungen im oberen Zenntal ein geschlossenes Territorium an sich gebracht, als dessen Eckpfeiler die Burg Virnsberg diente.

Im Jahre 1259 fiel auch die zweite Hälfte des Besitzes der Grafen von Virnsberg an Burggraf Konrad den Frommen von Zollern. Dessen drei Söhne waren dem jungen Deutschen Orden beigetreten, was für Konrad den Frommen Veranlassung dafür war, dem Deutschen Orden 1294 die »Burg Virnsheim mit allen Zugehörigkeiten« zu schenken. Diese Schenkung ist durch folgende Urkunde erhärtet:

»Cunrath der Junge, Burggraf von Nurmberg und Frau Agnes, seine Hausfrau, tun kund allen, die diesen Brief lesen, hören oder sehen, daß sie um ihrer Seele und ihrer Vorderen ewiges Heil willen gegeben mit gesamter Habe dem Orden von dem Deutschen Haus, zu Zeiten, da ihre Kinder denselben Orden an sich nahmen, zu einem ewigen Haus dieses Ordens ihre Burg Viernsperg mit allen Zugehörungen im Holz und Feld, Äcker und Wiesen, Wasser und Weiden, besucht und unbesucht, übergeben...

Beide haben für sich und alle ihre Erben und Nachkommen auf alle Rechte verzichtet, die sie an den genannten Gütern hatten, und haben sie mit gesamter Hand aufgegeben.«

Sehr bald konnte diese neue Kommende Virnsberg der Fränkischen Ballei des Ordens zu einer der größten und einträglichsten des gesamten Ordens im Reich angesehen werden. Immerhin verfügte sie bereits im Jahre 1350 in 24 Ortschaften Frankens über 259

Grundholden Landes. Hinzu kamen 32 Mediatsbesitztümer in 18 weiteren Dörfern. Diese Mediate setzten sich aus Pfarr- und Heiligenstiftungen zusammen, über welche der Deutsche Orden die Vogtei- und Steuerhoheit besaß. Sie lagen überwiegend im weiten Umkreis um das Kerngebiet der Kommende herum und waren von Angehörigen des niederen Adels und frommen Stadtbürgern gestiftet worden.

Bereits im Jahre 1260 hatte Burggraf Konrad von Zollern mit Zustimmung seiner Söhne Friedrich III. und Konrad II. auch das Patronatsrecht in Obernzenn mit allem Zubehör sowie das Dorf Rappenau dem Orden vermacht. Diese Übertragung wurde zwei Jahre später durch Bischof Iring von Würzburg bestätigt. Neben diesen Schenkungen unterstützten auch die Ministerialen im Zollernschen Territorium diese junge Ordensniederlassung, so beipielsweise der Ministeriale Hardegen von Gründlach, welcher zwei Höfe, die er im Raum Obernzenn von Burggraf Friedrich zu Lehen erhalten hatte, mit dessen Zustimmung der jungen Kommende vermachte.

Im Jahre 1299 schenkten Konrad und Agnes von Zollern vier Huben (Hufen) Landes in Ickelheim der Kommende des Ordens, der auch dort ein Haus errichten ließ.

Erster Komtur zu Virnsberg wurde ›Bruder Friedrich‹, der Sohn des Stifterpaares. Damit war der Charakter einer Hauskomtur untermauert. Nach dessen Tod am 17. Juni 1303 folgte ihm sein Bruder als neuer Komtur nach. Im Jahre 1308 wurde dann Arnold von Seckendorff Komtur zu Virnsberg. Er leitete die Kommende zehn Jahre lang.

Bereite 1304 hatte Konrad der Fromme dem Orden mit einem bei Nürnberg gelegenen großen Hof eine weitere Schenkung gemacht, mit der Bedingung, daß hier eine Kirche errichtet werden solle, was auch geschah. Allerdings wurde diese Kapelle auf der Burg Virnsberg errichtet. Eine weitere Kapelle wurde in Sondernohe gebaut.

Die weitere Entwicklung der Deutschordenskommende Virnsberg im zu Ende gehenden Mittelalter wurde turbulent und später für den Orden unerfreulich. Ursprünglich zur Urpfarrei Obernzenn gehörend, wurde Obernzenn nach dem Bau der Kapelle auf Burg Virnsberg vorherrschend. Es ergaben sich erste Ansätze zu einer neuen Gemeinde. Dies wurde 1408 Wirklichkeit, als der amtierende Bischof von Würzburg, Johann von Egloffstein, auf Antrag des Deutschen Ordens die Trennung der beiden Kirchengemeinden Sondernohe und Unteraltenbernheim von der Mutterpfarrei Obernzenn vollzog und daraus zwei selbständige Pfarreien schuf. Die erste war Sondernohe mit der Pfarrkirche St. Vitus, zu der auch Virnsberg gehörte. Die zweite Pfarrei war Unteraltenbernheim mit seiner bereits seit 1381 bezeugten Kirche St. Peter und Paul.

Dem Deutschen Orden wurde das Patronatsrecht über *beide* Pfarreien übertragen. Dies bedeutete, daß der Komtur zu Virnsberg alle eingesetzten Pfarrer bestätigen mußte und daß diese auch von der Kommende besoldet wurden. Darüber hinaus verfügte die Kommende über Patronatsrechte, die weit über den Raum Virnsberg-Sondernohe hinausgingen, so auch über das Patronatsrecht an der Pfarrei St. Kilian in der Reichsstadt Windsheim. Dies ging erstmals aus einer Schenkungsurkunde Kaiser Ludwigs des Bayern hervor, die von seinen Nachfolgern immer wieder bestätigt wurde. Damit war eine enge Bindung der Reichsstadt Windsheim an die Kommende Virnsberg und damit den Deutschen Orden gegeben, die auf Dauer Bestand behielt.

Darüber hinaus hatte die Kommende auch das Patronatsrecht über ihr Unteramt Ickelheim und einige weitere zwischen Windsheim und Uffenheim gelegene Ortschaften.

Unmittelbar zur Burg Virnsberg gehörten im Jahre 1 555 627 Hektar Landes, von denen 530 Hektar mit Mischwald bestanden waren. Diese Ländereien bildeten keinen geschlossenen Besitz, sie lagen teilweise in den Besitztümern anderer Grundherren, was ständigen Streit hervorrief. So saßen in Flachslanden beispielsweise die Herren Pozze, während in Unteraltenbernheim mit den Huslade ein altes Reichsrittergeschlecht Fuß gefaßt hatte. In Unteraltenbernheim verfügten auch die Schenkenstein über Grund- und Streubesitz. Nicht zu reden von dem Geschlecht derer von Seckendorff, das nicht nur in Obernzenn und Unternzenn Besitztümer und Schloß hatte, sondern eine der ältesten fränkischen Familien überhaupt war und die Herrschaften Erkenbrechtshausen, Gröningen, Schainach und andere Ortschaften in Franken in Besitz hatte. Die Seckendorffs waren eines der bedeutendsten Rittergeschlechter, die im Kanton Odenwald des Fränkischen Ritterkreises eingeschrieben waren.

Hinzu kamen die Herren von Leonrod im Bibertal, die als Grafengeschlecht und Reichsritterfamilie zum Kanton Altmühl gehörten. Auch die bei Lehrberg sitzenden Birkenfelder waren Reichsritter. Eine Reihe weiterer alter Geschlechter kam hinzu.

Als einige dieser Geschlechter im Mannesstamm ausstarben, gelang es den Burggrafen zu Nürnberg, später Markgrafen von Ansbach-Bayreuth, durch ›Heimfall‹ einiger Lehen und Ankauf freigewordener Besitztümer in diesen Besitzungen Einzug zu halten und ihr Territorium abzurunden.

Von diesen Herren im Rangau unterschieden sich die geistlichen Herrschaften nur wenig. Von ihnen war beispielsweise das Zisterzienserkloster Heilsbronn – 1132 durch Otto den Heiligen von Bamberg gestiftet – einer der größten Grundherren seit jener Zeit, als es unter der Schutzherrschaft der Grafen von Abenberg stand. Diese, erstmals um 1040 urkundlich genannt, waren im 11. und 12. Jahrhundert Grafen im Radenzgau und im Rangau und seit 1108 Vögte des Hochstiftes Bamberg. Darüber hinaus amteten sie als Vögte verschiedener Klöster. So auch des Klosters Banz. Bis zum Jahr 1500 hatte auch das Kloster Heilsbronn in 292 Ortschaften und Weilern Frankens Güter, die von fünf Vogteiämtern verwaltet wurden.

Zurück zur weiteren Entwicklung der Kommende Virnsberg. Wir wissen von ihr durch eine Zählung anläßlich der Visitation der Kommenden des Deutschen Ordens aus dem Jahre 1451 folgendes: »Item zu Virnsperg sind fünf Ritterbrüder mit dem Chomptur und ein bristerbrudere. Der Chomtur heist Mertin von Eyb.«

Einhundert Jahre später wirkten in Virnsberg nur noch drei Ritterbrüder und ein Priesterbruder.

Mit Einsetzen der Reformation wurde auch im Bereich der Reichsstadt Windsheim einiges anders. Die Stadt schloß sich gemeinsam mit Nürnberg im Jahr 1521 der Reformation an. In der gesamten Markgrafschaft Ansbach wurde durch Georg den Frommen 1533 die Reformation eingeführt.

Allerdings gelang es den Urpfarreien und Urkirchen, sich noch Jahrzehnte hindurch weiter zu behaupten. Beispielsweise wurde erst im Jahre 1597 in Ickelheim mit Hilfe von 40 bewaffneten Landsknechten gewaltsam ein evangelischer Pfarrer eingeführt.

Der Komtur zu Virnsberg verbot allen seinen Untertanen bei 50 Gulden Strafe den Besuch des dortigen ketzerischen Gottesdienstes. Außerdem klagte er vor dem Reichskammergericht. Der dort anhängige Prozeß schleppte sich durch die Jahrzehnte hin und wurde mit Beginn des Dreißigjährigen Krieges eingestellt. Erst im Jahre 1648 mußte die Kommende Virnsberg die Pfarrei Ickelheim endgültig abschreiben. Im Amtshaus wurde für die verbleibenden katholischen Gemeindeglieder eine kleine Kapelle eingerichtet.

In Unteraltenbernheim hingegen gelang es dem Deutschen Orden nach einigen Jahren »ketzerischer Predigten« die Rekatholisierung durchzusetzen. Diese Pfarrei wurde nach den Verheerungen des Dreißigjährigen Krieges 1641 als Nebenstelle mit der Pfarrei Sondernohe vereinigt. Dort waren die katholischen Bürger durch die Nähe der Kommende Virnsberg *und* die Treue der Bauern und Ritter in ihrem Glauben gestützt und hielten daran fest.

Dennoch blieb die blühende Kommende Virnsberg nach dem Westfälischen Frieden nur noch als katholische Enklave in diesem Teil Frankens übrig und verfügte nur noch in Sondernohe, Unteraltenbernheim und Neustetten über eine Kirche. Dem Deutschen Orden gelang es nicht, während der einsetzenden Gegenreformation den alten katholischen Glauben wieder durchzusetzen, wie es beispielsweise den Hochstiften Würzburg und Bamberg gelang. Sein verstreuter Besitz wurde von den mächtigen Markgrafschaften Ansbach und Bayreuth eingeschlossen, die dem evangelischen Glauben anhingen.

In den Gemeinden Virnsberg, Sondernohe, Unteraltenbernheim und Ickelheim blieben jedoch auch weiterhin Deutschordenspriester tätig. Vor allem die Kaplanei Virnsberg wurde ständig von einem Ordenskaplan geleitet, der auf dem Schloß fest eingestellt war. Allerdings waren sie lediglich für die Ordensangehörigen und die Ordensbediensteten zuständig.

Die Bewohner von Virnsberg gingen nun nach Sondernohe in die Kirche. Diese alte Pfarrkirche von Sondernohe, ebenfalls ein Bauwerk aus der Deutschordenszeit in Franken, steht an der Stelle einer mittelalterlichen Urkirche. An der östlichen Schauseite des hohen sechsgeschossigen Turms prangen die drei Deutschordenswappen: das Hochmeisterwappen von Maximilian Franz, Erzherzog von Österreich, das Landkomturwappen von Franz Sigismund von Lehrbach und das Komturwappen von Christoph Alexander von Eyb. Leider sind alle drei Wappen durch Verwitterung kaum mehr zu erkennen.

Wie dargelegt, gab es die alte Kirche von Sondernohe bereits lange vor dem in den Jahren 1777–1781 erfolgten Bau der neuen Pfarrkirche für alle Virnsberger.

Durch die Säkularisation *und* die Aufhebung des Deutschen Ordens durch Kaiser Napoleon im Jahre 1809 wurden die kleinen Besitztümer des Ordens von ihren neuen Herren eingezogen. Virnsberg wurde dem Königreich Bayern zugeschlagen. Im Jahre 1817 wurde auch die über tausendjährige Zugehörigkeit zum Bistum Würzburg beendet, als die Diözese Bamberg durch das 1. Bayerische Konkordat zum Erzbistum erhoben wurde und sich die Reichsstadt Windsheim und die Kommende Virnsberg einverleibte.

Bereits im Jahre 1815 wurde die Burg Virnsberg, seit geraumer Zeit zum Schloß ausgebaut, von einer Familie Esenwein gekauft. Von dieser ging das Schloß in die Hände des Freiherrn von Öfele über, um schließlich von Graf Georg von Wagner erworben zu werden. Diese Erwerbung schloß die Schloßkapelle und die damit verbundene Pfarrerwohnung *nicht* ein. Georg von Wagner verkaufte das Schloß schließlich im Jahre 1908 an den Baron von Friesen.

Als diesem schließlich das seit vielen Jahren andauernde Gezänk mit dem Pfarrer und den Kirchgängern, die seinen Schloßhof und Besitz bei jedem Besuch der Kapelle betreten mußten und oftmals Unfug anstifteten, zuviel wurde, wandte er sich an die bayerische Staatsregierung. Er bot dieser an, das

Virnsberg, Ordensschloß und Sitz einer Kommende des Deutschen Ordens. Oben: die Madonna vom Altar der Schloßkapelle.

Nutzungsrecht an Turm, Kapelle und Kaplanei durch die Pfarrgemeinde abzulösen. Dafür verpflichtete er sich, im Gegenzug in der Ortschaft Virnsberg eine neue Kirche und ein Pfarrhaus zu errichten.

Der bayerische Staat stimmte zu. Im Jahre 1915 begannen die Bauarbeiten, die 1917 beendet wurden.

Aus der Schloßkapelle wurden der Kirche alle wichtigen Inventarstücke überlassen, so auch der Hochaltar, der 1715 in der neuentstandenen Kapelle aufgestellt wurde. Er war eine Stiftung des Tresslers von Ellingen, Philipp von Hornstein, und des Virnsberger Komturs Friedrich Wilhelm von Wildenstein. Ihrer beider Wappenschilde sind links und rechts über dem Tabernakel zu sehen.

Der Altar zeigt die drei Ordensheiligen, in der Mitte die Mutter Maria, rechts Elisabeth von Thüringen und links den Heiligen Georg als Drachentöter.

Dieser einmalige Hochaltar wurde am 14. Oktober 1917 durch den Erzbischof von Bamberg, Jakobus von Hauck, geweiht. Im Jahre 1954 wurden die umfangreichen Schloßgüter durch Baron von Friesen verkauft. Dies führte bald zu einer besseren wirtschaftlichen Entwicklung der Gemeinde.

Wer also heute von Bad Windsheim aus die wenigen Kilometer in den Raum Ickelheim–Virnsberg–Sondernohe fährt, der weiß sich auf geschichtsträchtigem fränkischen Boden. Der Besucher erfährt, daß er hier in Gemeinden weilt, die – wie einer der Heimatforscher betonte – »aus lebendigen Steinen« bestehen, »von denen jeder einzelne seine eigene Geschichte hat«.

Rothenburg ob der Tauber – das Kleinod im Taubertal

Rothenburg ob der Tauber gilt nicht zu Unrecht als bestes Zeugnis einer mittelalterlichen Stadt, die ihren Zauber bis heute nicht verloren hat. Ihr romantisches mittelalterliches Stadtbild blieb über alle Fährnisse der Jahrhunderte erhalten: ein Fachwerkidyll hinter einer 3400 Meter langen Stadtmauer mit Wehrgang, sechs Toren und 20 Türmen (s. farbige Aufnahme, S. 174).

Immer wieder wurde bereits im Mittelalter Rothenburg mit Jerusalem verglichen. Ludwig Richter ebenso wie Carl Spitzweg fanden hier die besten Motive für ihre Kunst. Caspar Bruschius wiederum rühmte 1557 die Stadt als Ebenbild von Jerusalem. Weil man die heilige Stätte der Christenheit nicht besuchen konnte, riet er:

»Jerusalem der werthen Stadt,
die jetzt der Türkisch Wüttrich hat:
Der seh mit Fleiß Rothenburg an,
Ein Stadt in Francken lobesam.«

Nahe Rothenburg ob der Tauber im heutigen Detwang gründete der ostfränkische Adelige Reinger die erste Stadtpfarrei. Daneben ließ er die Comburg errichten, die über dem Tauberfelsen bei Schwäbisch Hall emporragt und als Grafenburg diente.

»... der Abend war zeitiger angebrochen, ich war froh, als ich auf der jenseitigen Anhöhe eine Stadt erblickte, deren viele Türme und Türmchen ihr ein bedeutendes und altertümliches Ansehen gaben... Ich glaubte, plötzlich ins Mittelalter versetzt zu sein.«

Ludwig Richter

Der heutige Weiler Detwang liegt unterhalb Rothenburgs im Taubertal. Hauptanziehungspunkt ist die über 1000jährige Kirche St. Peter und Paul. Ihr Gründungsjahr ist mit 968 angegeben. Von der Entstehungszeit dieser Kirche zeugt noch der romanische Torbau, während die Totenleuchte im Beinhaus am Kirchturm aus dem 14. Jahrhundert stammt. Hier steht der von Tilman Riemenschneider gefertigte Kreuzaltar. In die Mauer im Innern der Kirche ist ein Reliquienkreuz aus dem 11. Jahrhundert eingelassen.

Nahe dieser schönen Kirche steht das ›Wasserschlößle‹ aus dem 12. Jahrhundert. Es soll Bürgermeister Toppler als ›Vorlage‹ zum Bau seines Topplerschlößchens gedient haben.

Die Grafen von Rothenburg starben zu Beginn des 12. Jahrhunderts aus. Der letzte dieses Geschlechtes, Graf Heinrich, überschrieb im Jahre 1108 seinen gesamten Besitz dem Kloster Comburg. Diese Schenkung wurde durch den amtierenden Herrscher Kaiser Heinrich V. jedoch nicht bestätigt, sondern 1116 von ihm an sich gezogen und seinem Neffen Herzog Konrad von Schwaben geschenkt. Damit erlangte Konrad den Besitz der Hohenstaufen.

Konrad wurde zusammen mit seinem älteren Bruder Herzog Friedrich II. von Schwaben für die Zeit der Abwesenheit seines Oheims Kaiser Heinrich V. in Italien als dessen Stellvertreter in Deutschland eingesetzt *und* nach Aberkennung der Herzogsgewalt des abtrünnigen Bischofs Erlung von Würzburg mit Ostfranken belehnt.

Als Konrad 1137 König Konrad III. wurde, ließ er in Rothenburg seine Reichsburg errichten. Die Grafenburg überließ er den von ihm eingesetzten Vögten. Er selber hielt in Rothenburg Hof.

Bei seinem Tod 1152 war sein Sohn Friedrich, genannt ›das Kind von Rothenburg‹, erst acht Jahre alt. Statt seiner übernahm dessen Vetter Friedrich Barbarossa die Königswürde.

Im Jahre 1157 wurde Konrads Sohn Friedrich im Alter von 13 Jahren zum Ritter geschlagen und durch Kaiser Friedrich I. zum Herzog von Rothenburg ernannt und mit Schwaben und Ostfranken belehnt. Friedrich ›der Schöne‹ hielt in Rothenburg einen glanzvollen Hof. Er heiratete eine Tochter Heinrichs des Löwen.

Als er im Jahre 1167 mit seinem Vetter Friedrich Barbarossa nach Italien in der Absicht zog, Papst Alexander III. zu vertreiben, errang das deutsche Heer zwar einen glanzvollen Sieg auf dem Schlachtfeld, mußte jedoch vor Rom vor einem übermächtigen Feind, der Pest, kapitulieren. Auch Friedrich der Schöne fiel der Seuche zum Opfer.

Friedrich Barbarossa trat dessen Erbe an. Die ihm damit zufallenden fränkischen Besitzungen ließ er durch Vögte verwalten. Rothenburg, dessen Keimzelle die 1142 errichtete Stauferburg wurde, erhielt 1172 durch Friedrich I. das Stadtrecht. Die erste Stadtmauer wurde errichtet. Von dieser ist heute noch der weiße Turm, der Markusturm und der Röderbogen erhalten.

Die Stadt entwickelte sich sehr schnell, und bereits 1204 mußte mit der Erweiterung der Wehranlagen begonnen werden. Die bebaubare Fläche der Stadt erhöhte sich mit der neuen Ummauerung um das Dreifache, der Verteidigungsring wurde von 1400 auf 2400 Meter erweitert.

Mit der Grundsteinlegung zum Bau des gotischen Rathauses im Jahre 1250 begann ein erneuter Bauschub, der zunächst aber bereits ein Jahr später durch die Verpfändung der Stadt unter Kaiser Konrad IV. an Gottfried von Hohenlohe einen starken Dämpfer erhielt. Die Stadt konnte sich aus eigener Kraft freikaufen und das Erneuerungswerk fortsetzen.

Ein Teil der mittelalterlichen Befestigungsanlagen Rothenburgs, die nahezu vollständig erhalten geblieben sind.

Im Jahre 1274 wurde Rothenburg durch Kaiser Rudolf I. zur freien Reichsstadt ernannt, damit unter kaiserlichen Schutz gestellt, mit eigener Gerichtsbarkeit. Im Verlauf der nächsten Jahrzehnte löste sich die Stadt allmählich von der Reichslandvogtei Rothenburg und konnte trotz zweier weiterer Verpfändungen des Hochstifts Würzburg seine Reichsfreiheit trotz mehrerer Annexionsversuche behaupten.

Die Blütezeit der Stadt begann im 14. Jahrhundert. Sie dauerte bis zum 16. Jahrhundert und bescherte der Reichsstadt das bekannte Gesicht einer alten deutschen Stadt mit einer großen Landhege (einem befestigten Landgebiet). Diese Rothenburger Landhege setzte sich aus Dörfern und Weilern zusammen, die Rothenburg gehörten. Sie umfaßte im Jahre 1430 ein Gebiet von 370 Quadratkilometern. Hier standen die Dörfer mit ihren Kirchen, oftmals von einer Burg überragt. Ein dreifacher Wall mit einem Doppelgraben und neun Türmen versehen, schützte die Landhege, deren Wachdienst und Leitung durch Hege- oder Grabenreiter erfolgte. Die Landhege um Rothenburg wurde erst im Jahre 1810 durch den neuen Landesherrn Bayern aufgelöst.

Kaiser Ludwig der Bayer erteilte der Stadt 1339 das Recht, selbständig die zu ihrer eigenen Sicherung notwendigen Bündnisse einzugehen, sofern sie nicht gegen Kaiser und Reich gerichtet waren. Nur dreizehn Jahre später erwarb Rothenburg auch die Unabhängigkeit vom Reich und damit verbunden die Blutgerichtsbarkeit.

Die Entwicklung ging schnell voran, bis 1356 ein Erdbeben beide

Burganlagen der Stadt zerstörte. Im selben Jahr noch wurde eine Doppelbrücke über die Tauber errichtet. Mit diesem Erdbeben des Jahres 1356 traten Quellen zu Tage, deren Heilkraft bereits sehr früh erkannt wurde. Seit dem Jahre 1400 wurde hier gebadet. Viele Jahrhunderte später sollte hier ein ausgezeichneter Kurbetrieb entstehen, der im abschließenden Teil gewürdigt werden wird.

Die Stadt breitete sich über den alten Kern hinaus weiter aus. Sie erhielt im 14. Jahrhundert durch Kaiser Albrecht I. das Recht, das Spitalviertel in die Stadtmauer einzubeziehen. Die damit verbundene Stadterweiterung verlängerte den Verteidigungsgürtel auf endgültige 3400 Meter.

Unter ihrem etwa 1340 geborenen Bürgermeister Heinrich Toppler (der Name bedeutet Würfler), der seit 1373 die Zügel der Stadtführung in die Hände genommen hatte, begann ein kulturhistorisch und künstlerisch beachtlicher Aufschwung. Der Bürgermeister, der zugleich auch Viertelshauptmann im schwäbischen Städtebund und Feldhauptmann der Städte Ulm, Nördlingen und Dinkelsbühl war, ließ die auf den Überresten der ehemaligen Reichsburg errichtete Blasiuskapelle neu gestalten. Er begann den Bau des Wildbades und erbaute für sich im Jahre 1388 als Sommersitz das Topplerschlößchen im Taubergrund. Auf diesem anmutig in die Landschaft hineingebauten Wasserschlößchen war zwischen 1388 und 1400 immer wieder auch König Wenzel zu Gast.

Unter Topplers Führung errang die Stadt auch politischen Einfluß. Das reiche bäuerliche Hinterland mit einer blühenden Schafzucht verschaffte ihr die für Repräsentationsbauten und andere Aktivitäten notwendigen finanziellen Mittel. Bürgermeister Toppler unterstützte König Wenzel in allen Belangen. Als dieser gestürzt wurde und sich Rothenburg nicht sofort dem neuen König Ruprecht anschloß, sah Nürnberg seine Chance gekommen, sich einen Teil des Landbesitzes der Reichsstadt anzueignen.

Es kam zu einer langjährigen Fehde mit dem Nürnberger Burggrafen Friedrich. Dessen Truppen verwüsteten die rothenburgische Landhege. 1408 kam es zu einem für Rothenburg ungünstigen Friedensschluß.

Als im selben Jahr König Ruprecht von der Pfalz ›verräterische‹ Briefe Bürgermeister Topplers in die Hände fielen, die dieser an den abgesetzten König Wenzel geschrieben hatte, wurde der Bürgermeister festgenommen und gemeinsam mit seinem ältesten Sohn und einem Vetter in die Verliese unter dem Rathaus eingesperrt.

Dort endete Topplers Leben unter mysteriösen Umständen drei Monate nach Haftantritt. Es wird vermutet, daß er gefoltert wurde. In Wahrheit hatte Bürgermeister Toppler lediglich den abgesetzten Böhmenkönig um Hilfe gegen die Widersacher der Stadt gebeten.

Nach Topplers Entmachtung konnte der Rat der Stadt alle politischen und wirtschaftlichen Verluste, die Rothenburg erlitten hatte, auf Toppler abschieben. Die Ächtung der Stadt durch das königliche Hofgericht und die folgende Annexion ihrer Ländereien außerhalb der Stadtmauern durch Nürnberg fügten Rothenburg schwersten Schaden zu.

Daß Bürgermeister Toppler nicht »nur so starb, sondern hingerichtet wurde«, scheint sicher zu sein. Dies geschah mit dem Ziel, sein großes Vermögen an sich zu reißen. Neid und Mißgunst brachten die Reichsstadt um einen ihrer fähigsten Männer. Sein freigelassener Sohn, sein Vetter sowie die gesamte Familie Toppler wurde aus Rothenburg ausgewiesen (siehe L. Schnurrer, »Heinrich Toppler«, in *Fränkische Lebensbilder*, 2, 1968).

In einer Reihe von Fehden zersplitterte die Einigkeit der Rothenburger Bürgerschaft weiter, und es ist kein Wunder, daß sich im Jahre 1455 die Handwerker der Stadt die Ratsfähigkeit erzwingen konnten. Dieser Einbeziehung der Handwerker in den Rat der Stadt war ein fünfjähriges Gerangel der Zünfte um ihre Anerkennung vorausgegangen. Der 1450 beginnende Hader der Stadtherren mit den Zünften artete zu einer Art von Aufstand aus, den die Zünfte nach fünfjährigem Hin und Her für sich entscheiden konnten.

In dieser Zeit der Umwälzungen begann die Blütezeit der Kunst, die vor allem von dem aus Heiligenstadt auf dem Eichsfeld stammenden Bildhauer und Bildschnitzer Tilman Riemenschneider befruchtet und getragen wurde. Etwa um das Jahr 1460 geboren, wurde er im Jahre 1479 das erstemal in den Würzburger Annalen genannt. Seit 1483 lebte er ständig in der Bischofsstadt. Seine Aufträge erhielt er ab 1490 überwiegend von der Stadt und aus dem gesamten mainfränkischen Gebiet.

Nach einer Reihe geschaffener Kunstwerke erreichte Riemenschneider um 1510 den Höhepunkt seines Schaffens. Nach den Urkunden der Stadt Rothenburg galt er als der »Bildschnitzer von Würzburg«. So wurde er auch in jenem Vertrag bezeichnet, den Bürgermeister und Rat der Stadt Rothenburg 1501 mit dem Künstler schlossen und in dem sie Riemenschneider »den fürsichtigen und wysen Meister« nannten. Nicht weniger als vier Altäre wurden dem Meister allein von den Bürgern Rothenburgs in Auftrag gegeben. Der Heiligblutaltar in der Rothenburger Jacobskirche ist eines der bemerkenswertesten Beispiele seiner Kunst. Hier, in der Hauptkirche der Stadt, an der von 1311 bis zum Jahre 1484 gebaut wurde, ehe sie sich in ihrer Vollendung darstellte, fand der Altar seinen Platz – in jener Kirche, die zwar vom deutschen Orden in Auftrag gegeben, aber von den Bürgern der Stadt finanziert wurde: »Mit Gab, Rat und Hilf und gemeinem Almosen unserer Bürger und auch anderer frommer Christenleut, als es Gewohnheit ist im Land«, wie die Chronik der Stadt zu berichten weiß.(s. farbige Abb., S. 246)

Mit dem Rathaus bildete sie das Zentrum der alten Reichsstadt. Auch der Zwölfbotenaltar im Mittelpunkt des Ostchores, der von schwäbischen Meistern geschnitzt und von Friedrich Herlin aus Nördlingen, der die Bilder malte, mitgestaltet wurde, ist einer der Kernpunkte dieser Kirche, wobei vermerkt werden sollte, daß Heinrich Toppler durch eine Reihe hochdotierter Stiftungen die Kosten für die Gemälde übernahm. Der Heiligblutaltar, zur Aufnahme jener Bergkristallkapsel bestimmt, die nach der Legende drei Tropfen Blut von Jesus Christus enthält, gab dem Altar seinen Namen. Für die Michaeliskapelle der Stadt schuf der Meister 1510 den Kreuzaltar. Auch die Herrgottskirche zu Creglingen erhielt einen Marienaltar Riemenschneiders. Rothenburg war und blieb trotz Riemenschneiders Übersiedlung nach Würzburg der Ort, an den dieser begnadete Künstler gern zurückdachte.

Im Jahre 1501 brannte der Ostflügel des gotischen Rathauses nieder. 1520 begann die Vertreibung der Juden aus der Stadt. Ihre Synagoge und der daran anschließende Friedhof wurden zerstört, nachdem sie bereits ab 1350 aus ihrem Wohngebiet, auf dem heutigen Kapellenplatz und um ihre erste Synagoge herum gelegen, in die Judengasse umgesiedelt worden waren.

Noch vor dem offiziellen Beginn des Bauernaufstandes agitierte der ›Bilderstürmer‹ und Theologe Dr. Andreas Rudolf Karlstadt, dessen wirklicher Name Bodenstein lautete, in Rothenburg. Er hetzte die Müllerzunft auf und stiftete sie zur Vernichtung der Kobolzeller Kirche an. Diese Kirche, außerhalb der Stadt nahe der festgefügten Doppelbrücke über die Tauber gelegen, wurde zwischen 1472 und 1501 errichtet. Die Müller waren erregt genug, um diese Kirche als ›Bilderstürmer‹ zu demolieren und alle vorhandenen Bildnisse zu vernichten. Die gesamte Einrichtung der Kirche ging auf diese Weise verloren. Davon konnte sie sich nie wieder erholen. Mehrere

Jahrhunderte lang wurde sie nur noch als Lagerhalle benutzt, ehe 1864 ihre Renovierung erfolgte.

Der Bauernkrieg des Jahres 1525 sah die Rothenburger mit dem großen Bauernheer des Florian Geyer verbündet. Als dieses Heer von den Truppen des Schwäbischen Bundes geschlagen wurde, saß Markgraf Casimir von Ansbach auf dem Marktplatz der Stadt zu Gericht über die Aufrührer. Das Urteil lautete bei 17 Gefangenen auf Tod durch das Schwert des Henkers. Der wirkliche Anführer, Dr. Karlstadt, konnte mit Hilfe seiner Frau aus einem Haus an der Stadtmauer entkommen. Später wurde er bei den Täufern in Holstein und Ostfriesland wieder gesichtet.

Mitglieder des Schmalkaldischen Bundes, Kupferstich um 1600.

Im Jahre 1544 erfolgte in Rothenburg die Einführung der Reformation. Bereits einige Jahre später kehrte die Stadt größtenteils zum Katholizismus zurück. Im Jahre 1552 wurde die Stadt durch Markgraf Albrecht von Brandenburg-Kulmbach gezwungen, dem Schmalkaldischen Bund gegen den Kaiser beizutreten. Da Rothenburg gegen die kaiserlichen Truppen nicht ankam und sich ergeben mußte, wurde ihr eine Kriegsentschädigung von 80 000 Gulden auferlegt.

Im Jahre 1554 wurde dann die Hauptkirche Rothenburgs für immer protestantisch.

Der Neubau des Rathauses wurde 1572 durch den ortsansässigen Baumeister Leonhard Weidmann in Angriff genommen. Daran anschließend folgten das Gymnasium, die Spitalbastei sowie das Baumeister- und Hegereiterhaus. Hinzu kamen zahlreiche Brunnen und die Roßmühle, welche die Versorgung der Bürger mit Wasser und Brot sicherstellen sollte.

Mitten auf dem Hof des Spitals errichtet, bildet das Hegereiterhaus einen verblüffenden Kontrast zu den nach Zweckmäßigkeitserwägungen gestalteten schmucklosen Gebäude des Hospitals. Es trägt ein spitzes Helmdach und hat einen angebauten runden Treppenturm, der von einer Latenenhaube (Metallhaube) gekrönt wird. Auch dieses Schmuckstück der Stadt stammt aus den Händen des Baumeisters

Weidmann. Im Erdgeschoß des Hegereiterhauses war die Spitalküche eingerichtet. Im Obergeschoß wohnte der Verwalter der Spitalgüter. Der Name dieses Hauses ist insofern nicht zutreffend gewählt,

Tilly in Rothenburg ob der Tauber im Jahre 1631

als ein Hegereiter Bediensteter der Reichsstadt war, der für die Dörfer und Höfe außerhalb Rothenburgs verantwortlich war.

Im Jahre 1608 schlossen sich die evangelischen Fürsten und Städte zur evangelischen Union zusammen. Die Union tagte 1618 in Rothenburg. Die Stadt beschloß, daß man sich an den Kosten des Krieges beteiligen und auf die Seite der Evangelischen stellen müsse.

Dadurch wurde die Stadt in die Pflicht genommen und mußte während dieses Krieges immer wieder Kosten tragen, sich an Einquartierungen beteiligen und Winterquartiere zur Verfügung stellen. Vor allem richteten plündernde Horden in den Dörfern schwere Schäden an und ließen manchen Hof in Flammen aufgehen.

König Gustav Adolf erschien 1631 in Rothenburg und ließ bei seinem Abrücken eine kleine Truppeneinheit in der Stadt zurück, die hier in Garnison ging. Als der kaiserliche Feldherr Tilly in diesem Winter ebenfalls um Quartier für seine Truppen nachsuchen ließ, wurde er abgewiesen. Die Bürger besetzten vorsorglich die Wehranlagen. Nach kurzem, aber erbittertem Widerstand mußten sie sich geschlagen geben. Als Feldherr Tilly in die Stadt einzog, soll sich jenes Ereignis zugetragen haben, das als ›Meistertrunk‹ in die Geschichte dieser Stadt einging und Gegenstand eines mittelalterlichen Schauspiels wurde, das heute noch gefeiert wird. Der damalige Bürgermeister Nusch soll die Stadt am 31. Oktober 1631 dadurch vor der Zerstörung bewahrt haben, daß er einen gewaltigen Humpen Weins, der dreieinviertel Liter maß, in einem Zug leerte, ohne mehr als einen dreitätigen tiefen Schlaf davonzutragen.

Nachdem Tillys Truppen im Frühjahr 1632 die Stadt wieder verlassen hatten, zog wenig später Gustav Adolf erneut mit einer starken Begleitung ein. Zwei Jahre darauf gelang es dem kaiserlichen Feldherrn Piccolomini, Rothenburg zu besetzen. Den letzten großen Ansturm erlebten die Rothenburger, als die Stadt 1645 von den Franzosen unter Marschall Turenne belagert und schließlich erobert wurde. Noch 1647 wurden die Einwohner durch eine Armee unter dem Fürsten und Markgrafen von Durlach schikaniert und zu Kriegskostenleistungen herangezogen. Bei Friedensschluß 1648 galt es noch einmal 50 000 Gulden Kriegsleistungen zu erbringen, die sich die Stadt leihen mußte. Als die letzten Soldaten 1650 Rothenburg verließen, sank die Reichsstadt in einen Dornröschenschlaf. Dieser bewirkte, daß sie sich in ihrer alten Form erhielt, wie sie heute noch ihre Besucher bezaubert.

Im Jahre 1681 wurde am Rathauskomplex letzte Hand angelegt. Der in diesem Jahr als letztes Bauelement fertiggestellte Laubengang ist mit den heraldischen Farben der Wappen von Rothenburg und jenen der sieben Kurfürsten des Reiches bedeckt. Das Rothenburger Stadtwappen zeigt seit seiner ersten Zeit die gleichsam schwebende ›Rote Burg‹ mit den zwei Zinnentürmen. Dazwischen ein kleines spitzbedachtes rotes Haus. Das Zeichen der freien Reichsstadt wiederum zeigt den Reichsadler.

Im Jahre 1802 wurde Rothenburg Bayern zugeschlagen. Ein Teil seiner Landbesitzungen fielen an Württemberg.

Rothenburg ob der Tauber war und ist das große Beispiel einer mittelalterlichen Stadt im Taubertal. Mit seiner Landhege von 163 Dörfern und 40 der Stadt gehörenden Burgen war sie ein Juwel und ist dies für alle Zeiten geblieben. Hier lag der eherne Kern staufischer Macht in Ostfranken.

Auch heute noch bietet die Stadt – wie im letzten Abschnitt deutlich werden soll – mit ihrem einzigartigen Stadtbild, das völlig in sich geschlossen ist, eine ausgezeichnete Stätte der Besinnung und des höchsten Kunstgenusses und vermittelt dem Besucher den Eindruck, in ein bildgewordenes Geschichtsbuch geraten zu sein.

Um Rothenburg ob der Tauber

Wer von Rothenburg ob der Tauber aus um die Stadt herum und durch das Taubertal fährt, kann auf dieser Exkursion einige der bedeutendsten Sehenswürdigkeiten erleben.

Da ist zunächst das bereits genannte Topplerschlößchen mitten im Taubergrund, das uns mehr über die Persönlichkeit dieses bedeutenden Bürgermeisters der Stadt enthüllt, als dies eine knappe Darstellung seines Wirkens kann. Der ›Schlüsselbewahrer‹ zu diesem Kleinod ist gern bereit, die Tür des Schlößchens zu öffnen und die Führung durch die drei Geschosse zu übernehmen, die die Zuflucht dieses bedeutenden Mannes waren und deren kleines Arbeitszimmer er seit 1388 immer wieder bezog, um hier zum Wohle der Stadt tätig zu sein. Viele Stücke aus dem zu Ende gehenden Mittelalter, vor allem aber persönliche Aufzeichnungen Topplers, darunter auch sein Testament, sind hier vorhanden und reizen zum Studium. Es herrscht hier auch heute noch jene Ruhe, die Toppler seinerzeit gesucht hat, jene Beschaulichkeit, die den verwunschenen Taubergrund auszeichnet.

Die romanische Kirche St. Peter und Paul in Detwang, sie beherbergt den um 1510 von Riemenschneider für Rothenburg geschaffenen Kreuzalter.

Wenn man durch den Taubergrund weiterfährt, ist das nächste Ziel Detwang nur ein Katzensprung weit entfernt. In Detwang schlägt das alte Herz der Reichsstadt, denn der Raum um Rothenburg wurde erstmalig um das Jahr 970 in der *villa* Detwang, einer agrarischen Siedlung, erfaßbar. Hier stiftete seinerzeit der Adelige Reinger eine Eigenkirche, die im

12. Jahrhundert im Besitz des Stiftes Neumünster in Würzburg erscheint.

Die heutige, im Kern noch romanische Kirche St. Peter und Paul, deren Gründung um das Jahr 968 angenommen wird, beherbergt als kostbarstes Kleinod den im Jahre 1510 von Tilman Riemenschneider geschaffenen Kreuzaltar.

Zu diesem führt der Weg durch einen romanischen Torbau aus der Gründerzeit der Kirche. Am Karner ist noch die alte gotische Totenleuchte aus Stein zu sehen. Bis zum Jahre 1250 wurde die Kirche erneuert und vergrößert. Der Kreuzaltar, ursprünglich für die Michaelskapelle zu Rothenburg geschaffen, wurde erst im Jahre 1653 nach Detwang übergeführt. Da der Chorraum der dortigen Kirche zu klein war, mußte der Mittelschrein des Altars verkleinert werden, um den Altar überhaupt dort unterbringen zu können. Dadurch gingen die besonderen Feinheiten des Mittelschreines verloren. Dennoch bietet dieser Altar mit dem Gebetskampf Jesu auf dem linken Seitenflügel, der Majestät des gekreuzigten Heilandes mit der Mutter Maria und den trauernden Frauen sowie den Kriegsknechten des Kaiphas im Mittelteil und der im rechten Seitenteil dargestellten Auferstehung des Heilandes eine Komposition von einmaliger Dichte.

Der südliche Seitenaltar stammt ursprünglich aus der Rothenburger Kapelle zur Reinen Maria, während der nördliche Seitenaltar das Werk eines unbekannten Künstlers aus dem Jahre 1500 ist. Er zeigt die Heilige Familie mit Spruchbändern. Im Schrein ist die heilige Ottilie zu sehen, während in der Mitte die ›Mondsichelmadonna‹ mit dem Jesuskind und dem Zeichen der Erlösung, dem Apfel, auf einer nach unten gerichteten Mondsichel steht. Das Bild bedeutet, daß Maria mit ihrem Sohn alle durch die Mondsichel versinnbildlichten finsteren Mächte des Unglaubens unter ihre Füße tritt und sie besiegt. Ein sehr seltenes Kunstwerk, das hier oft übersehen wird, ist das ottonische Reliquienkreuz, das dicht neben dem südlichen Seitenaltar in einer Nische steht und aus der Erbauungszeit der Kirche stammt. Es ist versilbert und mit reichen Ornamenten verziert.

Dicht neben dieser ehrwürdigen Kirche steht jenes Wasserschlößle, das wahrscheinlich Heinrich Toppler zum Vorbild seines Schlößchens gedient hat. Es stammt aus dem 12. Jahrhundert.

Noch einige Kilometer weiter tauberabwärts liegt die Ortschaft Bettwar, ein Ortsteil der Gemeinde Steinsfeld. Die dortige Kirche

St. Georg stammt mit ihren Umfassungsmauern noch aus dem 13. Jahrhundert.

Wenn man über den Rundweg um Rothenburg zurückkehrt, sollte der Weg durch das Klingentor in die Stadt genommen werden. Vor diesem Tor soll sich ein Betplatz der Rothenburger Schäfer befunden haben.

Direkt in die Befestigungen des Torturmes eingebunden, befindet sich die alte Wehrkirche St. Wolfgang, die der Stadtbefestigung ihren Rückhalt gegeben hat. Sie wurde um 1493 vollendet. Direkt aus dem Oberteil der Kirche gelangt man über eine Stiege in den langen, im rechten Winkel verlaufenden Wehrgang mit seinen Schießscharten.

Dieses Gotteshaus, auch als die ›Schäferkirche‹ bekannt, besitzt mit seinem Wolfgangsaltar von Wilhelm Ziegler aus dem Jahre 1514 ein besonderes Prunkstück. Die Sitzfigur des heiligen Wolfgang aus dem Jahre 1489 neben dem Portal außen ist eine neuzeitliche Nachbildung, während das Original im Innern der Kirche untergebracht wurde. Ein kleiner Saal beherbergt das Schäfermuseum mit der naturgetreuen Darstellung eines Schäfertanzes.

In der vom Vorplatz von St. Wolfgang beginnenden Judengasse, die direkt ins Stadtzentrum führt, erinnert hinter den Fassaden der Häuser noch manches an die jüdische Gemeinde Rothenburgs, deren 1293 verstorbenes Oberhaupt, Rabbi Meir ben Baruch, lange Zeit hindurch geistlicher Führer der gesamten Judenschaft Deutschlands war.

Zu Seite 387: Die von Caspar Vischer wiedererbaute Kulmbacher Plassenburg, der 1568 vollendete Schöne Hof ist eine der hervorragendsten Schöpfungen der deutschen Renaissance.

Zu den Seiten 357/358: Die Muse bei Hans Sachs, Ehrenurkunde für Hans v. Bülow, Nürnberg 1870, im Richard Wagner-Museum Bayreuth.

Zu Seite 355: Nürnberg, das 1331-41 erbaute Heilig-Geist-Spital.
Die Gebäude wurden nach dem Zweiten Weltkrieg getreu wiederhergestellt.

Zu Seite 357: Das Sebaldusgrabgehäuse in Nürnberg, gegossen von Peter Vischer und seinen Söhnen zwischen 1508 und 1519. Das Gehäuse hat eine Höhe von 4,71 m.

Zu Seite 361: Nürnberg, das Dürer-Haus, das der Künstler 1509 kaufte und bis zu seinem Tod 1528 bewohnte.

Zu Seite 397/398: Bamberg, Stich. Keimzelle der Stadt war das erstmals 902 erwähnte ›castrum Babenberg‹, eine Burg auf dem heutigen Domberg, die dem Geschlecht der Babenberger gehörte.

Zu Seite 400: Grabmal des hl. Kaiserpaares Heinrich und Kunigunde von Tilman Riemenschneider, entstanden zwischen 1499 und 1515, die Deckplatte, Kalkstein.

Zu Seite 405: Bamberg, das Rathausinsel. Die Sage erzählt, die Bamberger hätten ihr Rathaus auf einer Insel mitten in der Regnitz errichtet, weil der Bischof ihnen dafür keinen Zollbreit von seinem Grund und Boden geben wollte.

Dinkelsbühl –
Reichsstadt an der Wörnitz

Die Gründung der ersten Siedlung Dinkelsbühl erfolgte etwa um das Jahr 1000. Sie lag am Schnittpunkt zweier Fernstraßen an der Wörnitz, dort, wo dieser Fluß eine seichte Furt aufwies und leicht durchschritten und ebenso durchfahren werden konnte. Die spätere Stadt, an der Grenze der Markgrafschaft Ansbach und der Grafschaft Öttingen gelegen, wurde noch vor 1188 unter Einbeziehung dieser bereits früher dort bestehenden Siedlung als Besitzung gegründet, die zum weiteren staufischen Haus gehörte.

Auf einer Anhöhe bei der Siedlung lag eine Thingstätte, der ›Tingbühl‹, dieser gab Siedlung und Stadt seinen Namen.

Die Stadt entwickelte im 13. Jahrhundert eine weitgehende Eigenständigkeit und erhielt bereits im Jahre 1305 das Stadtrecht nach dem Ulmer Stadtrecht. Dinkelsbühl war damit reichsfrei geworden und erlangte in den folgenden Jahrzehnten eine Reihe wichtiger Privilegien, so 1351 die freie Richterwahl, die 1355 erneut gewährt wurde. Der Blutbann, 1398 verliehen, erbrachte dann auch die völlige Reichsfreiheit. Seit 1387 regierten Patriziat *und* Zünfte gemeinsam und gleichberechtigt.

Es waren vor allem die Tuchmacher, die Schmiede, hier vor allem Sichelschmiede, und andere Handwerker, die im Geschäft mit den in der Stadt rastenden Fernhändlern Dinkelsbühl zur Blüte führten.

Allerdings wurde diese Freiheit durch zwei Verpfändungen in Frage gestellt. Die erste noch im 13. und die zweite im 14. Jahrhundert, beide an die Grafen von Öttingen. Dinkelsbühl gelang es, sich 1351 ›auf ewig‹ von der Pfandschaft loszukaufen. Das änderte jedoch nichts an der Tatsache, daß die Grafen von Öttingen immer wieder versuchten, sich verschiedene Dinkelsbühler Hoheitsrechte mit Gewalt anzueignen. Die Ansbacher Markgrafen wiederum versuchten das Gleiche mit juristischen Mitteln. Diese oftmals schwerwiegenden Streitigkeiten setzten sich mit größeren Pausen bis zum Ende des Alten Reiches fort.

Die Zünfte erzwangen 1387 ihre Aufnahme in den Stadtrat und damit ihr Mitspracherecht an der Stadtführung. Dieses wurde erst im Jahre 1552 durch den Eingriff Kaiser Karls V. in die Verfassungen aller Reichsstädte stark beschränkt.

Der Dreißigjährige Krieg – Glaubensauseinandersetzungen – Bautätigkeit

Die Stadt entwickelte sich bis zum Ausbruch des Dreißigjährigen Krieges. Sie hatte sich bereits im Jahre 1524 den reformatorischen Bestrebungen zugewandt, doch diese Entwicklung wurde auch hier durch die Bauernkämpfe zunächst hintangestellt. Ab 1530 setzte sich die lutherische Lehre in Dinkelsbühl durch.

Im Jahre 1548 wurde das Interim eingeführt. Dabei handelte es sich um den Augsburger Reichsbeschluß des »geharnischten Reichstages« von 1547. Im Anschluß an den Schmalkaldischen Krieg hatte Kaiser Karl V. eine Theologenkommission eingesetzt, die eine Vorschrift erarbeitete, die schließlich nach einigen Umarbeiten am 15. Mai 1548 vorgelegt wurde. Dieses Papier verlangte von den protestantischen Ständen die Rückkehr zum alten Glauben oder die Unterwerfung unter dieses ›Interim‹ genannte Regelwerk, durch das der Laienkelch und die Priesterehe für protestantische Gläubige und Pfarrer zugestanden wurden. Ergänzt und vollendet wurde dieses Interim durch den Augsburger Religionsfrieden vom 25. September 1555, in dem zwischen Kaiser Ferdinand und den Reichsständen als »Reichsgesetz« verkündet wurde, daß allen Landesherren das Recht zur Bestimmung der Konfession ihres Landes zugebilligt sei. Geistliche Reichsstände mußten allerdings katholisch bleiben, wenn sie ihr kirchliches Amt und ihr Reichslehen nicht verlieren wollten. Den Landständen in geistlichen Territorien wurde die freie Bekenntniswahl zugestanden. In den Reichsstädten – und damit auch für Dinkelsbühl bindend – konnte Parität herrschen.

Einige weitere Passagen folgten, von denen jene der Aufhebung der Todesstrafe und der Wahl von Protestanten in das Reichskammergericht die bedeutendsten waren. Dies alles führte in Dinkelsbühl bis ins 18. Jahrhundert hinein zu Auseinandersetzungen zwischen dem katholischen Rat und seinen protestantischen Bürgern.

In dieser und der davorliegenden Zeit wurden in Dinkelsbühl einige Bauten ausgeführt, die heute noch das Stadtbild beherrschen. Am Wein- und Ledermarkt wurden die katholische Pfarrkirche St. Georg als dreischiffige Hallenkirche errichtet. Nach Baubeginn 1448 vergingen 49 Jahre, ehe dieses Gotteshaus in einem Zug voll errichtet wurde. Nikolaus Eseler war ihr Baumeister. Gemeinsam mit seinem Sohn schuf er hier ein bedeutendes Denkmal der Renaissance.

Dies war vor allem den Bemühungen König Ludwigs I. zu ver-

Blick über die Wörnitz auf die Dinkelsbühler Altstadt. Rechts ist der Turm von St. Georg zu erkennen, links die evangelische Spitalkirche. Man beachte ebenfalls die mittelalterlichen Stadtbefestigungen im Vordergrund.

Die Dinkelsbühler Wehrtürme.

danken, der voll und bewußt darauf setzte, das schöne geschlossene Stadtbild zu erhalten. An der Nordseite von St. Georg befindet sich der Kreuzigungsaltar mit seinen Heiligenfiguren, unter ihnen auch St. Urban, und der Josephsaltar mit dem Tafelbild der Anna Selbdritt. Der Dreifaltigkeitsaltar an der Südseite wurde von den Zünften der Schuhmacher und Gerber gestiftet. Auf den Bildern dieses Altars verteilen die Schutzpatrone Crispus und Crispinan Schuhe an die Armen.

Von besonderem Interesse ist vor allem der Sebastiansaltar aus dem Jahre 1520. Er zeigt – für Reichsstädte wie Dinkelsbühl charakteristisch – den Heiligen zwischen Armbrustschützen, die als Stifter der reichsstädtischen Schützengilde angesehen werden. Die Schützengilden wiederum erhielten ihre besondere Ausbildung zum Schutz der Stadt in Kriegszeiten.

Der ›Meister des Dinkelsbühler Marienlebens‹, Johannes Nieberlein, malte die evangelische Spitalkirche aus. Er schuf die Deckengemälde und die Tafeln des St. Nikolaus und der heiligen Dorothea.

Als Landratsamt diente in Dinkelsbühl das Deutschordenshaus am Dönersberg, das 1764 durch Matthias Binder vollendet wurde. Über dessen Mittelrisalt (in ganzer Höhe des Bauwerks in der Mitte hervortretender Vorsprung) prangte das Hochmeisterwappen Karl Alexanders von Lothringen, von dem Ellinger Hofbildhauer Leonard Meyer geschaffen.

Eines der seltenen Steinhäuser der Stadt ist das seit dem Jahre 1361 erstmals erwähnte und bis 1550 erweiterte alte Rathaus am Altrathausplatz. In seinem Innenhof wurde die bekannte Wendeltreppe durch Hans Böhringer geschaffen.

Am Weinmarkt offenbart das Deutsche Haus, ein Fachwerkbau aus der Spätrenaissance, mit seinem figürlichen Schnitzwerk den hohen Stand der Baukunst dieser Zeit. Auch die Schranne aus dem 17. Jahrhundert gehört dazu. Im großen Saal derselben wird alljährlich die ›Kinderzeche‹ aufgeführt, ein Stück aus dem Dreißigjährigen Krieg. Eine Reihe weiterer Gebäude weiß in Dinkelsbühl den Besucher ebenso zu fesseln, so die Reichsposthalterei am Weinmarkt mit dem St. Nepomuk als Hausfigur und das am Rothenburger Tor gelegene Gasthaus zum Greifen.

Das berühmte, zehn Tage lang dauernde Heimatfest der ›Kinderzeche‹

Eines der ältesten Denkmale der Stadtbefestigung, die das alte Dinkelsbühl umschließt, ist das Wörnitztor, das teilweise aus staufischer Zeit hinübergerettet und 1600 erhöht wurde. Das bereits 1370 errichtete Rothenburger Tor wurde später mit einem Vorwerk ausgestattet. Von den 15 Wehrtürmen der Stadtbefestigung ist vor allem der Bäuerlingsturm beachtenswert.

Wichtig für jeden Besucher ist das Denkmal des Dinkelbauern, das im Stadtpark steht. Wer jedoch annimmt, daß diese Getreideart den Namen der Stadt geprägt haben könne, der irrt. Dinkelsbühl geht, wie bereits erwähnt, auf den Gerichtshügel vor der Stadt, den ›Thingbühl‹, zurück.

Das alljährlich in Dinkelsbühl aufgeführte Heimatfest der ›Kinderzeche‹ stammt aus dem Dreißigjährigen Krieg. Im Frühjahr 1632 belagerte der schwedische Obrist Sperreuther über Wochen die Stadt, die sich tapfer verteidigte. Die überwiegend evangelische

Bevölkerung litt unter ständig größer werdender Not. Der katholische Rat der Stadt, an seiner Spitze drei Bürgermeister, die sich in der Regierung abwechselten, sah bald die Sinnlosigkeit jeden weiteren Widerstandes ein. Aber er blieb gespalten. Während die Hälfte die Übergabe von Dinkelsbühl forderten, beharrte die andere Hälfte auf einer bedingungslosen Verteidigung und Treue gegenüber Kaiser und Kirche. Schließlich aber wurde die Übergabe vereinbart. In dieser Situation war es die ›Kinderlore‹, eine Tochter des Turmwächters der Stadt, die mit ihrer Schar kleiner Kinder den Schweden singend entgegenzog. Obrist Sperreuther, der selber in den Kriegswirren einen Sohn verloren hatte, ließ sich zur Milde bewegen und bewahrte die Stadt vor Plünderung und Brandschatzung. Dieses Spiel ist einer der Höhepunkte der an Festen reichen Reichsstadt.

Die alte freie Reichsstadt Dinkelsbühl mit ihrer vollständig erhaltenen Altstadt aus dem späten Mittelalter, mit Mauerring, seinen Toren, Türmen und dem spätgotischen Münster ist heute mehr denn je ein Juwel in der Landschaft Frankens. Wer diese Stadt als Ferienort erwählt, der hat recht getan. Er erblickt ein städtebauliches Meisterwerk, das dem Besucher eine Fülle von Erlebnissen beschert, mit Nachtwächter, der historischen Rathaussitzung und seiner Kinderzeche, die der Dinkelsbühler Hofrat Ludwig Stark als Autor im Juli 1897 das erstemal im Schrannensaal der Stadt zur Aufführung brachte.

Wenn die 100jährige Jubelfeier beginnt, dann werden vor der Stadtmauer wieder die Truppen der Schweden mit Kanonen, dem Feldgericht und den Söldnern lagern, werden die Stadtsoldaten auf den Mauern kampfbereit sein, wird der abschließende historische Festzug Freund und Feind miteinander vereinen.

Feuchtwangen ist einen Abstecher wert

Nur etwa 12 Kilometer nördlich von Dinkelsbühl liegt die Stadt Feuchtwangen, deren Gründungslegende eng mit Karl dem Großen verbunden ist. Sie besagt, daß Kaiser Karl sich während einer Jagd nördlich Dinkelsbühl verirrt habe und einige Stunden, von Durst geplagt, herumgeirrt sei, bevor eine Taube ihm den Weg zu einer rettenden Quelle gewiesen habe. An dieser Stelle stiftete der Kaiser als Dank ein Kloster.

Der erhalten gebliebene Kreuzgang des von Karl dem Großen gegründeten Benediktinerklosters.

Diese fromme Legende wird nicht dadurch widerlegt, daß das genannte Kloster bereits vor der Zeit Karls des Großen existierte. Um das Jahr 1000 befand sich hier bereits ein Dorf mit einer alten Kirche. Trotz allem Für und Wider kann gesagt werden, daß Feuchtwangen allen Kaisern des Deutschen Reiches besonders nahestand.

Dem hier eingerichteten fränkischen Königshof, der tatsächlich eine Gründung Karls des Großen ist, folgte allerdings auch im Jahre 817 der Bau des Benediktinerklosters Fiuchtingwanc als Reichskloster. Möglicherweise ist dieses und nicht das alte, bereits verfallene Klostergebäude das Ergebnis des kaiserlichen Versprechens gewesen. Im 12. Jahrhundert wurde es Kollegiatstift.

Bereits um 1180 entstand hier die staufische Reichsstadt Fiuchtinwanc, die im Jahre 1376 an den Burggrafen von Nürnberg verpfändet wurde und damit noch im selben Jahr ihre Stadtfreiheit an die späteren Markgrafen von Ansbach verlor.

Das ungleiche Turmpaar der Stiftskirche gilt als besonderes Wahrzeichen der Stadt. Diese dreischiffige Basilika wurde im 13. Jahrhundert errichtet. Von diesem Ursprungsbau sind nur noch die Westfront und die Säulen des Mittelschiffes erhalten.

Im Jahre 1398 wurde die Stadt von Dinkelsbühler Söldnern angegriffen und zerstört. Um diese Zeit wurde der Chor und das Langgebäude der Stiftskirche erneuert. Der 1484 geschaffene Hochaltar der Stiftskirche ist ein Kunstwerk von hohen Graden. Im Schrein zeigt er die Gottesmutter im Strahlenkranz mit zwei Engeln, welche die Krone über dem Haupt Mariens halten. Die beiden Flügel zeigen links Mariä Heimsuchung und die Geburt Jesu, sowie auf dem rechten die Anbetung der drei Weisen aus dem Morgenland und Mariens Tod.

An der Nordwand der Stiftskirche, deren Stift im Jahre 1563 aufgehoben wurde, befindet sich noch eine spätgotische Holzfigur Kaiser Karls mit dem Modell jener Kirche, die er stiftete.

Als im Jahre 1523 die Obergeschosse der beiden Türme einstürzten, wurden sie mit den alten Steinen, aber in unterschiedlicher Höhe wieder errichtet.

In ihrer romanischen Portalhalle befinden sich Fresken, die an alte Buchmalereien erinnern, so Christus mit den Evangelistensymbolen, die Kreuzigung, St. Christopherus und Karl der Große als sagenhafter Stifter.

Den Hochaltar schuf Michael Wolgemut, jener alte Meister, dem der junge Albrecht Dürer in Nürnberg seine Kunst verdankt.

Auch die Johanniskirche gehört mit einigen wenigen Teilen noch dem frühen 13. Jahrhundert an. Der Hauptteil wurde jedoch vom 14. bis 16. Jahrhundert hinzugefügt.

Die Stadtmauer aus dem 14. bis 15. Jahrhundert wurde mehrfach in die Wohnhäuser einbezogen. Ein unbedingtes Muß für jeden Besucher ist das Feuchtwanger fränkische Museum, das in einem alten Fachwerkgebäude aus dem 17. Jahrhundert errichtet wurde. Neben den Ausstellungsstücken aus der fränkisch-bäuerlichen Geschichte gibt es hier auch eine Fayencensammlung zu bewundern, sie bietet Stücke von 1661 bis zum Beginn des 19. Jahrhunderts dar, die vor allem aus den Manufakturen von Hanau, Ansbach, Schrezheim und Crailsheim stammen.

Flachsbrecherei, Hammerschmiede und Handwerkerstuben bieten ein buntes Kaleidoskop fränkischen Lebens dar. Wer also Dinkelsbühl einen Besuch abstatten will, der sollte 12 Kilometer vorher bei der Ausfahrt Feuchtwangen die Bundesautobahn verlassen und anschließend von Feuchtwangen aus auf der B 25 über Aichenzell, Schopfloch und Hellenbach nach Dinkelsbühl weiterfahren.

Geschnitzte Figuren in dem um 1500 entstandenen Chorgestühl der Stiftskirche in Feuchtwangen

Heilbronn: von der Ursiedlung zur Reichsstadt

Seit der Zeit des Diluviums haben mit Sicherheit Menschen in der Heilbronner Mulde gelebt, wie die Reste eines gefundenen Jägerlagers unter Beweis stellen, das 1949 im Löß der Ziegelwerke Heilbronn-Böckingen gefunden wurden. Ein jüngeres Lager, von Mammutjägern angelegt, in dem sich auch Mammutknochen befanden, wurde 1955 in Neckargartach gefunden. Es stammt aus der mittleren Altsteinzeit. Westlich vom Neckar wurden schließlich auch Siedlungen aus der Jungsteinzeit freigelegt. Mehrere Kulturen aus der Zeit der Bandkeramiker und Schnurkeramiker wurden entdeckt, was an den gefundenen Tongefäßen zu erkennen ist.

Schließlich fand man am Westfuß des Wartberges weitere Tongefäße und ein Hügelgrab aus der Bronzezeit. Aus der Spätbronzezeit wurde bei Heilbronn-Neckargartach ein großes Depot mit 18 steinernen Gußformen für Schwerter, mit Sicheln und anderen Gegenständen entdeckt.

Alles dies wird ergänzt und vervollständigt durch die überall auf den Höhen liegenden alten Siedlungen und Gräbern keltischer Bewohner.

Kern der keltischen Siedlung war die erst im 20. Jahrhundert stillgelegte Salzproduktion auf dem heute von allen Salinenbauten befreiten Haalplatz. Im frühen Mittelalter lag dieser Haalplatz noch auf einer Insel im Kocher.

Als die Römer zum Ende des ersten nachchristlichen Jahrhunderts bei ihrem Vorstoß vom Rhein zum Neckar diesen Raum erreichten, legten sie auf einer niederen Terrasse oberhalb des Flusses ihr erstes Kastell der Neckarlinie an, in dem nach den Funden die 5. Kohorte der Dalmatier in Garnison lag, die später von den Helvetiern abgelöst wurden. Diese wiederum wurden später nach Öhringen an den vorderen Limes verlegt.

Die Vorverlegung des Limes vom Neckar nach Osten vollzog sich in der Mitte des 2. Jahrhunderts und ließ die erste Siedlung einer römischen Villa hart rechts am Flußufer entstehen. Daß auch die Römer sich dieses Salzvorkommens bedienten, lag auf der Hand, zumal der Limes in nächster Nähe vorbeiführte.

Nahe der vorgeschichtlichen Furt bei Rosenberg, die von den Römern ausgebaut wurde, entstand nach 280 eine alemannische Siedlung mit einem Fürstensitz. Hier, bei Heilbronn-Böckingen, wurden nicht weniger als fünf alemannisch-fränkische Gräberfelder gefunden. Mehrere dieser Gräber enthielten reiche Beigaben, die auf ein fürstliches Grab hindeuten.

An anderer Stelle, östlich des Neckars, wurden zwei fränkische Gräberfelder freigelegt, die bereits frühchristliche Symbole enthielten, so ein kunstvolles Elfenbeinkästchen. Diese Funde wiesen auf ein wahrscheinlich von Trier ausgehendes frühchristliches Streuchristentum in diesem Raum hin.

Eine der vielen Quellen dieses Gebietes scheint kultischer Mittelpunkt für Siedlung und Fürstensitz gewesen zu sein. Sie oder eine der anderen Quellen wurde namengebend für Heilbronn.

Als die Alemannen 496 von den Franken besiegt wurden, wurde das gesamte Gebiet rechts des Neckars fränkisches Königsgut. Südlich der alten Neckarfurt wurde ein Königshof angelegt, der zum Kernpunkt des Königsguts wurde.

Alle Wege, die von beiden Seiten zu dieser Neckarfurt hinführten, wurden von den fränkischen Siedlern zu einem ersten Straßennetz ausgebaut, dessen beide Hauptrichtungen von Norden nach Osten und von Norden nach Süden führten.

Die Christianisierung dieses Raumes durch die drei Missionare Kilian, Kolonat und Totnan führte 741 zur Gründung des Bistums Würzburg. Von der Stöckenburg bei Würzburg reisten die fränkischen Missionsleute in den Raum von Neckar und Kocher und missionierten den gesamten Landstrich. Gleichzeitig damit wurde in Heilbronn die Kilianskirche errichtet und der Ort als ›Helibrunna‹ erwähnt.

Das Bistum Würzburg erhielt reichhaltige königliche Geschenke, darunter 25 Kirchen und Kapellen. Eine dieser Kirchen war die *Basilica in villa Helibrunna in honore sancti Michahelis archangeli* mit ihrem reichen Zubehör. Der gesamte Zehnte aus dem Heilbronner Königsgut des *fiscus dominicus* von 889 wurde dem Bistum Würzburg überschrieben.

Diese Basilika war der Vorläufer der späteren Kilianskirche, die erstmals im Jahre 1297 genannt und unmittelbar in der Nähe des heiligen Brunnens errichtet wurde, was dem heutigen Marktplatz Heilbronns entspricht.

Ostwärts des fränkischen Königsgutes wurde eine Siedlung angelegt, deren Standort genau der Lage des heutigen Marktplatzes entspricht und ›Heilicbrunno‹ genannt wurde. Dieser Name wurde bis 1250 zu ›Heilprunnen‹.

Bereits im Jahr 1050 hatte diese Siedlung Marktrecht erhalten. Münze und Hafen zeigten, daß es sich bereits um eine Stadt handelte. In diese Stadt integriert war auch die Judensiedlung im Bereich der Judengasse, die 1826 in ›Lohrtorstraße‹ umbenannt wurde. Hier wurde der älteste jüdische Fund in Württemberg gemacht, als man einen Gedenkstein für den jüdischen Vorsänger Nathan aus dem 9. Jahrhundert fand.

Zunächst nur eine Kaufmanns- und Handwerkersiedlung, kamen einige kleine Fischerdörfer am Neckar hinzu. Die Bauern der Umgebung bauten bereits in bedeutendem Umfang Wein an. Um 1225 wurde von Heilbronn bereits als befestigte Siedlung mit Wallumwehrung gesprochen.

Geschichtlicher Rückblick

Bereits seit der Mitte des 11. Jahrhunderts war es den Grafen von Calw gelungen, sich in den Besitz eines Großteiles des Königsgutes von Heilbronn zu setzen. Nach dem König waren von nun an sie die Herren der aufblühenden Stadt. Im Jahre 1146 bestimmte Uta von Calw, daß eine bereits 70 Jahre früher erfolgte Schenkung ihres gesamten Besitzes, so auch Hall, an das Kloster Hirsau vollzogen wurde.

Damit erhielt das Kloster eine ›*curtis*‹, einen herrschaftlichen Fronhof, der mit dem ehemaligen Königshof identisch war. Dazu gehörte auch die ›*terra salica*‹ und das Land der ›*familia*‹. Dies waren 17 Huben (Hufen) Landes, 14 Weingüter, der gesamte Nordberg (später ›Wartberg‹ genannt), das Fronvogt- und das Rinderhirtenamt, »die Hälfte von Markt und Münz«, den Neckarhafen und das Dorf Hanbach. Dies alles bewies, daß Heilbronn bereits zu dieser Zeit den Charakter einer Stadt hatte, bevor es 1225 das erstemal als ›Oppidium‹ genannt wurde und 1281 durch Rudolf I. von Habsburg das erste Stadtrecht erhielt.

Das Kloster Hirsau hatte sich im 12. und 13. Jahrhundert immer wieder den Ansprüchen der Bischöfe von Würzburg und jener der Edlen von Dürn auf Heilbronn zu erwehren. Schließlich erhob auch der König Anspruch auf das gesamte Gebiet.

Um 1225 bereits stifteten Luitgard von Dürn und ihr Sohn Ulrich II. südlich der Stadt ein umfangreiches Areal dem Deutschen Orden, der dort seine Heilbronner Kommende errichtete. Auf dem zwei Hektar großen Gelände des ›Deutschhofes‹ entstand dort, wo vorher eine kleine Kapelle gestanden hatte, die Peter- und Paulskirche.

Im Nordhäuser Vertrag setzte sich denn auch König Heinrich VII. gegenüber dem Bischof von Würzburg durch, der bereits von »seinen Bürgern in Heilbronn« sprach. Heilbronn blieb Königsstadt. Dieses mittlere Neckargebiet bildete die Brücke zu den staufischen Besitzungen im Elsaß.

Der König ließ auch die Befestigungen erneuern und vergrößern. In der Mitte des 13. Jahrhunderts wurde Heilbronn von einer Mauer und einem Wassergraben umschlossen. Drei Tore führten aus der Stadt zu den Handelsstraßen, zahlreiche Türme verstärkten die Verteidigungskraft der Stadt. Der Götzen- und der Bollwerksturm sind heute noch zu sehen.

Als im Interregnum immer wieder von geistlicher und weltlicher Seite versucht wurde, die Stadt in ihren Besitz zu bringen, gelang es Heilbronn, sich zu behaupten. 1265 hatte sie bereits ihr erstes Stadtsiegel mit der Umschrift »Sigillum civitatis Hailprunnen«.

Die Politik König Rudolfs I., die auch in Heilbronn ihrem Besitzer, dem Magistrat der Stadt, gegenüber mit Erfolg angewandt wurde, führte 1281 zur Einführung einer neuen Stadtordnung: der ersten Heilbronner Stadtrechte.

Ein königlicher Vogt und ein Schultheiß des Königs regierten von nun an in Heilbronn. Sie wurden dabei von 12 ›*consules*‹ aus dem Stadtpatriziat beraten. Erst mit der Erwerbung des Schultheißenamtes im Jahre 1360 und der Vogtei im Jahre 1464 wurde Heilbronn freie Reichsstadt.

Der wirtschaftliche Aufschwung belebte sich zunehmend. Damit gewann auch die Bautätigkeit an Schwung, und nach dem ersten Bauwerk der doppeltürmigen Kilianskirche um 1278 und dem frühgotischen Rathaus um 1300 ging es zügig weiter. Nicht zuletzt wurde diese Entwicklung durch das königliche Privileg von 1333 bewirkt, das Heilbronn die Aufstauung des Neckars genehmigte und damit den Bau eines Neckarhafens möglich machte und diesem neuen Hafenplatz das Stapelmonopol verlieh, das bis zum Jahr 1803 Gültigkeit hatte.

Ein starker Speditionshandel über den Fluß und eine aufstrebende Mühlenindustrie wurden zur Keimzelle der späteren Industrialisierung.

Ab 1333 erwarb Heilbronn eine Reihe Ortschaften hinzu. Die letzte war Böckingen, die 1431 gekauft wurde. Daraus entstand ein Territorium, das mit der Stadt gegenüber allen Bestrebungen Württembergs und der Pfalz in den Städtebünden Rückhalt fand.

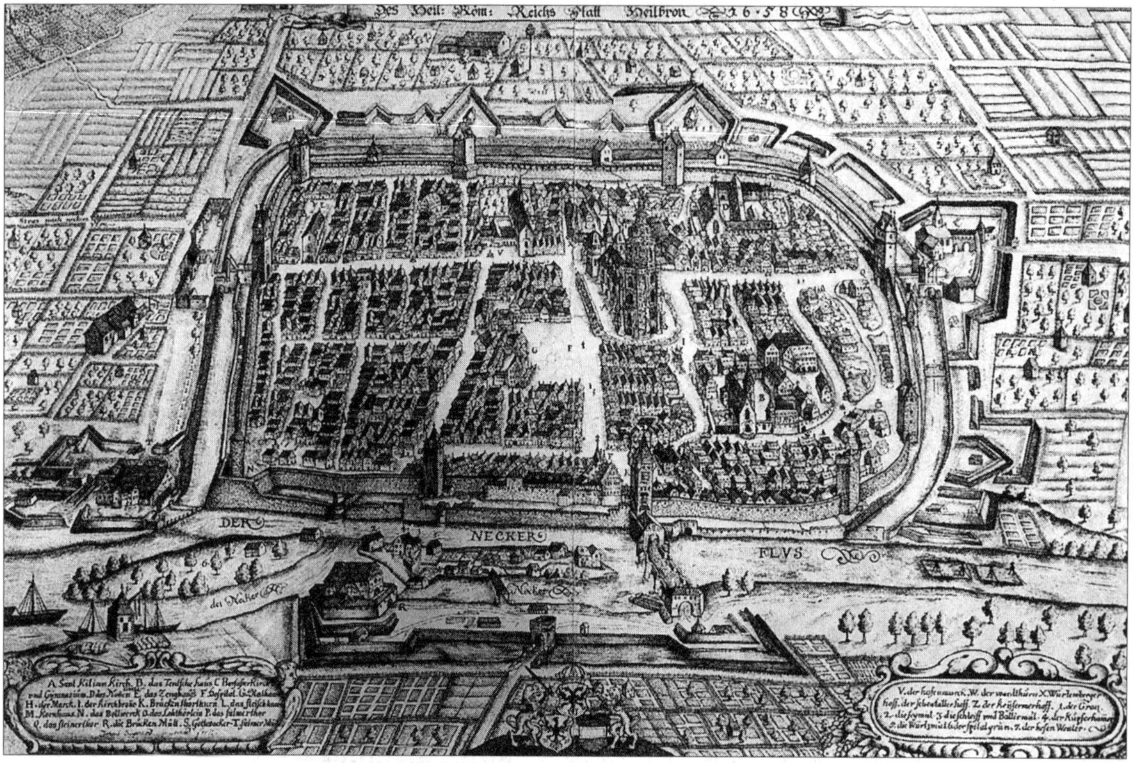

Heilbronn aus der Vogelschau, Planprospekt von J. S. Schlehenried aus dem Jahre 1658. Man beachte die von König Heinrich VII. im 14. Jh. angeordneten Befestigungsbauten, darunter die zahlreichen Wehrtürme und die drei Tore, die aus der Stadt zu den Handelsstraßen führten.

Da es auch zwischen den alten Geschlechtern Heilbronns und den aufstrebenden Zünften zu Auseinandersetzungen kam, erließ Kaiser Karl IV. eine Regimentsordnung – die erste rechtsstädtische Verfassung –, in welcher die Zünfte zwar aufgelöst wurden, das Handwerk jedoch paritätisch an der Stadtregierung beteiligt wurde.

Die Mutterkirche der Heilbronner Christen war der Deutschhof. Der romanische Unterbau des Kirchturms aus dem Jahre 1240 stammt noch von der Marienkapelle des Deutschritterordens. Er gilt als ältestes Bauwerk der Stadt.

Nach einer frühgotischen Erweiterung von St. Peter und Paul ab 1350 erfolgte schließlich von 1719 bis 1721 der Umbau zur Barockkirche.

Der Baumeister und Steinmetz Hans Schweiner, der von 1473 bis 1534 lebte, schuf den Kiliansturm der Kilianskirche, der als das erste bedeutende Bauwerk der Renaissance nördlich der Alpen angesehen wird. Der Hochaltar der Kirche wurde 1498 von Hans Seyfer geschaffen.

In der Stadt breiteten sich neben der Deutschordenskommende

nacheinander die Franziskaner und Klarissen (1302), seit 1442 die Karmeliten aus. Eine Reihe von Klosterhöfen entstanden in und um die Stadt herum.

Dennoch konnte die Reformation unter dem Prediger Johann Lachmann und Bürgermeister Hans Riesser rasch Fuß fassen. 1528 bereits schloß sich die Stadt Heilbronn der neuen Lehre Luthers an, 1530 war sie eine evangelische Stadt.

Johannes Lachmann, als Reformator Heilbronns in die Geschichte eingegangen, predigte bereits seit 1524 lutherisch. Er gab gemeinsam mit Rektor Kaspar Gräter 1528 den zweitältesten Katechismus der evangelischen Kirche heraus. Sein Vater Bernhard war einer der bekanntesten Glockengießer in Württemberg.

Aus dem Stadtteil Heilbronn-Böckingen stammt der bereits mehrfach genannte Bauernführer Jäcklin Rohrbach.

In der Mitte des Heilbronner Stadtteils Kirchhausen errichtete der Deutsche Orden zwischen 1570 und 1576 ein Wasserschloß. Dieser Renaissancebau mit zwei Flügeln, Innenhof, Ecktürmen und Kegeldächern war mit einem umlaufenden gemauerten Graben geschützt, dessen Tore an der Nordseite mit Löwenschießscharten versehen waren. Er wurde ein Prunkstück der Stadt.

Ihm steht das erst 1784 für den holländischen Admiral Kinkel errichtete Trappseeschlößchen nicht viel nach. Das auf dem Wartberg 1792 errichtete Restaurant hat schon 1797 Goethe begeistert, als er am Tag seines 48. Geburtstages den dortigen Turm bestieg und ins Land blickte. »Der Anblick«, so der Dichterfürst, »erweckt das Gefühl von ruhigem, breiten, hinreichenden Genuß.«

Ein Ausflug durch diese alte Stadt zeigt dem Betrachter viele Facetten eines großartigen Ganzen. Der Marktplatz, als Zentrum der

Das Heilbronner Rathaus mit der astronomischen Kunstuhr, links das Käthchenhaus mit Erker.

Stadt, zeigt trotz der Zerstörung der hier stehenden alten Patrizierhäuser am 4. Dezember 1944 durch den alliierten Bombenkrieg eine beeindruckende Kulisse. Das Käthchenhaus, als gotisches Steinhaus errichtet, hob sich seinerzeit in der Fachwerkstadt besonders ab. Reformator Johannes Lachmann ließ dessen berühmten Renaissance-Erker mit den Brustbildern von vier Propheten gestalten.

Das Rathaus aus dem 13. Jahrhundert wich 1417 einem größeren repräsentativen Bauwerk, das Ende des 16. Jahrhunderts erweitert wurde. Die Rathausuhr wiederum ist eine astronomische Kunstuhr, mit Zeituhr und Mondphasenuhr gekoppelt. Sie wurde 1579 bis 1580 von Isaak Habrecht geschaffen. Die Kilianskirche und der Siebenröhrenbrunnen, dessen Quelle ein alemannisches Wasserheiligtum war, steht als Namensgeber des fränkischen Königshofes ›Helibrunna‹. Eine Reihe bedeutender Schmuckstücke sind in der Stadt noch präsent: Höfe, Brunnen, Türme und Häuser aller Art, die den Besucher in ihren Bann zwingen.

Kulturelle Einrichtungen vervollständigen mit den Parkanlagen und Bädern das Bild dieser bezaubernden Stadt, die trotz der erlittenen Zerstörungen ihr altes Gesicht wiedergefunden hat, soweit dies überhaupt möglich war. Daß dazu natürlich auch die Schiffstour auf dem Neckar gehört, braucht nicht eigens betont zu werden.

Hinzu kommt, daß sich rund um Heilbronn eine Vielzahl an Sehenswürdigkeiten anbieten, die über die touristischen Straßen leicht zu erreichen sind. Da ist einmal die Burgenstraße mit den Burgen Guttenberg, Schloß Heinsheim, Weibertreu, der Götzenburg sowie den historischen Städten Gundelsheim, Bad Wimpfen und Weinsberg.

Nicht weniger interessant die schwäbische Dichterstraße, an der einem Literatur auf Schritt und Tritt begegnet und Gedenkstätten, literarische Museen und Treffpunkte herausleuchten. Hier begreift man die Gedichte Mörikes und die Arbeit eines Justinus Kerner, eines Hölderlin und des schwäbischen Dichterkreises.

Wer dann noch die idyllische Straße erlebt mit ihren verschwiegenen Winkeln und romantischen Badeseen und zum Schluß über die Schwäbische Weinstraße zu Weinproben in den alten Weinstädten einkehrt, der weiß dieses Gebiet Frankens besonders zu schätzen.

Abschließend noch einige Zeilen zur Bedeutung der Stadt. Heilbronn hatte Sitz und Stimme auf dem Reichstag und im schwäbischen Kreis. Sie fiel 1802 mit ihrem Territorium von inzwischen 55 Quadratkilometern an Württemberg und wurde Sitz eines Oberamtes.

Der Reichsdeputationshauptschluß von 1803 nahm Heilbronn seine Reichsunmittelbarkeit. Die Stadt wurde von Württemberg in Besitz genommen.

Gerade um diese Zeit lebten einige Persönlichkeiten in der Stadt, die dazu beitrugen, den Aufschwung von der Reichs- zur blühenden Industriestadt zu vollziehen, ohne ihr den besonderen Reiz des guten Alten zu nehmen.

Da wären zu nennen: der Papierfabrikant Gustav Schaeufelen, der 1822 die Ebbeksche Papiermühle beim Bollwerksturm schuf; Carl Heinrich Theodor Knorr, der zunächst 1838 in der Stadt eine Fabrik für Cichorien- und Kaffeesurrogate gründete, die sich bis heute zu einer der bedeutendsten deutschen Lebensmittelunternehmen entwickelte.

Auf gänzlich anderem Gebiet war der Ingenieur Wilhelm Maybach tätig, von den Franzosen als »roy des constructions« gerühmt. Er gründete mit Gottlieb Daimler eine Werkstatt, erfand den Vergaser, baute den ersten Benzinmotor und wurde 1895 technischer Direktor der Daimler-Motorengesellschaft.

Julius Robert Mayer wiederum, ein berühmter Arzt und Physiker, war Wissenschaftler und Entdecker des Gesetzes von der Erhaltung der Energie.

Daß der erste deutsche Bundespräsident Theodor Heuss in Heilbronn studierte, 1905 seine Doktorarbeit über den Heilbronner Weinbau schrieb und Ehrenbürger der Stadt wurde, in der ein Gymnasium nach ihm benannt ist, sei am Rande erwähnt.

Heilbronn ist also in *jeder* Beziehung eine Reise wert. Es liegt im landschaftlich so reizvollen Neckartal, ist geographischer Mittelpunkt Europas und liegt im Herzen der baden-württembergischen Region Franken. Die Stadt ist mit 510 Hektar Rebfläche eine der größten Weinbaugemeinden Deutschlands. Eine der schönsten Straßen Deutschlands, die Burgenstraße, führt mitten durch die Stadt. Mit den Löwensteiner Bergen und dem Breitenauer See hat Heilbronn alles, was erlebnishungrige und zugleich neugierige Feriensende und Besucher erwarten.

Wie gut es sich in Heilbronn leben läßt, hat bereits der Dichter Daniel Schubart vor über 200 Jahren so ausgedrückt: »Wer Gold hat und zwanglos, gut und schön in Deutschland leben möchte, dem wollt' ich Heilbronn anraten.«

Öhringen – Hohenloher Land und Grablege an der Nibelungenstraße

Im Hohenloher Land, nur einige zehn Kilometer ostwärts von Heilbronn liegt die Stadt Öhringen. Als sie den Edlen von Hohenlohe zufiel, hatte Öhringen bereits eine 1500jährige Geschichte hinter sich.

Die Hohenloher Ebene wies bereits zur Jungsteinzeit eine Besiedlung mit Bandkeramikdörfern auf, die am Süd- und Nordrand der Stadt lagen.

Erst um 150 nach Christus trat der Ort in die Geschichte ein, als die römische Reichsgrenze vom Neckar nach Osten bis zu diesem Gebiet vorgeschoben wurde.

Öhringen, das seinerzeit ›vicus Aurelianus‹ genannt wurde, lag am vorderen Limes, etwa in der Mitte jener 81 Kilometer betragenden Strecke zwischen Walldürn und dem Haghof bei Welzheim. Die Stadt beherrschte die zwischen Kochertal und den Bergen des Mainhardter Waldes gelegene Ebene.

Daß die Römer die exponierte Lage erkannten, zeigt die Tatsache, daß sie hier zwei Kastelle errichteten. Einmal eines am Ostrand der heutigen Stadt, nur 200 Meter hinter der Linie des Limes, das Rendell-Kastell, mit der 1. helvetischen Kohorte, die vorher in Böckingen gelegen hatte. Das zweite Kastell wurde auf der Höhe nordwestlich der Stadt als Bürg- oder Westkastell errichtet. Es war von der 1. belgischen Kohorte besetzt. Hinzu kamen, wie die Ziegelstempel beweisen, noch zwei kleine Einheiten, die Numeri der Brittonen und ortsansässiger Menschen.

Der über 16 Meter tiefe Ziehbrunnen, der im Jahre 1911 im Westkastell entdeckt wurde, erwies sich als besondere Fundstätte. Aus ihm wurden nicht weniger als fünf Weihealtäre geborgen. Sie stammten alle aus den Jahren 187 bis 241 nach Christus und waren mit Inschriften versehen, aus denen hervorging, daß sie anläßlich der Einweihung einer 1700 Meter langen Wasserleitung geschaffen worden waren und beim Alemanneneinfall des Jahres 233 in den Brunnen gelangten.

Südlich der beiden Öhringer Kastelle lag bei Mainhard das nächste, nach Norden hin war Jagsthausen Standort einer weiteren Verteidigungsanlage. Ein zusätzliches Kastell wurde bei Westernach, drei Kilometer nordostwärts Öhringens, etwa 125 Meter hinter dem dortigen Limesteil, festgestellt. Es hatte eine kleinere Hilfstruppe in Quartier.

Viele der Erkenntnisse aus der frühgeschichtlichen Zeit hatte Hofkammerrat Christian Ernst Hasselmann in den Jahren 1766 bis 1770 gewonnen und über seine Limesforschung zwei wichtige Werke veröffentlicht.

Heute sind alle Fundstücke in den Museen der Umgebung untergebracht. Teile befinden sich außerdem im Landesmuseum Stuttgart. Lediglich der Rendelstein steht heute noch an der Haller Straße. Bei ihm handelt es sich um einen mittelalterlichen, auf einer römischen Säule stehenden Bildstock.

›Orengowe‹

Im Jahre 1037 wurde Öhringen erstmals als ›Orengowe‹ genannt, als Adelheid, die Mutter Kaiser Konrads II., die dortige Pfarrkirche durch ihren zweiten Sohn Gebhard, Bischof von Regensburg, in ein Kollegiatsstift umwandeln ließ. In der Krypta der Stiftskirche wurde sie in einem Steinsarkophag beigesetzt. Vögte des Kollegialstiftes wurden die Herren von Hohenlohe.

Mit der Übernahme der Vogtei über diese Kirche begründete diese Familie, die im Jahre 1250 auch Öhringen übernahm, die Landeshoheit über die Grafschaft und später das Fürstentum Hohenlohe.

Diese Familie verfügte um 1800 über 22 Quadratmeilen des Landes. Sie herrschte in der Stadt Öhringen ebenso wie in Stadt und Amt Neuenstein, ferner in den Ämtern Michelbach, Forchtenberg, Künzelsau und Stadt und Amt Weikersheim.

Im Öhringer Weistum einigten sie sich 1253 über die Rechte in der Stadt mit den ebenfalls Ansprüche auf Öhringen anmeldenden Herren von Weinsberg. In der Stadt wird eine Münzgesellschaft genannt. Stiftskirche, Kreuzgang und Marktplatz waren von den Chorherren-Häusern umgeben und bildeten den alten Kirchenbezirk. In der Kirche ist die Grablege der Familie Hohenlohe-Öhringen. Von besonderem Interesse sind hier die protestantische Symbolik und Wappenumrahmungen.

In der später ebenfalls ummauerten Altstadt jenseits der Ohrn befinden sich die Gebäude des 1353 errichteten Spitals.

Größter Grundbesitzer war das Stift. Es fiel nach der Reformation ebenfalls an die Grafen Hohenlohe. Das vorhandene Kirchengut diente als Grundstock für die evangelisch-hohenlohische Landeskirche. Nach der Reformation wurde im Stiftsbezirk das Landesgymnasium errichtet, dem 1788 ein Lehrerseminar angegliedert wurde.

Bereits um 1500 war der um die Kirche herum liegende Friedhof vor die Stadtmauer verlegt worden und dort die Kapelle der St. Anna 1505 errichtet. Das Steinhaus am Hafenmarkt, welches Sitz der hohenlohischen Beamten gewesen war, wurde beim Angriff alliierter Bomber auf Öhringen im Jahre 1945 zerstört. An das 1504 errichtete spätgotische Rathaus mit dem davor liegenden kleinen Marktplatz, der heute überbaut ist, erinnert nur noch das Standbild der Justitia auf dem Brunnen.

Den alten Stadtbezirk umschließt eine noch weithin erhaltene Mauer aus dem 13. Jahrhundert. Deren Steine sind noch durch staufische Werkzeichen gekennzeichnet.

Weinprobe im Schloßkeller zu Öhringen

Auch nach der Landesteilung von 1551 bis 1555 war die Stadt gemeinsamer Besitz der hohenlohischen Hauptlinien Neuenstein und Waldenburg, von 1782 an aber ausschließlich in der Hand der hohenlohisch-Öhringer Gruppe des Hauses.

Von 1610 an wurde das Schloß am Marktplatz in sechsjähriger Arbeit als Witwensitz für die Gemahlin des Grafen Wolfgang II. von Hohenlohe-Weikersheim erbaut. Baumeister war G. Kern. Im Jahre 1714 und in diesem Jahrhundert noch einige Male wurde dieses Schloß umgebaut und erweitert.

Im 18. Jahrhundert war Öhringen für die Nachgeborenen und zugezogenen Menschen zu klein geworden. Auch die Verwaltung hatte kein ausreichendes Tätigkeitsfeld, so daß die Stadt erweitert wurde, indem unter der Leitung des Erbprinzen von Hohenlohe-Ingelfingen, weiland preußischer General und Gouverneur von Breslau, die Karlsvorstadt hinzugebaut wurde.

Im Jahre 1806 kam Öhringen an Württemberg und wurde Oberamtsstadt, 132 Jahre später avancierte sie zur Kreisstadt. (siehe: W. Matthews, *Öhringer Heimatbuch,* Öhringen 1929; ferner: E. Knoblauch, *Die Baugeschichte der Stadt Öhringen bis zum Ausgang des Mittelalters,* 1970.)

Öhringen, Schloß mit Stiftskirche.

Öhringen wurde von Bürgern, Edelherren und Grafen zu einem Gemeinwesen errichtet und zur feinsten Blüte gebracht, wie es in diesem Raum seinesgleichen suchte. Im Ostteil der Stadt sind immer noch die Spuren des von Süden nach Norden verlaufenden Limes zu erkennen.

Auf Schritt und Tritt begegnet einem hier alte und neue Geschichte. Im großen Keller des Schlosses, in dem heute noch beim Wein getafelt wird, hatte der Freund von Justinus Kerner, Nikolaus Lenau, seine poetischen Erinnerungen an die Bekanntschaft mit dem fürstlichen ›Verresberger‹ niedergeschrieben. Das große fürstliche Weinfaß, von dem er berichtete, ist auch heute noch zu sehen.

Das nun beinahe ein Jahrtausend alte Chorherrenstift und die 500 Jahre alte Basilika beherrschen auch heute noch das Stadtbild. Das Oberste Tor in der einmaligen Karlsvorstadt, das gelbe Schlößle und die Gasse mit dem Blick auf das alte Rathaus sind ebenso entzükkend wie der Schloßhof mit der großen Freitreppe am Südflügel.

Diese Residenz der Fürsten von Hohenlohe, bis Napoleon diesem allem ein ebenso jähes wie brutales Ende setzte, hatte einen sechs Hektar großen Hofgarten. Dieser ist heute im Besitz der Stadt. Von hier aus nach Jagsthausen, wo die Geschichte des Götz von Berlichingen als Festspiel alljährlich dargeboten wird, ist es ein Katzensprung; desgleichen nach Weinsberg mit der sagenumwobenen Weibertreu, der Burgfeste Waldenburg und dem Freilichtmuseum Wackerhofen. Ebenso rasch erreicht man jene Stadt, die sich unserer knappen Darstellung der Sehenswürdigkeiten von Hohenlohe anschließt: Schwäbisch Hall.

Ob Crailsheim, Gaildorf oder Gerabronn, Kirchberg, Krautheim, Künzelsau und Langenburg, Neuenstein, Obersontheim und Schöntal: Auf der Hohenloher Ebene wird Geschichte lebendig, erfaßbar und zum Greifen bereit.

Schwäbisch Hall und seine drei Burgen

Beiderseits des Kochers im Burgenland Hohenlohe liegt die reiche Salzstadt Schwäbisch Hall, die mit ihrem ›Heller‹ in die Geschichte einging. Sie ist bereits aus der vor- und frühgeschichtlichen Zeit als Ort menschlicher Ansiedlungen bekannt, wovon die Sammlung im Hällisch-Fränkischen Museum auf der Keckenburg beredtes Zeugnis ablegt.

Die wechselvolle Vorgeschichte der alten Reichsstadt wird durch die Mittelsteinzeitjäger auf den Höhen und Rändern des Kochertales bezeugt. Die Jungsteinzeitsiedlungen der Bandkeramiker und der Rössener lagen ebenfalls im Raum von Schwäbisch Hall-Hessental, wo ein endsteinzeitliches Glockenbechergrab gefunden wurde. Die Hallstattzeit wiederum ist durch die Hügelgräber auf den Höhen des Einkornberges bei Hall vertreten.

Als im Jahre 1939 für den Bau einer neuen beim Rathaus gelegenen Kreissparkasse die Baugrube ausgebaggert wurde, konnten unter einer fünf Meter dicken Geröll- und Schlammschicht ausgedehnte keltische Kulturschichten auf der einstigen Talaue erschlossen werden. Hier wurden die ersten Salzsiedlungen gefunden: Holztröge, Tonwannen und viele Keramikgegenstände des 3. bis 1. Jahrtausends vor Christus.

Damit wurde erhärtet, daß die Sole- und Salzgewinnung in Hall über zweitausend Jahre zurückreicht. Auch auf der vorgeschichtlichen Befestigung auf der Oberlimpurg oberhalb von Hall wurden Tonwaren und andere Geräte gefunden, die auf eine jungsteinzeitliche Siedlung hinweisen.

Daß die Salzquelle, durch welche die Stadt bekannt wurde, bereits von den Kelten benutzt wurde, verstand sich, denn zu damaliger Zeit war Salz das einzige Mittel zur Haltbarmachung von Lebensmitteln, vor allem Fleisch, und auch oft das einzige Gewürz.

Unter König Konrad III. erfolgte der Ausbau zur Stadt, und im Jahre 1037 wurde der Ort *›villa halle superiori‹* das erstemal erwähnt, als er vom Bischof von Regensburg dem Grafen von Comburg zu Lehen gegeben wurde. In den folgenden Jahren nahmen die Grafen die gesamte Ansiedlung in Besitz. Sie veranlaßten um das Jahr 1050 die Abhaltung eines offenen Marktes, der als Jakobimarkt bekannt wurde und heute noch stattfindet.

Als im Jahre 1116 das Geschlecht der Comburger Grafen ausstarb, kam Hall in den Besitz der Hohenstaufen, die sich diese Chance der

Vermehrung ihres Landes *und* des Reichtums nicht entgehen ließen.

Um 1156 wurde das romanische Münster St. Michael eingeweiht und der Michaelsmarkt gestiftet. Die bereits 1150 begonnene Erweiterung der Siedlung ›Halle‹ fand mit dem Bau dieses Münsters ihre Krönung. Der Westturm dieser Kirche stammt noch aus der genannten Bauperiode.

Friedrich I. ›Barbarossa‹ verlieh der Stadt das erste Münzrecht, aufgrund dessen sie den Haller Silberpfennig – den weltweit als Zahlungsmittel bekannten ›Heller‹ – prägen durfte. Um 1190 hielt König Heinrich VI. mit nicht weniger als 4000 Fürsten, Rittern und Edelleuten den wohl glanzvollsten Hof in »Hall in Schwaben«, wie er diese Stadt nannte, um zu dokumentieren, daß die schwäbischen Staufer Besitzer der Stadt waren. Im Jahre 1204 nannte König Philipp Hall bereits *»civitas nostra«* – unsere Stadt – und bestätigte damit seine Herrschaft über diese Goldgrube.

Noch vor 1230 wurde die Burg Limpurg errichtet. Nachdem Konrad IV. Hall 1251 an die Schenken von Limpurg verpfändet hatte, kam es in den folgenden Jahren zu Auseinandersetzungen zwischen der Stadt und Limpurg, die 1255 mit folgendem Schiedsspruch beendet wurden: »Die Bürger sollen dem Schenken dienen, wie es der einstige König Konrad angeordnet hat.«

Es war König Rudolf von Habsburg, der die Stadt 1276 von der Oberherrschaft der Schenken von Limpurg befreite, sie zur Reichsstadt machte und von ausländischen Gerichten befreite. Im Schiedsspruch von Wien des Jahres 1280 bestätigte er die Eigenständigkeit der Stadt Hall gegenüber den Limpurger Herren. Im weiten Umkreis der Stadt wurden alle Burgen niedergelegt. Erhalten sind nur noch die Ruinen der Geyersburg aus dem 14. Jahrhundert, die Fundamente der Suhlburg bei Obermänkheim und die mehrfach um- und angebauten Wasserschlösser Eltershofen (ursprünglich im Besitz der Stadtadeligen Eberhard, denen auch die Heiligkreuzkirche in Erlach gehörte) und Tullau, mit der romanischen Kapelle der Familie Berler.

Das Jahr darauf sah Handwerker und Bürger der Stadt gegen den eigenen Rat zerstritten. Beide Gruppen forderten ihre Aufnahme in den Rat. Kaiser Ludwig der Bayer verbriefte ihnen 1340 in der Ratsverfassung von Hall dieses Recht.

Der Reichtum der Stadt äußerte sich 1382 im Kauf des Reichsschultheißenamtes; 1396 erwarb sie die kaiserliche Münzstätte und

Blick über den Kocher auf die Altstadt Schwäbisch Hall, im Hintergrund der Neubausaal und die Kirche St. Michael.

begann damit, durch Zukäufe ihr weitläufiges Gebiet abzurunden. Umfangreiche Besitzungen wechselten ihre Herren. Alle Dörfer, Weiler und die Einzelhöfe, die sich an die Stadt oder ihr Gebiet anlehnten, wurden mit der Rechtsgrenze – der Heeg – umgeben. Hier hatte die bereits 1350 genannte Haller Landwehr ihren Standort, um jeden Angreifer von den dort errichteten hohen Türmen aus rechtzeitig zu sichten und zu bekämpfen.

Von 1398 an bis zum Jahre 1562 verwaltete Schwäbisch Hall gemeinsam mit Rothenburg und Dinkelsbühl die Pfandschaften Kirchberg und Ilshofen. Seit 1439 war die Stadt an der Ganerbschaft von Künzelsau beteiligt, erwarb 1446 das Amt Honhard und 1559 die Herrschaft Vellberg mit dem dortigen Schloß, das erst 50 Jahre vorher im romanischen Stil errichtet worden war und in dem heute die Stadtverwaltung und das Bürgermeisteramt Vellberg untergebracht sind. Auf der Etage des Bürgermeisteramtes sind noch Wandbilder aus der Schloßzeit zu besichtigen.

Die Reichsstadt Hall wurde von 1340 bis zum Jahre 1512 vom Stadtadel beherrscht, der sich seine Adelstürme baute. Einer davon war die Keckenburg, die seit 1250 als staufischer Adelsturm in achtgeschossiger Bauweise mit 18,5 Metern Höhe errichtet wurde.

Die Michaeliskirche in Schwäbisch Hall. Der erst in der Renaissance-Zeit vollendete Bau mit der haushohen runden Freitreppe enthält in einem seiner Geschosse eine Turmkapelle, die Johannes dem Täufer und dem Erzengel Michael geweiht ist. Vor der Kirche werden Freilichtspiele aufgeführt.

Die Limpurg, die bereits 1230 stand, wurde 1575 durch die Reichsstadt Hall geschleift.

Die Stiftskirche St. Nikolaus verfügt über eine reiche Ausstattung, darunter nicht nur einen romanischen Radleuchter, sondern auch einen vergoldeten Altarfortsatz, Kapitelsaal und Josephskapelle. Das Kircheninnere ist in der Zeit von April bis Oktober zu besichtigen, montags ist sie geschlossen.

Bei der zweiten ›Zwietracht‹ in Hall, die von 1509 bis 1512 zwischen den Adeligen und den Handwerkern unter ihrem Anführer

Büschler schwelte, ging es um die Vorherrschaft in der Führung der Stadt. Bis 1512 hatte sich eine bürgerliche Regierung durchgesetzt und löste damit den Adel für immer in der Stadtführung ab. Viele der Adeligen verließen daraufhin die Stadt.

Um diese Zeit standen in der Stadt der Bau schöner Häuser, historischer Kirchen und weitere Baupläne an der Spitze der Wirksamkeit. Der Neubau der Michaelskirche als gotische Hallenkirche, der bereits 1427 begonnen wurde, erlebte 1525 seine Vollendung. Die großartige Freitreppe war bereits 1507 fertiggestellt. Seit 1925 fanden hier Freilichtspiele statt, die viele Menschen nach Schwäbisch Hall ziehen.

Der Marktbrunnen erlebte 1509 seine Fertigstellung, und der Neubau des großen Büchsenhauses erfolgte von 1509 bis 1527.

Die um das erste Drittel des 15. Jahrhunderts beginnende Wallfahrtsbewegung hatte bereits 1436 zum Bau der Marienkirche in Rieden geführt, diese wurde 1486 Spitalbesitz. Auf dem ›Einkorn‹-Berg entstand 1472 eine Kapelle zu den 14 Nothelfern, die 1683 zur Neuen Kirche ausgebaut wurde, welche 1814 niederbrannte. In Thüngental wurde die ›Muttergottes mit dem Hasen‹ verehrt. Dieses großartige Kulturdenkmal wurde im Jahre 1945 durch völlig sinnlosen Panzerbeschuß der Alliierten zerstört. (In der Stadt gab es keinerlei Widerstand, der zu einer solchen Maßnahme berechtigt hätte.)

Der Städtemeister Hermann Büschler, der 1512 mit Hilfe der Salzsieder und Handwerker die Führung der Stadt übernommen hatte, berief nach gemeinsamer Besprechung mit dem Rat der Stadt 1522 den evangelischen Prediger Johannes Brenz, der noch in diesem Jahr »unter Schonung der Gewohnheiten und katholischen Bilder« die Reformation in Schwäbisch Hall einführte. Sie wurde bis 1534 abgeschlossen und machte die Stadt zu einer evangelischen Gemeinde.

Als Antwort darauf verlegte die Johanniterkommende, die seit dem 13. Jahrhundert bestand, ihren Sitz nach Affaltrach. Das Barfüßerkloster neben der Jakobskirche, das 1236 gegründet worden war, wurde aufgelöst.

Vom Bauernkrieg bis zum Ende des Alten Reiches

Während des Bauernaufstandes gelang es Schwäbisch Hall unter seinem Stadthauptmann Schletz, das Bauernheer bei Gottwollhausen ohne große Anstrengung zurückzuschlagen, so daß in der Stadt keinerlei Zerstörungen oder tiefergreifende Veränderungen stattfanden.

1541 erwarb die Salzsiederstadt die Burg Limpurg. Der Schmalkaldische Krieg, der 1546 begann, sah Schwäbisch Hall auf seiten der Evangelischen. Als diese 1547 besiegt wurden, Herzog Alba mit 20 000 Mann in die Stadt einrückte und hohe Strafgelder durchsetzte, begann eine Zeit der Bedrückung und vor allem der einsetzenden Stagnation. Wie viele andere Reichsstädte auch blieb die weitere Stadtentwicklung aus.

Dennoch entstanden in der Stadt eine Reihe von Baudenkmalen, die auch heute noch sehenswert sind, und zwar nicht nur offizielle Bauten, sondern zunehmend auch Häuser reicher Bürger, wie jenes des Ratsherrn Hans Gräter, der 1605 in der Gelbinger Gasse ein besonders schönes Fachwerkhaus errichten ließ. Hall verfügte zu dieser Zeit über das größte Stadtgebiet nach Nürnberg, Ulm und Rothenburg ob der Tauber. Dies zeigte sich auch, als sich 1610 evangelische Fürsten und Städte zum Bund von Hall zusammenschlossen.

Mit Beginn des Dreißigjährigen Krieges begann – wie für fast alle übrigen Reichsstädte – eine Druck- und Leidenszeit, die sich in Besetzungen, Kontributionen und Plünderungen äußerte. Die Pest kam verheerend hinzu. Not und Schrecken hielten in vielen Häusern der Stadt Einzug. Der Salzhandel, die Haupteinnahmequelle der Stadt, kam zum Erliegen. Nur dem Einsatz des Stättmeisters Georg Friedrich Seifferheld war es zu verdanken, daß noch in Kriegszeiten der Salzhandel wieder aufgenommen werden konnte. Seifferheld schloß Verträge mit elsässischen Städten ab, die ihm gute Aufträge gaben, so daß der Statthalter bereits 1655 das Schwäbisch-Haller Gymnasium gründen konnte.

Ein zweiter Stadtbrand zerstörte schließlich 1680 Teile der Gelbinger Vorstadt. Der dritte Brand, der die Reichsstadt traf, vernichtete 1728 zwei Drittel der Altstadt. Dennoch erfolgte 1732 der Bau des Rathauses, der drei Jahre später beendet wurde.

Mit der Einführung der Gradiertechnik durch Wände aus Reisigbündeln steigerte sich der jährliche Salzertrag von 10 000 auf stolze 90 000 Zentner. Das war ein riesiger Zuwachs und brachte neues Kapital in die heimliche Hauptstadt von Hohenlohe. Zwei überdeckte Archenbrücken, der Roten- und Sulfersteg, ermöglichten es den zu dieser Zeit bereits verstärkt in die Stadt kommenden Kurgästen, über die Unterwöhrd zum Haalplatz mit dem Haalbrunnen zu gelangen, der zu dieser Zeit auch noch das Solewasser für Badezwecke lieferte.

Um das Jahr 1800 zählte Schwäbisch Hall zum Kanton Odenwald des Ritterkreises Franken.

Im Jahre 1802 kam die Stadt mit ihrem 300 Quadratkilometer großen Besitz und 21 000 Einwohnern an Württemberg. Das Großherzogtum und spätere Königreich Württemberg erwarb die Salinen und kaufte nach Verträgen von 1812 und 1827 den Siedlerfamilien die Erbrechte ab. Deren Nachkommen wurde für alle Zeit eine Rente, das ›Siedergeld‹, gewährt. Es wird auch heute noch gezahlt. (Die Siederschaft von Schwäbisch Hall mit ihrem Haalamt am Haalplatz feiert jeden Pfingsten das Kuchenfest mit ihren traditionellen Siedertänzen.)

Als 1825 die Haller Salzquelle als unrentabel aufgegeben wurde, bezogen Stadt und Kurbetriebe ihre Sole aus Wilhelmsglück. Die staatliche Saline wurde im Jahre 1924 stillgelegt und abgebrochen.

Mit der Übernahme der Stadt durch Württemberg wurde ihre Selbständigkeit entscheidend beschnitten. Das akademische Gymnasium wurde 1811 in eine vierklassige Lateinschule umgewandelt.

Schwäbisch Hall heute

Die Bedeutung der Stadt liegt heute in ihrem Charakter als Amts- und Schulstadt. Seit 1960 war sie Große Kreisstadt. Nach der Gründung des Goethe-Instituts, fünf Jahre darauf, erfolgten eine Reihe von Eingemeindungen, welche die Gemarkungsfläche von 2739 auf 10 424 Hektar Größe brachte. Der Name ›Schwäbisch Hall‹ wurde erst im Jahre 1934 amtlich eingeführt.

Es war die Dichterin Ricarda Huch, die in einer Schilderung dieser alten Reichsstadt darlegte, was Schwäbisch Hall war und was es wurde: »Natur hat diese Stadt gewiegt, und Kunst hat sie gebildet.«

Diesen Worten ist nichts hinzuzufügen als jene Ergänzungen, was den Besucher dieser Stadt und ihrer romantischen Umgebung erwartet.

Die Natur, ausgewiesen in der idyllischen Lage der Stadt und ihrer Solequelle, hat den Reichtum gebracht. Dieser wiederum ließ die Kunst entstehen und machte die Solestadt zu einem Juwel unter den deutschen Reichsstädten.

Seit der staufischen Zeit bis in die heutige Zeit hinein war und ist Schwäbisch Hall von pulsierendem Leben erfüllt. Der Marktplatz, ein beredtes Zeichen für die wechselvolle Geschichte, auf dem man alle Baustile des Abendlandes bewundern kann, und die Bauwerke aus dem 13. bis ins 19. Jahrhundert laden zum Schauen und Bewundern ein.

Hier ist in seltener Harmonie Altes und Neues vereinigt, ohne daß dies einen musealen Charakter trüge. Bei der Renovierung und Sanierung der Stadt in unserer Zeit haben die Stadtväter, der immer gültigen Weisheit Tribut zollend, das Alte erhalten und das Neue gestaltet.

Daß Schwäbisch Hall eine Kunststadt ist, hat Tradition, denn bereits im Jahre 1604 wurde im großen Büchsenhaus Shakespeares *Romeo und Julia* aufgeführt. Als zu Beginn des 19. Jahrhunderts der Badebetrieb blühte und die Stadt zum Solebad emporstieg, wurde ein kleines Kurtheater errichtet.

Darüber hinaus gibt es die Freilichtspiele, deren Spielort die große Treppe vor St. Michael ist. Im Theaterkeller am Hafenmarkt, im Barocksaal der Hospitalkirche und in der ›Theaterscheune‹ des Hohenloher Freilandmuseums in Wackershofen können Besucher zu allen Jahreszeiten kulturelle Genüsse erleben.

Die Freilichtspiele wurden schon 1925 gegründet und warteten bereits im Gründungsjahr am 16. August 1925 mit Hofmannsthals Mysterienspiel *Jedermann* auf. Unter seinem heutigen Intendanten Achim Plato haben sie sich seit 1969 in ihrer Palette der Darstellungen gewandelt. Die Spiele erfuhren durch ihn neue Impulse.

Sowohl die sakralen Kunstwerke als auch die Burgen und Klöster der Stadt und ihres weiten Besitzes bieten eine Fülle eindrucksvoller Aus- und Einblicke in die wechselnde Geschichte der Reichsstadt Hall.

Wer sich gründlich mit dem Leben der Bürger und Bauern der Vor-, Früh- und heutigen Geschichte befassen möchte, dem steht das Hällisch-Fränkische Museum in der Keckenburg, einem Werk aus der Stauferzeit, zur Verfügung.

Der 1851 ins Leben gerufene historische Verein für Württembergisch-Franken hatte im Gründungsjahr mit der Sammlung begonnen, die in verschiedenen städtischen Gebäuden untergebracht war, ehe sie nach einem dafür durchgeführten Umbau 1936 in die Keckenburg verlegte.

Hier sind in verschiedenen Komplexen einmal die Geologie und Landschaftsgeschichte, die Vor- und Frühgeschichte, Hall vom Mittelalter bis zum Ende des Dreißigjährigen Krieges und »Hall von 1648 bis zum Ende der Reichsstadt 1802« zu sehen. Diese Abteilungen werden durch eine Schau des Heutigen unter der Bezeichnung ›Stadt und Umland‹ wirkungsvoll ergänzt.

Im Hohenloher Freilandmuseum können sodann die Eindrücke vom Leben und Wirken der Menschen dieser Stadt und ihres Umlandes an 30 alten historisch genau eingerichteten Häusern studiert werden.

Von der höchsten Erhebung Schwäbisch Halls, dem 510 Meter hohen ›Einkorn‹ bei der Comburg, hat der Beschauer einen Ausblick über das Land. Hier ist noch die Ruine der alten Wallfahrtskirche zu sehen, die aus dem Jahre 1700 stammt und 1814 nach Blitzschlag niederbrannte.

Das frühere Meßnerhaus, aus dem Jahre 1745 stammend, ist heute Gaststätte und kann zu einer Kaffee- oder Mittagspause genutzt werden. An der Frontwand ist noch das Wappen des Dekans von Erthal zu Comburg zu sehen.

Das Benediktinerkloster Comburg, die ›Krone romanischer Baukunst‹, bei Schwäbisch Hall.

Die weitere Umgebung

Das Hohenloher Land, von dem bereits einige Städte genannt und beschrieben wurden, wird als »Land der Burgen und Schlösser« bezeichnet. Dies wird durch die Tatsache erhärtet, daß in beinahe jeder Gemeinde des Landes eine Burg oder ein Schloß zu finden ist. Sie sind ebenso wie die bekannten Städte und Schlösser Teil der vielfältigen Kulturlandschaft des Hohenloher Gebietes. Eine Vielzahl an Städten und Gemeinden haben ihre historische Altstadt. In 42 Gemeinden oder Städten sind Klöster, Kirchen und sakrale Bauwerke zu besichtigen, die aus einer Zeit vom 11. bis zum 19. Jahrhundert stammen.

Die rasch erreichbaren Schlösser und Burgen sind Legion. Ob in Crailsheim, Gaildorf oder Gerabronn, mit dem Wasserschloß Erkenbrechtshausen, dem Schloß der Schenken von Limpurg und der Burg Amlishagen, sind die ersten sehenswerten Gebäude genannt, gefolgt von Schloß Kirchberg, einem frühen Burgenbau um 1240 in Kirchberg an der Jagst, der Burgruine bei Krautheim aus der Stauferzeit, in deren Burgkapelle die Reichskleinodien aufbewahrt wurden. In Krautheim wurde auch das berühmt-berüchtigte Götz-Zitat gesprochen. Eine der besterhaltenen Ritterburgen ist Schloß Stetten in Künzelsau.

Viele Bauwerke wären noch zu nennen, so auch Schloß Langenburg, das heute noch von der fürstlichen Familie derer von Hohenlohe-Langenburg bewohnt wird, die 1201 bereits genannt wurde. Schloß Neuenstein, eines der schönsten Schlösser Hohenlohes und das Schloß Obersontheim der Schenken von Limpurg, die als Reichsschenken über 550 Jahre ›im Amt‹ waren, sollten mit Schloß Schöntal, Jagdschloß der Äbte von Schöntal, und Schloß Berlichingen, ebenfalls in Schöntal gelegen und Amtssitz der Herren von Berlichingen, nicht vergessen werden.

Die mittelalterliche Altstadt von Forchtenberg mit dem Geburtshaus von Sophie Scholl und die sagenhafte Kulisse von Forchtenberg-Sindringen sollten nicht ausgespart werden. Zu diesen unverwechselbar-fränkischen Eindrücken kommt natürlich auch das Fachwerkrathaus von Niedernhall aus dem Jahre 1477 und das ›Götzenhaus‹, in dem der ›Götz‹ in die Schule ging.

Eine Besonderheit und deshalb auch einen Abstecher wert ist das ›Große Fürstenfaß‹ im langen Bau, der Fürsten-Gewölbe-Kellerei von Pfedelbach, mit seinen 64 664 Litern Fassungsvermögen. Es wurde 1822 letztmalig mit dem Weinzehnten gefüllt und lädt auch zur Weinprobe ein.

Da von Schwäbisch Hall Rothenburg ob der Tauber, Dinkelsbühl und Heilbronn, als Hauptstadt der Region Franken, leicht erreicht werden können und es auch nach Nürnberg oder Feuchtwangen, Ansbach und nach Bad Windsheim nicht weit ist, bietet sich diese lebensfrohe Stadt mit ihren vielfältigen Übernachtungs- und Ferienangeboten für jeden Reisenden an, der ins Land der Franken fahren und alle Schönheiten und Wunder dieser Landschaft erleben möchte.

Nürnberg –
Stadt der Könige und größte Reichsstadt

Etwa um das Jahr 1000 entstand auf bayerischem Siedlungsboden auf dem ›Nürnberg-Felsenberg‹ eine königliche Burg. Aus dieser Zeit stammt der ›Fünfeckige Turm – der Altnürnberger‹. Auf ihr hielt Kaiser Heinrich II. im Jahre 1050 einen großen Hoftag. Dieser Anlaß war auch Gegenstand zur ersten Erwähnung dieser Königsburg.

Seine Entstehung verdankt Nürnberg einem grundlegenden Umschwung in der Reichspolitik. Während Heinrich II. sich noch vordringlich auf die Reichskirche gestützt hatte und diese für mannigfache Hilfeleistungen viele Reichsgüter erhielt, verwendete er das fränkische Land außerdem zum größten Teil zur Ausstattung des von ihm im Jahre 1007 gegründeten Bistums Bamberg. Der Besitz dieses Bistums reichte bald über die Oberpfalz hinaus bis weit nach Niederbayern, Oberösterreich und Kärnten.

Heinrich III. wiederum, der als zweiter Salier den deutschen Thron bestieg, erkannte, daß durch diese Handlungen seines Vorgängers dem Reich wertvolle Kräfte entzogen wurden. Er selber schickte sich an, dieses verschenkte Reichsgut zurückzuerwerben. Beispielsweise entzog er Bamberg einen großen Teil des Fiskalgutbezirks Forchheim und unterstellte ihn seinem Reichsministerialen Ottnand als Lehen. Gleichzeitig damit errichtete er für das gesamte mittelfränkische Reichsgut ein neues Zentrum, die Burg ›Nurinberc – Nürnberg‹ auf einer Höhe nördlich der Pegnitz.

Der alte Mittelpunkt Fürth war von seinem Vorgänger an das Bistum Bamberg übergeben worden. Heinrich III. ging nunmehr daran, Nürnbergs Entwicklung zum Zentralort zu fördern, um gegenüber Fürth und dem Bamberger Bischof konkurrieren zu können. Er entzog Fürth die Markt- und Zollrechte und verlieh beides seiner Neugründung, womit Nürnbergs Aufstieg unaufhaltsam wurde.

Bald entstand am Fuße des Burgberges die erste Ansiedlung, die sich mit ihren schmalen Gassen – der Schmied-, Krämer- und Schildgasse – eng an die Höhenlinie des Berges anschmiegte.

Erweiterung und Ausbau dieser Ansiedlung wiederum fiel insbesondere in die Zeit der Stauferkaiser. Unter Konrad III. setzte die Zeit der Entwicklung des Reichsterritoriums ein, das Konrad durch zahlreiche Burgen seiner Ministerialen in der weiteren Umgebung Nürnbergs sicherte. Erst sein Neffe Friedrich I., Barbarossa, erzielte durchschlagende Erfolge in der Reichslandpolitik im heutigen Nordbayern. Durch den Erwerb von Kirchenlehen, Adelsbesitz und Klostervogteien, aber auch durch eine großzügige Kolonisations- und Rodungspolitik und die Tätigkeit seiner Ministerialen gelang es ihm, eine einheitliche Zone königlichen Einflusses zu schaffen, die von Nürnberg über die Oberpfalz und das Egerland bis nach Thüringen reichte. Diese war jedoch mehrfach von Territorien des aufstrebenden Dynastienadels durchsetzt oder gar unterbrochen.

Mit der Zunahme der Macht des Königtums nahm gleichzeitig auch die Bedeutung Nürnbergs zu. Um das Jahr 1160 waren hier erstmals Kaufleute des Transit- und Fernhandelsverkehrs tätig. Die Zahl der Bevölkerung und damit auch der Umfang der Städtebauten nahm stetig zu. Eine eigene Pfarrei wurde bereits frühzeitig errichtet.

Die erste Königspfalz

Die Bedeutung Nürnbergs als königliches Verwaltungszentrum zeigte sich daran, daß der oberste Verwaltungsbeamte des Königsgutes, der Butigler, der auch gerichtliche Funktionen zu erfüllen hatte, seinen Sitz in Nürnberg hatte.

Der Butigler war als Gegengewicht zu dem hochadeligen Burggrafen in diese Position gestellt. Er hatte dem Adel gegenüber die Sache des Königs zu vertreten und verfügte dementsprechend über die militärische Befehlsgewalt in Nürnberg und dessen Umlande ebenso wie über die Gerichtsbarkeit. Er handelte aber auch in seinem eigenen Interesse. Die Burg gliederte sich in drei Baugruppen: die Kaiserstallung, die Burggrafenburg und die Kaiserburg.

Die Zollern, die seit 1190 das Burggrafenamt bekleideten, konnten erst, nachdem sie sich durch Erbschaften der Abenberger, Andechser und Orlamünder ein Territorium und entsprechende Macht verschafft hatten, mit der Reichsstadt in Konkurrenz treten. Damit ergriff diese Familie, die an und für sich auf ihrer Stammburg am Nordrand der Schwäbischen Alb ansässig war, mit der Burggrafschaft Nürnbergs auch die Chance, in Franken Fuß zu fassen. Diese Familie der Zollern teilte sich 1214 in eine schwäbische und in eine fränkische Hauptlinie. Seit der Mitte des 14. Jahrhunderts nannten sich die Zollern dann ›Hohenzollern‹.

In dauernden Auseinandersetzungen mit den Bischöfen von Würzburg und Bamberg und vor allem mit der entstehenden ständig stärker werdenden späteren Reichsstadt Nürnberg bauten sie ihren Staat auf. 1363 verlieh Kaiser Karl IV. dem Burggrafen Friedrich V. von Hohenzollern die Reichsfürstenwürde. Um diese Zeit hatte ihr fränkisches Territorium etwa den Umfang eingenommen, den es zu Ende des Alten Reiches hatte.

Eindrucksvoller Ausdruck königlicher Macht und Herrschaft über Nürnberg war die um das Jahr 1180 errichtete königliche Pfalz, unmittelbar neben der alten Burg, die 1190 den Burggrafen überlassen wurde.

Zwar veränderte man den Palast im Laufe der Zeit mehrfach, ohne aber die Raumverhältnisse entscheidend umzugestalten. Er verfügte über zwei Geschosse. Vom oberen aus war die Kapelle nur dem König und seinem Gefolge zugänglich. Der Chorturm, ›Heidenturm‹ genannt, zieht die Blicke auf sich. Die Anlage der Kapelle ist ebenfalls doppelgeschossig mit einem dreischiffigen Langhaus. Das Untergeschoß mit seinen wuchtigen Säulen beherbergte die ›*capella publica*‹, die Kirche des Volkes. Von hier aus ist das vornehme, reich ausgestattete Obergeschoß als Königskirche mit den schönen Emporen für das Reichsoberhaupt nicht zu erreichen.

Noch während Friedrich II. in Italien um Sizilien kämpfte, wurde das Königsland um Nürnberg durch verschiedene Ereignisse geschwächt. Der Burggraf und die Ministerialen des Königs versuchten immer wieder, sich aus dem Königsgut zu bedienen. Sie erhoben sich sogar 1246 gegen Kaiser Friedrich II. und öffneten dem Gegenkönig Heinrich Raspe die Tore der Stadt. Dieser Gegenkönig regierte von 1246 bis 1247. Ihm folgte Wilhelm von Holland 1247 bis 1256. Allerdings waren beide nicht in der Lage, sich über längere Zeit behaupten zu können. Es war die reichstreue Bürgerschaft, die Heinrich Raspe zum Abzug aus Nürnberg zwang.

Für diese Treue wurde Nürnberg mit einigen wichtigen Privilegien bedacht. Danach hatten Nürnbergs Bürger sich vereinigt und einen Rat gewählt. Die Stadt verfügte nunmehr auch über ein eigenes Siegel und einen Stadtschreiber. Da auch das Recht zur weiteren Befestigung erteilt worden war, wurde Nürnberg mit einem Wallgraben umschlossen.

Vom Reich und vom Burggrafen wurden in den folgenden Jahren wichtige Gerichts- und Steuerrechte erworben. Nachdem Friedrich VI. von Zollern als Friedrich I. 1414 Markgraf von Brandenburg geworden war, verkaufte er seine Burg der Stadt.

Damit war im Kampf um die Reichsunmittelbarkeit ein entscheidender Abschnitt zu Gunsten der Nürnberger zu Ende gegangen. Nunmehr konnten sie daran gehen, ihr eigenes Territorium aufzubauen, was denn auch aufgrund der Eroberungen im bayerischen Erbfolgekrieg gelang. Im Jahre 1506 verfügte die Reichsstadt über ein Gebiet von 1200 Quadratkilometern, auf dem sie alle Hoheitsrechte besaß.

Geschichtliche und kulturelle Entwicklung – von der Stadt zur Reichsstadt

Die Sebalduskirche, deren Grundsteinlegung 1230 stattfand, ist die älteste Kirche Nürnbergs. Die beiden Türme wurden allerdings erst 1480 auf 79 m aufgestockt.

In Nürnberg bewohnten die Zollern zwar – wie dargelegt – die Burggrafenburg, die unmittelbar neben der Kaiserburg gelegen war. Infolge der dauernden Kämpfe mit der Reichsstadt Nürnberg konnten sie sich dort aber nicht halten und residierten an verschiedenen anderen Orten ihres großen Herrschaftsgebietes. Einmal auf der Cadolzburg bei Fürth, dann in Baiersdorf, Ansbach, Bayreuth, Neustadt an der Aisch, Kulmbach und Erlangen.

In der Stadt Nürnberg, in der sich Friedrich I. Barbarossa bis zum Jahre 1167 nicht weniger als fünfmal aufhielt, hatte der Kaiser bereits 1156 die Gesandten des Kaisers von Byzanz empfangen. Trotz dieser Bevorzugung wuchs Nürnberg nur zögerlich in den Rang einer Königsstadt hinein. Allerdings war sie bereits 1062 Markt geworden. Friedrichs I. Huld hatte ihr 1163 das Recht verliehen, eigene Schultheißen zu wählen. Im Jahre 1200 erhielt sie das Stadtrecht, und Kaiser Friedrich II. verlieh ihr eine Reihe von Privilegien. Im Jahre 1256 traten erstmals Ratsherren, ›*consules*‹, und die Stadtgemeinde, die ›*universitas civium*‹, hervor.

Die unterhalb der Burg gelegene Peterskapelle wurde nach Aufnahme der Gebeine des heiligen Sebald, zu denen bereits 1170 die ersten Wallfahrten unternommen wurden, Sebalduskirche genannt. Sie wurde von 1240 bis 1273 zu einer dreischiffigen Pfeilerbasilika ausgebaut, die 1362–64 einen hochgotischen Hallenchor erhielt.

Auf dem Wirtschaftshof der Burg gründete Kaiser Konrad III. das Schottenkloster St. Egidien. Unter den Staufern nahm die ›Sebalder‹-

Stadt einen großen Aufschwung, der nicht zuletzt durch den 1219 ausgestellten Freiheitsbrief Kaiser Friedrichs II. bewirkt wurde. Auf dem jenseitigen Regnitzufer entstand bereits im 12. Jahrhundert eine neue Stadt neben dem Königshof bei St. Jakob, die einen ovalen Grundriß aufwies. Dieser wurde von regelmäßigen Straßenzügen durchzogen, die von Osten nach Westen verliefen.

Ihre Hauptkirche St. Lorenz war Tochterkirche von Fürth. Sie wurde nach 1350 vollendet.

Im Jahre 1245 erschienen beide Städte erstmals als ›*universitas civium*‹. Erst 1323 wurden beide Stadtkerne durch gemeinsame Mauern miteinander verbunden und geschützt.

Das Recht der Nürnberger Kaufleute war bereits im Jahre 1163 zum Vorbild für Amberger und Bamberger Kaufleute geworden. Seit 1200 wurde das Nürnberger Stadtrecht für zahlreiche Städte nicht nur in Franken für gültiges Recht erkannt und eingeführt. Seit 1256 ist der Stadtrat genannt.

In dem um Nürnberg herum gelegenen Reichsgut des Kaisers saß eine Anzahl von Reichsministerialen. Aus ihnen bildete sich größtenteils das Nürnberger Patriziat, das später die Alleinherrschaft in der Stadt übernahm.

Für Nürnberg war folgende Hierarchie kennzeichnend. Es gab einmal den Großen Rat – die Genannten – und den Kleinen oder Inneren Rat mit 42 Mitgliedern, unter denen 34 Patrizier zu sein hatten, um deren Vorherrschaft zu sichern.

Darüber hinaus bestand der engste Rat, die sogenannten ›sieben älteren Herren‹, unter ihnen die Losunger, als höchste Beamte der Stadt, die praktisch den Ton angaben, gewissermaßen die ›Losung für die Stadt‹ nannten, nach der gearbeitet wurde.

Obwohl Nürnberg nie Königssitz wurde, hielt sich beispielsweise Kaiser Ludwig der Bayer während seiner Regierungszeit von 1314 bis 1347, während der er in München residierte, nicht weniger als sechzigmal in Nürnberg auf. Auch sein Nachfolger Karl IV. besuchte die Stadt neunundvierzigmal. Er blieb einigemale für mehrere Wochen in der Nürnberger Kaiserburg. Aber auch er wollte sie nicht zur Hauptstadt machen. Allerdings befahl er 1356, daß jeder neugewählte deutsche Kaiser seinen ersten Reichstag in Nürnberg abhalten mußte. Damit belohnte er die Treue der Nürnberger zum Königtum.

Daß die Stadt, auch ohne Regierungssitz zu sein, zu einer der ersten und größten in Deutschland und schließlich die größte Reichsstadt wurde, zeigt auf, daß noch andere Faktoren hinzukamen. Hier in Nürnberg befand sich eine Vielzahl der dem Reich unmittelbar unterstellten Institutionen, eine Reihe von reichen Reichsklöstern und Reichsrittern. So wurde Nürnberg im Herzen von Franken zur heimlichen Residenz des Geldes und des Handels und bot sich zu Reichsversammlungen förmlich an.

Hinzuweisen ist auf das Reichslandfriedensgericht, das bereits seit der Mitte des 14. Jahrhunderts in Nürnberg saß. Seit 1424 verwaltete die Stadt die Reichskleinodien.

Die streng patrizische Ratsverfassung der Stadt war um 1400 voll entwickelt. Bis zum Jahre 1427 konnte Nürnberg durch den Kauf der Burg und von Rechten den Druck seiner Burggrafen teilweise beseitigen. Durch die Zukäufe von Hilpoltstein mit Wildenfels und Strahlenfels im Jahre 1503, von Gräfenburg 1520 und 1548 und durch Eroberungen während des Landshuter Erbfolgekrieges von 1504–06 gewann Nürnberg das größte Herrschaftsgebiet einer Reichsstadt überhaupt. Durch diesen Sieg wurden Hersbruck, Lauf, Altdorf, Reicheneck, Velden, Betzenstein und Stierberg hinzugewonnen. Das Gebiet dicht um die Stadt aber blieb nach wie vor umstritten.

In den Jahren 1524 bis 1525 wurde in Nürnberg die Reformation eingeführt. Die große Blütezeit Nürnbergs führte im Zusammenhang mit seinem von Handel und Handwerk getragenen wirtschaftlichen Aufschwung auch die kulturelle Blüte der Stadt herbei.

Die Patrizier der Stadt, größtenteils aus den Kreisen kaiserlicher Ministerialer hervorgegangen, waren voll ins Fernhandelsgeschäft eingestiegen. Wein, Tuche, Gewürze wurden in den Osten geschafft, um von dort aus vor allem Pelze und Leder, Wachs und Erze zurückzubringen und als Rohstoffe für die eigenen Handwerker zu nutzen. Das Textilgewerbe und die ersten metallverarbeitenden Betriebe erwarben einen guten Ruf. An der Spitze standen mit Abstand die hervorragenden Nürnberger Waffenschmieden. Hier schlug die Geburtsstunde des technischen Zeitalters von Franken. Hier fand die Erfindung des Buchdrucks durch den Mainzer Bürger Johannes Gutenberg ihre erste intensive Auswertung, indem Nürnberg sich zum ersten süddeutschen Zentrum der Buchdruckerkunst entwickelte.

Marin Behaim erklärt seinen ersten Erdglobus, nach einem Gemälde von Chr. Max Baer.

In Nürnberg machten sie Geschichte, die Behaim und Groß, die Stromer, Tucher oder Führer. Hier lagen ihre riesigen Handelsniederlassungen. Könige und Päpste und andere gekrönte Häupter waren Kunden ihrer ersten großen Banken.

Martin Behaim beispielsweise, der als Handelsbeflissener in jungen Jahren in die Niederlande ging, später am Lissaboner Hof zum Ritter ernannt wurde, ehe er 1491 nach Nürnberg zurückkehrte, war Begründer dieser Kaufmannsfamilie. Er veranlaßte in seiner Vaterstadt die Herstellung des ersten erhalten gebliebenen Globus.

Die Tucher wiederum waren eines der ältesten regimentsfähigen Adelsgeschlechter in Nürnberg, das auf den im Jahre 1260 geborenen Conrad Tucher zurückging. Sie wurden nach dem Erwerb von Simmelsdorf (Nürnberg-Land) in die fränkische Reichsritterschaft aufgenommen. Das große Geschäft mit dem angehenden Kaiser Karl V. aber wurde ihnen von den Welsern vor der Nase weggeschnappt (siehe Teil II). Die Familie Tucher konnte es sich leisten, als Porträteur für ihre Ahnengalerie einen Maler wie Albrecht Dürer zu beschäftigen, der auch das Bildnis der Elsbeth Tucher malte (das auf jedem 20-DM-Schein der Bundesrepublik Deutschland zu sehen ist). Damit dürfte umrissen sein, welchen Status diese ersten Kaufmannsfamilien in der Reichsstadt Nürnberg besaßen.

Nürnberg hatte um 1500 bereits 25 000 Einwohner. Im nächsten Jahrhundert verdoppelten sich diese, was zur Folge hatte, daß die Stadt weiter ausgebaut werden mußte, welche Aufgabe sich der Rat mit immer schöneren Bauwerken angelegen sein ließ.

Zwar war bereits unter Bürgermeister Ludwig Gross 1342 das neue Rathaus errichtet worden, aber 1520 erhielt es einen pompösen Erweiterungsbau. Märkte entstanden neu. Verkaufshallen wurden errichtet. Das 1492 errichtete Unschlitthaus, die 1495/1496 gebaute Kaiserstallung und die 1502 entstandene Mauthalle waren Beispiele auf dem Sektor der Wirtschaft.

Nürnberg gehörte nunmehr zum schwäbischen Reichsständekollegium des Reichstages und führte im fränkischen Reichskreis alle Ausschreibungen durch.

Die schon seit geraumer Zeit zu klein gewordene Sebalduskirche, in der sich das Sebaldusgrab des Künstlers Peter Vischer befand, wurde ausgebaut. Die hochvermögenden Bürger der Stadt zogen weitere Künstler heran, die in Nürnberg wirkten. Neben Albrecht Dürer waren dies Veit Stoß, Willibald Pirckheimer und Hans Sachs, der Nürnberger Schusterssohn, der während seiner Wander-

Berühmte Nürnberger. Von oben: P. Vischer, H. Sachs, W. Pirckheimer, V. Voß.

Aufführung eines Fastnachtsschwanks von Hans Sachs im Heilsbrunner Hof zu Nürnberg, nach einer Originalzeichnung von K. Weigand.

schaft an mehreren Singschulen Deutschlands weilte. 1517 wurde er in Nürnberg Meister. Er verfaßte als Dichter vier Prosadialoge und vor allem das Gedicht *Die wittenbergisch Nachtigall* und schuf über 400 Meisterlieder. Die Zahl seiner Dramen bezifferte er selber auf 208. Darüber hinaus schrieb er 85 Nürnberger Fastnachtsspiele.

Johann Wolfgang von Goethe würdigte den von der Fachwelt abschätzig bedachten Dichter in seinem 1776 erschienenen Werk *Sachsens poetische Sendung* gebührend. In den *Meistersingern* schuf ihm Richard Wagner ein dauerndes Denkmal.

Wohlhabende Bürgersöhne und Söhne der Stadträte studierten vorzugsweise auf italienischen Universitäten, bevor Nürnberg im Jahre 1587 eine Akademie in Altdorf gründete, die 1623 zur Universität ernannt wurde.

Mit Willibald Pirckheimer, dem bereits genannten Bruder der Äbtissin Charitas Pirckheimer des Nürnberger Klarissenklosters und berühmten Humanisten, lebte eine weitere bedeutende Persönlichkeit in Nürnberg. Pirckheimer studierte in Padua. Er wurde eben-

Der Schöne Brunnen in Nürnberg, eine fast 20 m hohe achteckige Steinpyramide, die in der zweiten Hälfte des 14. Jahrhunderts aufgerichtet wurde. In der Adventszeit ist sie Endpunkt des ›Christkindlesmarktes‹. Nach einem Gemälde von P. Ritter.

falls von Albrecht Dürer in Kreide gezeichnet. Von 1496 bis zum Jahre 1523 gehörte Pirckheimer dem Nürnberger Rat an. Er diente Nürnberg in einer Reihe diplomatischer Missionen und befehligte 1499 die Nürnberger Hilfstruppen für Kaiser Maximilian im ›Schweizerkrieg‹. Er war ein naher Freund Dürers, begrüßte die Reformation, wandte sich aber später vom Protestantismus ab. Neben seinen Dichtungen übersetzte er eine Reihe antiker Philosophen aus dem Griechischen. Hartmann Schedel war mit seiner *Weltchronik* des Jahres 1495 ein Mann, der neben seiner Tätigkeit als Autor als gesuchter Arzt praktizierte.

Der Chor der St. Lorenz-Kirche, in der Mitte der berühmte ›Englische Gruß‹ von Veit Stoß, links davon Adam Krafts Sakramentshaus, das 20 m an einem Chorpfeiler hochklettert.

Als Nürnberg bereits 1524 zum Protestantismus überging, hatte man dort die Besetzungsrechte für alle Pfarrstellen erhalten und weitere Maßnahmen ergriffen, die es der Stadt 1524 ermöglichten, die Klöster in ihrem Bereich aufzulösen und deren Vermögen einzuziehen. Allerdings kam es in Nürnberg nicht zum Bildersturm, der spätgotische Schmuck der Kirchen blieb erhalten.

Der Übertritt zur Lehre Luthers brachte die Stadt nach Jahrhunderten der Treue das erstemal in Gegensatz zum Kaiser. So wurden denn – wenn auch eine strenge Ahndung der Nürnberger ausblieb – ab 1542 keine Reichstage mehr in Nürnberg abgehalten. Das Königtum hatte nach etwa 400 Jahren die Stadt auf immer verlassen.

Die großen Neuentdeckungen in Übersee ließen den Nürnberger Handel schrumpfen. Der Dreißigjährige Krieg besorgte dann den Rest für die Stadt. Sie wurde durch Kontributionen und Einquartierungen stark geschwächt und hatte insgesamt 7,4 Millionen Gulden an Verpflichtungen aller Art zu erlegen.

Nürnberg erlebte in den Jahren 1792 und 1796 die Beschlagnahme eines Teiles seiner Gebiete zuerst durch Bayern, dann durch Preußen. Die Stadt blieb aber im Reichsdeputationshauptschluß von 1803 durch den § 27 desselben zunächst als Reichsstadt erhalten. Sie gehörte nach wie vor den Kantonen Gebirg, Steigerwald und Altmühl des Ritterkreises Franken an.

Erst die Rheinbundakte von 1806 ließ die Stadt

an Bayern fallen. Das Königreich Bayern nahm Nürnberg zwischen dem 6. und 15. September 1806 in Besitz. Dieser Besitz belief sich auf 1500 Quadratkilometern Landes mit einer Vielzahl reicher Ortschaften und den darin lebenden 80 000 Einwohnern.

Nürnberg heute

»Wenn einer Deutschland kennen und Deutschland lieben soll, dann muß man ihm Nürnberg nennen«, sagt ein altes Dichterwort. Dies gilt auch heute noch für diese Stadt, die ein wahres Kleinod ist. Wer Nürnberg besucht und durch die Straßen und Kirchen geht, der weiß um die Berechtigung der mittelalterlichen Kennzeichnung dieser Stadt als »des Reiches Schatzkästlein«.

Zwar ist die heutige Stadt als zweitgrößte in ganz Bayern zu einem Zentrum des Handels und der Industrie geworden, doch gleichzeitig blieb sie auch, was sie war, ein Juwel im Geschmeide deutscher Reichsstädte.

Wer die Nürnberger Weißgerbergasse betritt und zum Weinmarkt geht, der erreicht die ›Füll‹, jene Straße, die oberhalb der St. Sebalduskirche verläuft und seinerzeit das Quartier der hochwohlhabenden Handelsherren war. Hohe mächtige Häuser mit feinen Erkern sind hier die Regel. Die Weißgerbergasse hingegen zeigt viel deutlicher den Charakter einer mittelalterlichen Gemeinde, deren Häuser im Oberteil aus Fachwerk bestehen.

Das Dürerhaus und in Verfolg der Spur dieses Meisters das Germanische Nationalmuseum bieten eine Fülle des Schönen und Überraschenden. Die beiden großen gotischen Kirchen der Stadt, St. Lorenz und St. Sebald, haben bereits das Flair einer ausgewachsenen Kunstgalerie.

Der zwischen 1584 und 1594 entstandene Tugendbrunnen von B. Wurzelbauer.

Aber da wären noch die Nürnberger Brunnen. Zum einen der Schöne Brunnen auf dem Hauptmarkt, der 19 Meter emporragt, zum anderen ganz in der Nähe beim alten Rathaus der Gänsemännleinbrunnen von Pankraz Labenwolf laden zum Verweilen und Schauen ein. Der Tugendbrunnen des Erzgießers Benedikt Wurzelbauer wiederum ist von ganz anderer Gestalt, denn den bronzenen Damen entspringen die Wasserbrünnlein aus den Brüsten. Ein weiterer Brunnen ist Peter Henlein gewidmet, jenem Nürnberger Kunstschlosser, der das berühmte ›Nürnberger Ei‹ 1510 schuf, eine kleine Uhr in Dosenformat mit Stundenschlag und 40stündiger Laufzeit.

»O Jahrhundert! O Wissenschaften! Es ist eine Lust zu leben.«
Ulrich von Hutten an Willibad Pirckheimer am 25. Oktober 1518

Der Christkindlesmarkt im Dezember zeigt dann auch alles, was dieses Fest zu bieten hat, mit Nürnberger Bratwürsten und vor allem den berühmten Nürnberger Lebkuchen.

Daß auch ein Gang zur Burg hinauf zum Pflichtprogramm gehört, braucht nicht besonders betont zu werden. Auf dem ›Nor‹ gelegen, jenem Felsen, welcher der Stadt ihren Namen gab, sieht man im Westen den Palas der Kaiserburg.

Das Männleinlaufen im Westgiebel der Frauenkirche auf dem Hauptmarkt ist eine weitere Attraktion. Die Kunstuhr aus dem Jahre 1509 erinnert an Kaiser Karl IV., der 1356 mit der Goldenen Bulle unter vielem anderem zum Gesetz erklärte, daß jeder neugewählte Kaiser seinen ersten Reichstag in Nürnberg abhalten müsse. Die Männlein an der Frauenkirche stellen jene sieben Kurfürsten dar, die den Kaiser wählen durften und die hier an Kaiser Karl IV. vorbeigehen.

Eine Reihe Ausflugsziele bietet sich dem Urlauber außerhalb der Stadt an, so der Weg zur Hallerwiese, dem alten Sportplatz der Nürnberger. Hier findet auch das alljährliche Auftreten der Meistersinger vor dem Volk von Nürnberg und den Besuchern statt.

Daß 1835 zwischen den alten Kontrahenten Nürnberg und Fürth die erste Eisenbahnlinie in Deutschland verlegt und in Betrieb genommen wurde, sei in die Erinnerung zurückgerufen. Ebenso die verheerenden Bombenangriffe, mit denen die Alliierten die ›Stadt der Parteitage‹ vernichten wollten, aber nur der Zivilbevölkerung und ihren Behausungen sowie der historischen Altstadt unendlichen Schaden zufügten. Von der Vernichtung der alten Bausubstanz soll angesichts der etwa 1200 Toten dieser Terrorangriffe nicht gesprochen werden. Die 8. USAAF warf bei vier Großangriffen 7838 Tonnen Bomben, während die Royal Air Force bei sechs mit Bombenmengen gezählten Angriffen 7295 Tonnen Spreng- und 1391 Tonnen Brandbomben auf die Stadt warf. Der Nimbus der ›Stadt der Reichsparteitage‹ sollte zerstört werden.

Ansbach – markgräfliche Residenz in Franken

Dieser kleine Marktflecken Onoldisbach wurde erstmals im Jahre 786 genannt, als der dortige Grundherr Gumbert ein Benediktinerkloster stiftete. Durch Schenkung fiel dieses adelige Eigenkloster an Karl den Großen, der es noch vor 800 an das Bistum Würzburg weiterreichte.

Diese Abtei wurde aus unbekannten Gründen zu Beginn des 11. Jahrhunderts in ein Chorherrenstift umgewandelt. Die hier lebenden Kanoniker bauten sich um das Stift herum ihre Häuser. Sie machten die alte Marienkirche des Klosters, die dort stand, wo sich heute der Pfarrgarten befindet, zur Grabeskirche und errichteten eine neue Kirche, die 1165 eingeweiht wurde. Die Krypta der heutigen Gumbertuskirche ist ein Rest dieser alten Stiftskirche.

Die neben dem Kloster entstehende Siedlung wurde um 1040 ›*villa*‹ genannt, hatte sich aber bereits zum Dorf entwickelt, das zum Bistum Würzburg gehörte. Es erhielt im Jahre 1056 die Rechte als Zollstätte. Das Oberhaupt des Dorfes, der nun den Marktzoll einziehen mußte, war der ›*scultetus*‹, Schultheiß. Er wurde 1183 das erstemal urkundlich genannt.

Im Jahre 1197 wurden die Bewohner bereits ›*cives*‹, Bürger, genannt. Die Bezeichnung ›*civitas*‹, Stadt, erschien erstmals im Jahre 1221.

Was nun die Herrschaft dieses Fleckens, der späteren Stadt, anlangt, so wurde kurz nach der Umwandlung des Klosters zum Stift ein adeliges Geschlecht aus dem Tauberraum mit dem Obernamen ›Ebonen‹ (von Ebo stammend) zu dessen Besitzer und übte die Vogtei darüber und die umliegende Siedlung aus. Diese Familie ist urkundlich zwischen 1040 und 1094 genannt. Es ist wahrscheinlich, daß sie um 1100 ausgestorben ist. Ihre Erbschaft wurde allem Anschein nach von den Saliern und Staufern angetreten, denn im 12. Jahrhundert lag die Vogtei bei Friedrich von Hohenstaufen zu Rothenburg.

Aus dieser Zeit stammt jene Burg, deren Grundriß im Westen des heutigen Ansbachs außerhalb des Mauerringes noch als Rundanlage zu erkennen ist.

Spätestens seit 1140 setzten die Staufer in Ansbach erbliche Untervögte ein, die sich nach ihren Burgen von Dornberg und von Schalkhausen nannten. Weitere Vogtburgen waren die Bauten in den benachbarten Orten Neuses-Lichtenau und die Vestenberg.

Als die Dornberger 1288 im Mannesstamm ausstarben, erbten die

Grafen von Öttingen die Herrschaft über die Burg Dornberg. Hinzu kam die Vogtei über das Stift und die Stadt Onoldsbach-Ansbach.

Um dieses Gut und alle übrigen Erwerbungen zu sichern, nahmen sie die Dornberger Erbschaft vom Bischof zu Würzburg zu Lehen. Die seit 1192 als Burggrafen von Nürnberg amtierenden Zollern, die durch ihre reichen Erbschaften – so durch die der verstorbenen Grafen von Abenberg und von Andechs – zu Geld gekommen waren, kauften 1251 die reichen Güter um Abenberg-Cadolzburg, Neustadt-Windsheim und jene bei Creußen im Pegnitztal auf. Sie erwarben 1260 Stadt und Herrschaft Bayreuth, und 1273 wurde ihnen durch kaiserliches Dekret das Landgericht zu Nürnberg zugesprochen, womit sie ein entscheidend wichtiges Instrument zur Landesherrschaft in ihren Händen hielten. Durch ihre vorbildliche Finanzpolitik konnten sie das im Fichtelgebirge liegende Sechsämterland von Ansbach im Jahre 1331 erwerben. Kulmbach kam 1338 hinzu.

Es war Burggraf Friedrich IV. von Nürnberg, der 1331 dem Grafen von Öttingen dessen Burg Dornberg und die Stadt ›Onoltspach‹ für 13 000 Pfund Heller abkaufte und diesen Erwerb durch weitere Zukäufe für das burggräfliche Territorium abrundete. Nunmehr rückte Ansbach in die Mitte des Besitzes der Zollern, der vorher um die Cadolzburg mit dem Gebiet der Plassenburg gelegen hatte. Damit lag der alte Stammsitz Cadolzburg am östlichen Rand des zollernschen Territoriums.

Die unmittelbare Nähe des Zisterzienserklosters Heilsbronn lag unter einigen markanten Gesichtspunkten dazu sehr günstig. Seit dem ausgehenden 13. Jahrhundert befand sich in dessen Kirche die Grablege der Familie. Mit der Übernahme der Schirmvogtei machten die Zollern diese ›Zesterze‹ zu ihrem Hauskloster.

Friedrich V. von Zollern, der im Jahre 1363 zum Reichsfürsten ernannt wurde, erwarb anschließend Erlangen, Uffenheim, Crailsheim, Feuchtwangen, Gunzenhausen, Schwabach und das Gebiet um Hof herum.

Der Zollernstaat entsteht

So wurde Ansbach schließlich zum Mittelpunkt eines werdenden Zollernstaates und später zum Sitz der Markgrafen von Brandenburg. Die neuen Herren gingen nun an den Ausbau der Stadt, die seit 1385 Residenzort wurde. Sie errichteten 1397 ihr eigenes Schloß im Osten an der Rezatbrücke. Ansbach erhielt ein Marktprivileg.

Im Jahre 1398 wurde die gesamte Herrschaft der Zollern in das Land ›ob dem Gebirge‹ mit Kulmbach und seit 1604 auch mit Bayreuth, und das Land ›unter dem Gebirge‹ mit Ansbach geteilt.

Da in der ersten Zeit des Besitzes von Ansbach dort nicht alle eingeladenen Gäste Quartiere erhalten konnten, weil nicht genügend Beherbergungsstätten oder Häuser vorhanden waren, wurden die Zollerngäste, unter ihnen Könige und Fürsten mit ihrem oftmals großen Gefolge, im Wirtschaftshof des Heilsbronner Klosters untergebracht, der zu diesem Zweck standesgemäß eingerichtet wurde. Auch die gesamte Zollernfamilie hielt sich gern dort zu Festen und Jagdgesellschaften auf.

Im 14. Jahrhundert stellten die Zollern in Ansbach oft Urkunden aus. Dennoch unterhielten sie dort zu dieser Zeit noch keinen repräsentativen Hof. Sie wohnten bei Aufenthalten in Ansbach in der ehemaligen staufischen Vogteiburg, die im Westen außerhalb der Stadtbefestigung lag.

Die Mark Brandenburg kommt ins Spiel

Burggraf Friedrich VI. ließ im Jahre 1398 kurz nach seinem Regierungsantritt den Bau eines eigenen Schlosses in Ansbach beginnen. Dies wird aus einer Urkunde aus dem Jahre 1397 deutlich, in welcher der Burggraf mit dem Stift St. Gumbert ein Grundstück erwarb, das »vor der steynin brücken«, gegenüber der Rezat, lag und zum Standort des Schlosses bestimmt wurde.

Baubeginn war 1398, und im Jahre 1409 sprach Burggraf Friedrich VI. in einer Urkunde von »unser vesten zu Onolzbach«. Der Palas dieser Wasserburg, der in den Quellen »Sloß« (Schloß) genannt wird, hatte großzügige Abmessungen. Im Westflügel der heutigen Residenz ist das Erdgeschoß dieses »Sloß« erhalten geblieben.

Im Jahre 1411 wurde Burggraf Friedrich VI., der mit König Wenzel, Ruprecht von der Pfalz und Kaiser Sigismund verschwägert war, Hauptmann und Verweser der Mark Brandenburg. Er erhielt 1415 zu Konstanz die Würden eines Markgrafen und Erbkämmerers des Reiches. Damit war er Kurfürst und Markgraf von Brandenburg. Dennoch zog es ihn immer wieder in seine fränkische Heimat.

Als er 1440 starb, wurde seine Leiche zur Erbbegräbnisstätte Heilsbronn gebracht und dort aufgebahrt. Zum Leichenschmaus wurden – wie die Klosterbäckerei zu berichten weiß – 14 900 Lebkuchen gebakken. Während der Leichenprozession trugen viele Männer des Hochadels, wie ein zeitgenössischer Chronist zu melden weiß, die Banner von Brandenburg, des Burggrafentums Nürnberg der Zollern und die rote Blutfahne sowie Lanze, Schwert und Schild des Toten dem Sarg voraus. Dieser Brauch hielt sich bis in das Jahr 1625 hinein.

Friedrichs Gemahlin Elisabeth von Niederbayern-Landshut – genannt ›Schönelse‹ – erhielt die Ansbacher Wasserburg als Witwensitz zugesprochen. Der Sohn der ›Schönelse‹, Albrecht Achilles (1410–86), fügte die bis dahin außerhalb der Stadtbefestigungen gelegene Burg in die Stadtmauern ein, womit die gesamte Stadt unter die Kontrolle der Landesfürsten geriet.

Mit dieser weiteren Ummauerung wurde die Wasserburg praktisch das Bollwerk an der Ostkante der Stadt, an jener Stelle also, die von jeher von Nürnberg bedroht wurde.

Den Beinamen ›Achilles‹ erhielt der Markgraf von Enea Piccolomini, dem späteren Papst Pius II.

Unter der Herrschaft des neuen Markgrafen gelang es – nach Verzichtleistung seines Bruders, der im Fürstentum Kulmbach residierte –, die Hohenzollernlande zu vereinigen. Nachdem er bereits geraume Zeit seine Residenz nach Ansbach verlegt und die Cadolzburg verlassen hatte, verlegte er auch das kaiserliche Landgericht des Burggrafentums Nürnberg dorthin. Damit rückte Ansbach ins Zentrum eines glanzvollen höfischen Lebens hinein. Festlichkeiten und Turniere folgten dicht aufeinander, und bei diesen offiziellen Veranstaltungen überbot der Hohenzollernhof alle übrigen fürstlichen Residenzen in ganz Franken an Glanz und Prachtentfaltung.

Als Albrecht Achilles 1458 die Herzogin Anna von Sachsen ehelichte, zogen zwölf befreundete Reichsfürsten zur Hochzeit in Ansbach ein. Eine Reihe Grafen und viele Vertreter der verschiedensten fränkischen Reichsstädte folgten ebenfalls dieser Einladung zum größten Fest, das Ansbach bisher gesehen hatte. Sie alle wurden auf die besten Quartiere der Stadt verteilt. Ihre 2251 Pferde belegten sämtliche Ställe der Stadt. Das Fest war für alle Teilnehmer unvergeßlich.

Ansbach, Residenz und Nebenresidenz von Kurfürst Albrecht Achilles von Brandenburg-Kulmbach. Hier: innerer Schloßhof des alten, im 15. Jahrhundert erbauten Wasserschlosses.

Ähnlich aufwendig und großartig wurde auch das Ansbacher Ritterturnier des Jahres 1485 aufgezogen. Zu diesem Großspektakel kamen nach den erhaltenen Aufzeichnungen des markgräflichen Hofmeisters Ludwig von Eyb 600 Besucher mit ihren insgesamt 2600 Pferden in die Stadt.

Die ebenfalls im 15. Jahrhundert erbaute Pfarrkirche Sankt Johannis.

Markgraf Albrecht Achilles machte den berühmten Schwanenritterorden, der von seinem Bruder Friedrich II. für die märkische Ritterschaft gegründet worden war, auch in Süddeutschland, insbesondere in Franken, hoffähig. In diesem Orden wurden nach strengen Regeln die ritterlichen Ideale gepflegt und darüber hinaus auch standespolitische Ziele verfolgt. Höchstes Ziel dieser ritterlichen Vereinigung war es, den Landadel Frankens stärker an den Landesherrn zu binden, der im Falle Albrecht Achilles zugleich Ordensgroßmeister des Schwanenritterordens war. Die Jahrestage und Gottesdienste der Schwanenritter wurden in der Ansbacher St. Georgskapelle – der Ritterkapelle des St. Gumbert-Stiftes – abgehalten. Dieser christlich-katholische Orden fand mit der Reformation sein Ende.

In der »*Dispositio Achillea*« des Markgrafen Albrecht Achilles wurde 1473 die bereits genannte Trennung in »ob und unter dem Gebirge« festgeschrieben. Nach dieser starken Persönlichkeit führte dessen Nachfolger Markgraf Georg bereits 1528 in seinem Lande die Reformation ein. Der Markgraf soll nach den Schriften des Heilsbronner Abtes Sebald Bamberger »bacchantische und sarazenische Feste gefeiert« haben. Ob dies der Wahrheit entsprach oder nur eine Verleumdung war, die den abtrünnigen Kirchenfeind treffen sollte, ist unklar.

Richtig ist jedoch, daß Markgraf Georg ein Mitstreiter Luthers wurde und sich zugleich zu einem umsichtigen Staatsmann entwickelte. Daß er wegen seiner Lebenshaltung und religiöser Gesinnung den Beinamen ›der Fromme‹ erhielt, zeigt eher an, daß der Abt wohl ein Hühnchen mit ihm zu rupfen hatte.

Unter Markgraf Georgs Leitung wurde zwischen 1522 und 1528 die Ansbacher Residenz ausgebaut. Hans Behaim der Ältere, der

Nürnberger Stadtbaumeister, übernahm mit seinem Sohn Hans als Helfer die Bauleitung. Die beiden Behaims fügten an den alten Rechteckbau des Schloß-Nordwestflügels einen langen Trakt von elf Achsen an. Im Erdgeschoß dieses Anbaues befindet sich ein einschiffiger Saalbau mit durchlaufendem Netzgewölbe, der in der Tradition des Prager Wladislawsaales von Benedikt Ried errichtet wurde.

Im Jahre 1541 besuchte Kaiser Karl V. Ansbach und wurde von Markgraf Georg mit großem Pomp empfangen. Zu dieser Zeit war die markgräfliche Residenz immer noch eine Art mittelalterlicher Burg. Erst die Umwandlung des Wehrbaues in der Spätrenaissance führte zu einem neuzeitlichen Schloß.

Als Markgraf Georg im Jahre 1543 starb, war sein einziger Sohn Georg Friedrich erst vier Jahre alt. Die eingesetzte Vormundschaftsregierung regierte im Sinne seines Vaters weiter, und im Alter von 17 Jahren wurde Georg Friedrich Chef des Fürstentums Brandenburg-Ansbach. Im folgenden Jahr wurde er auch Herrscher des Fürstentums Kulmbach.

Nicht weniger als fast 50 Jahre lang war dieser humanistisch gebildete Fürst ständig als Neuorganisator seiner Lande tätig. Sei es in bezug auf die Staatsverwaltung oder das Kirchen- und Schulwesen, er gab die trefflichen Richtlinien vor.

Kunst und Wissenschaft sahen in ihm einen freigebigen Mäzen. Der berühmte Königsberger Baumeister Blasius Berwart der Ältere wurde von ihm nach Ansbach verpflichtet. Dieser war zu Umbauarbeiten am Schloß gerufen worden und konnte den spätgotischen Saalbau Behaims und den älteren Nordwestflügel des Schlosses um Zerchgiebel bereichern und mit Eckerkern versehen, welche die Gelenke der Fronten verbanden und so einen gänzlich neuen Eindruck vermittelte.

Georg Friedrich, der letzte Regent der altfränkischen Linie des Hauses Hohenzollern, starb im Jahre 1603. Der Leichnam des »vier Zentner« schweren Fürsten wurde seziert und für das Begräbnis vorbereitet, das sechs Wochen später stattfand. Dazu versammelten sich in der Residenzstadt Ansbach 17 Fürsten, 25 Grafen und 211 adelige Herren.

Der Trauerzug bewegte sich in feierlicher Prozession vom Schloß zur Stadtkirche. Alle waren in schwarze Mäntel gehüllt. Die Herren hatten ihre Gesichter hinter Visieren verborgen, die Damen hinter Trauerschleiern. Einen Tag blieb der Tote in der Stadtpfarrkirche St. Johannis aufgebahrt, wo er von zwölf Trabanten mit Fackeln bewacht wurde. Am nächsten Morgen wurde der Sarg von der Kirche abgeholt und unter Läuten aller Glocken vor das Schloßtor geleitet. Mit insgesamt 1500 Pferden und in endlosen Wagenkolonnen zog man von dort aus nach Heilsbronn, wo Markgraf Georg Friedrich im Erbbegräbnis beigesetzt wurde.

Da der Markgraf keine Nachkommen hatte, fiel das Markgrafentum im Zuge der Sekundogenituren an die brandenburgischen Kurfürsten. In Ansbach trat Joachim Ernst die Nachfolge an. Er stellte sich zu Beginn des Dreißigjährigen Krieges an die Spitze des protestantischen Unionsheeres, konnte aber nicht verhindern, daß sein Fürstentum stark verwüstet wurde.

Als im November 1631 ein durch das Land streifender Reitertrupp aus General Tillys Heer, welches von Ansbach nach Nürnberg zog, ins Kloster Heilsbronn eindrang und die »adelige Schlafkammer Frankens« verwüstete, die Kleinodien raubte und kaum einen Stein auf dem anderen ließen, war dies für Markgraf Albrecht V., der 1620 das Regiment übernommen hatte, Anlaß, die damit entweihte hohenzollernsche Grablege nach Ansbach zu verlegen.

Unter Markgraf Georg Friedrich, der von 1678 bis 1703 regierte, wurde der berühmte junge Baumeister Gabriel Gabrieli aus Graubünden, der derzeit in Wien wirkte, 1694 nach Ansbach berufen und im darauffolgenden Jahr zum Hofarchitekten ernannt. Als erstes erbaute er das Prinzenschlößchen für den Hofrat Weil.

Georg Friedrich war beim Tod seines Bruders 1692 erst 14 Jahre. Es gelang ihm dank der Fürsprache seines Obervormundes König Friedrich I., zwei Jahre später die kaiserliche ›*Venia aetatis*‹ zu erlangen. Da er auch Erfolge auf dem Schlachtfeld erringen wollte, zog er in den Spanischen Erbfolgekrieg und wurde in einem Gefecht bei Schmidmühlen an der Vils tödlich verwundet.

Mit dem Tod des erst 25jährigen Markgrafen war Ansbach-Bayreuth erneut ohne Führung. Doch diesmal trat sein Halbbruder unverzüglich die Nachfolge als Markgraf Wilhelm Friedrich an. Er behielt den berühmten Baumeister in seinen Diensten, und 1705 begann Gabrieli den großen Residenzbau, dessen Pläne er noch mit dem Vorgänger des jetzigen Markgrafen entwickelt hatte.

Vor die Front des Schlosses setzte er den Gabrielibau und führte den eigenwillig umstruktuierten Arkadenhof mit der palladinischen Fensterordnung aus. Bis zum Jahre 1717 war Gabriel Gabrieli ohne Unterbrechung in Ansbach tätig. Er baute die Galerien der Residenz, die Verlängerung der südöstlichen Außenfront des Schlosses und setzte weitere städtebauliche Akzente, indem er an der Nordseite des Ansbacher Marktplatzes das Brandenburger-Haus und ein weiteres Haus in der Kannenstraße errichtete.

Die Front der von Gabrieli entworfenen Ansbacher Residenz.

Als er sich während einer Auseinandersetzung mit Markgräfin Christiane Charlotte entzweite, verließ er Ansbach und zog nach Eichstätt, wo er weitere großartige Bauwerke schuf. In Ansbach blieb die noch unvollendete Residenz zurück.

Sein Nachfolger wurde der Obristbaudirektor Wilhelm von Zocha. Als dieser wenig später während einer Reise nach Lyon starb, übernahm sein Bruder Karl Friedrich diese Position.

Inzwischen war Markgraf Wilhelm Friedrich 1723 gestorben, und die Markgräfinmutter Christiane Charlotte von Württemberg übernahm die Regentschaft für ihren noch unmündigen Sohn. Auch sie versuchte, neben der Aufgabe, das Wohl des Landes zu mehren, die Residenz zu verschönen. Aus eigenen Mitteln finanzierte sie den Weiterbau der Residenz. Der Schwerpunkt der folgenden Jahre verlagerte sich aber von der Residenz auf den Hofgarten und den Bau der Orangerie.

Keiner der Zochabauten war weiter als über das Erdgeschoß hinaus gediehen, als Carl Wilhelm Friedrich 1729 die Regierung antrat. Ihm verdankt Ansbach eine Reihe weiterer prächtiger Barockbauten, vor allen Dingen aber die Erweiterung der Stadt im Süden, die ›Neue Auslage‹ um den Karlsplatz.

Während sein Vater die bürgerliche Wirtschaft gefördert und Ansbach im dargelegten Sinne als Residenz ausgebaut hatte, übernahm nach dem Tod des Markgrafen Carl Friedrich Wilhelm im Jahre 1757 dessen Sohn Alexander das Regiment. Ihm gelang es, die beiden fränkischen Fürstentümer noch einmal miteinander zu vereinigen. Er fand allerdings nicht das richtige Verhältnis zu seinen Landsleuten und Untertanen. Dies äußerte sich vor allem in der Tatsache, daß er, um die Staatsschulden decken zu können, bereit war, seine Untertanen an die Engländer zu verkaufen. Diese setzten sie im nordamerikanischen Krieg ein. Von ihnen kehrte keiner in die Heimat zurück.

In Ansbach arbeitete nunmehr David Steingruber auf dem gesamten Bausektor. 1769 fiel Bayreuth, das sich unter Markgräfin Wilhelmine zum Zentrum höfischer Kultur entwickelt und Ansbach weit überflügelt hatte, an Markgraf Alexander.

Alexander, der ebenfalls keinen Erben hatte, verkaufte 1791 sein Land an Preußen und zog sich mit seiner Maitresse, Lady Elisabeth Craven, nach England ins Privatleben zurück. Er starb 1806 in Schloß Benham/Speen. Mit ihm starb die Ansbacher Linie der fränkischen Hohenzollern aus.

Von 1791 bis zum Jahre 1806 blieb Ansbach bei Preußen. Die Führung hatte der preußische Minister Graf Hardenberg übernommen, der eine Reihe glücklicher Verwaltungsmaßnahmen durchführen ließ und der Stadt eine gewisse neue Blütezeit bescherte. Insbesondere förderte er die künstlerische Hinwendung zum Klassizismus.

Als 1805 die Franzosen unter ihrem Marschall Bernadotte auf dem Marsch nach Österreich die preußische Neutralität verletzten, wurde Ansbach in der Folge bayerisch. Im Jahre 1837 war die Stadt Sitz der Regierung für den Rezatkreis und Regierungshauptstadt in Mittelfranken.

In Ansbach wurde im Winter 1833 eine Bluttat begangen, die in allen Teilen bis heute mehr oder weniger rätselhaft geblieben ist. Hier starb im Dezember dieses Jahres Kaspar Hauser unter den Messerstichen eines unbekannten Mörders.

Dies war jedoch nicht der erste Anschlag auf ein ›Findelkind‹, das angeblich am 30. April 1812 geboren sein soll. 1828 hatte dieser junge Mann während einer gerichtlichen Vernehmung in Nürnberg seinen Namen mit Kaspar Hauser angegeben und erklärt, daß er zeit seines Lebens in einem dunklen Raum gelebt und nie das Tageslicht gesehen habe.

Der Rechtsgelehrte Anselm von Feuerbach nahm sich dieses Unglückseligen an und gab ihn dem Gymnasialprofessor G. F. Daumer in Pflege. Dort fand man ihn am 17. Oktober 1829 mit einer Schnittwunde auf, die ihm ein Unbekannter beigebracht hatte. 1831 wurde Kaspar Hauser von dem englischen Lord Stanhope adoptiert und von diesem noch im selben Jahr zu dem Volksschullehrer J. G. Meyer nach Ansbach in Pflege gegeben. Er erhielt bei der Stadt Ansbach eine Anstellung und wurde mit leichten Schreibarbeiten beschäftigt. Er verkehrte in den ersten Gesellschaftskreisen der Stadt, obwohl seine geistige Entwicklung nicht auf der normalen Höhe lag. Am 14. 12. 1833 kam er dann von einem Besuch mit einer tödlichen Stichwunde in der Brust nach Hause und starb drei Tage später.

Ob er nun ein von der Gräfin von Hochberg beiseitegeschaffter Erbprinz von Baden war oder nicht: Er war Quelle einer unübersehbaren Zahl an ›Tatsachenberichten‹, Romanen, Legenden sowie des Versuchs einer historischen Biographie.

Ansbach heute

Ansbach. Die Gumbertuskirche und die Hofkanzlei.

Wer heute in die alte Hohenzollernresidenz fährt, der wird neben dem Besuch der markgräflichen Residenz und einer Führung durch ihre 27 Prunkräume mit dem doppelgeschossigen Festsaal, dem Spiegelkabinett und dem Kachelsaal natürlich auch die bayerische Staatssammlung ›Ansbacher Fayence und Porzellan‹ sehen wollen.

Der folgende Gang durch die gesamte Stadt zeigt dem Schauenden eine Vielfalt an Sehenswertem auf geschichtlichem und kulturellem Gebiet. Da sind der Kronenhof, der Beringershof und die Kirche St. Gumbertus mit der berühmten Schwanenritterkapelle und den darin aufgestellten Totenschilden des Markgrafen Albrecht Achilles, überstrahlt von dem aus dem 15. Jahrhundert stammenden Kelterbild aus der Schule Dürers. Unter dieser Kapelle befindet sich die aus dem Jahre 1040 stammende romanische Krypta, ferner die 25 Sarkophage des 17. und 18. Jahrhunderts aufweisende Markgrafengruft.

Das Wohn- und Sterbehaus von Kaspar Hauser und unmittelbar daneben das 1532 errichtete Stadthaus, das frühere Landhaus und Sitz des kaiserlichen Landgerichtes, leiten direkt zu dem schräg gegenüber gelegenen Rathaus über, das mit einer Wappenreihe aus dem Jahre 1623 geschmückt ist. Diese verdeutlichen die einzelnen Phasen der Ansbacher Geschichte.

Der Beringershof in Ansbach.

Die Pfarrkirche St. Johannis aus dem 15. Jahrhundert mit dem Flötner-Altar, die kurz dahinter liegende berühmte Herberge zur Heimat, die als Asyl der wandernden Handwerksburschen galt und in unserer Zeit wegen ihrer ausgezeichneten Sanierung die Auszeichnung mit der ›Europa Nostra‹-Medaille erhielt, sind weitere Glanzpunkte einer Stadtbesichtigung, die gleichzeitig durch eine große Epoche der Geschichte führt.

Der dicke Turm am Gymnasium Carolineum ist noch Teil der ehemaligen Stadtbefestigung aus dem 16. Jahrhundert. Das Herrider Tor wiederum besteht in seinem Unterbau aus dem 15. Jahrhundert, während die gesamte Toranlage aus der Zeit um 1750 stammt. Das dort angebrachte Glockenspiel spielt um 11 und 17 Uhr das berühmte Reiterlied »Auf Ansbach-Dragoner, auf Ansbach-Bayreuth«.

Der Kaspar-Hauser-Gedenkstein rechterhand von der Orangerie, an der Stelle, wo am 14. Dezember 1833 das Attentat auf ihn verübt wurde, trägt die Inschrift: »Hic occultus occulto occisus est« (Hier wurde ein Geheimnisvoller in geheimnisvoller Weise getötet.).

Wolframs Eschenbach – der Dichter und seine Stadt

Nur einen Katzensprung von Ansbach entfernt liegt die winzige, von einer noch heute erhaltenen Stadtmauer umschlossene Stadt Wolframs Eschenbach. Bevor sie König Ludwig III. von Bayern im Mai 1917 in Wolframs Eschenbach umbenannte, hieß sie Ober- und Niedereschenbach.

Die Geschichte dieser Ansiedlung, die später Reichs- und Ordensstadt wurde, ist geprägt durch den 1190 offiziell in Akkon entstandenen Deutschen Orden. Als dieser das erstemal im Jahre 1220 in Wolframs Eschenbach Fuß faßte, war die Ortschaft noch unbekannt, wenngleich hier einer der größten Dichter seiner Zeit um das Jahr 1170 geboren wurde, der sich Wolfram von Eschenbach nannte.

Der Deutsche Orden, der beinahe 600 Jahre lang die Geschicke dieses Platzes lenkte und hier einige der schönsten Gebäude errichten ließ, die heute noch zu den Prunkstücken von Wolframs Eschenbach gehören, ist noch in seinen Gebäuden gegenwärtig.

Die erste Nachricht über den sicherlich noch älteren Ort stammt aus der zweiten Hälfte des 11. Jahrhunderts, als Bischof Gundekar von Eichstätt (der von 1057 bis 1075 im Amt war) in Eschenbach eine Kirche weihte.

Zu Ende des 12. Jahrhunderts tauchte in alten Urkunden in Eschenbach die Grafenfamilie derer von Wertheim-Rieneck auf. Graf Beppo von Wertheim übergab zwischen 1210 und 1220 die Pfarrei Eschenbach dem Deutschen Orden.

Als Ministerialen der Grafen von Wertheim hatte das Geschlecht der Eschenbacher seinen Sitz auf dem Burgstall Eschenbach südöstlich der Stadt. Im Jahre 1328 besaß es in der Stadt zwei Höfe, die nahe der Kirche lagen.

Die Güter der Wertheimer gelangten 1316 an den Orden. Die hier ebenfalls ansässigen Grafen von Öttingen tauschten daraufhin ihren Besitz in Eschenbach gegen entsprechende Liegenschaften in Bopfingen, die der Deutsche Orden ihnen dafür überschrieb.

Die Besitznachfolge des Deutschen Ordens zeigt an, daß es sich um ehemaliges Königsgut gehandelt haben mußte. Darauf deutet auch die Tatsache hin, daß Kaiser Ludwig der Bayer die Ortschaft 1332 zur Stadt erhob.

Es gelang dem Orden, weitere Besitzungen zu erwerben, so daß er um die Mitte des 13. Jahrhunderts alleiniger Besitzer der Stadt war. Zu Anfang des 14. Jahrhunderts war die Komturei Eschenbach des Deutschen Ordens mit jener von Nürnberg vereinigt worden. Später unterstand sie unmittelbar der Ballei Ellingen.

Eschenbach wies im 13. Jahrhundert erste urbane Siedlungszüge auf. Unter dem Deutschen Orden erlebte die Stadt einen raschen Aufschwung. Das Wappen von Wertheim am östlichen unteren Tor und das Steinmaterial des westlichen Tores zeigen an, daß bereits zu dieser Zeit eine erste, vielleicht nur teilweise Ummauerung bestanden hat.

Wolframs Echenbach, das Rathaus. Die Aufnahme entstand um 1900.

1322 begabte Kaiser Ludwig der Bayer Eschenbach mit dem ausdrücklichen besseren Rechtsstand einer Stadt. Damit war für den Deutschen Orden das Recht verbunden, Mauern und Gräben auszuführen und die Marktrechte sowie die Hochgerichtsbarkeit auszuüben.

Kaiser Karl IV. bestätigte und erneuerte diese Rechte in den Jahren 1347, 1355 und 1378 ausdrücklich.

Der aus dem 15. Jahrhundert stammende trapezförmige Bering ist mitsamt seinen beiden Toren noch erhalten.

Unmittelbar vor dem Siedlungskern bildete sich der Markt aus, hier standen die Pfarrkirche, das Deutschordensschloß und die Ordensvogtei. Die katholische Pfarrkirche am Marktplatz, der Jungfrau Maria geweiht, stammt aus dem 13. Jahrhundert und gehört zu den ältesten Hallenkirchen Deutschlands. Sie ist für Franken die älteste überhaupt.

Das alte Rathaus aus dem Jahre 1471 hatte ausgedient, als im Jahre 1859 das ehemalige Deutschordensschloß diese Funktion übernahm.

Eschenbach war unter dem Deutschen Orden zu einem geistigen und religiösen Zentrum in Mittelfranken geworden. Im Jahre 1500 betrug die Bevölkerungszahl etwa 1000 Einwohner, in der nur wenige hundert Meter im Trapez großen Stadt. Sie blühte und gedieh.

Wolframs Eschenbach, oben die ›Alte Vogtei‹, unten das Liebfrauenmünster mit dem buntglasierten Kirchturm.

Erst im Dreißigjährigen Krieg wurde sie schwer gebeutelt, ohne jedoch ihre Identität zu verlieren.

Preußen übernahm 1792 ebenso wie Ansbach auch Eschenbach. Damit war auch die Herrschaft des Deutschen Ordens zu Ende gegangen, der beinahe sechs Jahrhunderte die Geschicke dieser kleinen Gemeinde lenkte.

Der Anschluß an Bayern erfolgte 1806, und ihm folgte das endgültige Aus für den Deutschen Orden im Jahre 1809, als Kaiser Napoleon ihn mit einem Federstrich aufhob.

Wolframs Eschenbach, wozu heute eine Reihe kleiner idyllisch gelegener Ortschaften gehören, kann wieder auf 2600 Einwohner verweisen. Wer Ansbach besucht, der sollte auf einen Tagesausflug nach Wolframs Eschenbach, mit dem Besuch des dortigen Museums, nicht verzichten. Nicht nur aufgrund einer Reihe ganz hervorragend erhaltener Gebäude aus der Blütezeit der Ortschaft, sondern auch, weil er einen phantastischen Umgang um die Ortschaft vorbei an Mauern und Türmen machen sollte. Die ›große Straße‹, die sich in der Mitte der Stadt von einem Tor zum anderen hinzieht, hat eine Anzahl gut erhaltener Bauten aus dem Mittelalter aufzuweisen. Der Kunsthistoriker Georg Dehio, der nach dem Ersten Weltkrieg aus Königsberg nach Tübingen übersiedelte und sich der Erforschung und Beschreibung der deutschen Kunst widmete, fand seinerzeit Worte des Staunens und der Anerkennung für diese winzige Stadt: »Man glaubt sich ins Mittelalter versetzt.«

Dieser Eindruck empfängt den Besucher auch heute noch. Da ist das Liebfrauenmünster mit seinem buntglasierten Kirchturm im Zentrum der Stadt. In der Kirche selbst ist der Rosenkranzaltar von besonderem Interesse. Um dieses Münster herum gruppieren sich Fachwerkbauten von imposanter Struktur und Aussehen. Daneben aber glänzen ebenso prächtige Renaissancebauten, so beispielsweise die alte Vogtei aus dem 14. Jahrhundert, das Pfründehaus aus dem Jahr 1410, das Hohe Haus, das 1439 entstand, das alte Rathaus von 1684 und vor allem das Deutschordensschloß, das erst 1523 errichtet wurde, während die Fürstenherberge bereits im Jahre 1608 fertiggestellt war. Bei ihr imponiert der künstlerisch hochstehende Sgraffitoputz. Es ist dies eine besondere Art der Wandmalerei, bei der die Wandflächen mit gefärbtem Putz versehen werden, während man darüber eine weitere Putzschicht zieht, aus der dann – so lange dieser noch feucht ist – die vorgesehenen Bilder bis auf den darunter liegenden Putz herausgekratzt werden.

Ein jedes dieser Gebäude spiegelt noch heute die Geschichte dieser kleinen Stadt und ihres großen Sohnes. Die ständig wechselnden Ausstellungen im Zehentstadel – der Zehntscheuer des Deutschen Ordens – finden großes Interesse. Ganz besonders aber sind die ›Wolframs Eschenbacher Sonntage‹ mit vielen musikalischen Beiträgen, Führungen durch die Stadt und vor allem durch das Wolfram von Eschenbach-Museum zu empfehlen. Die Schloßhofserenaden und die Aktionen der mittelalterlichen Stadtpfeyferey mit ihren Tanzgruppen gehen auf alte Bräuche zurück.

Zu allen diesen Festen bieten die mittelalterlichen Gassen und Plätze eine stilechte Kulisse. Während der im August stattfindenden Kirchweih haben Jung und Alt, Fremde und Einheimische, ihre Freude an dem bunten Treiben. Abschließend zum Jahresgeschehen sei noch der vorweihnachtliche Sternlesmarkt im Schloßhof mit dem Festreigen genannt.

Bliebe noch die Persönlichkeit zu umreißen, welcher die Stadt ihren besonderen Namen verdankt. Wolfram von Eschenbach wurde in Eschenbach geboren und ist bereits sehr früh als Sänger und Liedermacher unterwegs gewesen. Seine Familie soll nicht gerade arm gewesen sein, wenn auch für seine Biographie nur Anhaltspunkte gegeben sind. Wolfram war Laie, er wurde später zum Ritter ernannt. Man nimmt sogar an, daß seine Eltern und auch er selber zu jenen kaiserlichen Ministerialen gehörten, denen ein Teil Eschenbachs und der umgebenden Äcker zur Verwaltung übergeben worden war. Dennoch war er zeit seines Lebens auf die Unterstützung seiner Mäzene und Gönner angewiesen. In allen seinen Bekundungen zeigt sich eine intensive Vertrautheit mit der Geographie Frankens, die andeutet, daß er viel gereist sein muß.

Einmal nennt er den Grafen von Wertheim seinen Herrn. Er schrieb das fünfte Buch des *Parzival* auf Burg Wildenberg bei Amorbach, dem Sitz des Freiherrn von Durne. Landgraf Hermann I. von Thüringen veranlaßte ihn schließlich dazu, den *Willehalm* in Angriff zu nehmen. Auf der Wartburg traf er mit Walther von der Vogelweide zusammen.

Seine Dichtungen, in der Mehrzahl epische Werke, stellten ihn in eine Reihe mit Gottfried von Straßburg, Hartmann von der Aue und Walther von der Vogelweide.

Sein Hauptwerk, der *Parzival*, ist zugleich die einzige seiner vollständig erhaltenen epischen Dichtungen. Er entstand zwischen 1200 und 1210. Der *Willehalm* entstand bedeutend später. Unter allen mittelhochdeutschen Dichtern gilt Wolfram von Eschenbach als der selbständigste, dessen Ursprünglichkeit des Denkens und der schöpferischen Originalität ihn besonders hervorheben. Seine Sprache war ein mit bayerischen Zügen angereichertes Fränkisch. Daß die Meistersinger ihn zu einem der zwölf Gründer ihrer Kunst zählten, machte ihn zu einer Ausnahmeerscheinung.

Im 19. Jahrhundert war es Richard Wagner, der der Kunst dieses mit viel Phantasie und realistischer Beobachtungsgabe ausgezeichneten Dichters mit dem *Parsifal* ein besonderes Denkmal setzte.

Bayreuth – von der Markgräflichen Residenz zur Meistersingerstadt

Die erste urkundliche Erwähnung verdankt Bayreuth Bischof Otto III. von Bamberg, der 1194 eine Schenkung zu ›Beierrute‹ vollzog, die dem Bamberger Eigenkloster Pfüfening bei Regensburg zugedacht war. Die Siedlung war bereits in der Mitte des 12. Jahrhunderts von den Grafen von Andechs-Diessen gegründet worden, aus deren Linie auch Bischof Otto III. entstammte.

Die Grafen, später Herzöge von Andechs, hatten hier nach dem Aussterben der Markgrafen von Schweinfurt am Obermain die Herrschaft angetreten. Diese ›Rodung der Bayern‹ war von lehnspflichtigen Bauern der Andechser Grafen betrieben worden. Sie wurde im Jahre 1199 noch als *»villa«*, Gutshof, und Zentrum einer Gutsherrschaft in der *»Vita Sanctae Cunigundis«* genannt.

Im Jahre 1231 wurde von dieser Siedlung in einer Urkunde des Bamberger Domprobstes Poppo von Andechs bereits als Gebiet der Stadt Bayreuth gesprochen. Auf die Neugründung weist auch der Ortsname Altenstadt hin. Dies bedeutet, daß Bayreuth in diesem Jahr Stadtrecht erhalten haben muß.

Als mit dem Tod Herzog Ottos II. von Andechs-Meran im Jahre 1248 die Dynastie im Mannesstamm ausstarb, wurde das Allodialerbe, über welches die Familie frei verfügen konnte, nach einer längeren Erbauseinandersetzung mit dem Hochstift Bamberg, das sich diesen Besitz anzueignen versuchte, den drei Schwestern des Herzogs zugesprochen. Diese teilten es unter sich auf. Und zwar erhielt Burggräfin Elisabeth, Gemahlin des zollernschen Burggrafen Friedrich III. von Nürnberg, Bayreuth zugesprochen. Damit kam diese Stadt bereits sehr früh unter die Herrschaft der Zollern. 1265 konnte der Burggraf bereits das *»oppidi nostri Baierrut«* beurkunden, was beweist, daß Bayreuth bereits befestigte Stadt war, die von einer Hagumwallung mit Palisaden umgeben war.

Das ›Feste Haus‹ in Bayreuth war zu dieser Zeit noch nicht fürstliche Residenz, sondern diente lediglich als ›Amtsburg‹.

Neben der Amtsburg lag ein großer Fronhof, in welchem ein 1296 erstmals urkundlich erwähnter *»granator«*, Kastner, die den Herrschaften zustehenden Gaben der Bauern entgegennahm, sie aufbewahrte, verwertete und seiner Herrschaft darüber Rechenschaft ablegte.

Zu dieser Zeit verfügte Bayreuth schon über eine Kirche, denn ihr Pfarrer war 1255 das erstemal erwähnt worden. Die wirtschaftliche Bedeutung der Stadt wuchs sehr rasch, wie die Einrichtung einer Münzstätte Kaiser Karls IV. zeigt.

Bei der Teilung des Hauses Zollern und der Übernahme des neuen Namens Hohenzollern 1398 gehörte der Raum Bayreuth zur Rittervereinigung »ob dem Gebirge«. Der Vorort war Kulmbach mit der dortigen Plassenburg.

Beim Hussiteneinfall im Februar 1430 ergriffen die Männer von Bayreuth die Flucht, während die Frauen offenbar in den Verteidigungsstellungen aushielten. Die Hussiten eroberten die Stadt und ließen sie nach einer gründlichen Plünderung in Flammen aufgehen. Hierbei wurden auch die wertvollen geschichtlichen Urkunden der Stadt vernichtet.

Nach der Erhebung der Hohenzollern in den Reichsfürstenstand 1363 durch Kaiser Karl IV. hatten sie nicht nur die Herrschaft über Bayreuth, sondern waren auch Landesherren geworden.

1415 wurden sie durch König Sigismund mit der Kurwürde und der Mark Brandenburg belehnt. Von diesem Zeitpunkt an teilten sie ihre fränkischen Besitzungen durch Hausgesetze in das obergebirgische Markgrafentum Kulmbach, zu dem auch Bayreuth gehörte, und das untergebirgische Markgrafentum Ansbach.

Es waren die beiden Herrscher Kurfürst Friedrich I. (1371–1440) und sein Sohn, Markgraf Johann ›Alchimist‹ (1406–1464), denen – wie der Teilungsvertrag von 1437 dies vorsah – das Markgrafentum ob dem Gebirge (das obergebirgische) zugefallen war. Sie brachten den Aufbau Bayreuths nach den Verheerungen des Hussitenkrieges in Gang, indem sie der Stadt für den Zeitraum von 14 Jahren alle Abgaben und Steuern erließen. Dieses hatte Signalwirkung, denn die Stadtkirche, ein ursprünglich romanisches Bauwerk, wurde ab 1439 im gotischen Stil neu errichtet. Mitten auf dem Marktplatz wurde ein Rathaus gebaut (das heute nicht mehr erhalten ist). Im Erdgeschoß desselben waren wie in vielen anderen alten Städten und Reichsstädten 18 ›Kramläden und 14 Fleischbänke‹ untergebracht.

Zu dieser Zeit, um 1446 herum, entstand auch die erste Stadtmauer, wurde das alte Schloß erneuert, obgleich die Hofhaltung auch weiterhin auf der Plassenburg residierte.

Von 1486 bis 1495 war Bayreuth selbständig, um dann wieder bis zum Jahre 1515 zu Ansbach zu kommen, um erneut selbständig zu werden und 1557 abermals an Ansbach zu fallen.

Im Jahre 1521 wurde in Bayreuth die Reformation eingeführt. Dem ein Jahr darauf hier an die Regierung kommenden Markgrafen Albrecht ›Alcibiades‹ (1522–1557) fiel 1541 durch einen Losentscheid die Herrschaft über das Gebiet ob dem Gebirge zu. Er richtete nunmehr in Bayreuth eine selbständige Hauptmannschaft ein. Diesem Stadthauptmann standen Räte aus der ansässigen Ritterschaft zur Seite, die zu allen normalen Hofgerichtstagen erschienen, aber auch nach besonderen Ladungen zur Verfügung standen. Während ihrer Anwesenheit in der Stadt wurden sie von dieser frei verpflegt und beherbergt. Der Landschreiber war der nächsthöchste Beamte, er unterstand unmittelbar dem Stadthauptmann. Die immer noch in Kulmbach befindliche Kanzlei wurde im Jahre 1542 nach Bayreuth verlegt.

Markgraf Albrecht ›Alcibiades‹ entfesselte im Jahre 1552 den Zweiten Markgräflerkrieg, um territoriale Gewinne zu erzielen.

Während des im Jahre 1552 beginnenden zweiten Markgräflerkrieges, in dem Markgraf Albrecht Alcibiades zunächst im Bündnis mit Moritz von Sachsen, schließlich aber allein den Kampf gegen den Kaiser fortsetzte, um im Reich territoriale Gewinne zu machen, versuchte er Nürnberg zu erobern. Vom Hochstift Würzburg erhielt er vertraglich Gebietsabtretungen zugesichert, wenn er deren Territorien von Krieg verschone. Bamberg und Nürnberg folgten nach, »um des lieben Friedens willen«.

Diese Verträge des Markgrafen mit seinen Widersachern wurden von Kaiser Karl V. nicht anerkannt. Dann aber kassierte der Kaiser diesen Beschluß zum Dank für den Übertritt von Albrecht Alcibiades während der Belagerung von Metz aus französischen in kaiserliche Dienste.

Trotz der Proteste der drei Reichsstädte Würzburg, Bamberg und Nürnberg begann Markgraf Albrecht Alcibiades mit der Besetzung dieser ihm nun auch vom Kaiser zugesprochenen Gebiete. Dies war Anlaß zum zweiten Markgräflerkrieg. Alle angegriffenen Reichsstände schlossen sich mit König Ferdinand, Moritz von Sachsen und Heinrich dem Jüngeren von Braunschweig zusammen. Gemeinsam schlugen sie die Truppen des Markgrafen aus Franken zurück. Diese fielen ins Fürstentum Braunschweig ein, wurden schließlich, nachdem sie einen Teil dieses Fürstentums verwüstet hatten, am 9. Juli 1553 bei Sievershausen und im September bei Steterburg geschlagen.

Am 1. Dezember 1553 wurde über Albrecht Alcibiades wegen Landfriedensbruchs die Reichsacht verhängt. Seine Länder wurden vom Gegner besetzt und fielen an Markgraf Georg Friedrich von

Brandenburg. Alcibiades trat erneut in französische Dienste und starb, ohne seine Heimat wiedergesehen zu haben.

Im Zuge der Kämpfe gegen Bayreuth und das Land wurde auch die Plassenburg 1553 zerstört und fiel in Schutt und Asche.

Markgraf Georg Friedrich von Ansbach trat dann 1557 auch das Erbe seines Vetters Albrecht Alcibiades an, blieb aber weiterhin in Ansbach. Er übertrug 1565 dem Baumeister Caspar Vischer, der auch die Plassenburg schuf, den Ausbau des alten Schlosses in Bayreuth.

Unter Georg Friedrich wurde in seinen Ländern, also auch in Bayreuth, die Kirchenreform beendet. Nach seinem Tod im Jahre 1603 wurde gemäß dem Geraer Hausvertrag sein brandenburgischer Vetter Christian (1581–1655) Herr des 60 Quadratmeilen umfassenden Markgrafentums ›ob dem Gebirge‹. Er verlegte 1604 seine Residenz aus der erneuerten Plassenburg nach Bayreuth. Seit dieser Zeit trug er den Titel ›Markgraf von Brandenburg-Bayreuth‹.

Zuvor hatte auch in seinem Land in den Jahren 1602 und 1603 die Pest gewütet und von den 4000 Bewohnern Bayreuths 1400 hinweggerafft. Im Jahre 1605 mußte sich der Markgraf mit seinem ganzen Gefolge wieder in die Plassenburg zurückziehen, nachdem ein Brand fast die gesamte Stadt vernichtet hatte. Die Stadtkirche wurde hierbei ebenfalls ein Raub der Flammen. Unter Baumeister Michael Mebart wurde sie wiedererrichtet. Dieser legte auf Wunsch des Markgrafen im Kircheninnern eine fürstliche Gruft an, womit die Stadtkirche zur Hofkirche wurde.

Kaum von diesen beiden Katastrophen erholt, loderte im Juni 1621 erneut eine wüste Feuersbrunst empor, von der zwei Drittel der Stadt vernichtet wurden. Schloß und Stadtkirche blieben diesmal verschont. Dennoch zog die Regierung mit dem gesamten Hofstaat wieder in die Plassenburg. Während der Markgraf mit seinem gesamten Gefolge erneut in die Stadt zurückkehrte und 1630 das 100jährige Jubiläum der ›Confessio Augustana‹ feierte, mußte er 1631 seine Residenz zum drittenmal auf die Plassenburg verlegen, um sich und die Seinen sowie den gesamten Hof vor dem Wüten des Dreißigjährigen Krieges in Sicherheit zu bringen.

Von kaiserlichen Truppen zwischen 1632 und 1634 mehrfach geplündert und auch gebrandschatzt, erlitten Stadt und Volk schwere Verluste, deren schrecklicher Gipfelpunkt die von den Truppen eingeschleppte Pest war. An ihr starben allein in Bayreuth 1927 Einwohner. Es sollten am Ende dieses verheerenden Jahres 1635 nur noch 141 Menschen in Bayreuth gelebt haben.

Als Hofhaltung und Regierung mit Markgraf Christian Ende des Jahres 1642 und zu Beginn des folgenden Jahres wieder in die Stadt einzogen, galt es, Wiederaufbauarbeit von Grund auf zu leisten. Mitten in diesem Werk starb Markgraf Christian nach 52jähriger Regierungszeit im Jahre 1655.

Der Nachfolger in der Regierung der Markgrafenschaft wurde sein noch minderjähriger Enkel Christian Ernst. Bis zu seiner Volljährigkeit 1661 stand er unter der Vormundschaft des Großen Kurfürsten von Brandenburg und des Markgrafen Albrecht von Brandenburg-Ansbach.

In den folgenden Jahren bis zu seinem 20. Geburtstag gelang es ihm, sich in die Belange der Führung des Markgrafentums einzuleben. Er ließ am 27. 7. 1664, am Tage seines 20. Geburtstages, in Bayreuth das ›Gymnasium Illustre‹ eröffnen, um damit seinem persönlichen Lehrer, Caspar von Lilien, ein Denkmal zu setzen.

Neben weiteren Arbeiten wurde zu der Zeit, da er sich auf langen Kriegszügen befand, das alte Schloß ausgebaut. An die Stelle der früheren Stallungen wurde eine neue Schloßkirche errichtet, und im Jahre 1703 ließ Christian Ernst für seine dritte Gemahlin Elisabeth Sophie zusätzlich eine protestantische Schloßkapelle errichten. Ab 1704 hielt sich der Markgraf hauptsächlich in seiner neuen Residenz in Erlangen auf. Hier starb er 1712.

An seine Stelle trat sein Sohn, Markgraf Georg Wilhelm. Dieser residierte wieder in Bayreuth. Er vergrößerte den Hofstaat und berief eine große Zahl Künstler in die Stadt. Schauspieler und Musiker belebten von nun an die Szene Bayreuths. Opern und Komödien und eine Reihe prunkvoller Feste wurden gefeiert. Die Stadt wurde mehr und mehr zur Metropole der Kunst in Franken.

Markgräfin Wilhelmine von Bayreuth im Jahre 1745, Porträt von Jean Etienne Liotard, Pastellkreide auf Pergament.

Mit Georg Wilhelms Tod war die ältere Bayreuther Linie ausgestorben. Markgraf Georg Friedrich Karl von der jüngeren Weverlinger Linie konnte erst die Nachfolge antreten, nachdem er dem König von Preußen eine Abstandssumme von 50 000 Talern gezahlt hatte, um den zu preußischen Gunsten geschlossenen Erbverzichtsvertrag zu annullieren.

Mit ihm wurde der kulturelle Frühling in Bayreuth beendet. Doch diese Zeit der Enthaltsamkeit währte nicht lange, denn bereits sein Sohn Markgraf Friedrich und seine Schwiegertochter Markgräfin Wilhelmine,

Tochter des Soldatenkönigs Friedrich Wilhelm I. von Preußen und Schwester Friedrich des Großen, die Markgraf Friedrich geheiratet hatte, waren sehr kunstbeflissen. Sie kehrten zu den Bemühungen Markgraf Georg Wilhelms zurück.

Markgräfin Wilhelmine empfand die am Hof ihres Schwiegervaters verkehrenden Adeligen, die ebenso pietistisch wie trinkfreudig waren, als »ungepflegte, verlauste Vogelscheuchen mit groben Manieren«. Der Hof glich nach ihrer Meinung »eher einem Bauernhof. Die Verköstigung bestand aus ganz verteufelten Ragouts und saurem Wein«.

Die unter Markgräfin Wilhelmine von Bayreuth erbaute Eremitage

Als Georg Friedrich Karl im Mai 1735 starb, brach in Bayreuth die neue Blütezeit der Kultur an. Das Hofpersonal wurde von 150 auf 600 Personen aufgestockt, und der Bauetat, der unter der Ägide seines Vaters gleich null war, auf 60 000 Gulden im Jahr erhöht. Um auch die private Bautätigkeit und andere Investitionen zu erhöhen, wurden die Bürger, die sich auf diesem Gebiet engagierten, mit Steuerbefreiungen, preiswertem Baugrund und erschwinglichen Baumaterialien belohnt.

Die Eremitage entstand, das markgräfliche Opernhaus und das Neue Schloß am Hofgarten wurden gebaut und sind heute noch Gegenstände größter Bewunderung aller Besucher Bayreuths.

Daß Markgräfin Wilhelmine der treibende Geist war, wird aus ihren Neigungen erkenntlich. Sie komponierte, malte und dichtete und übernahm – eine Einmaligkeit – auch die Rolle des Intendanten an ihrem Theater.

Unter ihrer Leitung wurde 1736 die Eremitage, die ein Geschenk ihres Mannes an sie war, ausgebaut. Das markgräfliche Opernhaus wurde von Joseph Saint-Pierre errichtet, der zuvor auch die Pläne für das Neue Schloß erarbeitet hatte.

Eine Stukkatur von Johann Baptist Pedrozzi , der als Hofstukkateur unter Markgraf Friedrich und Wilhelmine von Bayreuth wirkte.

Daß Markgraf Friedrich ebenso tatkräftig mitwirkte, der Stadt zu hohem Ansehen zu verhelfen, daß er vor allem für die Wissenschaft viel tat und nach der nach ihm benannten Universität in Erlangen 1756 die ›Akademie der freyen Künste und Wissenschaften zu Bayreuth‹ gründete, stellt dies unter Beweis.

Die markgräfliche Familie starb 1758 mit Markgräfin Wilhelmine und 1763 mit Markgraf Friedrich aus. Das Markgrafentum fiel an Friedrichs Onkel, Markgraf Friedrich Christian. Dieser blieb in Ansbach. Er löste die Akademie auf und entließ den Großteil der in Bayreuth wirkenden Künstler. Von ihnen holte Friedrich der Große einige wegen ihrer Bayreuther Meriten nach Berlin.

Als letzter regierender Markgraf von Brandenburg-Ansbach-Bayreuth trat Carl Alexander im Jahre 1791 seine Länder gegen eine jährliche Leibrente von 300 000 Gulden an die Krone von Preußen ab.

Nach dem verlorenen Krieg und dem Tilsiter Frieden von 1807 gelangte Bayreuth schließlich unter französische Herrschaft und fiel 1810 an Bayern.

Bayreuth teilte sich in Ober- und Unterland. Das Oberland umfaßte die Amtshauptmannschaften Bayreuth, Kulmbach und Wunsiedel, die Oberämter Schauenstein, Helmbrechts, Lichtenberg, Thierbach, Lauenstein, Münchberg, Stockenroth und viele andere.

Das Unterland setzte sich zusammen aus der Amtshauptmannschaft Erlangen, der Landeshauptmannschaft Neustadt an der Aisch und einer Reihe von Oberämtern. Um 1800 war Bayreuth noch Mitglied der Ritterkantone Altmühl, Steigerwald und Gebirg des Ritterkreises Franken.

Bayreuth – Stadt der Festspiele

Der am 22. Mai 1813 in Leipzig geborene Richard Wagner, der nach einem Zwischenspiel als Chordirektor in Würzburg in die Theatertruppe des H. Bethmann eintrat und mit dieser nach Magdeburg reiste, schuf dort seine dritte Oper *Das Liebesverbot,* die 1836 in Magdeburg uraufgeführt wurde. Nach dem Bankrott der Theatertruppe ging Wagner nach Königsberg, wo er die Schauspielerin Minna Planer heiratete. Über die Stationen Riga, London und Paris kam er nach einer Reihe von Erfolgen nach Dresden, wo er Hofkapellmeister wurde.

Cosima Wagner, Bildnis von Arno Breker, im Park des Bayreuther Festspielhauses

Nach dem Scheitern der 1848er Revolution mußte Wagner mit Liszts Hilfe in die Schweiz flüchten. Über Venedig und Luzern kam er schließlich nach einer Reihe großer Entwürfe und Arbeiten nach Wien, verließ die Stadt 1864 und erhielt, in Stuttgart angekommen, eine Berufung durch König Ludwig II. von Bayern nach München. Im folgenden Jahr mußte er die Stadt wieder verlassen. Vom bayerischen König weiterhin unterstützt, schuf er einige weitere aufsehenerregende Werke.

Nachdem er Cosima von Bülow, geborene Liszt, nach ihrer Scheidung am 25. August 1870 geheiratet hatte, siedelte das Paar 1872 nach Bayreuth über und legte den Grundstein für das Festspielhaus, das 1874 mit dem nunmehr vollendeten Ring der Nibelungen eingeweiht wurde. Die ersten Festspiele schlossen mit einem Defizit von 150 000 Mark ab. König Ludwig II. tilgte dieses Defizit durch ein Darlehen, das aus den Tantiemen für Aufführungen Wagnerscher Werke gedeckt werden sollte.

Der in Palermo 1882 vollendete *Parsifal* wurde 1882 in Bayreuth 16mal aufgeführt. Im November 1882 ging Wagner erneut nach Venedig. Dort starb er am 13. Februar 1883 an Angina pectoris. Seine Leiche ließ man nach Bayreuth überführen. Dort wurde sie im Garten von Villa Wahnfried, dem Wohnsitz der Familie, beigesetzt. Im Hause Wahnfried ist heute das Wagner-Archiv untergebracht.

Arno Breker arbeitet an der Büste Richard Wagners, 1975

Kulmbach – im Herzen von Oberfranken

Daß neben Bayreuth auch Kulmbach zeitweise Residenzstadt war, zeigt seine besondere Bedeutung auf. Diese im karolingischen Radenzgau gelegene Siedlung wurde bereits 1028 das erstemal als »Kulma« erwähnt. Sie befand sich von 1059–1248 im Besitz der Grafen von Dießen-Andechs. Von diesem Geschlecht nannte sich Berthold II. bereits 1135 »Comes de Plassenberch«.

Die Stadtsiedlung, die ihren Ortsnamen ›Culminaha‹ einem Flußlauf (dem heutigen Kohlenbach) verdankt, lagerte sich am Fuße des Burgberges. In der heute evangelischen Pfarrkirche St. Petri, die um 1200 errichtet wurde und etwas über die Siedlung erhöht am Südhang des Burgberges liegt, besitzt die Stadt ihre älteste Wehranlage in Form einer Kirchenburg.

Um 1240 bildete sich westlich dieser Kirchensiedlung ein weiterer, in sich geschlossener Bering (*burgus*), die sogenannte Oberstadt, der Kern der heutigen Altstadt.

Hier, am Zusammenfluß des Weißen und des Roten Mains, zwischen Frankenwald, Fichtelgebirge und der Fränkischen Schweiz gelegen, war diese Siedlung von Handwerkern und Kaufleuten am Schnittpunkt alter Fernstraßen, am Mainübergang und dem Aufstieg über das Mittelgebirge, ein wichtiger Ort für den Fernhandel.

Hoch über der Altstadt erhob sich die Plassenburg, das Wahrzeichen der sich bildenden Stadt als Landesfestung und Trutzburg, die spätere Residenz der zollernschen Markgrafen. Mit ihrem ›Schönen Hof‹ zählt sie zu den bedeutendsten Renaissancebauten Deutschlands. Diesen Namen trägt der Innenhof wegen seines prunkvollen Reliefschmuckes an den doppelstöckigen Arkaden, die den Hof auf drei Seiten umschließen.

Eines der drei dort zu findenden Steinmedaillons zeigt eine von Schlangen umwobene weibliche Büste, die als Abbild jener geheimnisvollen ›Weißen Frau‹ gilt, die auf der Plassenburg von ihren Kindern ermordet worden sein soll und die nunmehr als Unglücksbringerin erscheint.

Im Jahre 1248 kam Kulmbach mit der Plassenburg an die Grafen von Orlamünde. Zu dieser Zeit war die sich bildende Gemeinde bereits ein kultureller und politischer Mittelpunkt der Region geworden und hatte sich von der Straßenmarkt-Siedlung zur Stadt hin entwickelt. Von den hier seit 1248 herrschenden Orlamündern wurde das Zisterzienserinnenkloster ›Himmelskron‹ als Hauskloster gegründet. Als zwischen 1338 und 1340 die Zollern das Markgrafentum Kulmbach-Plassenburg erwarben, regierten sie von der Plassenburg. Unter ihnen wurden die drei bekannten Siedlungs-

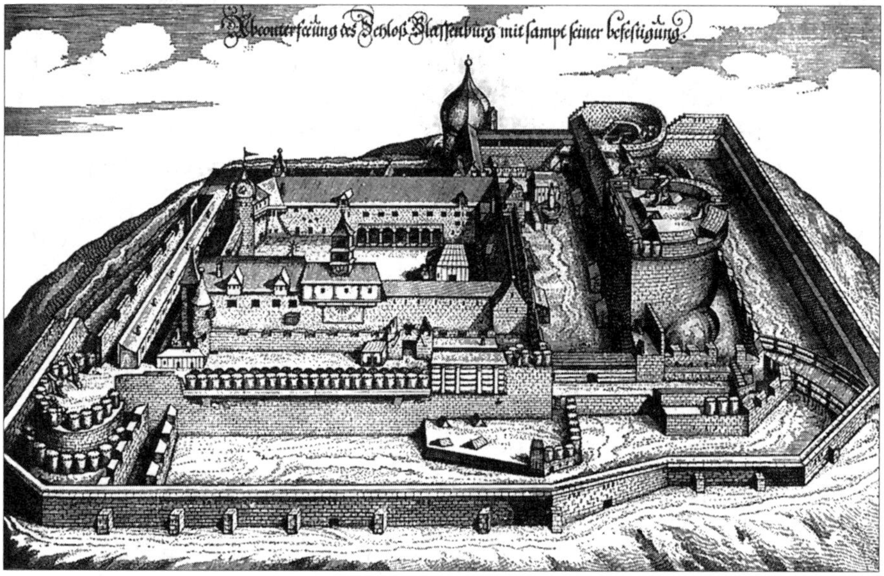

Die Plassenburg im Jahre 1648, Kupferstich von M. Merian.

kerne zusammengezogen und mit einer Mauer umgeben. Die Verlegung der Residenz erfolgte erst im Jahre 1603 nach Bayreuth.

Im Jahre 1398 wurde innerhalb der Burggrafenschaft das Land ob dem Gebirge mit Kulmbach, das im Vorjahr Sitz des Hofes geworden war, von dem Land unterhalb des Gebirges getrennt, aber im Jahre 1457 wieder mit diesem vereinigt.

Im Jahre 1528 hielt die Reformation in Kulmbach Einzug. Während dieser Zeit wuchs Kulmbach zu einer blühenden Handwerker- und Handelsstadt, die Wirtschaftsbeziehungen bis nach Krakau unterhielt. Im Hussitenkrieg wurde die Stadt teilweise zerstört, um im Winter 1553 mitsamt der Burg im zweiten Markgräflerkrieg in Flammen aufzugehen. Im Jahre 1562 wurde die markgräfliche Kanzlei, die sich noch immer in Kulmbach befand, Landratsamt.

In dieser Stadt wirkten einige Künstler, die sich um Aufbau und Ausgestaltung derselben verdient gemacht haben, so auch Hans von Kulmbach, der 1522 einer der bedeutendsten Schüler Dürers war und einige Jahre in der Dürerwerkstatt in Krakau wirkte. Vor allem wurde er durch sein Hauptwerk, den Tucheraltar zu Nürnberg, berühmt.

Als Kulmbach im Jahre 1603 brandenburgisch wurde, verlegte man den Regierungssitz nach Bayreuth. Nach erneuter Verselbständigung fiel schließlich Bayreuth mit Kulmbach 1791 an Preußen. Die Stadt erlitt in der Folgezeit das gleiche Schicksal wie Bayreuth.

Kulmbach heute

Der Ferienreisende, der in die seit 1972 zur Großen Kreisstadt emporgestiegene Stadt Kulmbach, das Zentrum des Landkreises Kulmbach, kommt, findet hier ein reiches kulturelles Erbe vor. Von diesem wurde die Plassenburg mit dem ›Schönen Hof‹, der von europäischem Rang ist, bereits genannt. Dieser ›Schöne Hof‹ ist im Sommer Schauplatz von Serenaden und Burgfesten und beherbergt ein Musikfestival.

In den Räumen der Burg ist ein Zinnfigurenmuseum zu bewundern, mit faszinierenden aus Zinn hergestellten Schaubildern zur Geschichte Frankens. Es gibt hier eine Fülle von Sehenswürdigkeiten. Beispielgebend ist der Kreuzgang des Zisterzienserinnenklosters ›Himmelskron‹ mit der Darstellung der musizierenden Engel. In der weiteren Umgebung laden eine Reihe Wehrkirchen und Markgrafenkirchen zum Besuch ein. Die alle zwei Jahre stattfindende Zinnfigurenbörse machte Kulmbach zum Mekka für Sammler und Hersteller.

Das Ferienland um Kulmbach hat darüber hinaus ein vielfältiges Angebot an in den Tiefen des Frankenwaldes verborgenen Naturschätzen, beispielsweise die Steinachklamm und der Mühlenweg, sowie eine Reihe interessanter Lehrpfade. Die ›Schiefe Ebene‹ war bei ihrer Fertigstellung im Jahre 1848 eine der ersten Eisenbahnstrecken Frankens.

Ob im Hochzeitsdorf zu Wirsberg, oder am Badesee Trebgast und beim winterlichen Eislaufen auf dem Schloßweiher zu Thurnau, oder auf dem nahegelegenen 18-Loch-Golfplatz: Jeder Besucher kommt im Kulmbacher Land auf seine Kosten. Hier empfängt er eine Vielfalt von gelungenen Dokumentationen zur Vergangenheit und zur fränkischen Geschichte. Diese wird

Oben: von Daniel Engelhard entworfener und ausgeführter Reliefschmuck im ›Schönen Hof‹ der Plassenburg. Siehe auch Seite 313. Unten: die Mitte des 18. Jahrhunderts entstandene Turmuhr des Rathauses.

nicht zuletzt deutlich an den wehrhaften Burgen, wie der Feste Nordeck der Henneberger Grafen oder der Burg der Walpoten, die königlich-kaiserlichen Verwalter der Reichsforste zwischen Frankenwald und Fränkischer Alb waren.

Das Schloß Thurnau wiederum erscheint dem Besucher als Märchenschloß, das sich die Grafen von Giech in ihrem kleinen Territorium errichteten. Sie bewahrten trotz vieler Annexionsversuche ihre Eigenständigkeit bis zum Ende des Alten Reiches.

Die Herren von Waldenfels und Wildenstein errichteten im Frankenwald mit dem Schloß Heinersreuth ihren Hauptsitz. Es ist als einziges dieser Familie noch erhalten. Aber auch Schloß Wernstein ist mit dem guten Ausblick über das Land sehenswert.

In Kulmbach wird außerdem oft und viel gefeiert. Das Hauptfest ist die ›Kerwa‹, wie die Kirchweih auf Fränkisch genannt wird. Hier gibt es fränkische Spezialitäten zum Essen und Trinken. Höhepunkt von allem ist das Kulmbacher Altstadtfest anfangs Juli, wenn die ganze Innenstadt sich zum Festplatz wandelt. Nicht zu vergessen, daß es in der ›heimlichen Hauptstadt des Bieres‹ auch ein neun Tage dauerndes Bierfest mitzuerleben gilt. Das Seefest in Trebgast und das Straßenfest in Himmelskron sowie auch das Storchenfest in Neudrossenfeld sind einen Besuch wert, von den Musik- und Theaterfesten auf der Plassenburg nicht zu reden.

Kulmbach-Stadt und -Land mit seinen Bauernmärkten, mit Wäldern und Burgen, ist ein Herzstück von Franken, in dem fränkische Lebensart und Gastfreundschaft großgeschrieben werden.

Ellwangen – das Kloster im Grenzwald

Als der fränkische Edle Hariolf und sein Bruder Erlolf, der Bischof von Langres in Burgund war, im Jahre 764 das erste Benediktinerkloster nach Eigenkirchenrecht in Franken gründeten, war auch der Grundstein zur späteren Stadt Ellwangen gelegt. Zugleich entstand hier eines der religiösen Zentren an der Jagst, im Grenzwald Virgunna zwischen Franken und Schwaben. Die Gründer entstammten einer frankophilen Adelssippe.

Die an einem alten Übergangsweg vom Rhein zur Donau gelegene Abtei sollte vor allem der Befestigung des Christentums und zudem auch der Stärkung der Karolingerherrschaft dienen, die hier an der Ostgrenze dieses Großreiches am ehesten gefährdet war.

Im Jahre 812 wurde das Kloster erstmals urkundlich erwähnt. Zwei Jahre darauf, 814, verlieh Kaiser Ludwig der Fromme diesem Kloster das Recht der freien Abtwahl und die Immunität.

Bereits die beiden Gründer des Klosters hatten das Gotteshaus unter den Schutz Karls des Großen gestellt. Im Jahre 817 erschien das Kloster Ellwangen unter den Abteien zweiter Klasse und gehörte damit zu den Reichsabteien. Seit 979 stand es unter persönlichem Schutz des Papstes. 838 zählte das Konvent 160 Mönche, womit das Kloster zu den zahlenmäßig größten Reichsabteien zählte. Einer der bekanntesten Männer der Reichsabtei war der um 850 lebende Ermenrich, der Gründer von Solnhofen.

Im Jahre 1024 machte Kaiser Heinrich II. den Virngrundwald zum Bannforst mit den ausschließlichen Fischerei- und Jagdrechten des Klosterabtes von Ellwangen.

Zur Zeit der staufischen Kaiser ging es mit dem Kloster steil bergauf. Allezeit staufertreu, wurde es vor allem unter seinem Abt Kuno (1188–1221) zu einer der angesehensten kirchlichen Stätte in ganz Franken und darüber hinaus.

Der bereits um 980 beginnende Wechsel der Patrone des Klosters ließ die beiden ursprünglichen Patrone Sulpicius und Servilianus verschwinden und setzte an ihre Stelle den Heiligen Vater als neuen Patron.

Daß bereits geraume Zeit vor dem Klosterbau am Fuße des Buchenberges eine kleine dörfliche Siedlung entstanden war, die im Bereich der 1427 errichteten Marienkirche lag, wird durch die Tatsache erhärtet, daß an diesem Bauort bereits in der Mitte des 8. Jahrhunderts eine ›*basilica popularis*‹, also eine ›Leutekirche‹, gestanden hat.

Siedlung und Kloster trugen 814 die Bezeichnung Ehlehenwang. Um 850 wurde auch einigemal die Bezeichnung ›Elehenfanc‹ dokumentiert. Dennoch trifft es nicht zu, daß dies etwas mit dem Elch zu tun hat, wie seinerzeit die *Vita Hariolfi* bekundete. Die Silbe ›wang‹, also ›Halde‹ oder ›Hang‹, bezeichnet als Ortsnamen dieses Kloster und die Siedlung mit der Leutkirche.

Ellwangen, mit der imposanten Basilika im Mittelpunkt.

Trotz der barocken Ausgestaltung weist das Innere der Stiftskirche vielfach (s. Säulenpfeiler) auf die ursprüngliche romanische Formgebung hin.

Im Jahre 1136 war es der Abt Ellwangens, der die Zusammenführung der Klostersiedlung – der *urbs* – mit dem sich südlich davon anschließenden Dorf – der *villa* – bewirkte. Damit entstand ein geschlossenes Ganzes, aus dem Ellwangen wurde. Zunächst war es nur der nördliche Teil des Dorfes, der mit der Klostersiedlung vereinigt wurde und damit die Stadtgründung vollendete.

Die zweite Phase der Zusammenführung zu Beginn des 13. Jahrhunderts wiederum vereinigte das gesamte Dorf mit der anderen Stadtanlage. Diese große Siedlung wurde mit einer Stadtmauer umgeben. So entstand aus einem kleinen Dorf, den Klosteranlagen und der ersten Stadtgründung, mit der letzten Stadterweiterung jenes Ellwangen, dessen Grundstruktur heute noch erhalten ist.

Diese Anlage mit der inneren Klosteranlage und der sich ringförmig daran anschließenden Bürgerstadt mit allen auf die Klosteranlage hin ausgerichteten Straßen geben dem heutigen Ellwangen das besondere Gepräge. Im Jahre 1215 wurde der Klosterabt zum Reichsfürsten ernannt und erstmalig als solcher bezeichnet.

Die heutige Basilika als Klosterkirche ist mindestens die dritte Kirche an dieser Stelle, denn sie wurde nach dem Brand von 1182 erbaut, 1233 eingeweiht. Nach den Worten des Städteforschers und Entdeckers Georg Dehio wurde sie »der bedeutendste unter den wenig zahlreichen romanischen Gewölbebauten Schwabens« und »vielleicht das wichtigste Baudenkmal der schwäbischen Kaiserzeit im Stammlande«, wie sein Kollege Gradmann zu ergänzen wußte.

Seit Mitte des 12. Jahrhunderts gab es bereits den Markt, ab 1201 und verstärkt 1229 wurde Ellwangen als ›*civitas*‹ bezeichnet. Ab 1215 erschienen die Äbte des Klosters als Reichsfürsten. Ihre Ernennung erfolgte durch Friedrich II. Die Reichsfürst-Äbte residierten auf der neu errichteten Burg. Sie behielten die Herrschaft über Jahrhunderte hinweg. Daran änderten auch viele Versuche nichts, dies zu ändern.

Die 1266 erstmals erwähnte Burg wurde zu Ende des 12. Jahrhunderts unter Abt Kuno I. anstelle einer Michaelsbasilika als Amtswohnung und Festung erbaut und nach der 1279 stattgefundenen Zerstörung wiedererrichtet. Johann Christoph von Westerstetten wandelte den Hauptbau 1608 in ein Fürstenschloß der Spätrenaissance um. Franz Ludwig von der Pfalz ließ ab 1720 das Innere im Barockstil ausschmücken, und in württembergischer Zeit wurde es Apanageschloß. Hier wohnte 1815/16 Napoleons Bruder Jérôme mit seiner Gemahlin Katharina von Württemberg. Heute sind im Schloß das Forstamt, die Landwirtschaftsschule und ein Heimatmuseum untergebracht.

Die Rinderburg, nördlich von Ellwangen gelegen, gilt als die größte Burgstallanlage des Ellwanger Gebietes. Ein dreifacher Graben und doppelter Wall umschließen den quadratischen Innenraum. Sie diente dem Schutz einer nahegelegenen Hofsiedlung.

Klostervögte waren zunächst die Grafen von Öttingen, die seit der ersten Hälfte des 14. Jahrhunderts amteten, aber bereits vorher dort tätig waren. Sie verloren ihren zunächst noch erhaltenen Einfluß auf das Stadtgericht bereits um das Jahr 1300. Seit 1370 sind die Grafen von Württemberg als Vögte erwähnt. 1381 wurde die Stadtvogtei durch den derzeitigen Klosterabt zurückerworben.

Seit dem Jahr 1337 bestanden in Ellwangen folgende Ämter: Tannenberg und Kochenburg. Zu ihnen kamen, in dem Bestreben den gesamten Klosterbesitz, der teilweise aus Streubesitz bestand abzurunden, die Ämter Rötlen (1471), Wasseralfingen (1545) und Heuchlingen (1609) hinzu.

Seit etwa 1443 begann mit dem Brand und der Zerstörung fast aller Klostergebäude eine Periode, die das Kloster ins Verderben zu stürzen drohte. Nicht nur, daß von 1370 bis 1589 Württemberg die Schirmherrschaft über das Kloster, später Stift Ellwangen, ausübte, man versuchte auch, diesen gewaltigen Besitz völlig zu vereinnahmen. Diesem Bemühen kam die Klosterentwicklung zunächst entgegen, als es zunächst freiherrliches Kloster wurde, dann aber auch Angehörige des niederen Adels aufnahm, ohne aber dem Aufnahmeersuchen reicher Bürger zu entsprechen. Die schlechte Verwaltung, das Schwinden strenger klösterlicher Zucht und Ordnung und schließlich der erwähnte Brand von 1443 bewirkten einen unaufhaltsam erscheinenden Niedergang. Lediglich der Zugehörigkeit zum Reichsfürstenstand verdankte es das Kloster, daß es seine Selbständigkeit nicht an Württemberg verlor.

Papst Pius II. setzte schließlich dem Untergang in Raten ein Ende, indem er der Umwandlung des Klosters in ein weltliches exemptes (von einem allgemeinen Gesetz befreites) Chorherrenstift zustimmte. Die Leitung übernahm ein Fürstprobst, der dem Stiftskapitel in Gestalt von zwölf ritterbürtigen Chorherren und zehn Chorvikaren vorstand.

Probst Albrecht von Rechberg ließ im Jahre 1468 durch Baumeister Hans Siglitz von Miltenberg den durch Brand zerstörten Klosterkreuzgang wiederherstellen und 1473 die Liebfrauenkapelle errichten und, noch im selben Jahr beginnend und 1476 vollendend, die spätere gotische Wolfgangskirche bauen.

Ellwangen war im Kanton Odenwald des Ritterkreises Franken eingeschrieben. Es stellte die bedeutendste geistliche Herrschaft in Württemberg dar. Die Reformationsbestrebungen, die bis nach Ellwangen durchsickerten, wurden von dem seinerzeitigen Probst Heinrich ab 1524 mit aller Kraft unterdrückt. Er war es auch, der mit einer kleinen, aber schlagkräftigen Truppe jenen Bauernhaufen, der Ellwangen angriff und die Stadt plünderte, in die Flucht schlug und diesem herbe Verluste zufügte.

Unter seinem Nachfolger Kardinal Otto Truchsess von Waldburg ging es mit dem Stift wieder bergauf.

Zwischen 1552 und 1573 gelang es ihm, durch eine vielseitige, vor allem auch gesetzgeberische Tätigkeit den inneren Ausbau dieses kirchlichen Territoriums zu vollenden. Er berief Petrus Canisius nach Ellwangen, einen wortgewaltigen katholischen Glaubensstreiter.

Der gefürstete Probst und Herr von Ellwangen hatte Sitz und Stimme auf den geistlichen Fürstenbänken des Reichstages und des schwäbischen Reichskreises.

Während des Dreißigjährigen Krieges wurde Ellwangen 1632 von den Schweden erobert. Der schwedische Reichskanzler Oxenstierna schenkte die Probstei und die Stadt kurzerhand seinem Verbündeten, dem Grafen Kraft von Hohenlohe-Neuenstein, der diesen Besitz allerdings 1634, nach der Schlacht bei Nördlingen, wieder aufgeben mußte. Bereits im Jahre 1626 hatte die Pest auch in Ellwangen ihre Opfer gefordert.

Während der Zeit des Barocks wurde Ellwangen durch eine Vielzahl neuer Bauwerke bereichert. Die seit 1611 bestehende Jesuitenniederlassung wurde zwischen 1720 und 1723 zu einem Kollegium mit Gymnasium erweitert. Der heutige Besucher sieht in diesem Bauwerk das Landgericht und die Staatsanwaltschaft untergebracht. Die von 1724 bis 1729 von dem bekannten Baumeister Theodor Scheffler aus Augsburg erbaute Jesuitenkirche ist heute evangelische Stadtkirche.

Auf besonderes Betreiben des als heiligmäßig angesehenen Pater Ph. Jenningsen wurde bereits 1682 mit dem Bau einer Marien-Wallfahrtskirche auf dem Schönberg begonnen, die 1695 vollendet wurde. Nach dem Brand von 1709 erfolgte ihre Wiederherstellung. Von 1729 bis 1829 besaßen auch die Kapuziner in Ellwangen ein Kloster, in dem heute das Kinderdorf ›Marienpflege‹ untergebracht ist.

Vor allem in der Regierungszeit von Franz Georg von Schönborn, der zugleich auch Erzbischof von Trier und Bischof von Worms war, wurde in den Jahren seiner Regierung von 1732 bis 1756 eine rege Bautätigkeit entfaltet. So wurde das Innere der Basilika barock umgestaltet. Stadtbaumeister A. F. Prahl errichtete jene Gebäude, die der Herrscher in Auftrag gab. Es waren dies: das Rathaus, das Priesterseminar auf dem Schönenberg, einige sehr markante Wohnhäuser und die Gesamtanlage der Schloßvorstadt. Das verlieh Ellwangen jenen Glanz, wie er sonst nur großen Residenzen zu eigen war.

Eine Reihe von Stiftsherrenhäusern aus dem 16. bis 18. Jahrhundert trug ferner dazu bei, dem Stadtbild sein besonderes Gepräge zu geben. Es waren dies beispielsweise das Kustoriegebäude am Marktplatz, der ›Schwarze Adler‹ in der Marianenstraße und das Palais Adelmann in der Oberen Straße.

Im Jahre 1802 wurde die Fürstprobstei, die damals 20 000 Einwohner zählte und ein Gebiet von 500 Quadratkilometern umfaßte, von Württemberg mediatisiert und bis 1805 Sitz der Regierung für die neuwürttembergischen Lande. Seit 1803 bestand in Ellwangen das württembergische Oberlandratsamt, das erst 1938 aufgehoben und mit Aalen vereinigt wurde.

Von 1811 bis 1918 hatte Ellwangen den Rang einer ›guten Stadt‹ des Königreiches. Damit war das Recht verbunden, einen eigenen Abgeordneten in den Landtag zu entsenden.

Ellwangen, von König Friedrich I. von Württemberg als Sitz des katholischen Landesbistums ausersehen, erhielt 1812 Generalvikariat, Priesterseminar und eine theologische katholische Universität.

Als in der ersten Hälfte des 16. Jahrhunderts die Stadt einen Pferde-, Vieh-, und Krämermarkt erhielt, der ›Kalter Markt‹ genannt wurde, hatte dies für die gesamte Stadt besondere Bedeutung, denn von nun an herrschte auf diesem Markt, der jährlich im Januar abgehalten wurde, reges Treiben.

Aus Ellwangen stammten unter einer Reihe anderer berühmter Männer auch der letzte Abt von St. Märgen, Josef Kurz, der 1830 starb. Graf Ignaz von Beroldingen, württembergischer Außenminister, sorgte dafür, daß Ellwangen stets in gebührender Weise an allen Errungenschaften Württembergs beteiligt war, während Theodor Geßler, Kanzler der Universität zu Tübingen und württembergischer Staatsminister des Kirchen- und Schulwesens, sich in Sonderheit für Ellwangens kulturelle Belange einsetzte.

Wer Ellwangen heute besucht, empfindet noch jenen Hauch alter Größe und Pracht, von Gediegenheit und Würde.

Bamberg – die Siebenhügelstadt an der Regnitz

Im Tal der Regnitz, dort, wo der Fluß etwa fünf Kilometer oberhalb seiner Mündung eine Insel umschließt, die etwa 700 Meter Breite erreicht, liegt das alte, bürgerliche Bamberg mit seinen drei Stadtteilen Teuerstadt, Inselstadt und Sand.

Westlich davon erstreckt sich auf den Burgsandsteinhöhen die geistliche Stadt. Diese Höhen sind durch eine Reihe von kleineren Bachläufen in Jahrzehntausenden aus dem steilen Talhang herausgeschnitten. Die Altenburg wiederum, die im 15. und 16. Jahrhundert entstand, liegt auf einem Berg aus Rhätsandstein und überragt alle anderen Bauten der Stadt.

Bamberg, heute die größte Stadt im bayerischen Regierungsbezirk Oberfranken und kreisfreie Stadt, ist Sitz der Verwaltung des Landkreises Bamberg und eines Erzbischofs. Sie zählt etwa 80 000 Einwohner.

Wo aber liegen die Ursprünge dieser Stadt, die als Perle Oberfrankens einen ausgezeichneten Ruf hat?

Nur etwa drei Kilometer vom heutigen Bamberg entfernt, lag in der Ortschaft Hallstatt ein Königshof der Karolinger unter Karlmann (gest. 754). Aus den Gütern desselben – den *fiscus dominicus* – bezogen nicht nur Karlmann, sondern auch Pippin III. (gest. 768) den Zehnten, den sie der 741/42 gegründeten Würzburger Bischofskirche stifteten.

Hallstatt und Forchheim waren zu dieser Zeit jene Grenzübertrittsplätze, über welche die Slawen nach Oberfranken einzogen, und umgekehrt oberfränkische Händler ins Slawengebiet reisten.

Der Würzburger Kirche wurden in diesem Raum um 805 durch Karl den Großen vierzehn königliche Eigenkirchen geschenkt, dies in der *terra slavorum* – dem Slawenland.

Bereits um diese Zeit war erkennbar, daß Ostfranken um Bamberg zum Grenzland des Ostfränkischen Reiches wurde. Die Burg Babenberh wurde im Jahre 902 erstmals erwähnt. Nach ihrem Besitz sind die Babenberger (Popponen) benannt worden. (Siehe Abschnitt ›Babenberger gegen Konradiner‹)

Die Babenberger waren die mächtigste ostfränkische Adelsfamilie, und ihre Angehörigen zählten zur Reichsaristokratie.

In der Babenberger Fehde, die von 902 bis 906 währte, unterlagen sie jedoch dem Geschlecht der Konradiner, die aus Lothringen kamen.

Aus diesem Geschlecht ging Konrad, der mächtigste Herrscher in Franken, hervor, der 911 in Forchheim zum König gewählt wurde.

Es war Kaiser Otto II., der das Königsgut Bamberg – *nostri iuris predium* – Herzog Heinrich dem Zänker schenkte, der von 951 bis 995 lebte. Dieser war ein Vetter aus der sächsischen Königssippe Ottos.

Herzog Heinrich der Zänker (Regelbuch von Neumünster um 990, Staatsbibliothek Bamberg).

In der zweiten Hälfte des 10. Jahrhunderts befand sich in Bamberg ein Markt, der 973 die Bezeichnung *civitas* für Bamberg brachte und die Siedlung als nicht rein agrarischen Ursprungs herausstellte.

Als Erbgut gelangte Bamberg dann von Heinrich dem Zänker an dessen Sohn Heinrich, der 995 die Nachfolge seines Vaters als Herzog von Bayern antrat, und als König Heinrich II. (im Jahre 1002 gewählt) im Jahre 1007, auf einer Kirchenversammlung in Frankfurt, in Bamberg einen Bischofssitz errichten ließ. Für ihn war es wichtig, an diesem strategisch entscheidenden Ort Bamberg ein starkes Reichsglied zu schaffen, das als Wehr gegen das sich ausbreitende Slawentum dienen sollte.

Auf Kosten der Bistümer Würzburg und Eichstätt wurde das Bistum Bamberg mit einem reichen Königsgut und Grafschaftsrechten ausgestattet. Zu Ostern 1020 erschien Papst Benedikt VIII. in Bamberg und erneuerte mit dem Kaiser das *Pactum Ottonianum* des Jahres 962, das damals wie auch 1020 die Ordnung und den Bestand der Reichskirche sichern sollte.

Aufgrund dieser Ereignisse fanden denn auch in den Jahren 1035, 1080, 1122, 1135 Reichs- und Hoftage in Bamberg statt.

Seine erstklassige Domschule und die Reichskanzlei, aus der fast alle Bamberger Bischöfe des 11. Jahrhunderts hervorgingen, machten Bamberg zu einem politischen und geistigen Mittelpunkt des salischen Deutschlands. Hier entstanden um 1060 das *Ezzolied* sowie die *Weltchronik* des Frutolf von Michelsberg und der *Codex Udalrici.*

Frutolf von Michelsberg war Prior des Klosters Michelsberg bei Bamberg, der am 17. 1. 1103 starb und seine *Weltchronik* hinterließ, die bis zum Jahre 1125 von dem Abt Ekkehard von Aura fortgesetzt und von Burchard von Ursberg bis 1229 vervollständigt wurde.

Auf der Grundlage der Siedlungsorganisation des Königsgutes von 973 wurde der Aufbau Bambergs zu einer bischöflichen Stadtsiedlung vorangetrieben. Auf einen solchen Siedlungscharakter weisen nicht zuletzt die drei Kirchen der Stadt hin. Da ist zum einen St. Maria, auf dem Kaulberg gelegen und seit dem Jahr 1140 urkundlich genannt. Sie wurde später in die heutige Form einer dreischiffigen Basilika umgebaut. Zum anderen St. Martin, die seit 1255 bezeugt ist und im Jahre 1804 abgebrochen wurde. Die heutige Martinskirche wurde als Jesuitenkirche im Jahre 1686 in Angriff genommen. Auf sie gingen die Pfarrechte von St. Martin über. Sie lag außerhalb der hochmittelalterlichen Stadtmauer. Übrigens entsprach der Pfarrbezirk der Marienkirche dem Umfang des königlichen prediums von 973.

Im 15. Jahrhundet wurde auf dem Inselmarkt die Nikolauskirche errichtet. Sie war mit der damaligen grundherrschaftlichen Fischersiedlung verbunden. Dieser Fischermarkt bestand bereits im Jahre 1152, denn zu dieser Zeit wurde er *forum piscium* – Fischmarkt – genannt.

Der Charakter von Bamberg als Pfalzort der Könige wurde am besten durch die Dreiheit der Patrozinien St. Maria, St. Martin und St. Nikolaus (als Patron der Fischer, Schiffer und Kaufleute) gekennzeichnet.

An jener Stelle, an der Kaiser Heinrich II. die Pfalz (*castrum*) errichten ließ – also auf dem Babenberg –, liegt heute die Alte Hofhaltung, an die seitlich anschließend Fürstbischof Lothar Franz von Schönborn (1695–1704) die Neue Hofhaltung errichten ließ. Baumeister derselben wurde der bekannte Architekt und Baumeister Leonhard Dietzenhofer.

Der vom Gründer des Bistums Bamberg erbauten Kirche neben der Pfalz (um 1007 genannt und 1012 geweiht) schloß sich ein Kloster an. Die Kirche war doppelchörig mit dem Peters- und St. Georgschor.

Im 13. Jahrhundert wurde der Neubau des heutigen Domes errichte. Damals entstand darin auch der ›Bamberger Reiter‹, der Philipp von Schwaben darstellen soll.

Im Domschatz befinden sich unter vielen anderen großen Kostbarkeiten auch Stücke des kaiserlichen Ornats aus der Zeit Heinrichs II. (der 1146 heilig gesprochen wurde) und seiner Gemahlin Kunigunde, deren Heiligsprechung im Jahre 1200 erfolgte. Ein Ehrenmal der Kunigunde, von Tilman Riemenschneider gefertigt, befindet sich im Dom (s. nächste Seite). Dort ist auch das Grab Klemens II. zu finden. Es ist übrigens das einzige Grab eines Papstes nördlich der Alpen. Der Bischof von Bamberg Suitger hatte als Klemens II. den päpstlichen Thron bestiegen. Er erhielt seine letzte Ruhestätte nach eigenem Wunsch im Bamberger Dom.

»Der Reiter ist die schönste und lebensvollste Verkörperung des idealen Ritters, hoch umschwebt von dem romantischen Schimmer der Kreuzfahrerzeit, höfisch wohlerzogen und doch ein Held in dem lässig vornehmen Sitz, dem freien, stolz getragenen Haupt, dem willenskräftigen Kinn, dem übermütigen Mund, dem in die Ferne spähenden Blick.«

Georg Dehio über den ›Bamberger Reiter‹

Zwei von fünf Reliefs aus dem Grabmal des hl. Kaiserpaares Heinrich und Kunigunde von Tilman Riemenschneider, entstanden zwischen 1499 und 1515. Oben: Die ›Feuerprobe‹ der hl. Kunigunde; unten: das ›Schlüsselwunder‹ der hl. Kunigunde. Beide aus Kalkstein, 82 x 84 cm. Siehe farbige Abbildung der Deckplatte, S. 319.

König Konrad III., der an den Folgen des Kreuzzuges in den Jahren 1147–49 verstorben war, wurde ebenfalls im Dom zu Bamberg bestattet.

Die Mauern, welche die Siedlung auf dem Babenberg umschlossen, waren als *castrum, urbs* und *burgus* bezeichnet worden, was den Burgencharakter unterstrich. Hier gab es neben der Bischofskirche und dem Kloster die Pfalz und den Sitz des Burggrafen, der als advocatus burgi bezeichnet wurde.

Nach Aufgabe des klösterlichen Lebens durch die Domkanoniker wuchs die Siedlung schlagartig, weil eine große Zahl an Anlagen von Domherrenkurien erstellt wurde. Um die Zeit Kaiser Heinrichs II. gab es dort bereits zwei geistliche Stiftungen: das Benediktinerkloster St. Michael und das Stift St. Stephan.

Jenseits der Regnitz traten noch im 11. Jahrhundert in der ›Duristat‹, der späteren Teuerstadt, das Stift St. Maria und St. Gangolf in Erscheinung. Zum Schluß kam 1072 westlich der Domburg das Augustiner-Chorherrenstift St. Jakob hinzu.

Daß sich Bamberg so rasch entwickelte, ist nicht zuletzt jener Brücke zu danken, die bereits seit 1020 den westlichen Regnitzarm zur Insel überspannte. Hier entstanden aufgrund der Märkte, wie des Fischmarkts, des Milchmarkts und des Grünen Markts sowie der Fischmühle mit dem Recht, allein Brot verkaufen zu dürfen, ein Lokal und Speisemarkt und schließlich das bürgerliche Bamberg, dessen Ratsversammlung erstmals aus dem Jahre 1306 bekannt ist. Auf der Brükke, die die beiden Stadtteile Bambergs miteinander verband, entstand zwischen 1440 und 1464 das Rathaus.

Auf dert Insel kamen zu den verschiedenen Märkten rasch andere Einrichtungen hinzu, so das ›rappenhus‹ – die Münze –, das Kaufhaus, die Waage, der Burgershof und das Brothaus. ›Im Sande‹ lagen unterhalb des Domberges der Richterstuhl des bischöflichen Stadtherrn und das Judenviertel – *vicus Judaeorum*. Der gesamte Inselmarkt wurde zwischen 1430 und 1435 ummauert.

Alle diese weitläufigen Anlagen mit der Domburg, der Marktsiedlung und der ›Zinkenwörth‹ mit ihrem Katharinenkloster machten Bamberg zu einem weitläufigen und untereinander sehr verschiedenen Siedlungsgebilde, das so gestaltet war, daß Fremde noch im 17. Jahrhundert von Bamberg immer als von mehreren dicht beieinander liegenden Städten sprachen.

Ansicht der Neuen Residenz von der ›Alten Hofhaltung‹ her.

Die Bischöfe von Bamberg konnten sich nach dem Aussterben ihrer Hofstiftsvögte, der Grafen von Andechs-Meran, ein großes Territorium schaffen. Als sich jedoch die fränkischen Hohenzollern einmischten, die in Kulmbach und Bayreuth ebenso wie in Ansbach residierten, konnten sie sich nur unter größter Mühe halten. So bezog beispielsweise der bischöfliche Landesherr auf der Altenburg seine Residenz. Sie lag außerhalb der Stadt und hatte einen 33 Meter hohen Burgfried.

Trotz der verschiedenen Immunitätsstreitigkeiten gelang es dem Bischof von Bamberg nach erfolgreichem Kampf gegen das Bürgertum 1435 die volle Stadtherrschaft zu erringen.

Das Bamberger Recht stützte sich zunächst auf das Rechtswerk des Bischofs Friedrich I. von Hohenlohe, der von 1344 bis 1352 residierte. Die Bamberger Halsgerichtsordnung ersetzte schließlich nach weiteren Rechtsordnungen, so jener des Bamberger Landhofmeisters Johann Friedrich von Schwarzenberg (1507), die alte Gesetzgebung und wurde *Constitutio Criminalis Bambergensis* genannt. Dieses Recht wurde zum Vorbild für die *Constitutio Criminalis Carolina* Kaiser Karls V. aus dem Jahr 1552. Dieses Gesetzeswerk blieb bis zum Jahre 1870 (!) das einzige deutsche Reichsstrafgesetzbuch.

Im Dreißigjährigen Krieg stand Bamberg auf der Seite der katholischen Liga und wurde 1531 durch König Gustav Adolfs Truppen erobert. Der schwedische Reichskanzler Axel Oxenstjerna übergab schließlich die Hochstifte Bamberg und Würzburg als Herzogtum Franken an Herzog Bernhard von Sachsen-Weimar.

Reformation und vor allem Gegenreformation hatten in Bamberg seit der Publikation der Bannbulle gegen Martin Luther immer wieder zu Gegensätzen und Bürgerkämpfen geführt. Nicht weniger gefährlich und verheerend waren die Raubkriege des Markgrafen Alcibiades von Kulmbach-Bayreuth (siehe Abschnitt über Bayreuth).

Die nachhaltige Gegenreformation wurde von Bischof Melchior Otto Voit von Salzburg und in dessen Sinne durch die Jesuiten verfolgt, die in ihrem Verlauf in Bamberg die Höheren Schulen ebenso wie das Klerikerseminar übernahmen und wenig später auch die Universität und die Philosophisch-Theologische Hochschule.

Unter Christian Franz von Busek wurde Bamberg 1802 säkularisiert und kam an die neue Staatsschöpfung des Königreichs Bayern.

Erst geraume Zeit später machte Bamberg noch einmal von sich reden, als hier nach dem Tod des bayerischen Ministerpräsidenten Kurt Eisner, der am 21. 2. 1919 ermordet wurde, die neue Verfassung Bayerns entstand, die bis zum Jahre 1933 Gültigkeit hatte.

Das Kuriosum am Rande

Nach dem Frieden von Lunéville am 9. 2. 1801 verlor das Kurfürstentum Bayern bedeutende Herrschaften auf linksrheinischem Gebiet, so die Kurpfalz, das Herzogtum Pfalz-Zweibrücken, das Herzogtum Jülich, die Grafschaften Lützelstein und Rappoltstein, an Frankreich.

Dafür übernahm Frankreich in einem Sondervertrag mit Bayern die volle Garantie für eine entsprechende Entschädigung auf dem rechten Rheinufer.

Diese unrechtmäßige Vertreibung jener Herren, denen das genannte rechtsrheinische Gebiet gehörte, wurde ›rechtskräftig‹ durch die Pariser Mediationsakte vom 3. 6. 1802, dem der Reichsdeputationshauptschluß vom 25. 3. 1803 deutscherseits seinen ›Segen‹ gab.

Deutschland und Frankreich gingen also Hand in Hand, um Enteignungen in gewaltigem Umfang durchzuführen und diese mit einem Schein von Gesetzeskraft zu versehen.

Wie auch immer: Jene Gebiete, die dem Kurstaat Bayern unter Max Joseph zugestanden worden waren, sollten nunmehr von einem seiner Beauftragten, dem Generalstabsoffizier Karl Roger von Ribeaupierre, einem Sproß aus elsässischem Adel, inspiziert werden, um zu erfahren, was Bayern für seine verlorengegangenen Gebiete erhalten würde.

Während seiner Inspektionsreise durch Franken gelante dieser Offizier, der in kurzer Zeit etwa 1500 Kilometer zurücklegte, auch nach Bamberg. Dazu der Offizier: »Das Aufsehen, welches meine Uniform in Bamberg erregte, und meine Befragungen ließen mich den Charakter der Bamberger erkennen und bewogen mich, meinen Rapport über diese Stadt in Schweinfurt auf die Post zu geben.«

Er nannte den Volkscharakter still und verschlossen und fügte an, daß dennoch die Leute ohne Scheu gegen die Regierung und wider den Katholizismus redeten, aber nie den Namen des Fürstbischofs nannten. Er vermerkte außerdem, daß Fürstbischof Christian Franz von Busek »die schönen Statuen in dem Lustgarten Seehof als Nuditäten zerstören ließ«.

In der Weiterführung seiner Erkundung vermerkte er: »Das Hochstift wird mit Recht zu den besten Ländern Deutschlands gezählt. Jährlich werden bis zu 2000 Zentner Kleesamen ausgeführt. Für jeden Zentner werden 32 Gulden erzielt. Die Pottaschefabrik Bambergs versendet jährlich Tausende Zentner bis nach Amsterdam. Der Zentner erbringt 20 Gulden.« Vor allem aber ist der Speditionshandel aus Ungarn, Böhmen und Sachsen über Bamberg nach den Rheingegenden sehr beliebt. Alles wird auf der Regnitz geladen. Nach Sachsen werden Obst und Schmalz ›verführt‹ und dagegen Salz, das sonst aus Regensburg kommt, aus Sachsen bezogen. Der Holzhandel nach Holland ist beträchtlich. Gärtnerei und Baumzucht beziehen viel Geld von dem Auslande. Die Horn-, Vieh- und Pferdezucht ist gut. . .

Die Stadt Bamberg ist gut gebaut, nur fehlt es an Plätzen. Ihr Umfang ist sehr groß, mit einer Bevölkerung von 20 000 Seelen, dazu tragen die vielen Kirchen und Klostergebäude bei. Der Luxus ist im Steigen. Daß der Handelsstand blüht, bezeugt die Johann Stephan Leistensche Handlung. Diese Wittib (Witwe), welche mit einem geringen Kapital angefangen, hat sechs ihrer Söhne als ansehnliche

Großhändler ausgesteuert und besitzt noch 400 000 Gulden. Die einträglichen Stellen besitzen ganz natürlich die Domkapitulare. . .

Das Spital Bambergs wiederum ist noch über seinen ausgebreiteten guten Ruf erhaben und verdient alle Aufmerksamkeit und Nachahmung. Alles in diesem Spital ist bewundernswürdig und wird nur von der darin eingewöhnten Reinlichkeit übertroffen, das Gebäude ist schön.« (siehe Hofmann, Hanns Hunert, . . . *soll bayerisch werden*, Kallmünz).

Dieser straffe Einschub vermittelt mehr über Bambergs Wirtschaft und Menschen als lange Ausführungen.

Bamberg heute

Ob nun Bamberg ›Rom des Nordens‹ oder – vor allem mit seiner Besiedlung der Regnitzinsel – ›Klein Venedig ‹ genannt wird, ist bei der Fülle der hier zu findenden Kostbarkeiten nur von untergeordneter Bedeutung. Sicher ist, daß auch der Dom mit dem berühmten ›Bamberger Reiter‹ oder das große Sommerfest der ›Sandkärwa‹, nicht zu vergessen die damit gleichzeitig gefeierte Italienische Nacht auf der Regnitz, mit Fischerstechen und Feuerwerk, eine Fülle eigenartiger und zugleich großartiger Sehenswürdigkeiten und Veranstaltungen bietet. Damit zählt Bamberg zu einer der reizvollsten Städte Deutschlands. Daß Abt Gerhard des Chiemgauklosters Seeon diese Stadt zur »Hauptstadt des Erdkreises« machte, lag wohl daran, daß er die Gunst Kaiser Heinrichs II. erringen wollte, des Stadtförderers Bambergs.

Das Bamberger Rathaus.

Daß Kaiserin Kunigunde, auf der Unteren Brücke beim Alten Rathaus stehend und im Dom in ihrer Grabstätte liegend, Frankens erste Heilige ist, versteht sich, zumal sie nach der Bezichtigung des Ehebruchs freiwillig in ein Gottesurteil einwilligte und barfuß über glühende Pflugscharen ging und somit ihre Unschuld bewies. Sie gehörte zu den Mitbegründerinnen des Bamberger Bistums, das 1007 errichtet wurde.

Unter Kaiser Heinrich II. wurde Mitte des 11. Jahrhunderts die Domschule ins Leben gerufen. Heute hat Bamberg – bezogen auf die Bewohner der Stadt – die meisten Gymnasien in Bayern. Seit 1979 führt die Gesamthochschule die Bezeichnung ›Universität‹.

Durch die Domschule wurde die Stadt auch als ›fränkischer Vatikan‹ bekannt. Um gleich bei der Kultur zu bleiben: Als im September 1808 der Romantiker E.T.A. Hoffmann am Bamberger Theater die Stellung eines Musikdirektors antrat, erlebte er nach seinen Worten »hier seine Lehr- und Marterjahre«. Aber dennoch gab es viele schöne Stunden nach gelungenen Aufführungen, beispielsweise in der ›Theateroase‹ oder im ›Fährhaus‹ im Bug. Hier in Bamberg wurde er auch zum Dichter. Daß neben dem soeben in Mode gekommenen Punsch vor allem das Rauchbier im ›Schlenerla‹ in der Dominikanerstraße neben dem einstigen Kloster getrunken wurde, verstand sich von selber. Immerhin war es ja eines der fränkischen Nationalgetränke – ohne dem Wein zu nahe treten zu wollen. Um 1800 gab es in Bamberg 65 Bierbrauer für 16 000 Einwohner.

Die aus der Renaissance-Zeit stammende ›Alte Hofhaltung‹ auf dem Domplatz.

Das Alte Rathaus, das die Grenzen zwischen dem geistlichen und dem bürgerlichen Quartier bildete, steht, wie bereits angedeutet, zwischen der Oberen und der Unteren Brücke im linken Arm der Regnitz. Auf jener Insel nahe der Oberen Brücke liegt das ehemalige Wasserschloß Geyerswörth, und von dem südlichen Inselteil ist der Blick frei auf das Sommerschloß Concordia, das seinerzeit dem hohen Hofbeamten Johann Ignaz Böttinger als Sommersitz diente, während sein prächtiges Stadthaus in der Judenstraße zu sehen ist.

In der Bürgerstadt sind der ›Gabelbrunnen‹, der Neptun mit seinem Dreizack zeigt, und die St. Martins-Kirche der Brüder Georg und Leonhard Dientzenhofer die schönsten Plätze. Johann Dientzenhofer, ein Bruder der beiden genannten, schuf das barocke Raulinohaus am Grünen Markt.

Das Schloß Seehof bei Memmelsdorf, mit seiner prächtigen Gartenanlage und das südlich davon gelegene Schloß Weißenstein in Pommersfelden gehören dazu. Letzteres wurde ebenfalls von Johann Dientzenhofer gebaut und hat ein weitberühmtes Treppenhaus.

»Das ist eine Stadt, die steckt voller Raritäten, wie die Commode einer alten Großmama, die viel zusammenscharrte.«
Karl L. Immermann,
Fränkische Reise.
Herbst 1837

Die Museen in Bamberg sind Legion. Wichtig zu sehen sind jene in der Alten Hofhaltung mit einer reichen Kunstsammlung, in der Neuen Residenz mit ihren Prunkträumen und der dortigen Zweiggalerie der Bayerischen Staatsgemäldesammlung. Sie seien dem schauenstrunkenen Besucher empfohlen, ebenso das E.T.A. Hoffmann-Haus am Schillerplatz 26 und nicht zu vergessen das Brauereimuseum mit anschließendem Besuch der Klosterbrauerei auf dem Michelsberg.

Damit auch Kultur und Freizeit nicht zu kurz kommen, seien die Konzerte der Bamberger Symphoniker genannt, die in der Kongreßhalle ›Sinfonie an der Regnitz‹ Serenaden und Kammermusiken veranstalten; die Orgelkonzerte im Dom, Konzerte im Schloß Seehof und die Calderon-Aufführungen im E.T.A. Hoffmann-Theater im Hof der Alten Hofhaltung gehören dazu.

Auf eine Reihe von Burgen außerhalb der Stadt, aber in geringer Entfernung, sei noch verwiesen, so auf Gößweinstein, Heiligenstadt (dort Burg Greifenstein) und viele andere.

Unter den Schlössern Bambergs nehmen die Alte Hofhaltung und Schloß Seehof einen ersten Platz ein. Motorisierte Besucher der Stadt seien auf Besuche in Nürnberg, zur Residenz Erlangen, nach Fürth-Burgfarrnberg und auf das Wenzelsschloß in Lauf an der Pregnitz hingewiesen. Daß Schloß Weißenstein in Pommersfelden mit seinem berühmten Treppenhaus und seinem schönen Schloßpark mit einem starken Rotwildbestand, der aus nächster Nähe betrachtet werden kann, einfach dazu gehört, sei am Rande vermerkt, zumal die dortige Gemäldesammlung ausgezeichnet ist.

Bamberg, die quicklebendige Universitätsstadt, die den Zweiten Weltkrieg dank eines gütigen Geschicks ohne Bombardierungen überstanden hat, ist zwar nicht die »Hauptstadt des Erdkreises«, aber eine Stadt, in der dem Besucher auf Schritt und Tritt eine tausendjährige Geschichte entgegentritt, ohne das Hier und Heute zu leugnen.

PERSONENVERZEICHNIS

Bildnachweis

Manfred Ackermann, *Oberes Taubertal, Walter Weller Verlag,* Aalen 1996 (S. 171, 172, 174, 176, 272, 279, 303) – *Bildersaal der deutschen Geschichte,* Verlag f. ganzheitl. Forschung u. Kultur, Struckum 1984 (S. 18, 25, 69, 85, 149, 198, 215, 308, 356, 358, 359, 360) – Emil Bock, *Schwäbische Romantik,* Urachhaus, Stuttgart 1973 (S. 259, 344, 392) – *Chronik der Deutschen,* Chronik-Verlag, Dortmund (S. 101, 125, 153, 202, 216) – Werner Dettelbacher, *Franken,* DuMont, Köln 1993 (S. 17, 118, 241, 244, 279, 315, 327, 332, 388) – *Deutsche Geschichte im Bild,* Weltbild, Augsburg (S. 99, 103, 104, 108, 160, 182, 190, 191, 198) – *Die Franken, Vorreiter Europas,* Zabern, Mainz 1996 (S. 17, 97, 132, 135) – Dominique Egret, *Arnold Breker,* Grabert, Tübingen 1996 (S. 386) – Max H. v. Freeden, *Tilman Riemenschneider,* Deutscher Kunstverlag, München 1981 (S. 219, 231) – Karl Haushofer (Hg.), *Das Reich,* Karl Habel, Berlin 1943 (S. 154, 183, 188, 214) – *Heilbronn, das mitt-*

lere Neckarland, Theiss, Stuttgart 1991 (S. 252) – Kurt Hielscher, *Deutschland,* Wasmuth, Berlin 1925 (S. 335) – *Historisches Bildatlas,* Weltbild, Augsburg (S. 82, 96, 98) – Franz Kurowski, *Der Deutsche Orden,* Herbig, München 1997 (S. 258, 271) – Franz Kurowski, Privatarchiv (S. 131, 153, 239, 249, 255, 288, 289, 299, 323, 333, 343) – Bernd G. Längin, *Deutsche Bilder,* Weltbild, Augsburg 1990 (S. 404) – Löbl/Aufseß, *Franken in Farbe,* Süddeutscher Verlag, München (S. 170, 245, 248, 316, 370, 372, 384) – Jordis Mota, *Das Werk Richard Wagners im Spiegel der Kunst,* Grabert, Tübingen 1995 (S. 314) – *Nürnberg,* Bucher, München 1995 (S. 217, 354, 357) – Ursula Pfistermeister, *Franken sehen + erleben,* Süddeutscher Verlag, München 1991 (S. 247, 310, 317, 324, 326, 361, 385, 389, Vorsatzkarte) – Rudolf Pörtner (Hg.), *Das Schatzhaus der deutschen Geschichte,* Econ, Düsseldorf 1982 (S. 102) – Staecke, *Deutsche Geschichte,* Velhagen & Klasing, Bielefeld–Leipzig 1896 (S. 27, 31, 38, 57, 73, 99, 109, 150, 152, 163, 221) – Württembergisches Landesmuseum (Hg.), *Die Zeit der Staufer,* Stuttgart 1977 (S. 61, 68, 93) – *Wandern und Einkehren, Hohenlohe,* Stuttgart 1997 (338, 339) – *Würzburg,* Bucher, München 1996 (S. 234, 235, 237, 239, 240).

Danksagung

Der Autor dankt allen Helfern und Freunden, die sich um die Erstellung dieses Werkes mit Hinweisen, Bild- und Wortbeiträgen verdient gemacht haben, darunter vor allem den Tourist-Informationen, den Presse- und Informationsämtern, Fremdenverkehrsverbänden und Naturparkeinrichtungen. Insbesondere folgenden Institutionen:

Fremdenverkehrsamt und Tourismus und Kongress Service Bamberg · Touristik Service und Verkehrsamt der Stadt Dinkelsbühl · Städtisches Verkehrsamt Dillingen · Stadtinformation Wolframs Eschenbach · Touristinformation Forchheim · Fremdenverkehrsverband Franken · Tourismuszentrale Fränkische Schweiz · Tourismusverband Franken · Tourismuszentrale Fränkische Schweiz · Verkehrsamt Frankenalb · Touristinformation Schwäbisch Hall · Touristinformation Haßberge · Touristinformation Eichstätt · Verkehrsverein Erlangen · Verkehrsamt der Stadt Heilbronn · Kurverwaltung Bad Königshofen · Verkehrsverband Landkreis Kulmbach · Informationsamt Stadt Öhringen · Kultur- und Fremdenverkehrsamt Neustadt a.d. Aisch · Touristikgemeinschaft Neckar-Hohenlohe-Schwäbischer Wald · Fremdenverkehrsgesellschaft Wertheim · Städtisches Kultur- und Verkehrsamt Weikersheim · Kongreß-Zentrum Touristik-GmbH Bad Windsheim · Stadtarchiv Bad Windsheim, Herrn Michael Schlosser · Congress- und Tourismuszentrale Würzburg · Landesverband Baden-Württemberg e.V. für Touristik Verkehrsamt Feuchtwangen · Verkehrsamt Rothenburg ob der Tauber · Naturpark Fränkische Schweiz-Veldensteiner Forst · Verkehrsbüro Sommerhausen · Verkehrsamt Bad Mergentheim · Verkehrsamt Ellwangen.

Die Bereitschaft, zu helfen und zu raten, war bei allen genannten und vielen weiteren ungenannten Institutionen ausgezeichnet.

Vor allen Dingen aber möchte ich meiner Frau Johanna danken, die mir nicht nur während der gesamten Zeit der Erstellung dieses Manuskriptes treu zur Seite stand und viele der fotographischen Arbeiten übernahm, sondern auch das gesamte Manuskript ins Reine schrieb, ohne sie wäre - wie bereits seit 50 Jahren vorher – ein solches Arbeitspensum nicht zu schaffen gewesen.

Dortmund, im Mai 1998 Franz Kurowski